Edward Conze

Buddhistisches Denken

Drei Phasen
buddhistischer Philosophie
in Indien

Insel Verlag

Originaltitel:
Buddhist Thought in India, 1962
Die vorliegende Übersetzung folgt der zweiten,
verbesserten Auflage von 1983

Aus dem Englischen von Ursula Richter
Mit einem Nachwort und Bibliographie von Herbert Elbrecht

Erste Auflage 1988

Druck: MZ-Verlagsdruckerei, Memmingen
Printed in Germany

Inhalt

Dritter Teil
Das *mahāyāna*

Anhang

Vorwort[a]

Dieses Buch setzt sich das Ziel, die Hauptthemen des buddhistischen Denkens in Indien zu untersuchen und zu interpretieren.[b] Für die Herausgabe eines umfassenden wissenschaftlichen Handbuches ist die Zeit noch nicht reif. In jedem Fall würde ein derartiges Unternehmen sehr viel mehr Raum in Anspruch nehmen, als mir hier zur Verfügung stand. So gab es zum Beispiel für eine angemessene Darstellung der zahllosen Details buddhistischen Philosophierens keinen ausreichenden Platz, auch wurden die Quellenhinweise am Schluß recht knapp gehalten, wenngleich man sie bis ins Unendliche hätte erweitern können. Der Schwerpunkt liegt stets auf solchen Aspekten der Lehre, die mir absolut wahr oder bedeutsam erscheinen. Durchweg war ich bestrebt, das Verständnis für buddhistisches Denken zu vertiefen – im Gegensatz zu bloßer Kenntnis. Es wäre freilich einfacher gewesen, eine Unzahl Zitate aneinanderzureihen, aber was man an zur Schau gestellter Gelehrsamkeit gewonnen hätte, wäre an schlüssigen Einsichten verlorengegangen. Während ich die buddhistische Philosophie als ein rational erfaßbares, einleuchtendes und gültiges System vorführe, habe ich doch nie ihre Funktion als ein geistliches Verfahren zur Diesseitsüberwindung aus den Augen verloren. »Es ward gezeigt, daß dieser *dharma* allem weltlichen Treiben entgegensteht. Er lehrt euch, daß man sich die *dharmas* nicht gewaltsam aneignen soll, doch die Welt trachtet und strebt gewöhnlich nach allem.«[c] –

a Für diese deutsche Ausgabe vom Verlag leicht gekürzt.

b Die Weiterentwicklung des *mahāyāna* in China und Japan wurde hier vernachlässigt, und zwar aus dem einfachen Grund, weil mir die Sprachen nicht geläufig sind. Diese Einschränkung ist nicht so gravierend, wie sie scheinen mag, denn die meiste schöpferische Arbeit wurde in Indien geleistet, und selbst »Zen« ist nicht halb so originell wie oft behauptet.

c *Vollkommene Weisheit in 8000 Zeilen,* XV 305.

Nachdem ich lange Jahre darüber nachgedacht habe, welche Ursachen wohl zur Zerstörung der geistlichen Tradition der Menschheit führten, kam ich widerstrebend zu dem fast unglaublichen Schluß, daß das Leben des Geistes keinen natürlichen Zwecken folgt. Um Paulus zu zitieren: »Denn wir haben nicht mit Fleisch und Blut zu kämpfen, sondern mit den Mächtigen und Gewaltigen, mit den Beherrschern dieser finsteren Welt, mit den bösen Geistern zwischen Himmel und Erde.«[a]

Der Niedergang geistlichen Wissens läßt sich in drei Stadien gliedern. Zum ersten begann vor rund fünfhundert Jahren sowohl in Asien als auch in Europa die geistliche Kreativität zu erschlaffen, und nach diesem Zeitpunkt wurde kein maßgebendes religiöses Werk von besonderem Rang mehr verfaßt. Ein Buch über Biochemie gilt normalerweise als um so informativer, je jüngeren Datums es ist. Bei religiösen Werken liegen die Dinge fast umgekehrt. Mit dem neunzehnten Jahrhundert hatte selbst die geistliche Aufnahmefähigkeit einen Tiefstand erreicht. –

Heute, in der Mitte des zwanzigsten Jahrhunderts, ist die lebendige Tradition geistlichen Wissens so gut wie erloschen, die organisierten Zentren geistlicher Sammlung wurden allerorten zerschlagen, „Fortschritt und Zivilisation" setzen sich, wie es scheint, auf der ganzen Linie durch, und ein neues Menschengeschlecht, dem all dies gleichgültig ist, bevölkert die Erde.[b] Nach einem oberflächlichen Blick auf die Gesellschaft könnte man gut und gern zu der Ansicht kommen, das Zeitalter der Trottel sei angebrochen. Was sich allerdings

a Epheser VI, 12. *Die Bibel oder die ganze Heilige Schrift*, nach der Übersetzung Martin Luthers, revid. Text. Deutsche Bibelstiftung, Stuttgart 1975.

b Das künftige Schicksal dieser Drachensaat, dieses *populus quem terra creaverat*, wurde von Ovid treffend vorausgesagt (in Met. III, 95-130):

> Exemploque pari furit omnis turba, suoque
> Marte cadunt subiti per mutua vulnera fratres.

in der Tiefe abspielt, ist schwer zu ergründen.[a] Immerhin ist mir klar, daß es sich um ein entschieden skurriles Unterfangen handelt, wenn man seinen Namen fur ein Buch hergibt, das antike und anachronistische Gedanken so behandelt, als besäßen sie auch für die Lebensführung in der heutigen Zeit unmittelbare Bedeutung.

Ich will aber nicht nur ein Rufer in der Wüste sein, sondern wage zugleich den Versuch, einen Beitrag zum philosophischen Denken zu leisten. Die Mathematik kam einen großen Schritt weiter, als Bolyai, Lobačevskij und Gauß eine nicht-euklidische Geometrie entwickelten und zeigten, daß von verschiedenen Postulaten her mehrere jeweils gültige und kohärente Geometrien ausgearbeitet werden können. Hier muß die Philosophie Schritt halten. Die rasche Entwicklung der Kommunikationsmittel führte zu einer Begegnung östlicher und westlicher Kulturen. Bislang reagierten europäische und insbesondere britische Philosophen darauf mit einer eher noch provinzielleren Haltung als je zuvor. Aber sie werden diese Haltung zweifellos nicht bis in alle Ewigkeit beibehalten können. Auf den Axiomen des indischen *yoga* läßt sich durchaus ein philosophisches System errichten, welches ebenso gültig, zwingend und logisch ist wie die auf den modernen Naturwissenschaften beruhenden Ansätze. Ich versuche, dies hinsichtlich der buddhistischen Philosophie einigermaßen detailliert zu zeigen, und verbinde damit die Hoffnung, daß die europäischen Philosophen sich eines Tages dazu herbeilassen, ihre eigenen unfertigen Postulate zu überprüfen, in Frage zu stellen und zu erhärten. –

a Oder, wie Wordsworth es in seinem Vorwort ausdrückt: »… denke ich über das Ausmaß des allgemeinen Übels nach, so dürfte ich wohl von einer nicht unrühmlichen Schwermut erdrückt werden, besäße ich nicht eine tiefe Ahnung von gewissen eigentümlichen und unzerstörbaren Eigenschaften des menschlichen Geistes wie auch von gewissen, den gewaltigen und ewigen Dingen, die auf uns einwirken, innewohnenden Kräften, welche ebenso eigentümlich und unzerstörbar sind.« Vgl. The Poetical Works of W. Wordsworth, ed. Th. Hutchinson, 1917.

Einige Teile dieses Buches sind bereits früher erschienen. Mein Dank für die Nachdruckerlaubnis geht an *The Middle Way*, *The Hibbert Journal*, *Philosophy East and West* (III 2, 1953, S. 117-29; University of Hawaii Press), *The Maha Bodhi Journal*, *East and West* (Rom), *The Aryan Path*, *Oriens Extremus* (VIII 2, 1961) und *Selfknowledge*. Dem St. Anthony's College, Oxford, gebührt mein Dank für seine Unterstützung meiner Arbeit an diesem Buch.

Sherborne, Dorset — Edward Conze
Juni 1961

ERSTER TEIL

Archaischer Buddhismus

1. Stillschweigende Voraussetzungen

Viele metaphysische Theorien des Buddhismus müssen dem unvorbereiteten Durchschnittsleser entlegen, unzugänglich und schwer greifbar erscheinen. Das liegt daran, daß diese Theorien eine enge und lange Vertrautheit mit den Gesetzen des geistlichen Universums und den Rhythmen geistlichen Lebens voraussetzen, ganz zu schweigen von der Fähigkeit zu langanhaltender, selbstvergessener Versenkung. Im übrigen gehen buddhistische Denker von einer Reihe stillschweigender Voraussetzungen aus, die von modernen europäischen Philosophen ausdrücklich abgelehnt werden. Die erste ist nahezu allem indischen »wissenschaftlichen« Denken[a] – im Gegensatz zum europäischen – gemeinsam. Sie sieht in den *yoga*-Erfahrungen das entscheidende Rohmaterial für philosophische Betrachtung. Zweitens sind alle »die Zeiten überdauernden« (im Gegensatz zu »modernen«) Philosophen sich über eine hierarchische Struktur des Universums einig. Diese zeigt sich a) in der Gliederung einer »dreifachen Welt«, b) in einer graduellen Stufung der »Wirklichkeit« und c) in der Festsetzung einer nach geistlicher Reife gestaffelten Hierarchie der Einsichten. Drittens haben alle religiösen (im Gegensatz zu areligiösen) Philosophien folgendes gemeinsam: Sie verwenden a) eine »sakrale« – im Gegensatz zur »profanen« – Terminologie, und sie halten b) Offenbarung für die höchste Quelle allen gültigen Wissens. Damit erhalten wir immerhin sechs stillschweigende Voraussetzungen, welche von der Mehrzahl meiner Leser kaum geteilt werden dürften. Da sie jedoch den Umfang und Rahmen bestimmen, innerhalb dessen buddhistisches Denken relativ stichhaltig und bedeutsam ist, muß ich Punkt für Punkt über jede einzelne ein paar Worte verlieren.

a Mit Ausnahme der relativ wenig verbreiteten *cārvākas* oder »Materialisten«.

1. Der Mangel an Verständigung zwischen östlicher und westlicher Philosophie wurde oft beklagt. Daß nicht einmal zwischen der »empiristischen« europäischen Philosophie einerseits und den Lehren des *vedānta* und *mahāyāna* andererseits Kontakte bestehen, mag daran liegen, daß sie als jeweils unumstrittenes Fundament zwei unterschiedliche praktische Ansätze zugrundelegen – Naturwissenschaft die eine, yogische Meditation die andere. Zu Beginn muß eben jeder Philosoph eine bestimmte Anordnung von Praktiken als selbstverständlich voraussetzen, jede mit eigenen spezifischen Regeln und Zielen, die er sowohl für wirksam als auch für den Weg zu lohnender Realität hält.

Nun ist es natürlich grundsätzlich erforderlich, solche Praxisgruppierungen, solche »Zauberhüte«, die in schöner Regelmäßigkeit bestimmte Ergebnisse liefern, klar zu unterscheiden von den übergeordneten theoretischen Systemen, durch die jene gerechtfertigt, erläutert und systematisiert werden sollen. Die Techniken bestimmen, was geschieht, wenn man dies oder jenes macht. Die Theorien betreffen die Ursachen dafür und die Bedeutung dessen, was geschieht. So einfältig und leichtgläubig der Mensch im Hinblick auf spekulative Lehren auch sein mag, praktischen Ergebnissen steht er nüchtern gegenüber. Er wird sich kaum über längere Zeit hinweg selbst vormachen, daß eine Technik »klappt«, wenn sie das nicht wirklich tut.

Zunächst also: Yogische Meditation verlangt, daß bestimmte Dinge *gemacht* werden. Da gibt es die bekannten Atemübungen, die in bestimmten Körperpositionen ausgeführt werden müssen. Von gewissen Nahrungs- und Rauschmitteln hat man sich zu enthalten. Man muß auf nahezu alles persönliche Eigentum verzichten und soll die Gesellschaft anderer Menschen meiden. Erst nachdem die über längere Zeit betriebene körperliche Zucht den Leib für künftige Aufgaben gefügig gemacht hat und eine gewisse abgeklärte Bereitschaft für die Bedingungen eines einsiedlerischen, heimatlosen Bettlerlebens erreicht wurde, ist der Geist imstande, mit der eigentlichen yogischen Arbeit zu beginnen. Diese besteht darin, die Aufmerksamkeit systematisch von den Sinnesobjekten abzuwenden.[1] Was könnte nun Ziel und Ergebnis einer solchen Handlung anhaltender Selbstversenkung sein – wie sie so überzeugend durch Bodhidharma ausgeführt wurde, der neun Jahre lang mit gekreuzten Beinen unbeweglich vor einer grauen Mauer saß? Alle Adepten des *yoga*, trotz theologischer und philosophischer Differenzen, stimmen darin überein, daß diese Praktiken zu einem Zustand innerer Ruhe (*śamatha*) führen.

Viele unserer Zeitgenossen, eingekerkert im sogenannten »gesunden Menschenverstand«, setzen ohne jede Begründung als »selbstverständlich« voraus, daß der gesamte Gehalt geistigen Lebens auf Kontakten mit Sinnesfaktoren der Außenwelt beruht. Sie sind daher der Überzeugung, daß ein radikaler Rückzug von solchen Sinnesfaktoren höchstens eine Art Leere bewirkt, kaum von Schlaf oder Koma zu unterscheiden. Man braucht eben mehr als gesunden Menschenverstand für die Entdeckung, daß er – der Rückzug – in Wirklichkeit einen anderen Zustand herbeiführt. Die indischen *yogins*, die ja unter dem Einfluß der Sanskrit-Grammatik geradezu besessen waren vom Wunsch nach terminologischer Präzision, nannten ihn einen Zustand des »ruhigen Stilleseins«, worin einen Menschen sorgloses Behagen, Seligkeit und Glück erfüllen. Einem Dayak aus Borneo dürfte es wohl auch schwerfallen zu glauben, daß harte schwarze Kohle zu hellem Licht in der Glühbirne wird. Und jenen, die nicht an die Aussagen der *yogins* glauben, steht letztlich nur ein Weg offen: Sie werden das Experiment wiederholen müssen – und zwar im Wald, nicht im Labor. Sie müssen ausführen, was die *yogins* verlangen, und dann abwarten, was geschieht. Bevor sie dazu nicht bereit sind, bleibt ihr Skeptizismus ausgesprochen müßig und steht etwa auf gleicher Stufe mit dem Zweifel eines Pygmäen, der nicht glaubt, daß es das Kraftwerk von Battersea gibt, sich aber zugleich hartnäckig weigert, das Kongobecken zu verlassen und sich durch Augenschein davon zu überzeugen, daß es das Kraftwerk wirklich gibt und was dort passiert. Es scheint mir, mit anderen Worten, eines gebildeten Menschen nicht würdig, daran zu zweifeln, daß es eine Reihe von Praktiken gibt, *yoga* genannt, welche, wenn sie klug und den Regeln entsprechend angewandt werden, zu einem Zustand des Stilleseins und der Ruhe führen.[2]

Soviel zur praktischen Grundlage. Die übergeordnete Ideologie ihrerseits besteht aus einer Anzahl theoretischer Konzepte, welche keineswegs in allem übereinstimmen. Theologisch bezeichnet man sie als hinduistisch, buddhistisch oder jainistisch. Manche sind atheistisch, andere polytheistisch, wieder andere henotheistisch. Philosophisch gesprochen, tragen einige, etwa *vaiśeṣika* und *abhidharma*, pluralistische Züge, andere, wie *vedānta* und *mādhyamika*, monistische. Diese beiden monistischen Konzepte wiederum scheinen einander in ihren wichtigsten Grundpostulaten diametral zu widersprechen: Das eine behauptet, die einzige Realität sei das Selbst (*ātman*), das andere, daß gerade die Abwesenheit eines Selbst (*nairātmya*) wahre Realität von falschem äußerem Schein unterscheide.

Bei näherer Untersuchung stellt sich allerdings heraus, daß diese Unstimmigkeiten nur recht oberflächlich sind. Alle diese »yogischen« Philosophien unterscheiden sich untereinander weit weniger als von anderen, nicht-yogischen Systemen. Sie stimmen nicht nur darin überein, daß yogische Praktiken gültigen Wert besitzen, sondern postulieren zudem, daß derartige Praktiken zum wertvollsten Wissen, nämlich um die wahre Realität, führen können und zugleich eine Schule für gutes Betragen sind. Im übrigen gehen alle genannten Konzepte davon aus, daß die yogische Einsicht an sich, als Quelle höchster Gewißheit, keiner Rechtfertigung bedarf. Nur im Zustand yogischer Empfänglichkeit sind wir würdig und imstande, die höchste Wahrheit zu empfangen. In anderer Verfassung gewonnene Beobachtungen betreffen samt und sonders eine trügerische, größtenteils falsche und eingebildete Welt, welche für eine Beurteilung der Loslösungsprozesse yogischen Bewußtseins nicht als Maßstab dienen kann.

In Westeuropa herrscht hinsichtlich der Naturwissenschaften eine ganz ähnliche Situation. Auch auf diesem Gebiet können wir zwischen den Praktiken selbst und ihren theoretischen Entwicklungsprozessen unterscheiden. Das Ansehen, welches der naturwissenschaftliche Ansatz unter unseren modernen Philosophen genießt, scheint mir gänzlich auf dem Anwendungsaspekt zu beruhen. Wenn ein Philosoph versichert, daß alles uns zugängliche, »reale« Wissen den Naturwissenschaften zuzuschreiben sei; daß allein die exakten Wissenschaften uns »Nachrichten über das Universum« liefern – was kann ihn zu einem derartigen Glauben geführt haben? Was ihn blendete, waren zweifellos die praktischen Ergebnisse, der enorme Machtzuwachs, welcher auf dem durch die Naturwissenschaften herausgebildeten spezifischen Wissenszweig beruht. Was wären denn all diese wissenschaftlichen Theorien ohne jene praktischen Konsequenzen? Seifenblasen, ein Zeitvertreib für Mathematiker, die sonst nichts weiter zu tun haben, ein Vexierbild wie in *Alice im Wunderland*. Die Naturwissenschaften haben in letzter Zeit beträchtliche Veränderungen im materiellen Universum bewirkt. Die Denkmäler der Wissenschaft, obwohl keineswegs »dauernder als Erz«, sind dennoch recht eindrucksvoll: Zugemauerte Landstriche, zahllose Maschinen von erstaunlicher Leistungsfähigkeit, beschleunigter Verkehr, massenhaft ausgerottete Tiere, verkürzte Krankheiten, verzögerter oder beschleunigter Tod und so weiter. Diese wissenschaftliche Methode »klappt« offensichtlich, wenn auch nicht in dem Sinne, daß sie uns mehr »Stille« beschert – weit entfernt davon! Ihre Leistung besteht lediglich darin, die Kontrollgewalt des »Menschen« über seine »materielle Umwelt« zu vergrößern, und das ist nun etwas, was die yogische Methode nicht einmal ansatzweise angestrebt hat. Die naturwissenschaftliche Technik verspricht tatsächlich schrankenlose Macht, und zwar schrankenlos in dem Sinne, daß sie ihrem eigenen Siegeszug weder sittliche noch sonstige Grenzen setzt. Nun ist allerdings zu vermuten, daß die Denkgebäude unserer Naturwissenschaftler ohne jene eindrucksvollen praktischen Ergebnisse herzlich wenig Beachtung finden würden. *Die Reise nach Laputa* des Dechanten Jonathan Swift brächte dann die allgemeine Haltung zum Ausdruck, einschließlich derjenigen der meisten Philosophen.

Was *yoga* betrifft, so ist auch hier die bloße Praktik in zahlreiche Theorien, Hypothesen, Konzepte und philosophische Systeme gefaßt, welche beträchtlich voneinander abweichen können. Immerhin sind sich auch sämtliche naturwissenschaftlichen Philosophen darin einig, daß der Schlüssel zu allem lohnenden Wissen und zu einer rationalen Lebensführung in wissenschaftlicher, auf experimenteller Beobachtung der Gegenstände der Außenwelt[a] beruhender Forschung liegt.

Doch wenn ich gleich redete mit Engelszungen, so würden meine »empiristischen« Freunde doch weiterhin mit den Achseln zucken, wenn man sie aufforderte, *yoga* oder andere nicht-wissenschaftliche Verfahren ernst zu nehmen. Als erklärte »Humanisten« dürften sie eigentlich mehr Vertrauen in die Tiefe und Weite des menschlichen Geistes und seiner Modalitäten setzen; als »Empiristen« sollten sie eine etwas umfassendere Vorstellung von »Erfahrung« entwickeln; und als »Positivisten« könnten sie sich ein klareres Bild machen von dem, was ein »verifizierbarer« Tatbestand ist und was nicht. Selbst als »Wissenschaftler« dürften sie ruhig ein wenig

a Angaben zu Selbstversenkung und Innenschau haben innerhalb dieses Schemas zu einer Verunsicherung geführt; die schlüssigste Lösung scheint den Behavioristen gelungen: Danach werden psychische Vorgänge in von außen beobachtbare Gegenstände umgesetzt.

in Frage stellen, ob die Welt des von den Sinnen abhängigen Bewußtseins wirklich die ganze Realität umfaßt. Doch leider hat ein phantastisch wucherndes Wachstum der kritischen Vernunft alle anderen Werte unter sich erstickt. Wenn sich zeitgenössische Empiristen und Positivisten dermaßen ausschließlich auf naturwissenschaftliche Erkenntnis stützen, so machen sie sich dessen schuldig, was Whitehead nachsichtig als »engstirnigen Provinzialismus« bezeichnete. Für gewöhnlich sind sie bereits gänzlich unvertraut mit den überlieferten nicht-wissenschaftlichen Verfahren der Menschheit, aber, was schlimmer ist, sie sind darüber hinaus auch nicht im mindesten an ihnen interessiert. Bestenfalls werden diese Verfahren, falls man sie überhaupt zur Kenntnis nimmt, flüchtig abgetan als von unwissenden, stümperhaften, im Dunkel tappenden Wilden entwickelte Annäherungen an die wissenschaftliche Methode. In den finstersten Winkeln des Rationalismus wird sogar gemunkelt: »... der Dichter war der primitive Physiker«.[3] Schauernd fahren wir fort.

Es wäre ausgesprochen ungerecht, alle menschlichen Praktiken daran zu messen, wieviel »Kontrolle« oder »Macht« sie einräumen. Es gibt doch wohl andere, ebenso erstrebenswerte Ziele, und weisere Menschen als wir haben dem Streben nach schrankenloser Macht bewußt abgeschworen, nicht weil eine solche Macht unerreichbar wäre, sondern weil diese Menschen erkannten, daß das Streben danach von Natur aus ungut ist. Ein geziemendes Sich-Fügen in das Unvermeidliche hat übrigens durchaus auch seinen Reiz. Es spricht ja vielleicht doch einiges für den Wunsch, nur so viel Macht zu besitzen, als man vernünftigerweise handhaben kann, und es steht sehr zu fürchten, daß die »Bezwinger eines widerstrebenden Universums«[a] einmal ebenso enden wie mancher Löwenbändiger vor ihnen.

Naturwissenschaftlich orientierte Philosophen mit ihrem

a Quis neget esse nefas invitum prendere mundum.
Et velut in semet captum deducere in orbem? (Manilius II 127-8).

erbarmungslosen Willen zu unumschränkter Macht und ihrer Mißachtung aller Dinge außer dem vermeintlichen Komfort der Menschheit vermögen unter den unzähligen Aspekten des Universums lediglich jene zu erkennen, welche sich mit wissenschaftlichen Methoden erschließen lassen. Sie sind außerstande, zu beweisen oder auch nur annähernd schlüssig nahezulegen, daß dieser kleine Bruchteil der Wahrheit über die Realität ausgerechnet das sein soll, was sich am meisten zu wissen lohnt. Unter den unermeßlichen Möglichkeiten des menschlichen Denkvermögens heben sie lediglich jene hervor, die in der modernen technischen Zivilisation Überlebenschancen besitzen. Nicht nur wird bloß ein Bruchteil des menschlichen Geistes angesprochen, es fragt sich vielmehr auch, ob dies dessen wertvollster Aspekt ist, zumal wenn wir unsere häßlichen, lärmenden und rastlosen Städte betrachten oder beobachten, wie sich der Umgang mit Maschinen auf die Arbeiter und der Umgang mit wissenschaftlichem Gerät auf die Forscher auswirkt. Gegenwärtig sieht es ganz so aus, als würde diese Lebensweise alles in ihren Sog reißen, wobei sie offensichtlich viel Wertvolles mit hinwegfegt.

2a. Wenn wir uns nun der »dreifachen Welt« zuwenden, so finden wir, daß in aller die Zeiten überdauernden Philosophie traditionell drei Schichten qualitativ ungleicher Gegebenheiten unterschieden werden: natürliche, magische und geistliche. Die menschliche Verfassung ist demnach dreigeteilt, die Wirklichkeit zeigt sich auf drei Ebenen, und dreifach erscheint auch die mögliche Haltung, die wir gegenüber den Ereignissen einnehmen können.

Konstitutiv für den Menschen ist zunächst das Verhältnis von Leib/Geist (d.h. Verstand), sodann die »Seele« und drittens der »Geist« (im Sinne von »geistlich«). In der objektiven Welt entspricht die erste Ebene dem Faktenbündel, welches durch die Sinne und durch wissenschaftliche Beobachtung erschlossen sowie durch den gewöhnlichen Verstand und wissenschaftliche Theorie geordnet werden kann. Die zweite Ebene umfaßt eine Vielzahl von Tatbeständen, welche mit einer gewissen Berechtigung als »okkult« bezeichnet werden, da sie dazu neigen, sich unserem Blick zu entziehen. Unsere Vorfahren maßen ihnen noch großes Gewicht zu, heute aber werden sie durchweg belacht. Als Beispiel sei die Astrologie genannt, das heißt das Studium möglicher Entsprechungen zwischen den Himmelskörpern einerseits und dem Charakter, der Bestimmung, den Neigungen und Möglichkeiten des Menschen andererseits. Außerdem umfaßt diese zweite Ebene die Tätigkeit der psychischen Sinne, also Hellsehen, Stimmenhören, Ahnung zukünftiger Dinge, Gedankenübertragung und dergleichen. Ferner gehört dazu das weite Feld der Mythen und mythischen Gestalten, der Gespenster- und Geistergeschichten und der »Magie«, die angeblich durch Zaubersprüche und »Geister«-Beschwörungen auf die physikalische Welt einwirken kann. Die dritte, geistliche Ebene ist eine ungreifbare, außer-sinnliche, körperlose Realität, zugleich das Eine und die Vielzahl. Diese Realität transzendiert das natürliche Universum und wohnt ihm zugleich inne, sie ist zugleich nichts und alles, gänzlich un-sinnlich als gegebene Tatsache und als Konzept eher unsinnig. Keines der aus der sinnlichen Erfahrung übernommenen Attribute kann sie beschreiben, und erreicht wird sie einzig und allein durch ein Auslöschen separater Individualität. Die Christen nennen sie »Geist« (*spiritus*), die Buddhisten »die Leere«, die Philosophen »das Absolute«. Hier sind unsere Sinne blind, unsere Vernunft steht vor einem Rätsel, und unser Eigennutz muß sich geschlagen geben.

Wir können die drei Welten leicht unterscheiden, zum Beispiel anhand unseres Verhaltens bei Kälte. Der gesunde Menschenverstand rät uns, zu heizen, uns warm anzuziehen oder spazierenzugehen. Der Magier greift zu Methoden wie den *gtum-mo* der Tibeter, durch welche aufgrund okkulter Handlungen innere Hitze freigesetzt werden soll. Sie beruhen auf einer Physiologie, die sich grundsätzlich von der durch wissenschaftliche Lehrbücher vermittelten unterscheidet. Solche magischen Handlungen setzen vielmehr Einflußnahme auf drei mystische »Arterien«: (*nāḍī*) voraus, welche als Kanäle körperlicher Energie gelten, aber mit den üblichen Mitteln der Beobachtung nicht ausgemacht werden können, da sie »bar jeder physischen Realität« sind.[4] Der geistliche Mensch schließlich wird die Kälte als eine unbedeutende, vergängliche und illusorische Erscheinung ignorieren oder sie als Mittel zur Buße oder zur Übung in Selbstbeherrschung begrüßen.

Technischer Fortschritt und wissenschaftliches Denken beschränken uns zunehmend auf die Ebene der Natur. Magisches Geschehen und geistliche Erfahrung sind uns nicht mehr vertraut, und viele Leute erkennen sie nicht als vollgültige Tatsachen an. Aufgrund ihrer eigenen inneren Beschaffenheit sind die drei Ebenen in unterschiedlichem Maß unserer Erfahrung zugänglich. Die Regeln für eine Beweisführung weichen ebenfalls stark voneinander ab, und jede der drei besitzt ihre eigene Logik. In der Unendlichkeit des geistlichen Bereichs können die einzelnen Tatbestände nicht durch natürliche Hilfsmittel bestimmt werden. Und in der Welt der Magie tragen alle Dinge einen gewissermaßen unbestimmten und nebelhaften Charakter, was teils an der Selbstdarstellung dieser Zwischenwelt liegt, teils an ihrer vagen Beziehung zu den gewohnten Gegebenheiten der taghellen Welt natürlicher Tatsachen. Jeder, der das Okkulte studiert, weiß, daß die Tatbestände in diesem Bereich von sich aus und unabänderlich im Dunkeln liegen. Man wird keinen einzigen magischen Sachverhalt entdecken, der sich auf die gleiche Weise verifizieren ließe wie die Naturgegebenheiten. Über der magischen Welt liegt Zwielicht. Sie ist weder ganz hell noch ganz dunkel, man kann sie nicht deutlich erkennen, und wie wenn man sich einem scheuen Tier mit Fackeln nähert, entweichen ihre Erscheinungen, sobald man helles Licht darauf wirft.[5]

Betrachten wir nun die geistliche Ebene, so finden wir uns in einer noch auswegloseren Lage. Hier ist es gänzlich unmöglich, irgendeinen Tatbestand über jeden Zweifel hinaus zu bestimmen. Die Buddhisten bringen dies zum Ausdruck, wenn sie *nirvāṇa* das »Zeichenlose« nennen, das heißt in sich selbst nicht erkennbar (vgl. S. 97). Das ist wirklich ein äußerst beunruhigender Gedanke. Der »Geist« ist un-sinnlich, und wir bekommen hier keinerlei Sinnesfaktoren an die Hand. Überdies zerfließen geistliche Vorgänge, sobald man über sie nachdenkt. Wenn wir nicht wollen, daß sie ihren Zauber verlieren, müssen wir sie unbewußt und automatisch vollziehen. Ferner muß eine Handlung, damit sie »geistlich« genannt werden kann, »selbstlos« sein. Es liegt in der Natur der Dinge, daß wir niemals mit mathematischer Genauigkeit beweisen können, ob eine Handlung selbstlos war, denn die Selbstsucht weiß sich gar zu geschickt zu verbergen, die Erkenntnis menschlicher Beweggründe wird durch Selbsttäuschung getrübt, und unsere Antriebe sind in jedem Fall und zu jeder Zeit dermaßen vielfältig, daß niemand sicher sein kann, sie alle berücksichtigt zu haben. Immanuel Kant hat zu diesem Thema eine endgültige Aussage gemacht, als er ausführte: »In der Tat ist es schlechterdings unmöglich, durch Erfahrung einen einzigen Fall mit völliger Gewißheit auszumachen, da die Maxime einer sonst pflichtmäßigen Handlung lediglich auf moralischen Gründen und auf der Vorstellung seiner Pflicht beruht habe. Denn es ist zwar bisweilen der Fall, daß wir bei der schärfsten Selbstprüfung gar nichts antreffen, was außer dem moralischen Grunde der Pflicht mächtig genug hätte sein können, um zu dieser oder jener guten Handlung und so großer Aufopferung zu bewegen; es kann aber daraus gar nicht mit Sicherheit geschlossen werden, daß wirklich gar kein geheimer Antrieb der Selbstliebe unter der bloßen Vorspiegelung jener Idee die eigentliche bestimmende Ursache des Willens gewesen sei; dafür wir denn gerne uns mit einem uns fälschlich angemaßten edleren Bewegungsgrunde schmeicheln, in der Tat aber selbst durch die angestrengteste Prüfung hinter die geheimen Triebfedern niemals völlig kommen können, weil, wenn vom moralischen Werte die Rede ist, es nicht auf die Handlungen ankommt, die man sieht, sondern auf jene inneren Prinzipien derselben, die man nicht sieht.«[6]

Hier liegt eine der unvermeidlichen Schwierigkeiten der menschlichen Situation. Falls das Leben überhaupt einen Sinn besitzt, so stammt dieser aus Berührungen mit der magischen und geistlichen Welt. Ohne derartigen Kontakt ist das Leben nicht mehr lebenswert, nicht mehr fruchtbar und von Schönheit erfüllt. Es scheint doch reichlich töricht, die lebenspendenden Gaben dieser beiden Ebenen ganz auszuklammern, bloß weil sie einem Wahrheitsbegriff widersprechen, welcher einzig und allein für die Ebene der Natur taugt,[a] zumal die Phänomene dieser Ebene dem Wissenschaftler nur insofern bemerkenswert erscheinen, als sie nachvollziehbar und durch jedermann beobachtbar und meßbar sind. Selbstverständlich entziehen sich geistliche Dinge der natürlichen Erfahrung weit eher als die Dinge der Natur. So mächtig und erfolgreich aber die Methoden der Wissenschaft auch sein mögen, für die Erforschung von zwei Dritteln des Universums sind sie unbrauchbar. Die psychische und die geistliche Welt liegen nämlich jenseits ihrer Begriffe. Das, was unsere Sinne nicht erkennen, erschließt sich uns mittels anderer uns innewohnender Kräfte. Der Buddhismus hält Glauben, mystische Schau, Trance und die Gabe transzendentaler Weisheit für solche Kräfte. Sie offenbaren uns die Beschaffenheit der geistlichen und der mittleren Welt. Niemand, der diese Erkenntnisquellen kurzerhand als völlig wirkungs- und bedeutungslos abtut (vgl. S. 32ff.), kann dem buddhistischen Denken gerecht werden.

a Die Vorsicht, mit der manche Leute alles restlos und zweifelsfrei geklärt haben wollen, um es wieder und wieder mit kurzsichtigem, mißtrauischem Blick zu überprüfen, hat auch etwas Mittelmäßiges und Ängstliches.

2b. Als nächstes geht die ewige Philosophie davon aus, daß es feststehende »Realitätsgrade« gibt. In diesem Buch heißt es, »*dharmas*« seien »wirklicher« als Dinge; die in Trance gesehenen Bilder seien »wirklicher« als die sinnlich wahrgenommenen Gegenstände; das Unbedingte sei »wirklicher« als das Bedingte. Der Unterschied zwischen existierenden Fakten und nicht existierenden »Nicht-Fakten« ist den Menschen von heute durchaus klar. Sie glauben aber, daß Fakten, insofern sie real sind, alle auf die gleiche Weise real sind, daß es nicht vernünftig sei, hier qualitative Unterschiede zu machen. So betrachtet eben der heute modische »demokratische« Blickwinkel die Dinge: Er behandelt alle Gegebenheiten als gleichwertig, wie ja auch alle Menschen angeblich gleich sein sollen.[a] In den Naturwissenschaften besitzt nichts »Bedeutung« oder »Sinn«, und man hat niemals etwas anderes vor sich als »Fakten«.

Als der Buddhismus in Blüte stand, wäre dies als der Gipfel des Widersinns betrachtet worden. Auch die wichtigsten europäischen Schulen jener Zeit, etwa Aristoteles oder Plotin, gingen mit großer Selbstverständlichkeit von einer Hierarchie der Wirklichkeitsebenen aus, ja, sie basierten darauf. Die »reine Materie« bildet die niedrigste der Wirklichkeitsebenen, die »reine Form« die höchste, und alles andere liegt irgendwo dazwischen. Die höheren Ebenen sind solider und zuverlässiger, intellektuell befriedigender, und vor allem sind sie, was am wichtigsten ist, objektiv »besser« und wesentlich lohnender als die niedrigeren. *Ens et bonum convertuntur.* Daher eröffnet die Berührung mit den höheren Wirklichkeitsebenen ein Leben, das dem auf Kontakt mit den niedrigeren Ebenen beruhenden qualitativ überlegen ist. Und dies eben

a Die Struktur des Universums spiegelt stets die gesellschaftliche Struktur. Ebenso interessant ist die Tatsache, daß es sich bei denen, die Ontologie durch Erkenntnistheorie ersetzen, um Protestanten handelt, welche bekanntlich kollektive oder korporative Macht ablehnen, während Katholiken, Marxisten und Buddhisten durchaus annehmen, daß bedeutsame Aussagen über das »wahre Sein« der Dinge gemacht werden können.

sitzt der heutigen Generation in der Kehle. Denn hier wird ja allen Ernstes erklärt, daß »Werturteile« nicht bloß auf subjektiven Meinungen beruhen, die je nach Stimmung, Geschmack oder gesellschaftlichen Verhältnissen wechseln, sondern in der Struktur und Ordnung der objektiven Wirklichkeit selbst gründen.[a]

Wenn nun der Wert des Lebens sich aus dem Kontakt mit einer hohen Wirklichkeitsebene herleitet, dann muß zunächst natürlich geklärt werden, was Wirklichkeit eigentlich, in ihrem Eigen-Sein (*svabhāva*), ist. Auch hat man zwischen dieser Wirklichkeit und den geringeren, vergleichsweise fiktiven Wirklichkeiten zu unterscheiden, welche unsere normale Welt halb-sozialisierter Erfahrungen ausmachen, eine Welt, die wir uns selbst für unsere eigenen Bedürfnisse geschaffen haben. Kontakte zu jener – der lohnenden – Wirklichkeit herzustellen, war stets das Anliegen der Vertreter der »ewigen« Philosophie, also der bedeutendsten Philosophen Europas und Asiens bis etwa 1450 n. Chr.

Um diese Zeit begann in Europa die Entfremdung vom Realen, welche den Ausgangspunkt für nahezu alle moderne europäische Philosophie darstellt. Während die Ontologie sich mit den Unterschieden zwischen Wirklichkeit und Erscheinung beschäftigte, konzentrierte sich die Erkenntnistheorie auf die Unterschiede zwischen gültiger und ungültiger Erkenntnis. Die Ockhamisten gaben für alle nachfolgenden Entwicklungsstufen der modernen Philosophie den Ton an. Sie behaupteten, daß die Dinge selbst in keinerlei Beziehung zueinander stünden, sondern daß ein außerhalb der Dinge waltender, nicht auf sie bezogener Geist alle Beziehungen

a Freilich muß man hier hinzufügen, daß die Annahme qualitativer Unterschiede, den Wert des Lebens betreffend, selbst keine wissenschaftliche Grundlage besitzt, da die »Wissenschaft«, wie wir sie kennen, nicht auf Qualität, sondern bloß auf Quantität schaut. Von Wissenschaftlern werden ja auch keine sittlichen Qualifikationen gefordert, und die Art ihrer Lebensführung spielt für die Einschätzung ihrer Entdeckungen keine Rolle.

zwischen ihnen vermittle. Die Ontologie als rationale Disziplin verlor damals ihren Gegenstand, und alle Fragen nach dem Sein als Sein schienen nur noch leere Worte. Die Naturwissenschaft befaßte sich nicht mehr mit den Dingen an sich, sondern nur noch mit deren Zeichen und Symbolen. Ihre Aufgabe wurde es, Aussagen über die Erscheinungen zu machen (*salvare apparentias*), ohne sich um den Stand ihrer hypothetischen Konstruktionen *in esse et secundum rem* zu scheren.[7] Infolgedessen suchen die Denker nun nach »schlüssigen Fiktionen«, und »Realität« ist nichts als ein bloßes Wort.

Interessanterweise hatten bereits 1400 Jahre zuvor die *mahāyāna*-Buddhisten fast genau dasselbe gelehrt (vgl. S. 279-282). Als sie sich ihrer Wirklichkeitsferne bewußt wurden, suchten sie nach einer Realität, welche realer wäre als die ihrer Umgebung, das heißt nach dem »*dharma*-Element« selbst. Die moderne Philosophie behauptet, es sei besser für uns, von vagen Spekulationen über die Wirklichkeit als solche Abstand zu nehmen und uns darauf zu konzentrieren, über die Umwelt, wie sie uns erscheint, Macht zu gewinnen. Macht von wem und für wen? Eine Philosophie, welche lehrt, daß allein das Besondere existiert und die Universalien bloße Worte sind, findet hier ihre Zuflucht bei einer Abstraktion namens »Mensch«. Dieser gilt ihr irgendwie als das höchste rationale Wesen, und zu seinem Nutz und Frommen gehen all diese Entwicklungen angeblich vor sich. Allein diese Annahme hätte für Nāgārjuna und seine Anhänger bedeutet, daß bereits in der Grundaussage solcher Lehren ein gravierender logischer Fehler steckt.

2c. Schließlich, und das ist nun sehr viel leichter zu verstehen, wiederholt und spiegelt sich die hierarchische Wirklichkeitsstruktur in einer Hierarchie jener Personen, die um Kontakt mit ihr ringen. Gleiches wird von Gleichen verstanden, und so vermag nur der Geist geistliche Dinge zu erkennen. Einige Propagandisten des Buddhismus haben in dem Wunsch, ihn der heutigen Zeit zu vermitteln, seine Rationalität und Verwandtschaft mit den modernen Naturwissenschaften überbetont. Häufig zitieren sie einen Ausspruch des Buddha, den er gegenüber den Kalamas tat, und der besagte, sie sollten nichts glauben, nur weil er es gelehrt hatte, sondern alles selbst untersuchen und prüfen und erst annehmen, wenn sie es selbst erkannt, gesehen und gefühlt hätten.[8] Da findet sich denn also der Buddha höchstpersönlich unter die Verfechter der britischen philosophischen Tradition des »Empirismus« eingereiht. Wer aber vermag zu prüfen? Gewisse Aspekte der Lehre können zweifellos nur von Personen überprüft werden, die bestimmte sehr seltene Fähigkeiten besitzen. Um etwa die Lehre von der Wiedergeburt durch unmittelbare Beobachtung zu verifizieren, müßte man sich wirklich an die eigenen früheren Geburten erinnern können. Um diese Fähigkeit zu besitzen, muß man das vierte *dhyāna* erreicht haben, einen äußerst seltenen und geläuterten Trancezustand. Und welch breite und reife Einsicht wäre erst vonnöten, wollte man tatsächlich »erkennen«, daß der entscheidende Faktor in jedem Ereignis »sittlich« ist oder daß *nirvāṇa* das Ende *aller* Leiden bedeutet! Es handelt sich im übrigen um existentielle, nicht bloß um intellektuelle Qualifikationen. Der Buddhismus sagt Entscheidendes über die geistliche Hierarchie von Personen aus, denn was ein Mensch wissen und erkennen kann, hängt davon ab, was er ist. Also weiß der Heilige mehr als ein gewöhnlicher Mensch, und unter den Heiligen wiederum weiß der jeweils höherrangige mehr als die minderen. Daher zählen die Meinungen und Erfahrungen der gewöhnlichen Kinder dieser Welt wenig, etwa so viel wie die selbstherrlichen Erläuterungen eines Malermeisters zu Leonardo da Vincis »Madonna in der Felsengrotte«.

3. Der Buddhismus steht den übrigen Weltreligionen weit näher als den modernen Naturwissenschaften,[9] und sein religiöser Charakter beeinflußt zumindest in zweifacher Hinsicht seine Ideologie.

3a. Bis vor noch gar nicht langer Zeit galt allen menschlichen Gesellschaften die Trennung zwischen dem Sakralen und dem Profanen als selbstverständlich.[10] Bestimmte Orte wurden als »Heilige Orte« abgesondert. Dieser Zuordnung im Raum entsprach eine Zuordnung innerhalb des allgemeinen Wertesystems. Manche Wörter waren »numinos« oder sakral, andere rational oder gewöhnlich. Behandelt man sakrale Wörter wie rein rationale, so unterwirft man sie gewaltigen Verzerrungen. Ein einfaches Beispiel ist das Wort »Gott«. Die »Naturtheologie« oder der Deismus verwenden es als einen »rationalen« Begriff. Aber wie Pascal sagt, ist der »Gott der Philosophen« durchaus verschieden vom »Gott Abrahams und Isaaks«. Ein Klugredner aus Oxford demonstrierte seine Blindheit angesichts dieser Unterscheidung, als er Jehova dafür tadelte, sich selbst mit der tautologischen Wendung »Ich bin der ich bin« beschrieben zu haben, statt uns gefälligst mitzuteilen, *was* genau er nun eigentlich wäre. Meister Eckart in seiner vortrefflichen Meditation über diese Stelle im 2. Buch Mose[11] zeigt uns, daß *Ho Ōn* eindeutig ein äußerst tiefgründiger sakraler Begriff ist. Wer die buddhistischen Schriften im Original studiert, wird unweigerlich feststellen, daß sie eine Fülle sakraler Wörter enthalten, etwa *dharma*, Buddha, *bhagavat*, *arhat*, *nirvāṇa* oder *tathāgata*.[12] Die Häufigkeit und herausragende Bedeutung dieser Wörter führen zu zahlreichen wichtigen Folgerungen.[a]

Das erklärt zumindest teilweise die Mehrdeutigkeit und Multivalenz nahezu aller Schlüsselbegriffe der buddhisti-

a Eine dieser Folgerungen war die Tatsache, daß manche Teile der Lehre als dermaßen heilig galten, daß sie vor Entweihungen durch das Profane geschützt werden mußten. Die Grenze zwischen dem Exoterischen und Esoterischen verschob sich im Lauf der Zeit, was manche Unsicherheiten bezüglich der Entstehungschronologie der Lehre zur Folge hatte. Wir wissen, wann ungefähr bestimmte Lehrsätze zum ersten Mal öffentlich verkündet wurden, doch ist es sehr wohl möglich, daß sie unter Eingeweihten längst bekannt waren. Vgl. *Eine kurze Geschichte des Buddhismus*, Frankfurt a.M. 1984, S. 29-30.

schen Philosophie. Diese Vernachlässigung der »Grundforderung an eine ideale Sprache«, daß sie nämlich »einen Namen für jedes Simplum und niemals denselben Namen für zwei verschiedene Simpla hat«,[13] beruht wohl kaum auf bloßer Fahrlässigkeit und Gedankenlosigkeit. Auch liegt sie keineswegs daran, daß der verfügbare Sanskrit-Wortschatz zu dürftig war. In Wirklichkeit stellt das Sanskrit eine größere Auswahl an philosophischen Synonymen zur Verfügung als jede andere Sprache außer dem Griechischen. Vermutlich liegt der Grund im sakralen Charakter der verwendeten Begriffe. Eine eingehendere Analyse von Wörtern wie *manasikāra* (Beachtung, Aufmerksamkeit), *upekṣā* (Gleichmut), *dhātu* (Element) oder *ākāśa* (Raum) ergab, daß sie zahlreiche verschiedene Bedeutungen tragen. Wenn der spätere Buddhismus diese Bedeutungen nicht durch unterschiedliche Einzelbegriffe kennzeichnete,[a] so lag das daran, daß die überlieferten, wenngleich multivalenten Begriffe geheiligt waren, da der Buddha selbst sie verwendet hatte. Sie durch profane, wenn auch vielleicht exaktere Begriffe zu ersetzen, wäre eine gottlose Tat, ein Sakrileg gewesen.

Es gibt weitere Gründe für die Multivalenz buddhistischer Fachausdrücke. Die Bedeutung jener Begriffe, die den besonders geheiligten Kern der Lehre betreffen, erschließt sich nur im Zustand religiöser Entrückung. Es erschiene allzu trivial, sie in präzise logische Definitionen zu fassen. Im übrigen werden semantische Begriffsbestimmungen immer erst in dem Maß bedeutsam, in welchem Kommunikation versagt. Liebenden bereitet die Verständigung keinerlei Schwierigkeiten. Sie verstehen einander vollkommen, und jeder weiß intuitiv, was die Worte des anderen bedeuten. Erst wenn keine Zuneigung sie mehr verbindet, muß jedes Wort definiert werden, und trotzdem entstehen immer haufiger kaum noch zu klärende Mißverständnisse. Das buddhistische Denken wurde

a Wie ich es unten versuche, vgl. S. 121 f.

für einen *saṅgha* entwickelt, eine »Gemeinde« Gleichgesinnter, die, zumindest theoretisch, eher Brüder als Rivalen waren, die gleiche Schulung durchlaufen hatten, im Grundsätzlichen stets dieselbe Meinung vertraten und die Denkvorgänge des anderen verstanden. Wenn sie bestimmte Begriffe hörten, »wußten« sie einfach, was gemeint war – so wie ein gebildeter Europäer ein Stück anspruchsvoller Prosa lesen kann, ohne einzelne Wörter im Lexikon nachzuschlagen, obwohl er einem Halbgebildeten ihre volle Bedeutung nicht erläutern könnte. Tatsächlich wird die Bedeutung von Wörtern durch ihre Anwendungsweise innerhalb einer Elite von Eingeweihten definiert, die untereinander selten auf besondere Schwierigkeiten stoßen. Erst wenn einem Außenstehenden die betreffende Aussage vermittelt werden soll, werden präzise »Definitionen«, semantische Abgrenzungen und dergleichen notwendig. So wird denn auch eine Heilslehre wie der Buddhismus zu einer »Philosophie«, wenn ihr intellektueller Gehalt Außenstehenden erklärt wird.[14] Das ist zwar keine besonders dankbare Aufgabe, aber ich habe sie mir in diesem Buch dennoch gestellt. Man möge niemals vergessen, daß dies einen gewaltigen Substanzverlust mit sich bringt.

3b. Es gibt vier mögliche Erkenntnisquellen: 1. sinnliche Wahrnehmung, 2. rationale Schlußfolgerung, 3. intuitive Schau und 4. Offenbarung. Buddhisten halten die sinnliche Wahrnehmung im wesentlichen für irreführend. Insofern eine Schlußfolgerung aus Sinnesfaktoren abgeleitet wurde, wird sie gemeinsam mit ihrer Grundlage verworfen. Freilich kann sie auch, wie etwa im europäischen Rationalismus, auf der Einsicht in eine »verstehbare« – im Gegensatz zur »wahrnehmbaren« – Welt beruhen. Die europäischen Rationalisten gehen davon aus, daß zumindest vier Dinge nicht aus Sinnesfaktoren abgeleitet werden können, nämlich die Gesetze der Logik, die mathematischen Gesetze, die sittlichen Prinzipien (gegenüber bloßen Moralvorschriften) und das »Naturrecht«

(gegenüber den verfaßten Gesetzen einer beliebigen Gesellschaft).[a] Im buddhistischen System gilt das Studium der *dharmas* als rationale Annäherung an verstehbare Gegebenheiten. Erkenntnisfähigkeit (*jñāna*) wird durch Konzentration auf die *dharmas* erworben.[15] Die auf den *abhidharma* spezialisierten Buddhisten bilden den rationalen Flügel dieser Religion.[b]

Doch die Rationalität selbst des *abhidharma* muß vierfach modifiziert werden. 1. Sein rationaler Ansatz hat lediglich vorläufigen und einleitenden Charakter. Es muß ihm geistliche Schau folgen, deren unmittelbare und nichtbegriffliche Natur durch Verwendung von Wörtern wie »sehen«, »schmecken« oder »körperlich berühren« unterstrichen wird. Der Buddha sagt über den *dharma*, wie ihn die Erlösten »sehen«: »Er ist tiefgründig, schwer zu erkennen, schwierig wahrzunehmen, still, erhaben, liegt außerhalb bloßen abstrakten Denkens (*atarka-avacara*), ist subtil und wird nur von einsichtsvollen Weisen erfahren.«[16] Gebrauchsfertige Konzepte führen uns hier nicht weiter. Das außerhalb der wahrnehmbaren Welt der Erscheinungen Liegende transzendiert auch das logische Denken. 2. Die Auswahl und Bestimmung der vom *abhidharma* anerkannten *dharmas* beruht keineswegs auf unabhängigen Untersuchungen, sondern stützt sich im wesentlichen auf Äußerungen Buddhas. Das Verfahren des *abhidharma* setzt nicht nur die Kenntnis jener Inhalte voraus, welche von der *Tradition* für *dharmas* gehalten werden, sondern auch die Bereitschaft,

a Manche Leute behaupten, daß die modernen Naturwissenschaften sich mit »konzeptionellen Konstrukten« befassen, deren Beziehung zu den Sinnesfaktoren schwer zu bestimmen sei. Bertrand Russell hat zwar zahlreiche Erklärungen geliefert, doch befriedigen sie weder ihn selbst noch sonst jemanden.

b Es gibt natürlich ein paar moderne Autoren, die den Buddhismus in etwas völlig Rationales umwandeln, indem sie alle Metaphysik daraus streichen, ebenso Wiedergeburt, sämtliche Götter und Geister, alle Wunder und übernatürlichen Kräfte. Sie schreiben aber nicht über den Buddhismus der Buddhisten.

eben diese als elementare Tatsachen an sich anzuerkennen. 3. Nur ein Buddha oder *arhat* verfügt über hinreichend breite oder tiefe Erfahrung, um den gesamten Wahrheitsbereich auszuforschen. Daher ist deren Zeugnis für alle außer den vollkommen Erleuchteten letzte Quelle und Gewähr der Wahrheit. 4. Wenn nun aber die Wahrheit des *dharma* nicht gänzlich durch Vernunft erfaßt werden kann, besteht dann die Rationalität des Buddhismus etwa darin, daß er nichts in direktem Widerspruch zur Vernunft Stehendes lehrt? Dies wurde oftmals behauptet. Doch kein objektives Kriterium scheidet das inhärent Vernünftige vom inhärent Unvernünftigen. »Rationalität« ist von unseren Denkgewohnheiten und dem Glauben, zu dem wir erzogen wurden, abhängig. Verschafft man ihr nur genügend Argumente, so kann sie jedes beliebige Postulat, so absurd es auf den ersten Blick auch wirken mag, als plausibel erscheinen lassen. Wer einmal einen thomistischen Katholiken bei der Verteidigung der Wunder, der jungfräulichen Geburt Christi oder selbst der körperlichen Himmelfahrt Mariens erlebt hat, wird das verstehen. Auch die Buddhisten können durchaus eine tüchtige Portion schönster Rationalität entfalten, nur um am Ende die Leute dazu zu bringen, die verblüffendsten Abweichungen vom gesunden Menschenverstand hinzunehmen.

So schwer es dem zeitgenössischen Verstand auch eingehen mag: Der Buddhismus stützt sich in erster Linie auf die Offenbarung der Wahrheit durch ein allwissendes Wesen, »Buddha« genannt, und in zweiter Linie auf die geistliche Schau[a] heiliger Wesen. Jedenfalls beruft man sich in gelehrten Schulgesprächen letztlich niemals auf die »Erfahrung« von Hinz und Kunz, sondern auf die des vollkommen erleuchte-

a Es ist schwierig, eine für jeden Einzelfall zutreffende Definition des Begriffs »geistliche Schau« zu finden. Das Verständnis des Buddhismus weicht beträchtlich von dem ab, was besonders begabte Menschen wie Nostradamus, Jakob Böhme oder William Blake als »wahre Einbildungskraft«, »sympathetische Identifikation mit dem Universum« oder »kosmisches Verstehen« bezeichneten.

ten Buddha, wie sie im »Buddhawort« überliefert ist. Anders als die Christen besaßen die Buddhisten kein Evangelium – klein, handlich, kanonisch festgelegt, wenn auch höchst vieldeutig, allen bekannt und von allen anerkannt. Daher gab es unter Buddhisten denn auch manche Schwierigkeiten, wenn es darum ging, Kriterien für die Echtheit eines heiligen Textes zu bestimmen. Doch die sich später daraus ergebenden Verwirrungen gehören nicht mehr in den Bereich dieses Buches.[17]

2. Das Problem eines »Ur-Buddhismus«

Man sollte eigentlich erwarten, daß eine Geschichte des buddhistischen Denkens mit einer Darstellung der Lehren des Buddha selbst oder doch zumindest der in den ältesten Gemeinden gültigen Glaubenssätze beginnt. Doch leider wird ein derartiger Versuch durch die Natur der uns vorliegenden schriftlichen Dokumente zum Scheitern verurteilt.[1] Diese Dokumente sind nicht älter als die christliche Ära, das heißt, sie wurden fünfhundert Jahre nach dem Erdenleben des Buddha aufgezeichnet[a]. Einige Passagen entstanden zweifellos sehr früh, andere dagegen relativ spät. Um die früheren Schichten zu bestimmen, müssen wir die Kommentare der verschiedenen Schulen vergleichen, vor allem den Pāli-Kanon der *theravādins*, die Sanskrit-Schriften der *sarvāstivādins* und die wenigen erhaltenen Texte der *mahāsaṅghikas*. Stoßen wir auf Passagen, die in den *theravādin-* und *sarvāstivādin*-Texten fast wörtlich übereinstimmen, so dürfen wir davon ausgehen, daß sie vor der Trennung der beiden Schulen verfaßt wurden, das heißt vor der Herrschaft des Aśoka etwa um 250 v. Chr. Wo sie nicht übereinstimmen, müssen wir, falls es keine gegenteiligen Hinweise gibt, auf eine Entstehungszeit nach Aśoka schließen. Können wir auch in den *mahāsaṅghika*-Texten deutliche Ähnlichkeiten aufzeigen, so dürfen wir die entsprechende Passage ein weiteres Jahrhundert zurückdatieren auf etwa 340 v. Chr., rund 140 Jahre nach Buddhas *nirvāṇa*, in der Zeit der Trennung der *mahāsaṅghikas* von den *sthaviras*, den gemeinsamen Ahnen sowohl der *theravādins*[b] als auch der *sarvāstivādins*. Das gilt für

a Das man auf die Zeit um 560-480 v. Chr. datiert.

b Dies beruht natürlich auf der Vermutung, daß die *theravādins* mit den *vibhajyavādins* gleichgesetzt werden können – einem ganz besonders lästigen und undankbaren Problem der Buddhismusgeschichte.

einige der *vinaya*-Texte.[2] Das Material für eine Geschichte des buddhistischen Denkens darf jedoch nicht aus dem *vinaya* gezogen werden, sondern muß auf den *sūtras* beruhen, deren *mahāsaṅghika*-Version leider verschollen ist. Daher befinden wir uns in einer ziemlich unbefriedigenden Lage und sollten uns stets der Beschränktheit unserer Kenntnisse bewußt bleiben.

Wir können nunmehr etwas präziser definieren, was hier mit dem Begriff »archaischer Buddhismus« gemeint ist, dem der erste Teil dieses Buches gilt. Hier handelt es sich nicht um die »ursprüngliche« Lehre des Buddha, die zwar allem späteren Denken zugrundeliegt, sich aber wie die meisten motivierenden Kräfte nicht herauslösen oder in ihrer ursprünglichen Eigenart beschreiben läßt. Sie ging dem »scholastischen« Buddhismus der *abhidharma*-Zeit voraus und wurde vor allem in den *sūtras* festgehalten. Sie ist insofern eine »dogmatische« Lehre, als sie sich auf eine große Zahl numerisch angeordneter Tabellen stützt, die aber aller Wahrscheinlichkeit nach spätere ergänzende Überarbeitungen der Lehren des Buddha sind. Sie stellt im übrigen die gemeinsame Lehre aller buddhistischen Mönche dar,[a] wie sie wohl zwischen 300-250 v. Chr. existiert haben mag. Meine Beschreibung beruht auf Tabellen, Formeln und Aussagen, die sich in den Texten aller Schulen finden und daher vermutlich zum noch ungeteilten Buddhismus vor *hīnayāna* und *mahāyāna*, aus der Zeit des Aśoka, gehören. Die Ansichten, die ich im ersten Teil erläutere, wurden von allen Buddhisten geteilt. Sie wurden nicht nur von den *theravādins* und *sarvāstivādins* anerkannt, sondern auch von den direkten Nachfolgern der *mahāsaṅghikas*, den *mahāyāna*-Anhängern.[3] Die elementaren Formulierungen wurden den *sūtras*

a Dieses Buch handelt ausschließlich von der monastischen Elite und ihrem meditativen Leben. Als Religion muß der Buddhismus Zugeständnisse an die Massen machen, deren bhaktischer und magischer Glaube hier nur flüchtig angesprochen wird. Daher fällt auch *tantra*, eine schriftliche Ausarbeitung der *stūpa*-Anbetung der Laien, nicht in den Bereich dieses Buches.

entnommen, doch ich habe auch die späteren Kommentatoren ausgiebig benutzt, da die kargen Aussagen der *sūtras* häufig erst nach Heranziehen der kommentierenden Literatur verständlich werden. An diesem Punkt meiner Darstellung könnte durchaus Kritik ansetzen. Möglicherweise habe ich auf einige meiner Vorgänger allzu heftig reagiert, die, wie etwa K.E. Neumann, die Kommentatoren als schwachsinnige Nichtskönner abtaten, welche angeblich ausnahmslos die Botschaften des Buddha mißverstanden hätten. Ich jedenfalls neige zu der Annahme, daß sie im allgemeinen seine Absichten ziemlich korrekt erfaßten. Man kann also durchaus vorbringen, daß manches, was ich dem »archaischen« Buddhismus zuschreibe, in Wirklichkeit in den zweiten Teil, zu den Scholastikern, oder in den dritten Teil, ins *mahāyāna*, gehört.

Diese Untersuchung des archaischen Buddhismus betrachtet zunächst (im dritten Kapitel) jene Merkmale unserer Umwelt, die diese zu einem mehr als unbefriedigenden Lebensraum machen, obwohl wir uns der vollen Bedeutung dieser Merkmale selten bewußt werden. Von dieser Welt enttäuscht, versuchen wir, ihr zu entfliehen. Doch um dazu in der Lage zu sein, müssen wir zunächst die fünf Kardinaltugenden entwickeln, die im vierten Kapitel behandelt werden. Erst wenn diese Tugenden über lange Zeit hinweg in uns wirksam gewesen sind, erreichen wir (fünftes Kapitel) die letzten Stufen zur Erlösung, welche schließlich im *nirvāṇa* enden. In einer Art Rückschau müssen dann ein paar Worte gesagt werden (sechstes Kapitel) über die vier Tugenden der Freundlichkeit, des Mitleids, der Mitfreude und des Gleichmuts, die in gewissem Maß außerhalb der sonst im buddhistischen Streben nach Erlösung verwendeten Methoden stehen. Schließlich (siebtes und achtes Kapitel) kommen wir auch auf die »*dharma*«-Theorie zu sprechen, die eigentlich und logischerweise vor allem anderen hätte diskutiert werden sollen, die aber dermaßen schwierig ist, daß sie aus pädagogischen Gründen an den Schluß gestellt wurde.

Die meisten Probleme und Ideen, für die sich buddhistische Denker interessiert haben, werden in den drei Teilen dieses Buches auf drei Ebenen diskutiert, nämlich entsprechend ihrer Rezeption im archaischen, scholastischen und *mahāyāna*-Buddhismus. Philosophische Argumente werden, sei es auch nur aus Platzgründen, als unabhängige Denkrichtungen behandelt, die lediglich mit den meditativen Praktiken der Mönche in Zusammenhang stehen. Die Verbindungen zwischen Buddhismus und Hinduismus bleiben hier völlig unerwähnt. Obwohl die hinduistische Umwelt sich ständig auf die Buddhisten auswirkte, ist es durchaus angängig, den Buddhismus als autonomes, gänzlich aus seinen eigenen Voraussetzungen heraus verständliches System zu behandeln. Auch wurde nicht der Versuch unternommen, buddhistisches Denken im Zusammenhang mit der Gesellschaft, in welcher er sich entfaltete, zu zeigen. Der historische Rahmen wurde hier vernachlässigt, nicht zuletzt deswegen, weil ich ihn an anderem Ort beschrieben habe und mich selbst nicht *ad infinitum* wiederholen mag.[4] Man wird also kaum Namen, Daten oder sonstige Bezugspunkte der indischen Geschichte finden, und der verwirrte Leser mag wohl mitunter verzweifelt nach ein paar konkreten Fakten suchen. Es gibt keine. Er ist hiermit aufgefordert, die Lehre des Buddha als etwas hinzunehmen, das, wie andere Religionen auch, sozusagen vom Himmel fiel, niemand weiß warum, unabhängig und ohne Rücksicht auf historischen Kontext (vgl. S. 10). Wie der heilige *dharma* selbst steht dieser Ansatz im Widerspruch zu den anerkannten Richtlinien der heutigen Geschichtswissenschaft. Man wird jedoch sehen, daß die Darstellung buddhistischer Ideen selbst schon eine faszinierende Geschichte abgibt, deren bloße Erzählung jeden denkfähigen Menschen heiter stimmen muß.

3. Die drei Merkmale und die verkehrten Sichtweisen

Eine Grundposition des Buddhismus besagt, daß alles »Bedingte«, das heißt alle Faktoren unserer normalen Erfahrung, drei Wesenszüge oder »Merkmale« (*lakṣaṇa*) trägt. Es sind folgende: 1. unbeständig, 2. leidvoll, 3. »nicht-selbst«. Schon nach flüchtiger Überlegung müssen wir einsehen, daß diese Aussage zumindest teilweise zutrifft. Sobald man die Merkmale besser versteht, meldet sich aber unweigerlich ein gewisser emotionaler Widerstand, und zur vollständigen Überzeugung bedarf es sowohl der Meditation als auch philosophischer Überlegungen.

Die einfache, untechnische Auslegung des Wortes »unbeständig« besagt schlichtweg, daß alles sich unablässig verändert. Die These gilt als unbestreitbar und wird zusätzlich untermauert durch 1. eine Analyse der Veränderungsprozesse, 2. die Bestimmung der Dauer eines Ereignisses und 3. eine Überprüfung praktischer Konsequenzen, die aus der Tatsache der Unbeständigkeit zu ziehen sind.

Ad eins wird von uns verlangt, die Dinge in ihrem »Kommen, Werden und Gehen« zu begreifen und die drei Phasen des Aufstiegs, der Dauer und des Falls zu unterscheiden. *Ad* zwei lehrt man uns, daß Dinge und Personen wesentlich kürzer existieren, als wir gemeinhin annehmen. Eine nahezu heraklitische Aussage gemahnt uns daran, daß es »keinen Moment, keinen Augenblick, keine Sekunde gibt, in welcher ein Fluß nicht fließt.«[1] Bei näherer Untersuchung zeigt sich, daß ein tatsächliches Ereignis (*dharma*) nicht länger als einen Augenblick dauert. Th. Stcherbatsky formulierte es folgendermaßen: »Die Augenblicklichkeit des Daseins ist die Grundlehre, welche ›mit einem Streich‹ das ganze buddhistische System begründet.«[1a] *Ad* drei sollte alles Vergängliche aus eben diesem Grund abgelehnt werden.[2] Das Unbeständige bringt zwangsläufig Leid, und man sollte es verabscheuen.[3] Denn »das Unbeständige lohnt nicht, daß man sich daran erfreut, lohnt nicht, daß man es bewundert, lohnt nicht, daß man daran hängt.«[4] Die genannten drei Punkte sind eine Minimalbeschreibung der »Unbeständigkeit« und wurden später sowohl von der *hīnayāna*-Schule (vgl. S. 188 ff.) als auch von der *mahāyāna*-Schule (vgl. S. 293 ff.) weiter ausgearbeitet.

Das zweite Merkmal heißt *duḥkha* und läßt sich in etwa mit »leidvoll« übersetzen. Die volle Bedeutungstragweite des Begriffs ist allen außer dem Höchsten Heiligen verborgen und wird auf niedrigeren Erkenntnisstufen nur unvollkommen verstanden.[5] Wir müssen uns hier mit der Abgrenzung dreier Interpretationsebenen des Begriffs »leidvoll« begnügen.

Für den Anfänger kann er bedeuten, daß seine gesamte Erfahrung *ebenfalls duḥkha* ist, das heißt, daß sie auf die eine oder andere Weise mit Leid und unerfreulichen Empfindungen zusammenhängt. Die erste Heilige Wahrheit[6] zählt im ersten Teil verschiedene Leiden auf, die entweder zu den offensichtlichen Widrigkeiten gehören wie Alter, Krankheit oder Tod oder die, wie Geburt und dergleichen, nach kurzem Nachdenken als Beschwernis erkannt werden.[7] Der letzte Satz jedoch erschließt eine ganz andere Gedankenverbindung. Wenn es da heißt: »Jedes Verlangen nach einem der fünf *skandhas* ist leidvoll oder zieht Leid nach sich«, so kann das nicht unmittelbar einleuchten. Es geht hier um die *Universalität* des Leids. Einer näheren Erläuterung müssen daher ein paar klärende Worte vorausgeschickt werden. Sie betreffen das Konzept des »Verlangens nach den *skandhas*« oder besser »die *skandhas*, insofern nach ihnen verlangt wird«.[8] Ebenso wird zunächst eine komplizierte Untersuchung der Frage unternommen, warum die Summe dessen, was in Besitz genommen wurde, *ipso facto* als vollkommen »leidvoll« zu gelten habe. Auch muß in diesem Stadium wohl mit einigem emotionalen Widerstand gerechnet werden. Das »Leid« ist zugleich »abstoßend« (*pratikūla*) und daher zu meiden und abzulehnen. Solange wir zum Verzicht nicht wirklich bereit oder imstande sind, hängen wir weiterhin zwangsläufig an vielen Dingen, die uns, eben weil wir daran hängen, gut und harmlos erscheinen, und keineswegs »leidvoll« oder unerwünscht. Manche Dinge schätzen wir, andere lehnen wir ab, und solange wir leben, halten wir ohne jede Frage jene für wertvoller als diese. Selbst noch so viele Enttäuschungen hindern uns nicht daran, uns in dieser Welt wieder und wieder häuslich einzurichten.

Im zweiten Stadium wird die Welt als *überwiegend* leidvoll erkannt. Begünstigt wird dieser Schritt durch ein tieferes Verständnis der wahren, unveränderbaren und realen »gelassenen Ruhe« (*sukha*), welche das Gegenteil aller Leiden ist. Angesichts eines Vergleichs mit *nirvāṇa* beginnen wir, das Leben neu zu bewerten, während wir *nirvāṇa* seinerseits immer besser zu würdigen lernen. Es wird uns immer klarer, daß wir uns niemals mit etwas Geringerem als absoluter und bleibender Glückseligkeit zufrieden geben werden (vgl. S. 58f.), welche unmöglich aus dem hienieden Vorgefundenen gewonnen werden kann. Selbst angenehme Dinge erscheinen uns nun als »leidvoll«, einfach weil sie niemals bleiben. Selbst ein glückliches Leben ist eben nur so lange glücklich, als es dauert. Und da es mit seiner Umkehrung oder Wendung zum Schlechteren rechnen muß, kann es sehr wohl Grundlage künftiger Leiden sein.[9] Die Labilität und allgemeine Unsicherheit des Lebens in einer sich verändernden Welt führt zu Unruhe und zum Wunsch, ihr zu entfliehen. An diesem Punkt wird das aus weltlichen Dingen erfahrene Glück zwar nicht als nicht vorhanden, aber doch als nichtig erkannt. Welcher vernünftige Mensch würde sich einen Furunkel wünschen, bloß weil es angenehm ist, ihn hin und wieder zu spülen? Die wenigen Freuden der Welt, die uns immerhin zufallen mögen, müssen überdies mit einem Verlust überirdischen Glücks erkauft werden und hindern uns daran, die stillen Wonnen der Loslösung zu erfahren oder uns das tiefste Verlangen unseres Herzens bewußt zu machen. Einige *mahāsaṅghikas* behaupteten sogar, daß es überhaupt keine angenehmen Erfahrungen geben könne, da alles, was »angenehm« scheint, in Wirklichkeit nur eine Variante oder Linderung des Schmerzes sei. Die *sthaviras* wiesen diese These als übertrieben pessimistisch zurück und betonten, daß es durchaus angenehme Empfindungen gäbe, daß diese aber gänzlich belanglos wären, weil stets unzureichend, von Angst überschattet, kurzlebig und seicht. Manche Aspekte des weltlichen »Leidens« verstehen wir deutlicher, falls und sobald wir die Merkmale des außerweltlichen, geistlich-religiösen Bereichs tatsächlich erfahren. Mit zunehmendem Geschick in den Tranceübungen nimmt unser Verständnis für »Frieden« zu, und mit zunehmender geistlicher Reife verurteilen wir daraufhin vieles, was uns zuvor angenehm und harmlos erschien, weil es den in Trance gefundenen Frieden stört. Auf gleiche Weise beruht unsere Einsichtsfähigkeit in die Unterdrückernatur (*pīḍa*) der Geschehnisse auf dem Grund unserer Freiheitserwartung.

Schließlich sei gesagt, daß es als extrem schwierig gilt, zu der Einsicht zu gelangen, daß alles Abhängige *voller Leiden* sei.[10] Diese Einsicht ist denn auch den höchsten Heiligen vorbehalten, den *arhats*, welche die letzten Reste der »verkehrten Sichtweisen« hinter sich gelassen haben. Da nun nur Heilige sich dessen sicher sein können, wird die Wahrheit des Leids als eine »heilige Wahrheit« bezeichnet. Der *arhat* ist um so vieles empfänglicher, stellt so viel höhere Ansprüche als wir. Niemand stört sich an einer Wimper auf der Hand, aber jeden reizt und schmerzt sie, wenn sie ihm ins Auge fällt. Ebenso bleibt der gewöhnliche Mensch unempfindlich für die Widrigkeiten des Bedingten, während sie den Weisen qualvoll peinigen.[11] Die Heiligen leiden im höchsten Himmel heftiger als die Narren in der grauenvollsten Hölle. Nur *arhats* vermögen zu erkennen, daß das größte aller Übel das »Geformte« (*saṅkhāra*) ist und daß daher *nirvāṇa* höchste

Wonne bedeutet.[12] »Leid« bedeutet hier Unruhe oder Störung. Schon der bloße Wunsch, irgendetwas zu tun, ist »leidvoll«,[13] ebenso alle Dinge, welche durch die Umstände gestaltet oder geformt werden. Die fünf *skandhas* sind ebenso furchterregend wie ein Leichnam, den man einem Lebenden über die Schultern legt.[a14] »Leid« wurde nun gleichbedeutend mit »Welt« (*loka*) oder auch mit »Werden« (*bhava*) in seinem vollen Umfang.

Ein treffendes deutsches Äquivalent für das dritte Merkmal (Sanskrit *anātman*, Pāli *anattā*) ist schwer zu finden. Für den Augenblick muß es genügen, es etwas dunkel und verschwommen mit »Nicht-Selbst« zu übersetzen und damit die Entscheidung zu umgehen, ob der Begriff nun mit »nicht selbst«, »kein Selbst«, »Nicht-Ich«, »nicht das Selbst«, »ohne selbst sein« oder mit »substanzlos« u. s. w. wiedergegeben werden soll. Am ehesten wird der Bedeutungsgehalt dieses Merkmals geklärt, wenn wir zwei sehr alte Formulierungen zitieren, welche das Konzept eines »Selbst« verwerfen und ihm die Anordnung der verschiedenen Persönlichkeitskomponenten unter die fünf »*skandhas*« gegenüberstellen.

Die erste Formulierung legt den im wesentlichen pragmatischen Kern dieses Ansatzes folgendermaßen dar:[15] »Die Gestalt ist nicht das Selbst (*anattā*). Wäre sie es, so könnte diese Gestalt nicht Macht gewinnen, und im Hinblick auf die Gestalt wäre es möglich, den Vorsatz zu fassen: ›Mein Leib sei dergestalt, mein Leib sei nicht dergestalt!‹ Da aber der Leib nicht das Selbst ist, gewinnt er Macht, und man vermag nicht den Vorsatz zu fassen: ›Mein Leib sei dergestalt, mein Leib sei nicht dergestalt!‹ Desgleichen auch Gefühle, Wahrnehmungen, Impulse und Bewußtsein. Was meint ihr nun – ist die Gestalt beständig oder unbeständig?« – »Sie ist unbeständig,

a Aristoteles in seinem *Protrepticus* weiß über die etruskischen Piraten zu berichten, die, wenn sie Gefangene machten, eine Leiche an einen lebendigen Menschen banden und diesen dann seinem Schicksal überließen; »So gleicht auch unser Verstand, an seinen Körper gefesselt, den mit den Toten vereinten Lebenden.«

oh Herr.« – »Ist aber diese Unbeständigkeit leidvoll oder angenehm?« – »Sie ist leidvoll, oh Herr.« – »Ist es aber angemessen, das Unbeständige, Leidvolle und zur Umkehrung in sein Gegenteil Verurteilte zu beachten wie ›dieses ist mein, ich bin dieses, dieses ist mein Selbst‹?« – »Gewiß nicht, oh Herr.« Desgleichen auch Gefühle, usw. »Daher: Welche Gestalt es auch geben möge, ob vergangen, künftig oder gegenwärtig, innen oder außen, grob oder fein, niedrig oder erhaben, nah oder fern, die rechte Weisheit soll alle solche Gestalt als das erkennen, was sie wirklich ist, nämlich ›All diese Gestalt ist nicht mein, ich bin nicht diese, diese ist nicht mein Selbst‹.« Desgleichen auch Gefühle, usw. »Der wohlberatene heilige Jünger erkennt dies und empfindet Widerwillen gegen die *skandhas*. Da er Widerwillen empfindet, wird er leidenschaftslos. Durch Leidenschaftslosigkeit wird er frei.«

Dies ist ohne weiteres verständlich, und die bloße Tatsache, daß das Argument so überaus einfach ist, scheint dessen fundamentale Wahrheit zu bestätigen. Die Formulierung ist offenbar als Meditationshilfe gedacht, nicht als Grundlage irgendwelcher rationalen Spekulationen. Man kann sie mühelos in eine zehnstufige Meditation über jedes beliebige Ding umwandeln, das sich als etwas »Eigenes« betrachten läßt: 1. Man konzentriere sich auf die Eigengesetzlichkeit des Gegenstandes, seine vom Willen des Betrachters unabhängigen Bewegungen, und beobachte diese. 2. Man beobachte, wie er seinen eigenen Lauf verfolgt, wie er aufkommt, verweilt und zerbricht. 3. Man mache sich die Angst vor seiner Umkehrung ins Gegenteil bewußt sowie die Furcht, daß er tyrannische Macht gewinnen könnte. 4. Man betrachte ihn als unterlegen, der Gefahr und Bedrängnis ausgesetzt, etwa wie eine Zielscheibe. 5. Man erkenne, daß er keinen sicheren, undurchdringlichen Schutzpanzer bildet und keine der wichtigen Lebensfragen löst, sondern vielmehr deren Lösung verzögert. 6. Man erkenne, daß man von Besitz besessen wird, erkenne seine zwingende Macht und die Tatsache, daß »ich gehöre ihm« wahrer ist als »er gehört mir«. 7. Der tatsächliche Lauf der Dinge wird ebenso stark, wenn nicht stärker, durch äußere Gegebenheiten beeinflußt wie durch eigene Willensanstrengungen irgendeines Menschen. 8. Das Selbst, welches scheinbar die Oberhand behält, besteht aus einer Vielzahl von Faktoren und wendet sich teilweise gegen sich selbst, was anhand von Versuchungen, Selbstüberwindungs- und Selbstvernichtungshandlungen, Phobien und dergleichen deutlich zu sehen ist. Bei einem nicht vollständig integrierten Menschen verweisen widersprüchliche Impulse, sofern sie mehr oder weniger ständig und systematisch auftreten, weit eher auf mehrere unterschiedliche Kontrollzentren als auf ein in sich geschlossenes, einheitliches Selbst. 9. Der tatsächliche Lauf der Dinge weicht häufig von meinen Wünschen ab, ebenso wie meine tatsächlichen Leistungen von meinen Zielvorstellungen. 10. Wenn ich zu prüfen versuche, was in meiner Macht steht und was nicht, so kann ich keinen konkreten Gegenstand entdecken, welcher wirklich »meiner« Macht unterworfen ist.

Die gleiche Einsicht findet in einer weiteren Formulierung systematischen Ausdruck, welche als die *satkāyadṛṣṭi*[16] bezeichnet wird, »die falsche Auffassung von Individualität«, »der Glaube an ich und mein«.[17] Sie unterscheidet zwanzig Ebenen für ein »Erfassen des Wortes ›selbst‹«, indem sie die möglichen Beziehungen der fünf *skandhas* zu einem hypothetischen »Selbst« erwägt. Man betrachtet (1. bis 5.) die fünf *skandhas* als das Selbst, so wie die Flamme einer Lampe mit ihrer sichtbaren Erscheinung identisch ist; (6. bis 10.) das Selbst als etwas, das die *skandhas* hat oder besitzt, so wie ein Baum einen Schatten hat; (11. bis 15.) die *skandhas* als im Selbst enthalten, gleich dem Duft in der Blume; und (16. bis 20.) das Selbst in den *skandhas*, gleich dem Juwel in der Schmuckschatulle.[a][18]

a »Er findet etwas von sich selbst darin wieder«, würden wir sagen. 1. bis 5. entspricht Sätzen, die mit »ich bin« gebildet werden, 6. bis 10. Sätzen mit

Die beiden Formulierungen gewinnen vor dem Hintergrund gewisser Vorstellungen vom »Selbst« (*ātman*), welches hier geleugnet wird, ihre Bedeutung. Wir können im Augenblick noch nicht mit Gewißheit sagen, welche Vorstellung von einem *ātman* sich die frühen Buddhisten machten, wenn sie es so heftig leugneten. Ich persönlich glaube, daß es zweierlei Vorstellungen gab, nämlich einmal die durch gewöhnliche Menschen vorgenommene Interpretation der Begriffe »ich« oder »mein«, zum anderen die von der *sāṃkhya*- und *vaiśeṣika*-Schule vertretene philosophische Auffassung, daß eine stetige, tiefliegende Substanz als Agens wirke, welche die verschiedenen Handlungen eines Menschen überdauert, während eines Lebens oder mehrerer Wiedergeburten bestehen bleibt[19] und den Tätigkeiten des Individuums als »Stütze« dient.[20] Es bleibt jedoch eine zweifelhafte und unter Fachleuten vieldiskutierte Frage, ob die upaniṣadische Lehre vom *ātman* überhaupt einen Einfluß auf den frühen Buddhismus genommen hat.[21] »Begriffe wie Seele, Selbst, Ego oder, um den Sanskrit-Ausdruck zu nennen, *Ātman*, legen im allgemeinen nahe, daß es im Menschen ein bleibendes, ewiges und absolutes Wesen gibt, welches die unwandelbare Substanz hinter der wandelbaren Welt der Phänomene darstellt.«[a22] In seinem Kern ist das Merkmal des Nicht-Selbst eine einfache logische Folgerung aus der Unbeständigkeit aller Dinge. Es kann keine bleibende Individualität geben, weil

»ich habe«. 1. bis 5. kann eine grundsätzliche oder vollständige Identität bedeuten und sich auf Theorien über das Selbst beziehen. Eine theoretische Gleichsetzung des »Selbst« mit Materie entspräche den extremen *lokāyatikas*, der *homme machine*-Schule und dem Behaviorismus. Auch sahen manche Philosophen die eigentliche und wahre Erfüllung des menschlichen Selbst im Fühlen, andere, den Voluntaristen und Pragmatisten ähnlich, im Streben. Die verschiedenen genannten Sichtweisen entsprechen vermutlich weitgehend den im damaligen Indien tatsächlich kursierenden Schulmeinungen, doch eine nähere Untersuchung derartiger Entsprechungen würde uns zu weit vom Thema entfernen.

a »Substantiell verstanden, bedeutet *ātman* alles, was ewig Eins bleibt, unverändert und frei.« Suzuki St. 387-388.

die *skandhas* weder Dauer noch Einheit (*piṇḍa*)[23] besitzen. Man möge beachten, daß in den oben zitierten Grundformulierungen das Nichtvorhandensein des Selbst auf die fünf *skandhas* beschränkt bleibt, während über seine mögliche Existenz oder Nicht-Existenz außerhalb der *skandhas* nicht das geringste ausgesagt wird. Der Buddha hat niemals gelehrt, daß das Selbst »nicht ist«, sondern nur, daß es »nicht wahrgenommen werden kann«.[a]

Ein wichtiges Gegenstück zu den Merkmalen, denen oft als viertes das »Abstoßende« (*aśubha*) hinzugefügt wird, sind die vier verkehrten Sichtweisen (*viparyāsa*). Sie gehören ebenfalls zu den unmittelbar überzeugenden und leicht verständlichen Inhalten der Lehre. Diese Theorie ist für den Buddhismus von grundlegender Bedeutung, wenn auch nicht auf ihn beschränkt. Aber schließlich besteht kein Grund zu der Annahme, daß einzig die typischen Eigenmerkmale einer Religion für sie wesentlich seien. Eine sehr ähnliche Tabelle findet sich in den *yoga*-Lehren des Patañjali[24], und das *Buddhacarita* des Aśvaghoṣa[25] schreibt zumindest einen ihrer Aspekte dem *sāṃkhya*-Lehrer Arāḍa zu. Auch in Europa blieb das Problem einer Fehlsicht oder falschen Perspektive nicht gänzlich unbemerkt, obwohl den Berufsphilosophen im allgemeinen die Unterstellung einer allgemein verbreiteten und weitreichenden Selbsttäuschung der menschlichen Vernunft wenig zusagte. Ihre Herausarbeitung blieb den Psychologen und Dichtern überlassen. In England kennt jeder, der eine Schule besucht hat, die »Ode an die Unsterblichkeit« von Wordsworth, und später werde ich ein Gedicht von Sully-Prudhomme zitieren, das den gleichen Grundgedanken enthält.

Zunächst aber möchte ich den Begriff *viparyāsa* erläutern, um anschließend ein paar Worte über die »verkehrten Sichtweisen« als empirische Fehlleistungen zu äußern, welche von

a Die Weiterentwicklung der *anattā*-Lehre muß im Zusammenhang mit der *dharma*-Theorie gesehen werden (I_7).

jedermann durch einfache Beobachtung mühelos nachgewiesen werden können. Anschließend zeige ich mit Hilfe philosophischer und psychologischer Argumente, daß die verkehrten Sichtweisen auf einer Fehleinschätzung unserer Beziehung zum Absoluten beruhen.[a]

Erst einmal zur offensichtlichen Bedeutung dieses Lehrsatzes: Es ist allgemein bekannt, daß Unwissenheit (*avidyā*) den Buddhisten als Grundübel gilt. In der Meditationsanleitung wird das Konzept der »Unwissenheit« für die analytische Betrachtung aufbereitet, indem man es in vier »verkehrte Sichtweisen« unterteilt.[26] Diese werden gewöhnlich in einer Kurzformel definiert, welche besagt: Unter dem Einfluß der verkehrten Sichtweisen sucht der Mensch »nach dem Dauerhaften im Unbeständigen, nach dem Angenehmen im Leid, nach dem Selbst in dem, was nicht Selbst ist, und nach dem Liebenswerten (*śubha*) im Abstoßenden«.[27] Anders gesagt, handelt es sich bei diesen Sichtweisen um den Versuch, 1. Dauer zu finden in dem, was von seinem Wesen her unbeständig ist, 2. Wohlbehagen in dem, was untrennbar mit Leid zusammenhängt, 3. Selbstverwirklichung in dem, was zu keinem Selbst in Beziehung steht, und 4. Freude in dem, was von seinem Wesen her abstößt und anwidert.

Das Substantiv *viparyāsa*[28] ist aus dem Stamm *as* abgeleitet, also *vi-pary-ās-a*. *As*, *asyati* heißt »werfen«, und *viparyāsa* wird für das »Umwerfen« eines Wagens verwendet. Unsere Übersetzung mit »verkehrte Sichtweisen« läßt einiges zu wünschen übrig, und andere Autoren zogen es vor, mit »Inversion«, »Perversion«, »falsches Bewußtsein«, »Irrtum«, »das was bestürzen kann« oder »umgekehrte Ansichten« zu übersetzen. In jedem Fall stehen die *viparyāsas* für eine verfehlte Suche, eine Suche nach Dauer usw. am falschen Platz. Es sind Fehler, Verdrehungen der Wahrheit und folglich Umstürzer, Zerstörer der inneren Ruhe. Denn keine Gegebenheit als solche kann jemals bestürzen, außer wenn sie falsch inter-

a Die Behandlung der *viparyāsas* im *mahāyāna* wird in $\text{III}_{1,4}$ diskutiert.

pretiert wird. Die heiligen Schriften identifizieren die *viparyāsas* mit »unklugem Augenmerk«[29] – der Wurzel aller ungesunden *dharmas*[30] – sowie mit Dummheit, Verblendung und falschem Schein. »Solange ihre Gedanken durch die vier verkehrten Sichtweisen verdreht sind, werden die Menschenwesen diese unwirkliche Welt aus Geburt und Tod niemals überwinden.«[31] Es ist auf der anderen Seite das Vorrecht der Weisheit, das Unverkehrte zu erkennen.[32] Die Weisheit hat das unverkehrte Eigen-Sein (*svabhāva*) der *dharmas*[33] zum Gegenstand. »Unverkehrt« sein ist ein Synonym für »Wahrheit«,[34] und das Selbst-Sein der *dharmas* wird als »die Unverkehrtheit ihrer eigentlichen Natur«[35] definiert. So viel zum philologischen Hintergrund.

Als nächstes betrachten wir den Sinn und die Bedeutung der »verkehrten Sichtweisen«. Zunächst einmal stellen sie eine *empirische Fehlleistung* dar, die, sobald auf sie hingewiesen wird, leicht zu erkennen ist. Eindeutig führt ja unsere Erwartung einer bestimmten Dauer, Glückseligkeit usw., welche die in den realen Gegebenheiten vorhandene Dauer usw. weit übersteigt, zu großer Beklemmung und geistiger Unruhe. Bei zahlreichen Anlässen wünschen wir, daß Ereignisse oder Dinge länger andauern oder bestehen, als sie es wirklich tun, und wir beklagen ihren unausweichlichen Verlust oder Verfall. Das von uns erwartete Glück dieser Welt übersteigt alles, was sie tatsächlich zu geben hat, so daß wir uns entweder eitlen Hoffnungen hingeben oder in Verzweiflung verzehren. Wenn wir annehmen, daß unser »Selbst« die Summe all dessen umfaßt, was wir besitzen oder beherrschen, dann treibt uns, wie auch die Stoiker betonten, eine beharrliche Illusion dazu, eine Vielzahl von Dingen und Besitztümern als unserer Macht unterworfen zu behandeln, während sie sich in Wirklichkeit, wie wir schon nach oberflächlicher Betrachtung zugeben müssen, dem Zugriff unserer Macht entziehen. Wenn jemand innerlich gegen das Alter oder das Dahinschwinden teurer Besitztümer kämpft, wenn er sich von einem Bankkonto, von Macht über andere, von geschlechtlichen Beziehungen oder von der Gesellschaft seiner Mitmenschen dauerndes Wohlbehagen erhofft, wenn sein Geist genüßlich oder herrisch den Teil der Welt, den er sich zu eigen gemacht hat, absteckt und angesichts von Personen oder Gegenständen, die sich seinem Willen zu beugen scheinen, frohlockt – dann tut er in jedem einzelnen Fall der wahren Natur der Dinge Gewalt an, schreibt den Gegenständen Eigenschaften zu, die im Gegensatz zu ihrer wirklichen Beschaffenheit stehen, und in jedem Fall steuert er auf einen tiefen Fall zu und muß über kurz oder lang stürzen.

In unseren lichteren Momenten können wir das alles sehr klar erkennen – obwohl solche Momente recht selten vorkommen. Die buddhistischen Meditationspraktiken zielen darauf ab, sie häufiger herbeizuführen, und zahllose Regeln wurden zu dem Zweck ersonnen, unserem widerstrebenden Bewußtsein den tatsächlichen Stand der Dinge einzuprägen.

Es gibt vier »verkehrte Sichtweisen«, wenn wir von den durch sie verzerrten Aspekten der objektiven Welt ausgehen. Es gibt drei, wenn wir sie unter dem Gesichtspunkt ihrer Stellung innerhalb unseres Bewußtseins betrachten – denn sie betreffen Wahrnehmung, Denken und theoretische Annahmen.[36] Obwohl uns die Kommentare[37] nicht viel weiterhelfen, dürfte diese weitere Unterteilung unserem Verständnis keine wesentlichen Schwierigkeiten bereiten.

Um mit der dritten Position zu beginnen, so mag jemand durchaus nach kritischen Überlegungen eine *Theorie* formulieren, nach der die Welt bleibende oder ewige Gegenstände enthält – etwa die Sonne, die Seele, einen Schöpfergott und dergleichen. Oder wir kommen zu der theoretischen Überzeugung, daß das gesamte Gute in der Welt das Leid in ihr überwiegt und daß das Leben, wie wir es vorfinden, lebenswert sei. Alle derartigen »optimistischen« Philosopheme werden nun als Beispiele für »verkehrte Sichtweisen« gewertet. Auch behaupten viele Philosophen als diskutable Meinung die Existenz eines »Selbst« und versichern oder deuten zumindest an, daß Begriffen wie »zugehören« oder »besitzen« eine objektive Realität in der tatsächlichen Wirklichkeit zukomme. In diesem Sinn wäre beispielsweise die Philosophie eines Aristoteles, die ja auf dem Axiom des *hyparchein* beruht, ein klares Beispiel für *dṛṣṭiviparyāsa*.

Die wahre Stärke der verkehrten Sichtweisen offenbart sich jedoch weniger in ausdrücklichen theoretischen Formulierungen als vielmehr darin, daß wir gewohnheitsgemäß so handeln, als verhielten sich die Dinge umgekehrt zu ihrer wirklichen Beschaffenheit. Derlei Gewohnheiten beruhen auf zwei Faktoren – auf falscher Sicht, nämlich auf der Art und Weise, wie Erfahrungswerte der gewöhnlichen, gedankenlosen Wahrnehmung erscheinen, und auf falschem Begehren, nämlich auf der fast unmerklich vollzogenen Umformung der äußeren Erscheinung solcher Werte durch unser Wunschdenken.[38]

Die Wahrnehmung wird insofern pervertiert, als die tatsächliche sinnliche Wahrnehmung häufig eine positive Wahrnehmung der »Merkmale« – unbeständig, leidvoll, Nicht-selbst – ausschließt. Oft erscheinen Gegenstände als durchaus statisch und unwandelbar. Normalerweise schließt die Wahrnehmung solcher Gegenstände weder ihren Anfang noch ihr Ende ein. Betrachten wir die Dinge in ihrem nackten Vorhandensein, so entgeht uns meistens ihr »Aufstieg und Niedergang«. Die Dauer der Dinge, ihre Entstehung und ihr Zerfall, liegen gewöhnlich außerhalb unseres Wahrnehmungsbereichs. Auf ähnliche Weise bleibt zu dem Zeitpunkt, da der angenehme Gehalt einer Sinneswahrnehmung registriert wird, ein großer Teil des mit ihr zusammenhängenden Leids und Schmerzes verborgen.[39] Ich erwähne hier nur den verborgenen Schmerz der anderen oder den, welchen erst die Zukunft bringt. Wie Thomas von Kempen bemerkte: »Also naht jede fleischliche Lust mit lächelndem Antlitz, doch am Ende beißt und tötet sie.« Das Merkmal des »Nicht-Selbst«

schließlich wird durch die Tatsache verdeckt, daß jede Person als *ein* festgefügtes Ganzes erscheint. Es kostet einen enormen analytischen Denkaufwand, dieser falschen Erscheinung entgegenzuwirken. Buddhaghosa sieht in der Unfähigkeit, den undifferenzierten »Klumpen« (*ghana*) analytisch in *dharmas* zu unterteilen, eine der Hauptursachen für den weitverbreiteten Widerstand gegen die *anattā*-Lehre. Begriffe wie »ich« und »selbst« werden aus geistiger Trägheit heraus verwendet, so wie wir uns etwa bei der Beschreibung historischer Ereignisse damit begnügen zu sagen, »Napoleon« habe dies oder jenes getan, weil wir zu träge sind, die wirklichen historischen Ursachen eines bestimmten Ereignisses zu nennen, beispielsweise für den Code Napoléon. In Ihren Abhandlungen zum *abhidharma* haben die Buddhisten lange Tabellen der elementaren »*dharmas*« mit Regeln für ihre Zusammenstellung vorgelegt, um uns die Möglichkeit zu geben, über die scheinbare Einheitlichkeit von Personen und Gegenständen hinauszublicken und zu der Vielfalt dharmischer Vorgänge vorzudringen, was uns sodann befähigt, gänzlich auf die Vorstellung von einem »Selbst« zu verzichten.

Von einer Umkehrung oder Perversion durch das Denken sprechen wir da, wo die Neigungen des Herzens den Dingen ein eindeutig falsches Gefüge unterstellen und wo ihre äußere Erscheinung durch törichte Änderungen und Zugaben, die wir mit Rücksicht auf unsere Wünsche und Ängste anfügen, eindeutig verzerrt wird. Die (vierte) verkehrte Sichtweise, die das Abstoßende als anziehend betrachtet, beruht offenkundig fast ausschließlich auf Wunschdenken. Sie betrifft Gegenstände, die direkt unsere fundamentalsten Instinkte ansprechen, vor allem die Eßlust und die Sexualität. Definiert man die Instinkte als etwas, das in uns Interesse für das von seinem Wesen her Uninteressante weckt, dann ist leicht zu erkennen, daß jene Gegenstände der Außenwelt, aus welchen die Instinkte sich nähren und erhalten, ihren Glanz und ihre Anziehungskraft vor allem einer blühenden Phantasie verdanken.

Als treffendes Beispiel sei erwähnt, wie reizvoll und schön der weibliche Körper erscheint, wenn man sein Äußeres unter dem Einfluß der Sexualhormone betrachtet. Um dieser Versuchung entgegenzuwirken, lehrte man die Mönche, sich stets daran zu erinnern, wie abstoßend der menschliche Körper ist, wenn man sich seine Gesamtheit, seine Funktionen oder seinen Verfall vor Augen hält. In Mönchskreisen wurde dieser vierte *viparyāsa* stets besonders betont. Hierher gehört auch das Beispiel, welches Buddhaghosa für »verkehrtes Denken« gibt und welches sich auf eine Frau bezieht, die Mahātissa den Älteren mit verkehrtem oder verderbtem Denken (*vipallatta-citta*) zu verlocken suchte.[40] Doch auch in den ersten drei verkehrten Sichtweisen ist die Verzerrung des Denkens ebenso wirksam. Sowohl Furcht als auch Hoffnung verführen uns dazu, die Dauer der Dinge überzubetonen, und häufig wenden wir unseren geistigen Blick bewußt von jenen Kräften ab, welche das, was uns teuer ist, zu zerstören drohen. Ebenso verschließen wir aus Furcht unsere Augen vor manchem Leid, sei es auch nur, um uns gar zu heftigen Kummer zu ersparen (vgl. S. 116f.). Und was nun unser »Selbst«, seine Eigenschaften, Besitztümer und Leistungen betrifft, so vergrößern Eitelkeit und Stolz, was wir erlangt haben; die Sicherheit unseres Besitzes wird meist überschätzt und die Bedeutung unserer Existenz im Verhältnis zum Universum grotesk übertrieben.

Und dennoch: Obgleich die empirischen Tatsachen von jedem, der sich darum müht, leicht erkannt werden können, sind Jahre emsiger Praxis nötig, bis wir alles, was uns in dieser Welt begegnet, mit der unerschütterlichen Überzeugung betrachten können, die da lautet: »Alles Abhängige ist unbeständig, leidvoll und nicht selbst« und »dies ist nicht mein, ich bin nicht dies, dies bin nicht ich selbst.« Bedenken wir, wie alle Menschen nach Glück streben und sich dennoch durch übertriebene Erwartungen eine ungeheure Leidenslast aufbürden, so stellen wir uns schließlich wohl die Frage, *warum* sie unaufhörlich so übersteigerte Ansprüche an ihre Umwelt stellen, obwohl doch alle Anzeichen dafür sprechen, daß sie damit eine Dummheit begehen.

Angesichts der empirischen Tatsachen handelt es sich, wie wir gesehen haben, bei den verkehrten Sichtweisen um empirische Fehlleistungen. Im Verhältnis zum Absoluten erscheinen sie als *metaphysische Fehlleistungen*. Man könnte einwenden, daß – wenn ich nichts anderes bin als das Absolute, wenn ich mit dem Unbedingten selbst identisch bin – meine Ansprüche bezüglich Dauer, Glück und Selbstbestimmung doch ausgesprochen legitim sind. Der Fehler liegt jedoch darin, daß ich am falschen Ort nach diesen Werten suche, nämlich in der Welt und nicht im *nirvāṇa*. Tatsächlich leuchtet denn auch die metaphysische Interpretation der verkehrten Sichtweisen sehr viel weniger ein als die empirische. Für diese braucht man nichts als gesunden Menschenverstand, während für jene zugleich, wie ich fürchte, auch Glaube gefordert ist. Im Lauf der Zeit kann dann der Glaube allmählich durch Wissen ersetzt werden – bis hin zu einer umfassenden Einsicht in die wahre Stellung unserer Persönlichkeit. Diese Einsicht wird allerdings nicht allein durch Nachdenken erworben, sondern beruht zugleich auf einer immer strikteren Selbstzucht, auf immer hingebungsvollerer Meditation und reiferer Weisheit.

Wie fast alle Religionen unterscheidet der Buddhismus zwischen zwei Tatsachenbereichen oder »Welten«. In der einen trägt alles die drei Merkmale, ist unbeständig, leidvoll und Nicht-Selbst; in der anderen, die »nicht geboren, nicht geworden, nicht erschaffen, nicht gefügt« wurde, ist alles Dauer, Seligkeit, im Vollbesitz seiner selbst. Die unbeständigen usw. Tatsachen sind (im philosophischen Sinn des Wortes) aktuell, die beständigen usw. dagegen ideal oder normativ.

Da es sich nun so verhält, kann man sehr wohl gute Gründe dafür vorbringen, daß wir unablässig danach streben, in dieser Welt absolute Dauer[41] und absolutes Wohlbehagen zu finden. Es scheint keine erkennbaren Schranken zu geben für unser Trachten nach dem Beständigen, das wir auf dem Treibsand der Zeit zu errichten suchen – durch unsere Kinder, durch Ruhm und »bleibende« Leistungen, durch weitgespannte Illusionen einer persönlichen Unsterblichkeit und dergleichen mehr. Ebenso scheint hinter unserem pausenlosen Streben, uns in dieser Welt heimisch zu machen und jenes narrensichere Glück zu finden, das man »Sicherheit« nennt, die Sehnsucht nach absolutem Wohlbefinden zu stehen. Und schließlich bleibt auch die absolute Selbstverwirklichung unser ständiges, wenngleich meist uneingestandenes Ziel. Wie sieht nun aber ein dermaßen »absolutes Selbst« aus? Wenn ich aufgrund der Gewalt, die ich über einen Gegenstand zu haben glaube, ihn »mein eigen« nenne, dann müßte doch mein »wahres Selbst« mit dem zusammenfallen, worüber ich, nicht weniger als allmächtig, vollständige und schrankenlose Herrschaft hätte. Nur das Absolute wäre es wert, als mein »wahres« oder »wirkliches« Selbst bezeichnet zu werden.[42] Habe ich es gefunden, so wird alles in vollkommener Freiheit so geschehen, wie ich es mir wünsche. Es gäbe kein Leid, auch keine Veränderung, zumindest nicht gegen meinen Willen. Anders ausgedrückt: Das maßgebende Selbst besäße die drei Merkmale des absolut Beständigen, des absoluten Glücks und der absoluten Freiheit.

Betrachten wir nochmals die Beweisführung hinter der Formulierung »dies ist nicht mein, ich bin nicht dies, dies bin nicht ich selbst« (vgl. S. 46), so finden wir, daß alles, was nicht einer vollständigen Selbstkontrolle entspricht, als »Nicht-Selbst« angesehen und daher auch nicht angewendet werden sollte. Diese Behauptung geht weit über die Grundsätze des gesunden Menschenverstandes hinaus. Zugehörigkeit oder das Gefühl eines Eigentumsrechts hängen, wie man gewöhnlich annimmt, vom Grad der Ausdauer, Kontrollgewalt und Freiheit des »Besitzers« ab. Der ungeschulte Menschenverstand würde jedoch die Behauptung ablehnen, daß wir nur in der *höchsten* Selbsttätigkeit etwas besitzen, das unser Eigentum genannt zu werden lohnt. Warum sich nicht begnügen mit der schwächeren Selbsttätigkeit und Macht, die wir über das besitzen, was wir gewöhnlich unser Eigenes nennen? Einfach deswegen, weil uns der Umstand beunruhigt, daß wir niemals vollständige Kontrollgewalt erringen. Unsere Ängste, Beklemmungen, Beunruhigungen, Zornausbrüche und dergleichen deuten auf eben jenes vergebliche Verlangen nach vollständigem Besitz hin. Entledigen wir uns aber all dessen, was unsere absolute Freiheit beschränkt, weisen wir es als »nicht wir selbst« von uns, so gewinnen wir ein höchst erhabenes Bild von uns selbst und mögen mit Recht über unsere eigene Kühnheit erschauern. Aber außer wenn wir wagen, ganz wir selbst und ganz frei zu sein, werden die uns von außen zugewachsenen Beifügungen für immer an uns haften, werden wir unterdrückt und uns selbst fremd bleiben.

Es besteht meiner Meinung nach Grund zu der Annahme, daß wir uns ohnehin stets ohne es zu wissen ein derart erhabenes Bild von uns selbst machen und daß es, was höher zählt, gesund für uns wäre, dies bewußt zu tun. Ein wohlbekannter Allgemeinplatz aller geistlichen Überlieferung bestätigt uns, daß wir »unruhige Geister« sind und daß unser wahres, unsterbliches Wesen irgendwie in dieser Welt verlorenging. Sully-Prudhomme bringt dies in seinem Gedicht *L'étranger* mit großer Klarheit zum Ausdruck:

> Je me dis bien souvent: De quelle race es-tu?
> Ton cœur ne trouve rien qui l'enchaîne ou ravisse,
> Ta pensée et tes sens, rien qui les assouvisse:
> Il semble qu'un bonheur infini te soit dû.
>
> Pourtant, quel paradis as-tu jamais perdu?
> A quelle auguste cause as-tu rendu service?
> Pour ne voir ici-bas que laideur et que vice,
> Quelle est ta beauté propre et ta propre vertu?

A mes vagues regrets d'un ciel que j'imagine,
A mes dégoûts divins, il faut une origine:
Vainement je la cherche en mon cœur de limon;

Et, moi-même étonné des douleurs que j'exprime,
J'écoute en moi pleurer un étranger sublime
Qui m'a toujours caché sa patrie et son nom.[a]

Dieses geistliche Postulat fand unerwartete Bestätigung in der modernen Psychologie. Karl August Menninger[43] beschreibt und erläutert detailliert eine Reihe »hartnäckiger Phantasien des Unbewußten«, in denen wir uns selbst für sehr viel mächtiger halten als wir sind. Er beginnt mit dem »Jehova-Komplex«, der uns weismacht: »Ich bin Gott selbst, bin allmächtig, allwissend, unergründlich.« Offen tritt er nur in Irrenanstalten zutage. Er wird gefolgt vom »Jesus-Komplex«, von »Phantasien über außergewöhnliche Geburt und Abstammung«, vom »Thema des Zauberstabs, der Allmacht verleiht und Wahrzeichen höchster Macht und Befehlsgewalt ist; besitze ich ihn, so gehört mir die Welt; von der Vorstellung einer Wiedergeburt im *nirvaṇa* oder in einem Jerusalem, von welchem es heißt: ›In dir wird nicht sein Kummer noch Klage, Sorge noch Mühsal‹«. All diese Phantasien werden in folgende Worte zusammengefaßt[44]: »Seht mich an! Ich bin Gott. Wenn nicht Gott, so doch sein Sohn ... Die gewöhnlichen irdischen Eltern, bei denen ich lebe, sind nicht meine wirklichen Eltern, ich bin nicht ihresgleichen ... Erneut muß ich geläutert werden. Ich muß den Zauberstab erringen, den Goldenen Zweig, das Lebenselixier (welches ich einst besaß, aber verlor – oder welches ich besitze, aber alsbald verlieren muß). Durch seine Kraft werde ich unbesiegbar, er oder es rettet mich. Ich entkomme in die Zuflucht des Himmels, sogar in den Leib meiner Mutter, mein erstes und letztes Paradies. Dort weile ich, im Frieden, gelassen, ohne Erinnerung an Zeit und Raum, auf ewig!«

a [Im engl. Original frz.]

Dies ist laut Menninger jedermanns »Wunschtraum«. Im Gegensatz zu dem amerikanischen Psychologen erwartet der Buddhismus, daß man diesen Wunschtraum ernst nehmen soll. Menninger verhöhnt natürlich den Gedanken, daß die von ihm aufgezählten Phantasien buchstäblich wahr sein könnten. Er sieht in ihnen reines »Wunschdenken«, das auf Kindheitserfahrungen beruht, vor allem auf dem bekannten »Ödipus«-[45] und »Kastrations«-Komplex.[46] Seiner Meinung nach beruhten sie darauf, daß man sich an »Erinnerungen an jene sanften, sorgenfreien Tage klammert, als die Realität noch keine Pflichten mit sich brachte«. Zweifellos würde er ungläubig und verärgert reagieren, wenn man ihm mitteilte, daß diese Phantasien die Erinnerung an unser Leben bei den Göttern sind.

Trifft die Interpretation des wissenschaftlichen Psychologen zu, so besitzen solche Absolutheitsphantasien nicht den geringsten Wert. Falls jedoch die geistlich-religiöse Interpretation der Buddhisten zutrifft, folgt daraus, daß diese Welt wertlos ist. Ihrer Ansicht nach muß der Vergleich aller Dinge dieser Welt mit dem als Norm angelegten Absoluten zu einer völligen Ablehnung der Welt führen, zu einer grundsätzlichen Absage an alles nicht Absolute als an etwas uns wesensmäßig Fremdes. Die religiöse Interpretation mag sehr wohl, da sie den Tatsachen eher gerecht wird und zu einem wertvolleren Leben führt, der wissenschaftlichen Auslegung vorgezogen werden. Doch hier ist nicht der Ort, dies zu diskutieren.

4. Die fünf Kardinaltugenden

Selbst nach noch so intensivem Studium und Nachdenken gelangt man zu keinem vollen Verständnis der drei Merkmale und ihrer Gegenteile. Hier ist zunächst eine vollständige Umwandlung, eine Neugeburt der Persönlichkeit gefordert. Diese kann sich aber ohne die Herausbildung der fünf Kardinaltugenden nicht vollziehen, als da sind Glaube, Ausdauer, Wachsamkeit, Versenkung und Weisheit. Das gewöhnliche Weltkind wird in allem, was es tut und denkt, von sinnlich gelenkten Instinkten und Impulsen geleitet. Auf dem Weg des Menschen in ein geistliches Leben gewinnen geistliche Kräfte nach und nach die Oberhand, bis am Ende die fünf Kardinaltugenden all seine Handlungen, Gedanken und Gefühle beherrschen und formen.[1] Die fünf Tugenden sollen uns hier jedoch nur insofern beschäftigen, als sie den Tenor buddhistischen Denkens bestimmen. Aus diesem Blickwinkel heraus müssen wir dem Glauben besondere Aufmerksamkeit widmen, da sein Stellenwert innerhalb des allgemeinen Systems erneut den unzweifelhaft religiösen Charakter des buddhistischen Denkens darlegt. Das gleiche gilt für Wachsamkeit und Versenkung, da sie deutlich auf seine yogische Wurzel verweisen, sowie für Weisheit als Hauptquelle philosophischen Verständnisses.

Der *Glaube* wird als der »Same«[2] bezeichnet, ohne den die Pflanze geistlicher Einsicht nicht zu wachsen beginnt. In der Tat bringen Leute, denen der Glaube fehlt, überhaupt nichts Lohnendes zustande. Das gilt nicht nur im Buddhismus, sondern in allen Religionen, ja, sogar in Pseudoreligionen wie dem Kommunismus. »Glaube« ist weit mehr als die Annahme unbewiesener Vermutungen, denn er setzt sich aus intellektuellen, willensbestimmten, emotionalen und gesellschaftlichen Komponenten zusammen.

1. *Intellektuell* gesprochen, ist Glaube eine Billigung von auf nicht unmittelbar zugängliche Faktenbeweise gestützten Lehrsätzen. Um zu einem Glaubensinhalt zu werden, muß eine fromme Vermutung über das allgemein Bekannte hinausgehen, und der Gläubige muß willens und bereit sein, seine Wissenslücken durch geduldige, vertrauensvolle Einwilligung zu füllen. Das Gegenteil des Glaubens als intellektuelle Haltung ist eindeutig der Zweifel und die Verwirrung.[3] In allen Religionen werden bestimmte Postulate vertrauensvoll hingenommen und aufgrund der Vollmacht heiliger Schriften oder Lehrer akzeptiert. Der Buddhismus allerdings betrachtet den Glauben nur als ersten Schritt, als einen bloß vorläufigen Zustand. Zu gegebener Zeit weiß direkte geistliche Erkenntnis, worauf der Glaube nur vertraute und was er zu wissen hoffte. Im allgemeinen muß eine lange Zeit vergehen, bis die Tugend der Weisheit stark genug ist, nachhaltige Einsicht in die wahre Natur der Wirklichkeit zu gewähren. Bis dahin müssen zahlreiche Lehrinhalte im Glauben angenommen werden, da sie durch die Sinne, den Verstand oder direkte geistliche Schau nur unzureichend gestützt werden. Im wesentlichen gibt es im Buddhismus vier Glaubensinhalte, nämlich[4] 1. den Glauben an *karma* und Wiedergeburt, 2. die Annahme der Grundlehren von der Beschaffenheit der Wirklichkeit, beispielsweise hinsichtlich des Entstehens in Abhängigkeit, des »Nicht-Selbst«, der »Leere«, der Behauptung, diese Welt sei Ergebnis der Unwissenheit nicht existenter Individuen über nicht existente Gegenstände, und dergleichen, 3. Vertrauen auf die drei »Zufluchten« – den Buddha, den *dharma* und den *saṅgha*,[5] und 4. ein Glaube an die Wirksamkeit der vorgeschriebenen Übungen und an *nirvāṇa* als letzten Ausweg aus allen Schwierigkeiten.

2. Dieses skeptische Zeitalter betont die intellektuelle Seite des Glaubens ohnehin über Gebühr. *Śraddhā*, das Wort, das wir mit »Glaube« übertragen, besitzt etymologische Ver-

wandtschaft mit lateinisch *cor*, »Herz«. Und wirklich ist der Glaube weit eher eine Angelegenheit des Herzens als des Verstandes. Er ist, wie Professor Radhakrishnan[6] ausdrückt, das »Streben nach Selbstverwirklichung durch Konzentration der Geisteskräfte auf ein bestimmtes Ideal«. Im übrigen setzt der Glaube einen mutigen und entschlossenen *Willensakt* voraus. Er verbindet den festen Entschluß, etwas tun zu *wollen*, mit dem Selbstvertrauen, es auch tun zu *können*. Angenommen, es leben Menschen an einem Flußufer und sind durch ihre Feinde, durch Seuchen oder Hungersnot dem Untergang geweiht. Am anderen Ufer winkt Rettung. Der Gläubige wird nun verglichen[7] mit dem Menschen, der durch den Fluß schwimmt, allen Gefahren trotzt, sich selbst rettet und andere durch sein Vorbild ermutigt. Die Ungläubigen laufen weiterhin ratlos am hiesigen Ufer auf und ab. Das Gegenteil dieses Glaubensaspekts besteht in Schüchternheit, Feigheit, Furcht, Schwanken und einer schäbigen, niedrigen, berechnenden Mentalität. Glaube hängt nämlich eng mit »Entschlossenheit« (*adhimokṣa*) zusammen, welche sich darin zeigt, daß der Mensch mit fester Zuversicht handelt, nachdem er geurteilt, entschieden und endgültig und unerschütterlich einen Gegenstand oder ein Ziel gewählt hat. Es steht im Gegensatz zum Dahinschleichen, etwa wie ein unschlüssiges Kind, das sich fragt: »Soll ich's tun – oder lieber nicht?«[8]

3. *Emotional* gesehen gleicht der Glaube einer Haltung gelassener Heiterkeit und Geistesklarheit.[9] Hier besteht das Gegenteil in Sorge, Verdruß oder einem durch vielerlei Dinge beunruhigten Daseinszustand. Wenn jemand den Glauben hat, so heißt es von ihm[10], daß er die »fünf Schrecken« verliert, nämlich die Sorge um die Notdurft des Lebens, die Angst vor dem Verlust seines Ansehens, die Angst vor dem Tod, die Furcht vor einer ungünstigen Wiedergeburt und die Sorge um den Eindruck, den er auf eine Zuhörerschaft macht.

Es liegt auf der Hand, daß ein Glaube an das *karma* die Bürde des Lebens in gewissem Maße erleichtert. Selbst ein schweres Schicksal wird leichter angenommen, wenn es als eine Fügung der Gerechtigkeit verstanden wird, wenn sich Widrigkeiten als unvermeidliche Strafe erklären lassen, wenn ein Gesetz und nicht der blinde Zufall zu herrschen scheint, wenn selbst ein scheinbar eindeutiger Verlust in jedem Fall zu einem echten Gewinn werden muß. Sind wir außerdem davon überzeugt, daß es kein Selbst gibt, dann stellt sich die Frage, über was und wen wir uns denn eigentlich Sorgen machen. Oder wenn wir daran glauben, daß es nur eine ungeheure Leere gibt, was kann dann unsere Ausstrahlung stören?

4. *Gesellschaftlich* bedeutet Glaube Vertrauen und Zuversicht in den Buddha und *saṅgha*. Hier ist das Gegenteil ein Daseinszustand tiefer Beunruhigung durch das soziale Umfeld, sei es aufgrund gesellschaftlichen Drucks oder durch Isolation. Der Bruch mit der normalen gesellschaftlichen Umgebung kann natürlich erst dem Mönch ganz gelingen, der ja, wie es so schön heißt, »im Glauben sein Heim verläßt«.[11] Doch in geringerem Maß muß dieser Bruch durch jeden vollzogen werden, der den *dharma* ausübt, und der Gläubige muß von seiner Umwelt »entfernt leben«, wenn nicht tatsächlich, so doch im Geist. Das Gefühl der Sicherheit hängt zum großen Teil von der Gesellschaft anderer und davon ab, wieviel Hilfe man von ihnen erwartet. Seine Zuflucht beim Buddha und im *saṅgha* suchen bedeutet, sich vom Sicht- und Greifbaren abzuwenden und dem Unsichtbaren und schwer Faßbaren zuzukehren. Das Vertrauen in die geistlichen Kräfte gibt uns die Stärke, gegenüber der öffentlichen Meinung und gesellschaftlichen Mißerfolgen gleichgültig zu werden. Eine gewisse trotzige Verachtung für die Dinge dieser Welt ist untrennbarer Bestandteil allen geistlichen Lebens. Ein geistlicher Mensch kann seiner sichtbaren Umwelt nicht »angehören«. Er muß sich in ihr als Fremder fühlen, denn er

gehört zur Gemeinde der Heiligen, zur Familie des Buddha.[12] Die natürliche Umwelt wird hier durch eine geistliche ersetzt – mit Buddha als Vater, Prajñāpāramitā als Mutter und den Mitsuchenden als Brüdern und Schwestern, Verwandten und Freunden.[13] Es sind nämlich diese unsichtbaren Mächte, mit welchen befriedigende gesellschaftliche Beziehungen geknüpft werden müssen. Soll er diese Aufgabe erfüllen, so würde der Glaube ohne ein beträchtliches Entsagungsvermögen nicht sehr weit tragen.

Wie andere geistliche Dinge auch scheint der Glaube einigermaßen paradox, denn er ist einerseits eine *Gabe*, die man nicht durch bloßes Streben allein erringt, andererseits eine *Tugend*, die man pflegen kann. Die Glaubensfähigkeit eines Menschen schwankt je nach seiner Verfassung und seinen gesellschaftlichen Verhältnissen. Die Persönlichkeitstypen werden gewöhnlich danach unterschieden, ob in ihnen Gier, Haß oder Wahn vorherrschen.[14] Die Gierigen sind für den Glauben empfänglicher als die anderen, denn Glaube und Gier sind nah verwandt. Um Buddhaghosa zu zitieren[15]: »Wie die Gier sich an die unheilvolle Sphäre klammert und keinen Anstoß daran nimmt, so der Glaube an die heilskräftige Sphäre. Wie die Gier nach den Zielen sinnlicher Wünsche strebt, so der Glaube nach den Tugenden der Moral und dergleichen. Wie die Gier das Schädliche nicht losläßt, so der Glaube nicht das Segensreiche.« Gesellschaftliche Umstände tragen das ihre zu Glauben oder Unglauben bei. Unsere heutige Gesellschaft neigt dazu, Mißtrauen gegenüber den Traditionen zu befürworten. Man preist intellektuellen Schneid, während Glaube auf ein schwaches Hirn und mangelnde geistige Integrität hinzuweisen scheint. Man steigert die der sinnlichen Welt entstammenden Ablenkungen und Störungen dermaßen, daß es schwierig wird, in die Stille der unsichtbaren Welt Eingang zu finden. Gleichzeitig wird der Bürger einer derartigen Vielfalt einander widersprechender Meinungen ausgesetzt, daß er kaum noch eine Wahl treffen kann. Das hohe

Ansehen der Naturwissenschaften, die Sorge um einen hohen Lebensstandard und die Tatsache, daß Institutionen mit unbestrittener Autorität verschwinden, sind alle gleichermaßen Todfeinde der Tugend des Glaubens.

Als Tugend wird der Glaube durch Selbstzucht gestärkt und entwickelt, nicht durch Meinungsaustausch. Denn intellektuelle Schwierigkeiten sind keineswegs die stärksten Glaubenshindernisse. Es liegt am Charakter eines Menschen, wie er seine unausweichlichen Zweifel bewältigt. Der erste der vier »Glaubensartikel« soll diese Situation erläutern. Der Faktenbeweis für *karma* und Wiedergeburt erscheint einigen Leuten sehr beeindruckend[16], anderen recht nebensächlich. In keinem Fall kann er wissenschaftlich überzeugen. Die Lehre enthält zwei kaum verifizierbare Behauptungen: erstens, daß hinter der natürlichen Kausalität, die die Ereignisse der Dingwelt zusammenhält, andere unsichtbare Ketten einer moralischen Kausalität existieren. Diese Kausalität gewährleistet, daß alle guten Taten belohnt, alle schlechten bestraft werden; zweitens, daß diese moralischen Sequenzen nicht mit dem Tod abreißen, sondern von einem Leben in das andere fortbestehen. Wie einleuchtend oder unglaubwürdig diese beiden Behauptungen auch scheinen mögen, sie werden nur für denjenigen zu einem direkten Erfahrungswert, der zwei höchste Einsichten (*abhijñā*) erlangt hat, nämlich Erinnerung an seine eigenen früheren Wiedergeburten und Erinnerung an die Wiedergeburten anderer.[17] Ohne diese beiden höchsten Einsichten kann niemand behaupten, er *wisse*, daß Wiedergeburt wahr sei. Wenn er es annimmt, so vor allem im Glauben. Und bewahrt wird dieser Glaube weniger durch dialektisches Geschick als durch die feste und mutige Bereitschaft, ein Risiko einzugehen. Das Leben bietet nirgends völlige Sicherheit. Ein Händler in seinem Streben nach Wohlstand muß seinen Besitz riskieren. Ein Soldat, dessen Pflicht es ist, anderen das Leben zu nehmen, muß sein eigenes wagen. Der religiöse Mensch, der danach trachtet, seine Seele zu retten, muß seine eigene Seele aufs Spiel setzen. Mit der Aussicht auf Gewinn erhöht sich automatisch der Einsatz. Freilich mögen unsere Annahmen allesamt falsch sein, doch wir müssen eben die Folgen tragen und darauf hoffen, daß unsere Kühnheit und unser Humor uns nicht im Stich lassen.

Man kann intellektuelle Zweifel wahlweise überbetonen oder herunterspielen. Wer die Lehre schwierig findet, kann das der Lehre zum Vorwurf machen oder aber seiner eigenen Wahrheitsferne und seinen geistigen und moralischen Unvollkommenheiten anlasten. Wie soll man erwarten, daß ein Mensch sich an seine früheren Leben erinnert, der es nicht einmal fertigbringt, sich Stunde für Stunde an einen bestimmten Tag vor nur einem Monat zu erinnern! Wirklich wirksam werden Zweifel nicht durch Argumentation zum Schweigen gebracht, sondern dadurch, daß ein Mensch sich dermaßen läutert, daß er für höheres Wissen würdig wird. Wir sollten jedoch gewarnt sein, daß eine entscheidende buddhistische Tugend in der Ausgewogenheit der Geisteskräfte besteht[18] und daß übermäßiger, nicht durch Weisheit gezügelter Glaube rasch zu bloßer Leichtgläubigkeit wird.[a] Nur Weisheit kann uns lehren, was sich zu glauben lohnt.[19]

Während Glaube und Ausdauer, wenn sie überhand nehmen, durch ihre Komplemente – nämlich Weisheit und stille Versenkung – gemäßigt werden müssen, besitzt die Tugend der *Wachsamkeit* keine entsprechende Schwäche. »Wachsamkeit sollte in allen Bereichen vorherrschen. Denn sie schützt den Geist vor Erregung, in die er geraten mag, da Glaube, Ausdauer und Weisheit uns erregen können.[b] Sie

a Ebenso wird übertriebene Tatkraft und Ausdauer als Gefahr für die innere Gelassenheit verworfen. Leute mit einem heftigen Adrenalinstoß im Blut sind zwar ständig aktiv und womöglich sogar »wahnsinnig tüchtig«, aber nicht besonders ruhig. Tatkraft als solche führt zu Erregung und muß durch Einübung konzentrierter Ruhe ausgeglichen werden.

b Der Glaube leistet emotionaler Erregung Vorschub, die Ausdauer fördert den Wunsch, etwas zu tun und mehr tun zu wollen, und Weisheit kann zur Erregung, etwas gefunden zu haben, führen.

schützt den Geist vor Trägheit, in die er verfallen könnte, da Versenkung die Trägheit begünstigt. Daher ist überall Wachsamkeit geboten, so wie die Prise Salz in jeder Sauce, wie der Ministerpräsident in jedem Staat. Und darum heißt es auch: ›Der Herr hat angordnet, daß allenthalben Wachsamkeit angebracht sei. Denn der Geist findet seine Zuflucht in der Wachsamkeit, und die Wachsamkeit ist sein Beschützer. Ohne Wachsamkeit kann es kein geistiges Streben noch eine Beherrschung des Verstandes geben.‹«[20]

Zwar spielt der Gedanke der Wachsamkeit auch in anderen Religionen und philosophischen Systemen eine gewisse Rolle, doch allein im Buddhismus nimmt er eine zentrale Stellung ein. Würde man gefragt, was den Buddhismus von allen anderen Denksystemen unterscheidet, so müßte man antworten: Die *dharma*-Theorie (vgl. 17) und die besondere Betonung der Wachsamkeit. Sie ist nicht nur die siebente Stufe des heiligen achtfachen Pfades, die dritte der fünf Tugenden und die erste der sieben Stufen zur Erleuchtung, sondern mitunter wird sie fast mit dem Buddhismus selbst gleichgesetzt. So lesen wir am Anfang des *Satipaṭṭhānasutta*:[21] »Die vier Anwendungen der Wachsamkeit sind der eine und einzige[a] Weg (*ekāyano*) zur Läuterung der Menschenwesen, zur Überwin-

a Interessant ist ein Vergleich der sanften Erklärungen des alten Kommentars, wonach »einzig« heißt: »Wo nur man selbst geht, ohne Begleiter« oder »der Weg des Einen«, nämlich des Besten, nämlich des Buddha (Soma, S. 19-20), mit der Heftigkeit des Dr. Cassius Pereira, die wohl mit seinen katholischen Ahnen zu tun hat: »Und dieser ›alleinige Weg‹, dieser eine und einzige Weg wird nur im Buddha-Dharma und nirgends sonst geoffenbart, weshalb andere ›Religionen‹, wie sehr sie auch betonen mögen, daß sie Heilige haben, in Wirklichkeit nicht einmal ahnen, was wahre Heiligkeit ausmacht. Reines Gold kann nur aus einer Goldader gewonnen werden, mögen auch andere, die danach graben, ihr goldähnliches Erz vorweisen – vergebens, denn es enthält unedlere Metalle. So nützlich diese auch sind, sie werden von demjenigen verschmäht, der sich vornimmt, eine Krone für die Fürsten der Erde zu bilden.« (Soma, S. ii) In den Quellen, die ich dieser Geschichte des buddhistischen Denkens zugrundelegte, fand sich keine Parallele zu einer derartigen Haltung, und sie steht in krassem Widerspruch zum Geist des heiligen *dharma*.

dung von Kummer und Klage, zur Linderung von Schmerz und Traurigkeit, zum Eingang in die rechte Weise und zum *nirvāṇa.*«[22]

Etymologisch geht »Wachsamkeit« (*smṛ-ti*) auf das Stammwort für »sich erinnern« zurück. Sie kann als ein Akt des Sich-Erinnerns beschrieben werden, der die Gedanken daran hindert »fortzutreiben«, und der der Vergeßlichkeit, Fahrlässigkeit und Ablenkung entgegenwirkt.[a23] Über die vielfältigen Praktiken der Wachsamkeit möge man an anderem Ort nachschlagen. Was uns hier beschäftigt, ist die Wirkungsweise dieser Tugend, sind die theoretischen Prämissen, welche ihren Praktiken zugrundeliegen. Nach yogischer Tradition besitzt unser Geist zwei unvereinbare Teile – eine ruhige und stille Tiefe und eine ruhelose Oberfläche. Die obere Schicht befindet sich in ständiger Aufregung und Verwirrung. Jenseits dessen, was moderne Psychologen als das Bewußte und das Unbewußte interpretieren, liegt am Grunde der Psyche ein vollkommen ruhiges Zentrum. Diese tiefe Stillezone wird jedoch gewöhnlich von so viel Turbulenz überlagert, daß die meisten Menschen skeptisch reagieren, wenn man ihnen von jenem tief verborgenen Ruhepunkt im Innersten ihres Herzens erzählt.

Wachsamkeit und Versenkung sind diejenigen beiden Tugenden, mit deren Hilfe innere Ruhe gewonnen oder wiedergewonnen werden kann. »Wachsamkeit« benennt die Maßnahmen, welche zum Schutz jener allmählich in uns heranwachsenden inneren Ruhe ergriffen werden. Da wird sozusagen ein Strich um diesen stillen Bereich gezogen und an seinem Rande darüber gewacht, daß niemand ihn unbefugt

a Eine treffende Parallele findet sich in den folgenden Versen von Victor Hugo [im engl. Original frz.]:

Il sent croître en lui d'heure en heure
L'humble foi, l'amour receuilli,
Et la mémoire antérieure
Qui le remplit d'un vaste oubli.
Il a des soifs inassouvies;
Dans son passé vertigineux
Il sent revivre d'autres vies;
De son âme il compte les nœuds.
Il sent que l'humaine aventure
N'est rien qu'une apparition, etc.

überschreitet. Die ärgsten Feinde geistlicher Ruhe sind die Sinne, die Leidenschaften (außer wenn sie vom Ego losgelöst sind), und logisches Denken. Unter den Übungen im Bereich der »Wachsamkeit« interessiert die »Unterdrückung der Sinne«[24] philosophisch am meisten, und wir werden unten mehr über sie hören (vgl. S. 82f.). Durch Versenkung (*samādhi*) stärken wir sodann unsere Fähigkeit, vollkommene Ruhe unseres inneren Wesens zu erwirken. Als geistliche Tugend[a] verwendet sie Praktiken, die als die vier »Trance-Zustände« (*dhyāna*) und die vier »gestaltlosen Errungenschaften« (*ārūpya-samāpatti*) bezeichnet werden. Diese führen nach und nach zu einer Verlagerung des Augenmerks von der Dingwelt in einen anderen, feinstofflicheren Bereich. Im Grunde sind es Übungen fortschreitender Introversion, die man dadurch erreicht, daß man die Wirkung äußerer Stimuli zunehmend ausschaltet.[25] Wer sich in konzentrierter Versenkung sinnlichen Erfahrungen entzieht und ihnen jedes Interesse verweigert, wird jene innere Ruhe wiedergewinnen, die ja stets in seinem Herzen gewohnt hat. Subjektiv äußert sich *samādhi* durch eine sanfte, ruhige und friedliche Passivität, objektiv durch Entrückung in einen außerirdischen Erfahrungsbereich, ein Herausgehobensein aus dieser Welt. Diese Erfahrung erfüllt uns mit einer Gewißheit, welche größer ist als alles, was uns die Sinne lehren können.

Schließlich »beruht Weisheit auf Versenkung, da gesagt ist: ›Wer sich versenkt, weiß und sieht, was wirklich ist‹«.[26] Ist nun damit Versenkung eine unabdingbare Voraussetzung für Weisheit? Die Antwort finden wir, wenn wir die drei Stufen der Weisheit unterscheiden, je nachdem sie auf einer der folgenden Ebenen waltet: 1. Man lernt, was die Tradition über die psychologischen und ontologischen Kategorien aussagt, welche den Gegenstand der Weisheit bilden, 2. man stellt logische Überlegungen über die elementaren Tatsachen

a Im Unterschied zu ihrer Eigenschaft als ein für alles Denken unentbehrlicher Faktor (vgl. S. 266).

des Lebens an, und 3. man nimmt über die Meditation eine weitere Entwicklung.[27] Nur die dritte erfordert die Hilfe der Trance-Versenkung,[28] ohne die man auf den ersten beiden Ebenen durchaus zur Meisterschaft gelangen kann.

»*Weisheit*« ist freilich nur eine sehr vage Annäherung an *prajñā*. Für den heutigen Durchschnittsmenschen dürfte »Weisheit« ein Bedeutungsbündel umfassen, aus Eigenschaften zusammengesetzt etwa wie Scharfsinn, Besonnenheit, einem gut entwickelten Sinn für Werte, einer gelassenen Heiterkeit und einer Überlegenheit über die Dinge der Welt, welche aus dem Verständnis ihrer Wirkungsweise gewonnen wurde. Das buddhistische Konzept der »Weisheit« ist diesem Bild nicht unähnlich, aber noch präziser. Man erklärt es am treffendsten, wenn man zunächst seine Begriffsinhalte und erst dann seine eigentlichen Definitionen erläutert. Was die Begriffsinhalte betrifft, so lesen wir im *Dhammasaṅgani*:[29] »Bei dieser Gelegenheit lautet die Dominante[a] der Weisheit: Weisheit, Verstand,[b] Suche, Forschung, Suche nach *dharma*[c], Erkenntisfähigkeit, Unterscheidungsvermögen, Differenzierung, Gelehrsamkeit, Sachverstand, Scharfblick, Geistesklarheit,[d] Nachdenken, Untersuchung,[e] Weite,[f] Klugheit,[g] ein

a *indriya*; *Asl.* 122: »Aufgrund übergroßer Unwissenheit ist sie eine ›Dominante‹ im Sinne eines ›dominanten Einflusses‹; oder sie ist eine ›Dominante‹, weil sie durch Gebrauch der Urteilskraft (*dassana*) (über einander zugeordnete *dharmas*) dominiert.«

b *Asl.* 123: »Wie ein kluger Arzt weiß, welche Nahrung zuträglich ist und welche nicht, so erkennt die aufkommende Weisheit die *dharmas* als heilskräftig oder unheilvoll, nützlich oder unnütz, niedrig oder erhaben, dunkel oder hell, verwandt oder unverwandt.« Ähnlich: AK I_3, II_{154}.

c Wahrheit; *dharmas*; die vier Heiligen Wahrheiten (*Asl.*)

d *vebhabyā*; *aniccādīnam vibhāvana-bhāva-vasena*. Oder »eine kritische Haltung«?

e Oder »Prüfung«.

f Oder »Breite«. Weisheit ist reich und weitläufig, oder massiv, mächtig. Vgl. *Asl.*

g *medhā*; auch »Geisteskraft«. »Wie der Blitz sogar steinerne Säulen zerstört, so zerschmettert Weisheit die Unlauterkeiten; nacheinander vermag sie zu fassen und zu erwägen.«

Führer (zu wahrem Wohlergehen und zu den Merkmalen, wie sie wirklich sind), Einsicht, Verständnis, ein Ansporn (der den Geist auf die rechte Bahn zurückführt); Weisheit, Weisheit als Tugend, Weisheit als Stärke (denn keine Unwissenheit vermag sie zu verdrängen), das Schwert der Weisheit (welches die Unlauterkeiten zerschlägt), die hehre (und aufragende) Höhe der Weisheit, das Licht,[a] der Glanz und die Pracht der Weisheit, die Kostbarkeit der Weisheit,[b] Entfernung von der Selbsttäuschung, Suche nach *dharmas* und rechten Sichtweisen.« Von der bloßen Klugheit unterscheidet sich die Weisheit durch ihr geistliches Anliegen, und man sagt uns ausdrücklich,[30] daß sie dazu da ist, »die Unlauterkeiten auszuschalten«.

Nun zur tatsächlichen Definition: »Die Weisheit dringt ein[c] in die *dharmas*, wie sie es selbst untereinander tun. Sie vertreibt die Dunkelheit, welche das Wesen der *dharmas* verdeckt.«[31] Wachsamkeit und Versenkung gingen, wie wir gesehen haben, von einer Zweigeteiltheit des Geistes aus, nämlich in eine stille Tiefe und eine bewegte Oberfläche. Ebenso postuliert die Weisheit eine Zweigeteiltheit aller Dinge in Oberfläche und Tiefe. Gegenstände sind nicht, was sie scheinen. Ihre wahre, »dharmische« Realität wird durch ihre gewöhnliche, »normale« Erscheinung verborgen. Von ihrem Wesen her stellt die Weisheit jene Geistesstärke dar, die es uns ermöglicht, die täuschende Erscheinung beiseite zu schieben und zur wahren Wirklichkeit der *dharmas* an sich vorzudringen. Aufgrund ihres zielsicheren Eindringens in die wahre Natur der Dinge besitzt die Weisheit auch eine Vermittler-

a Mil. I_{61}, BS, S. 155: »Sie gleicht einer Lampe, die ein Mensch in ein dunkles Haus trägt. Sie vertreibt die Dunkelheit, erleuchtet, spendet Licht und läßt die Gestalten im Hause deutlich hervortreten.« Vgl. BWG, S. 55.

b Weil sie Ergötzen bereitet, Respekt verdient (oder »vielfarbig« ist), schwer zu erwerben und schwer nachweisbar, unvergleichlich, und Quelle der Freude von Erlauchten.

c *Asl.* 123. »Dieses Eindringen geschieht ohne Zaudern, zielsicher (*akkhalita*), wie das Eindringen eines Pfeils, den ein Meisterschütze abschießt.«

gewalt entsprechend den im *abhidharma* aufgestellten Regeln über die dharmischen Elemente des Universums. Sie beschäftigt sich ausschließlich mit jener wahren Wirklichkeit, von der man, wie wir gesehen haben (vgl. S. 28), annimmt, daß erst ihre Erschließung dem Leben Sinn und Richtung gibt. Sie wird als höchste Tugend angesehen,[a] weil Unwissenheit,[b] nicht Sünde, als das Grundübel gilt.

a Eine Heiligkeit auch ohne diese Art von Weisheit wird zwar nicht als unmöglich angesehen, doch wird sie nicht auf dem Pfad des Wissens erlangt, welcher allein uns hier beschäftigt. Die Pfade des Glaubens, der Liebe, der Werke usw. haben alle ihre unterschiedlichen Eigengesetze.

b Einige ihrer Synonyme lauten: Wahn, Narrheit, Verwirrung, Selbsttäuschung.

5. Die letzten Stufen zur Erlösung

1. Durchbruch zum Unbedingten

Wurden diese fünf Tugenden eine Weile gepflegt, so erreicht man durch sie ein neues geistliches Entwicklungsstadium, wo man den »Pfad« betritt und wo das »Unbedingte« sichtbar wird. Nie wird versucht, das Vorhandensein des Unbedingten durch Argumente zu beweisen. Es wird als unumstrittene Tatsache hingestellt, welche den Augen des *yogin* sichtbar wird, sobald er einen Zustand der Gnosis erreicht hat, der es ihm erlaubt, allem Bedingten gegenüber gleichmütig zu bleiben.[1] »Dann wendet sich sein Denken keinem Ding mehr zu, das man als bedingtes Phänomen betrachten könnte, läßt sich nicht darin nieder, noch faßt es Entschlüsse darüber, hängt und haftet nicht daran, klammert sich nicht an ihm fest; sondern sein Denken wendet sich ab, zieht sich zurück und perlt ab wie Wasser von Lotusblättern. Alle Dinge, welche entweder Zeichen (vgl. S. 83) oder Ereignisse sind, erscheinen als bloße Hindernisse.«[2] Mit anderen Worten: Sobald der *yogin* einen Gegenstand erblickt, welcher aus einer Vielzahl von Bedingungen besteht, fegt er ihn einfach beiseite. Wurde diese Reaktionsweise zur Gewohnheit, dann – und erst dann – kann er mit »*nirvāṇa*, dem Zustand des Friedens«, in Berührung treten und verstehen, was dessen Friede bedeutet.[3]

Die zunehmende Loslösung von der Welt geht einher und wird erleichtert durch eine ständige Zuordnung der drei Merkmale zu allem weltlichen Geschehen. Diese Haltung fördert ihrerseits die fünf Kardinaltugenden. »Während er sich in jenem Gleichmut gegenüber allem Bedingten übt, ihn in seiner Meditation entwickelt und ernst nimmt, wird sein Glaube fester, seine Ausdauer entschlossener, seine Wachsamkeit stärker, sein Denken gesammelter, und als Frucht dieser Stärkung der fünf Tugenden wird die Gnosis, welche den Gleichmut gegenüber allem Bedingten ermöglicht, noch leidenschaftlicher. Und er denkt: ›Nun endlich wird der (überirdische) Pfad sich öffnen!‹«[4] Hat er erst völlige Gleichgültigkeit gegenüber allen weltlichen Dingen erworben, so kann der *yogin* selbst *nirvāṇa* vergegenwärtigen und es so deutlich erblicken wie ein Mensch den Mond, wenn die Wolken, die ihn zuvor verbargen, sich teilen.[5] Er hat jenes Wissen erfahren, von dem es heißt, daß es seine Abstammung ändert[6] und ihn zu einem Mitglied des Klans oder der Familie der Buddhas macht, zu einem wahren Sohn des Buddha.[7] In dieser Gnosis »führt der Pfad ununterbrochen weiter. Während er sich öffnet, zerschlägt und zersprengt er all die Gier, den Haß und den Wahn, welche zuvor nie zerschlagen und zersprengt wurden«.[8]

An diesem Punkt nehmen die Buddhisten eine Unterscheidung vor, die man »existentialistisch« nennen könnte,[9] und zwar zwischen zwei qualitativ verschiedenen Personentypen – den »heiligen Personen«[a] und den gewöhnlichen Leuten.[b] Was das Wissen eines Menschen fassen kann, hängt davon ab, was er ist. Heilige und gewöhnliche Leute leben auf zwei unterschiedlichen Existenzebenen, der »weltlichen« und der »überweltlichen«.[10] »Überweltlich« wird ein Mensch, wenn er »den Pfad betritt«, das heißt, wenn er sich von allem Bedingten in dem Maß gelöst hat, daß er mit Erfolg den Pfad zum *nirvāṇa* beschreiten kann. Die Zahl jener, die über diese letzten Fragen mit einiger Berechtigung sprechen können, ist daher äußerst klein. Die Werte, auf die das Weltkind seine Meinungen gründet, sind durchaus unvollständig, da das Unbedingte nicht zu ihnen gehört.

Auf welche Weise kann *nirvāṇa* nun zu einem Gegenstand

a *ārya-pudgala*. Es gibt acht, nämlich den in den Strom Eingetretenen, Einmal Wiederkehrenden, Niemals Wiederkehrenden und den *arhat* sowie die Bewerber um jede dieser Früchte.

b *bāla-pṛthag-jana*, wörtlich »närrische gewöhnliche Leute«.

des Denkens werden? Niemand kann sich jemals eine angemessene Vorstellung vom Wesen des *nirvāṇa* machen (vgl. S. 90f.). *Nirvāṇa* ist »undenkbar«, »unvorstellbar«, sei es auch nur weil[11] es nichts Allgemeingültiges besitzt und jeder es für sich persönlich erfahren muß; weil nichts in der Welt ihm auch nur im entferntesten gleicht; und weil die Vernunft (*tarka*) es niemals erreicht (vgl. S. 34). Sämtliche Vorstellungen von *nirvāṇa* sind falsche Vorstellungen. In welchem Sinne kann also gesagt werden, daß die Heiligen *nirvāṇa* so viel näher stehen als die närrischen gewöhnlichen Leute?

Zunächst einmal liegt auf der Hand, daß gewöhnliche Leute sich unmöglich eine klare Vorstellung davon machen können, was *nirvāṇa* wirklich ist. Sie glauben lediglich zu wissen, daß sie erst dann, wenn sie *nirvāṇa* erreicht haben, »glücklich« und weniger bekümmert sein werden als hienieden. Es ist ja leidlich bekannt, daß im volkstümlichen Buddhismus *nirvāṇa* einer Art himmlischem Paradies gleichgesetzt wird. Doch *das* wollten die mehr philosophischen Mönche keineswegs vermitteln. Wenn er den ersten Pfad betritt, heißt es vom »Heiligen« – im Unterschied zum weltlichen Menschen –, daß er *nirvāṇa* »wahrnimmt« in dem Sinne, daß er es »sieht«.[12] Dieses »Sehen« umschließt drei wesentliche Einsichten, die dem Durchschnittsmenschen versagt bleiben: 1. Nachdem der *yogin* tief und lange über die unbefriedigende Natur dieser Welt meditiert hat, kommt er selbst zu der Einsicht, daß es in ihr nichts gibt, das nicht »leidvoll« wäre (vgl. S. 44), und entsprechend wird sein Verlangen nach dem Gegenteil heftiger.[13] Das Weltkind gründet sein Leben auf das Bedingte, da es dessen Schwächen nicht erkennt. Der *yogin* dagegen ist sich der unverbesserlichen Schwächen alles Bedingten bewußt. Es zieht ihn daher zum *nirvāṇa*, er tut einen »großen Sprung« darauf zu, weil es das Gegenteil zum Bedingten darstellt. Über lange Zeit hinweg bleibt seine Vorstellung von *nirvāṇa* notwendigerweise vorläufig und lückenhaft. Zunächst sieht er darin nur das Gegenteil aller abstoßenden Züge dieser Welt; dann auch aller anziehenden, sofern sie mit Leid verbunden sind, sei es auch künftig oder verborgen; dann aller ichbezogenen Züge; dann all jener Faktoren, die keine Sicherheit vermitteln und in Schrecken versetzen[14]; dann aller Dinge, welche die drei Merkmale tragen; und schließlich aller für diese Welt als solche kennzeichnenden Züge (vgl. S. 44). Der gesamte Verlauf hängt also vom Ausmaß der Unzufriedenheit mit dieser Welt ab. Niemand kann sich mit Erfolg dem *nirvāṇa* nähern, wenn nicht seine Abscheu vor der Welt einen bestimmten Siedepunkt erreicht hat. Er muß alle Hoffnung, sich auf das Bedingte stützen zu können, fahrenlassen, aus dem einfachen Grund, weil von dort kein Trost zu erwarten ist. Der gleiche Prozeß, der ihn aus der Welt der Bedingtheiten vertrieb, wird ihn mit Sicherheit dem Gegenteil, dem Unbedingten, zutreiben. 2. Hat er erst sein Interesse an dieser Welt verloren, so wird der *yogin* entsprechend zielbewußter in seinem Streben nach *nirvāṇa* fortfahren. Er schenkt ihm ungeteilte Aufmerksamkeit, da er nichts anderes mehr beachtet.[15] Doch obgleich sein ganzer Sinn auf *nirvāṇa* gerichtet ist, vermag er uns nicht mehr darüber mitzuteilen, als daß es die Leugnung der Dingwelt an sich bedeutet. 3. Ein neues Sehorgan, das sogenannte »Auge der Weisheit«[16], führt dazu, daß sich die Anschauung des *yogin* radikal ändert. *Nirvāṇa*, welches für ihn wirklicher als alles andere geworden ist, kann nun als seine »objektive Stütze« wirken, nicht in dem Sinn, daß er Aussagen darüber machen kann, sondern in dem Sinn, daß es zunehmend sein Verhalten motiviert. Was hier unterstellt wird, ist die Annahme, daß es zwei objektiv vorhandene, einander ausschließende Pole gibt, nämlich die sich ständig wandelnden fünf *skandhas* und das ewige *nirvāṇa*, das auf der Loslösung von jenen beruht.[17] Wenn das eine endet, beginnt das andere. Das unsterbliche *nirvāṇa* wird wirklich als eine Art Kraft gesehen, welche »fehlerlose *dharmas* an sich zieht«, und zwar mittels jener Bedingung, die als »der entscheidende Einfluß des Objekts« (vgl. S. 212f.) bezeichnet wird. *Nirvāṇa*, das Nicht-Wirkende, kann selbstverständlich keinerlei Wirkung ausüben. Hier wird lediglich unterstellt, daß das Denken und Fühlen des *yogin* zunehmend vom Gedanken an *nirvāṇa* – unter Ausschaltung aller anderen Dinge – beherrscht wird.

2. Die drei Tore zur Erlösung

Hat man den »Pfad« erreicht, so nähert man sich *nirvāṇa* durch die »drei Tore zur Erlösung«. Sie werden mitunter in den *sūtras* gelehrt[1] und sind 1. die Leere (*śūnyatā*), 2. das Zeichenlose (*ānimitta*) und 3. das Wunschlose (*apraṇihita*).[2] Das *Udānavarga*[3] stellt die ersten beiden mit der Beschaffenheit eines *arhat* in Zusammenhang, dessen »Spur«, »Bestimmung« oder »Wiedergeburt« außerhalb des menschlichen Gesichtskreises liegt:

> Jene, die niemals anhäufen,
> Jene, die wissen, was ihre Nahrung bedeutet,
> Ihre Grenzen im Nichts,[a] im Zeichenlosen, losgelöst, –
> Sehr schwer ist ihre Spur zu finden,
> Wie Vögel, die den Himmel überfliegen.

Die ersten beiden Teile dieser Dreiheit üben entscheidenden Einfluß auf buddhistisches philosophisches Denken aus und erfordern daher eine recht detaillierte Erläuterung. Der Leser sei jedoch gewarnt, daß buddhistische Lehrsätze um so weniger allgemeinverständlich werden, je wichtiger sie sind. Das gilt ganz besonders für den überirdischen Pfad und die Zugänge zum *nirvāṇa*. Die seelisch-geistigen Vorgänge in solchen Menschen, die »im inneren Nichts weilen«, unter-

a Pratt (*Pilgrimage*, S. 240) legt dar, daß das Nichts (die Leere), was immer seine exakte ontologische Bedeutung sein mag, »Ruhe von der Vielfalt, Veränderung und Unbeständigkeit, von allem Streben und Verlangen« ist.

scheiden sich grundsätzlich von der Mentalität derer, die »den äußeren Verstrickungen der Welt nachgehen.«

1. Der Begriff »Leere« ist bei weitem am bekanntesten. In den Schriften der *sthaviras* wird er spärlich verwendet, und es ist möglich, daß er mancherorts auf keine alten Traditionen zurückgeht, sondern *mahāyāna*-Einfluß andeutet. Unbeständigkeit, nicht Leere war der entscheidende Lehrsatz der *sthaviras*. Es gab in diesen Kreisen sogar einigen Widerstand gegen eben jene Äußerungen des *tathāgata*, welche »grundlegend, von tiefem Sinn, überweltlich, mit dem Nichts verbunden«[4] waren. Es ist nicht ausgeschlossen, daß in dieser Hinsicht das *mahāyāna* die ursprüngliche Lehre treuer bewahrte als die *sthaviras*. Doch genug der eitlen Vermutungen darüber, wie orthodox die verschiedenen Schulen waren. Wir müssen in unserer Aufgabe einer Definition der Bedeutung des Begriffs »Leere« fortfahren.

Grundsätzlich bedeutet er die Abwesenheit von etwas. Entsprechend der Hervorhebung der *anattā*-Lehre im *abhidharma* wurde er definiert als das, »was leer ist von einem Selbst oder von allem, was zu einem Selbst gehört oder ihm zugeordnet ist (*attanīya*)«.[5] Man sollte die erhabene Geistigkeit dieses Lehrsatzes nicht unterschätzen. Denn wenn er uns lehrt, unsere Persönlichkeit von allem zu leeren, was nicht zu ihr gehört, muß dies logischerweise in Selbstauflösung münden. »Leere« wurde mit dem dritten Merkmal, »Nicht-Selbst«, identifiziert und für meditative Zwecke weiter unterteilt. Der *Visuddhimagga* beruft sich auf die Tradition und zeigt, daß der Begriff auf zwei-, sechs-, acht-, zehn-, zwölf- und vierundzwanzigfache Art verstanden werden kann.[6] Der *Paṭisambhidāmagga* erklärt es auf vierundzwanzig Arten.[7] Logisch war der Begriff nicht besonders gut ausgearbeitet. Im *Paṭisambhidāmagga* bedeutet er trotz der Präambel nur in vier Fällen »entleert von Selbst, usw.«[8], während er an anderen Stellen lediglich für »nicht vorhanden« steht (Nr. 2, 5, 15,

20 bis 23), für »nichtig« (6 bis 10, 16 bis 19), um schließlich auch den Pfad (4) und *nirvāṇa* (24) zu bezeichnen. Die hochinteressante »Leere-Passage« im *Dhammasaṅgani*[9] erläutert detailliert, inwiefern jeder psychische Zustand nichts weiter sei als eine Zusammenballung bestimmter unpersönlicher *dharmas*, welche bald zerbrechen.

Auf weltliche Dinge angewandt, bedeutet das Wort *śūnya* mehr, als die scholastische Definition aussagt. Bodhidharma sprach den Kern des Problems an, wenn er sagte: »Alle Dinge sind ›leer‹, und es gibt nichts Erwünschtes oder Erstrebenswertes.« Die Dinge sind insofern »leer«, als sie gehaltlos und unbefriedigend sind. Das Wort wird abwertend verwendet, wenn die inneren Sinnesfelder mit einem leeren oder verlassenen und unbewohnten Dorf verglichen werden,[10] oder wenn es die Bedeutung von »realitätsfern«[11] und »nutzlos« oder »wertlos«[12] annimmt. Möglich, daß im frühen Buddhismus die Gedankenverbindung mit dem Entstehen in Abhängigkeit weniger stark betont wurde als im *mādhyamika*. Immerhin lesen wir im *Lalitavistara*:[13] »Wohl habe ich die Leerheit der Welt verstanden, welche besteht, weil sie aus zusammenhanglosen Ursachen erschaffen wurde. Sie verschwindet in einem Augenblick und gleicht einem Trugbild oder einer Stadt der *gandharvas*.« Und auch Buddhaghosa[14] sagt uns, daß der Zusammenhalt innerhalb der abhängig geschaffenen Welt von jeglicher Persönlichkeit (*attabhāva*, Selbstheit), die irgendeine Macht auszuüben vermag, entleert sei, da dieser Zusammenhalt in Abhängigkeit von Bedingungen existiere.

Auf der einen Seite bedeutet »Leere« also Entbehrung, auf der anderen jedoch Erfüllung. Die erste Interpretation betrifft die negativen Eigenschaften der Welt, die zweite das Ergebnis einer Verneinung dieser negativen Eigenschaften. Das, was »leer« ist, sollte als wertlos ignoriert werden; verhält man sich ihm gegenüber so, wie es dem entsprechenden Objekt zukommt, so resultiert dieses Verhalten darin, daß man von ihm befreit wird. Etwas pauschal läßt sich behaupten: als Adjektiv (*śūnya*) bedeutet das Wort »was sich als Mangel herausstellt«[a] und bezieht sich auf weltliche Dinge; als Substantiv (*śūnyatā*) bedeutet es innere »Freiheit« und bezieht sich auf die Verneinung dieser Welt. So wird es zu einem Namen für *nirvāṇa*, sei es auch bloß wegen dessen Mangel an Gier, Haß und Wahn. Es ist eines der Tore zur Erlösung. In zwei *suttas*[15] wird eine Methode gelehrt, wie man den Geist von bestimmten Gedanken leert, damit man eine »überaus reine und unübertreffliche Leere« wahrnehmen kann. In der dritten gestaltlosen Trance, auf der Stufe des »überhaupt-nichts«, wird eine weitere Version der Leere erfahren. Wenn Abläufe als leer gesehen werden, heißt es, daß einer »ins Nichts stürzt«, welches »die Weide der *arhats*« ist. »Der Eintritt in die Leere aller *dharmas*« wird manchmal als »Sitz des *tathāgata*«[16] bezeichnet, und der Buddha hat viele tausend Äonen hindurch in jenem Zustand der Leere (*śūnyatatva*) verweilt (*sthita*).[17]

»Leere« hat jedoch ihre wahre Bedeutung im Erlösungsprozeß, und es wäre ein Fehler, den Begriff als rein intellektuelles Konzept zu verstehen oder ihn zu verdinglichen und ihm eine ontologische Bedeutung zu geben. Das relative Nichts (»dieses ist in jenem abwesend«) kann nicht zu einem absoluten Nichts hypostasiert werden, das heißt in das Nichtvorhandensein aller Dinge oder die Leugnung aller Wirklichkeit und allen Seins. Ebensowenig bedeutet »Leere« das gänzlich Unbestimmte, rein Potentielle, welches – ohne irgend etwas zu sein – zu allem werden kann; die »Masse der Materie«, von der Jeremy Taylor meinte, sie habe »nichts als ein Unterwerfungsvermögen und Passivität«. Als sich in China der

a Eindrucksvoll bringt der Heilige Johannes vom Kreuz diese Bedeutung zum Ausdruck: »Die Seele weiß um eine tiefe Leere in sich selbst, um einen quälenden Mangel jener drei Güter, der natürlichen, zeitlichen und geistlichen, welche zu ihrer Erquickung bestimmt sind. Sie gewahrt sich selbst inmitten des entgegengesetzten Bösen, inmitten kläglicher Unvollkommenheiten, in Trockenheit und mangelndem Verständnis und in der Preisgabe des Geistes an die Finsternis.«

Buddhismus mit dem Neo-Taoismus verband, wurde »Leere« zur verborgenen Kraft, aus der alle Dinge hervorgehen, und es bürgerte sich ein, im kosmologischen Sinne zu sagen, alles sei aus der Leere hervorgegangen und werde in sie zurückkehren.[18] Nichts von all dem ist hier gemeint. Auch besitzt das Wort keinerlei physikalische Bedeutung, etwa im Sinn der atomaren Leere (die ursprünglich aus dem »Nichtsein« der eleatischen Schule abgeleitet wurde), des leeren Raums oder eines Vakuums. Es handelt sich um einen rein soteriologischen Begriff. Sobald man ihn von seiner praktischen Grundlage trennt, wird er zu einer Travestie seiner selbst. Soweit es im Westen überhaupt Parallelen dazu gibt, muß man sie bei den kontemplativen Mystikern suchen. Als praktischer Begriff bedeutet »Leere« die durch Weisheitsübung erreichte völlige Leugnung oder Verneinung der Dingwelt, welche zu einer vollständigen Emanzipation von ihr führt. Die Meditation über »Leere« soll uns helfen, diese Welt abzuschütteln, indem wir die Unwissenheit, die uns an sie bindet, beseitigen. Die vielfachen Bedeutungen des Begriffs können daher nur insofern erklärt werden, als sie sich im tatsächlichen Verlauf der Weltüberwindung durch Weisheit erschließen. Dies wird im einzelnen in III 2,4 gezeigt.

2. Dem »Zeichenlosen« wurde weniger Aufmerksamkeit gewidmet als der Leere, doch ist es nicht weniger rätselhaft. Ein paar Erläuterungen sind nötig, um zu klären, warum die Buddhisten so nachdrücklich betonen, daß alle Wahrnehmungen als solche irreführen und verworfen werden sollten. Diese Lehre wurzelt in gewissen traditionellen Meditationspraktiken, unter denen das »Zurückhalten der Sinne« (*indriyasaṃvara*)[19] und die höchsten Trancezustände hier die größte Relevanz besitzen.[a] Das Wort »Zeichen« (*nimitta*) er-

a »Derart erleuchtete Menschen werden mit freiem Geiste über den Verstand hinaus in eine unverhüllte und bildlose Vision gehoben, worin die ewig weilende Berufung des göttlichen Bundes beschlossen liegt; und

scheint in jener Formel, welche die Unterdrückung der Sinne beschreibt,[20] auffallend häufig. Stellt einer der sechs Sinne einen Gegenstand vor uns hin, sollen wir »nicht sein *nimitta* oder *anuvyañjana* aufgreifen«. *Nimitta* wird hier als die allgemeine Erscheinung verstanden, *anuvyañjana* steht für die sekundären Details. »Das, was gierigen, bösen und unheilvollen *dharmas*, welche er zu unterdrücken trachtet, Gelegenheit gibt, ihn zu überfluten, solange er sich zügellos der Kontrollgewalt (*indriya*) des Auges usw. überläßt. Er hütet vielmehr die Kontrollgewalt des Auges usw. und hält sie in Zucht.« *Indriya*, das Sanskrit-Wort für »Sinnesorgan«, kommt von *indra* und wird wohl am besten mit »dominant, vorherrschend« übersetzt. Es ist sinnverwandt mit *dynamis*, »eine Macht in uns, durch die wir tun was wir tun«,[21] und bezeichnet eine führende, dominante, vorherrschende Macht, eine uns fremde Kraft, die unterdrückt werden muß. Natürlich existiert eine reine Sinneswahrnehmung selten ausschließlich durch sich selbst, sondern ist für gewöhnlich in allerlei Willensäußerungen und Triebe gebettet. Eine eingehendere Analyse läßt erkennen, daß die »Dominanz« der Sinneswahrnehmungen ebenso aus Instinkten und dem *skandha* der Impulse stammt wie aus den Sinnesorganen selbst.

Um diesen Punkt zu verdeutlichen, müssen wir zumindest drei verschiedene Apperzeptionen von Stimuli unterscheiden. Es gibt drei ihnen entsprechende »Zeichen«, nämlich das Zeichen als 1. Gegenstand der Beachtung, 2. Grundlage des Erkennens und 3. Anlaß zur Trance. Im ersten Stadium wendet man sich einem Stimulus zu. Diese »Hinwendung« besitzt insofern einen aktiven und einen passiven Aspekt, als a) ein Anstoß die Sensibilität anregt und man b) lebhaftes Interesse am entsprechenden Sinnesreiz entwickelt und sich ihm frei-

in bildlosem, unverhülltem Verstehen erreichen sie die Höhen ihres Geistes. Dort wird ihr unverhülltes Verständnis von der Ewigen Helligkeit erfüllt.« (Ruysbroek, zit. in Stace, S. 159) Die Terminologie weicht ein wenig ab, bezeichnet aber dieselbe Erfahrung.

willig zuwendet. Die Buddhisten messen diesem zweiten Aspekt, der häufig übersehen wird, große Bedeutung zu. Das *Lankāvatāra* sieht in dem »begierigen Interesse an einer Vielzahl von Gegenständen und ihren Merkmalen« eine der vier Grundbedingungen, welche das Bewußtsein befähigen, auf der sinnlichen Ebene zu wirken.[22] Das Augenmerk, das man einem Sinnesreiz schenkt, wird nur selten durch die objektive Heftigkeit der Reizung verstärkt. In den meisten Fällen kommt es dazu durch eine innere Bereitschaft, ihn zur Kenntnis zu nehmen, durch die »Begierde« der entsprechenden Sinnesdominante oder, wie wir heute sagen würden, durch ein an dem Gegenstand genommenes »Interesse«. Wir erwarten die Sinnesreize nicht einfach bloß passiv, sondern greifen nach ihnen. Wir haben ein ausgesprochenes Verlangen, zu schauen und zu lauschen. Sehr deutlich ist dies zu erkennen, wenn das Verlangen unterdrückt wird, etwa durch eingeschränkten Einsatz des Sinnesorgans, wenn man zum Beispiel mit auf die Nasenspitze gerichtetem Blick dasitzt, wenn man beim Gehen die Augen nur ein paar Zentimeter weit streng geradeaus blicken läßt oder sie ganz schließt. Natürlich müssen die Leute eine gewisse innere Ruhe erlangt und sich bemüht haben, diese zu wahren, bevor sie überzeugt sind, daß Sinnesreize eher beunruhigen als befriedigen. Die Begierde, um sich zu blicken und zu schauen, beruht a) auf dem Drängen des entsprechenden Sinnesorgans, das nach Betätigung verlangt, b) auf Angst und dem Wunsch, das Alleinsein des sich selbst überlassenen Selbst zu übertönen, und c) auf dem Wunsch, verschütteten Instinkten ein Ventil zu schaffen. Derartige Begierde ist keineswegs auf angenehme Reize beschränkt, sondern sucht ebenso nach Gegenständen, an denen man seinen Haß oder Zorn auslassen kann. Manche Leute sind so versessen auf Verdruß wie andere auf Frauen. Die hier wirksame subjektive Haltung wird mit dem Begriff *ābhoga* bezeichnet, abgeleitet aus *bhuj*, was entweder »beugen, neigen« oder »genießen, verschlingen, essen« bedeutet.

Diese Haltung ist derart tief in unserer Geistesverfassung verwurzelt, daß sie erst im achten Stadium eines *bodhisattva* (vgl. S. 340ff.) überwunden werden kann. Auf der ersten Ebene der Wahrnehmung kommt es zu einer ersten Beurteilung und Einschätzung des Gegenstandes, indem er durch ein Zusammenwirken von Sinnesobjekt, Sinnesorgan und sinnlichem Bewußtsein als wichtig hervorgehoben wird (vgl. S. 149f.). Zugleich wird die Aufmerksamkeit nicht bloß auf einen beliebigen Gegenstand gelenkt, sondern auf einen bestimmten. Genau dies ist gemeint, wenn es im *Vinaya* I 183 heißt: »ein Zeichen ergreifen«, nämlich irgend etwas als Gegenstand des Denkens nehmen, und zwar unter zeitweiliger Ausschaltung alles anderen. Der Geist, welcher in seinem Naturzustand durch nichts besonders gefesselt wird, verliert sich vollends, wenn er sich der Vielzahl und Vielfalt der beziehungs- und bedeutungslosen Wesenheiten zuwendet.

Auf der zweiten Ebene kommt es zur Erkenntnis dessen, was wahrgenommen wird, als eines Zeichens dafür, daß es sich um den-und-den Teil des Wertesystems handelt, sowie zur Erkenntnis gewohnheitsgemäß wahrgenommener und bezeichneter Dinge. Im *Vinaya* III 17 bedeutet »ein Zeichen ergreifen« ein so heftiges Zupacken, daß das »Merkmal« des Gegenstandes erkannt wird. Nun wird der Reiz interpretiert, »als ein Mann oder eine Frau«, als ein Bär oder eine Eule, ein Tisch oder eine Blume, usw. Das dritte Stadium ist durch gefühls- und willensbestimmte Anpassung an das »Zeichen« gekennzeichnet. Wäre der Gegenstand nicht im zweiten Stadium als Freund oder Feind, Mann oder Frau, jung oder alt, bekannt oder fremd bestimmt worden – wäre, mit anderen Worten, die Beobachtung auf die dharmischen Tatsachen beschränkt geblieben, so hätte manch unnützes Nachdenken vermieden werden können und wäre an seiner Quelle versiegt. Im zweiten Stadium wurde der Gegenstand als etwas Bestimmtes »erkannt« und mit bestimmten allgemeinen Begriffen assoziiert. Nun wird er darüber hinaus als etwas definiert, das uns angeht, das bedeutsam und interessant ist. Die Aufmerksamkeit wird gesteigert, und man gerät in den Bann des Zeichens, welches sinnlichen Gelüsten, Ängsten usw. Nahrung spendet. Der Gegenstand gewinnt Sinn und Bedeutung und wird zum Anlaß für willensbestimmte Reaktionen.

In welchem Sinn kann nun eine Sinnesdominante als Kraft angesehen werden, die eine Wirkung ausübt? 1. Sie stört die innere Ruhe, welche der natürliche Zustand des Geistes in der für ihn wesentlichen Stille ist. Wer es für ganz normal hält, daß der Geist sich mit Gegenständen des sinnlichen Bereichs befaßt, wird nicht leicht begreifen, was mit »Beschränkung der Sinnesdominanten« gemeint ist. Tatsächlich könnte jedoch nichts unnormaler sein. In seiner natürlichen Reinheit weilt der Geist in stiller Betrachtung der Leere, welche die Leere wacher Erwartung ist, nicht die Leere nahenden Schlafs. Ein Geist, der sieht, hört usw., ist ein zerstreuter, schlecht funktionierender Geist. 2. Die Sinnesdominante lenkt von jener Leere ab, der sich der Geist in seiner ursprünglichen Reinheit zuwendet. Sie überlagert ihn mit manchen irreführenden und falschen Erscheinungen, was den stetigen Strom der Weisheit stört. 3. Das Wirken der Sinnesdominante erleichtert die Befriedigung instinktiver Triebe und stärkt die grundsätzlich unheilvollen Impulse gewaltig, denn erst dieses Wirken weckt sie und gibt ihnen einen Orientierungspunkt. Beseitigt man diesen Punkt, so treiben sie auseinander. Es ist daher kein Wunder, daß jemand, der »das Tor der Augen usw. offenließ«, von allen möglichen unheilvollen Zuständen »überflutet«, das heißt »verfolgt und überschwemmt«[23] wird.

Verstärkte Sinneswahrnehmung ist ein unerwünschter Mißbrauch des Geistes und muß eingestellt werden. Ist man bereits bis zum dritten Stadium fortgeschritten, so muß man zu den fünf im *Majjhima Nikāya*[24] beschriebenen Methoden seine Zuflucht nehmen. Die »Unterdrückung der Sinne« will den Vorgang bereits vor Eintritt in das zweite Stadium unterbrechen und verhindert, daß der Geist zu einem Spielfeld für alles und alle wird. Obwohl der Stimulus durch die Sinne zwangsläufig weiterwirkt, kann er nicht mehr in den Geist eindringen oder »unter die Haut gehen«. Er wird entweder einfach ausgeschlossen (»Oh, das hatten wir ja schon, aber es war nicht wirklich wichtig!«) oder abgewertet – als trivial, als bereits überwunden, als nichts Besonderes, als etwas, das einen nichts angeht oder belanglos ist, als etwas, das keine Bedeutung für mich, nämlich für meine Erlösung und meine Suche nach *nirvāṇa* besitzt. Sobald man ein Ding beachtet, wird die Hinwendung sogleich in Abscheu und Widerwillen erstickt, und statt sich dem Gegenstand zuzuwenden, wendet man sich von ihm ab und *nirvāṇa* zu.

Das Ziel liegt darin, den Vorgang an seinen Ausgangspunkt zurückzuführen, bevor das wahre und ursprüngliche Fundament noch durch irgendwelche »Überlagerungen« verzerrt wurde. Die scheinbar harmlose Phraseologie jener Formel, welche die Unterdrückung der Sinne beschreibt, eröffnet weite philosophische Ausblicke. Sie umschließt ein gewaltiges philosophisches Programm, das nach und nach im Laufe von Jahrhunderten in den Lehren des *abhidharma* und der *prajñāpāramitā* ausgearbeitet wurde. »Er greift nicht nach der Erscheinung als Mann oder Frau, noch nach der Erscheinung als anziehend usw., welche es zu einem Gegenstand verderblicher Leidenschaften machen. *Sondern er begnügt sich mit dem, was tatsächlich zu sehen ist.*«[25] Ernstgenommen, muß dies im Versuch münden, den tatsächlichen Sinnesfaktor von später durch Erinnerung, Intellekt und Vorstellungskraft über ihn projizierten Zugaben zu unterscheiden. Hat man sich erst einmal daran gewöhnt, Sinnesfaktoren von oft verborgenen emotionalen und personalen Gedankenverbindungen zu befreien, so beginnt man, diese in einen emotionalen Leerraum zu stellen. Sie erscheinen dann fast so, wie sie an sich sind, nämlich ohne die geringste wünschens- oder erstrebenswerte Eigenschaft. »*Er greift nur nach dem, was wirklich da ist.*«[26] Um das zu können, muß er fähig sein, wirkliche Fakten von Erfindungen und Fehldeutungen zu unterscheiden, welche die Unwissenheit ihnen hinzufügte. Von hier gingen jene Überlegungen aus, die im Laufe der Zeit im Konzept der »Derartigkeit« mündeten. Dieses Konzept nimmt einen Gegenstand so hin, wie er nun einmal ist, ohne ihm etwas hinzuzufügen oder etwas von ihm abzustreichen.

Es liegt in der Natur der Dinge, daß alle asketischen Religionen das sinnliche Begehren verurteilen.[27] Der Buddhismus geht noch weiter und hält sogar die sinnliche Wahrnehmung für verhängnisvoll. Dieses Mißtrauen gegen die Sinnesobjekte als solche[a] ist natürlich nicht allein dem Buddhismus vorbehalten. Beispielsweise wird es sowohl von der heidnischen als auch von der christlichen platonischen Tradition in Europa geteilt. Der heilige Gregor drückt es sehr deutlich aus[28]: »Die Seele kann sich keinesfalls durch sich selbst fassen, wenn sie nicht zuvor gelernt hat, die Wahngestalten irdischer und himmlischer Erscheinungen aus dem geistigen Blick zu verscheuchen, wenn sie nicht gelernt hat, alles, was ihrem Denken (*cogitatio*) über Gesicht, Gehör, Geruch, Geschmack und Gefühl des Leibes entgegentritt, zu verwerfen und zu zermalmen (*respuere atque calcare*); auf daß sie sich selbst suchen möge, wie sie innerlich ist, ohne jene Dinge.« Ebenso der heilige Dionysius Areopagita:[29] »Mögest du, mein geliebter Thimotheus, in deinem Verlangen, mystische Versenkung zu erlangen, dich dazu zwingen, weder in die Sinne und in das Wirken des folgernden Verstandes noch in alles Vernünftige und Verständliche, noch in alles, was ist und nicht ist, verstrickt zu werden – zu dem Ende, daß du, soweit

a Es gibt bestimmt jemanden, der mir an dieser Stelle das Zitat von Seng-can entgegenhält, wonach er ausdrücklich verfügte, daß wir »keine Vorurteile gegen die sechs Sinnesobjekte« haben sollten. Geistlicher Rat ist nur dann fruchtbar, wenn er mit angemessener Rücksicht auf Zeit, Ort, Person und Verhältnisse erteilt wird. Im Sinne der fünf Ebenen, die in III 2,4 unterschieden werden, befinden wir uns hier vor dem Tor zur Erlösung auf der dritten Ebene, während Seng-can von der vierten spricht.

dies möglich ist, dich erheben mögest im Nichtwissen zur Gemeinschaft mit Ihm, der über allem Sein und Wissen steht. Auf daß du, anders gesagt, dich erheben mögest durch völlige Loslösung von dir selbst und von allen Dingen, entblößt von allem und bar aller Behinderungen, zu jenem Leuchten übernatürlicher Helle, welches von der göttlichen Verborgenheit ausgeht.« Dies ist zweifellos die echte Stimme des *dharma*.

Alle Kräfte der Seele – Emotionen, Wille, Intellekt, Wachsamkeit und Trance – werden mobilisiert, um den Rückzug von den Sinnesobjekten herbeizuführen. *Emotional* bilden wir ihnen gegenüber ausdrücklich eine Haltung der Furcht, der Abscheu, des Zorns und Überdrusses heraus, da sie als Last, Fessel und einfach als Zeitverschwendung erkannt wurden. Im Bereich des *Willens* tritt Kasteiung ihrem verführerischen Einfluß entgegen. *Intellektuell* erkennen wir durch eine psychologische und philosophische Analyse der Sinneswahrnehmung, daß sie mehr verbirgt als offenbart und daß durch die Sinne getroffene Unterscheidungen und Abgrenzungen ebenso willkürlich sind wie die Zuordnung sinnlicher Eigenschaften, da das Ganze ein Gewebe aus Unwahrheit für den Bedarf des praktischen Lebens darstellt und weder eine Grundlage in der Realität noch einen Einfluß auf sie besitzt. Die »Unterdrückung der Sinne« ist ein Teil der *Wachsamkeit* und versucht, ungestört durch die turbulente Außenwelt, die Stille des Geistes zu fördern. In gleicher Weise wirkt auch der Prozeß der *meditativen Trance*, der im wesentlichen ein Vorgang fortschreitender Introversion ist, darauf hin, alle Reaktionen auf sinnliche Wahrnehmungen auszuschalten. Es zeigt sich, daß für den Buddhisten die bloße Beachtung sinnlicher Wahrnehmungen als der verstockteste aller Feinde gilt.

Der vierte der gestaltlosen Trancezustände ist das »Stadium, in dem weder Wahrnehmung noch Nicht-Wahrnehmung herrscht«. Nach dem *Abhidharmakósa*[30] gibt es hier noch Wahrnehmung, zwar sehr schwach, aber nicht völlig ausgeschaltet. Es scheint lohnend, sich in diese Trance zu versenken, wenn man erkannt hat, daß »Wahrnehmungen eine Krankheit sind, ein Geschwür, ein Widerhaken! Ihre bloße Ausschaltung im Zustand der Bewußtlosigkeit[31] ist nichts als Betäubung. Doch dieses Stadium weder der Wahrnehmung noch der Nicht-Wahrnehmung, das ist Ruhe, das ist vortrefflich!« Sie wendet sich von allem ab, was einen Zweck hat oder abhängig ist,[32] und es spielt sich hier ein sehr viel feineres Denken ab als die vergleichsweise groben Gedanken, die mit Wahrnehmung zusammenhängen.[33] Buddhaghosa erklärt,[34] daß die Wahrnehmung hier extrem verfeinert ist. In dieser Trance ist »Wahrnehmung nicht-wahrnehmend insofern, als sie zu wirksamen Funktionen untauglich wurde, und sie ist nicht nicht-wahrnehmend, da noch eine feine Spur formativer Kräfte *(saṅkhāra)* existiert«. Aber Gefühle und Wahrnehmungen sind »durchaus ruhiggestellt«[35] (vgl. S. 156f.).

3. Obwohl das Wunschlose[36] für das buddhistische Denken weit weniger wichtig ist als die Leere und das Zeichenlose, können wir es hier nicht gänzlich vernachlässigen. Der Begriff *a-pra-ṇi-hita* bedeutet wörtlich »nichts den Vorrang geben« und bezeichnet jemanden, der keine Pläne für die Zukunft macht, keine Hoffnung in sie setzt, der ziellos ist, zu nichts entschlossen, ohne Vorliebe für die Objekte der Wahrnehmung, ohne Begehren nach ihnen, jemand, der diese Objekte durch Konzentration auf das Zeichenlose abweist. Dies führt zu der Frage, ob man nach *nirvāṇa* verlangen kann. Wenn *nirvāṇa* als die Auslöschung oder Ausschaltung allen Verlangens gilt, wie kann es dann vom Weisen heißen, er habe »Neigung und Lust zu *nirvāṇa*« und begehre dennoch nicht danach?

Nirvāṇa ist nur dann Gegenstand des Verlangens, wenn man sich eine falsche Vorstellung davon macht. Unter dem Einfluß des »*sinnlichen* Verlangens« mag man sehr wohl wegen der mit *nirvāṇa* assoziierten Seligkeit, Freude und Wonne danach streben. Unter dem Einfluß des »Verlangens nach

Mehrwerden« mag man sich davon eine Art persönlicher Unsterblichkeit erwarten, es als Mittel zur eigenen Verewigung betrachten. Unter dem Einfluß des »Verlangens nach *Auslöschung*« mag man hoffen, daß es den Wunsch nach Selbstaufgabe erfüllt, mag man *nirvāṇa* als eine Art Tod mißdeuten, der von bloßem Nichts gefolgt wird, ohne den Unterschied zwischen dem Wunsch nach Auslöschung des Verlangens und einem Verlangen nach Auslöschung zu erkennen. Tatsächlich kann *nirvāṇa* das erste Verlangen nicht erfüllen, weil es keine Selbstbefriedigung vermittelt, sondern auf deren Leugnung beruht, nämlich auf »Leidenschaftslosigkeit« (*virāga*), das heißt auf keinerlei Freude an Sinnesobjekten. Das zweite und dritte Verlangen kann es nicht erfüllen, weil es das Ende einer persönlichen Existenz einschließt – und dennoch nicht dasselbe ist wie deren bloße Auslöschung.

Ein Mensch, der *nirvāṇa* noch fern steht, kann durchaus danach begehren und streben, darauf hinleben. Doch solange er nach ihm begehrt, besitzt er es nicht, ist er noch von ihm getrennt. Hat er es erreicht, so endet alles Wünschen, selbst nach *nirvāṇa*. Während er noch danach begehrt, hängt außerdem die Art seines Begehrens weitgehend davon ab, ob er sich ein angemessenes Bild davon gemacht hat. Solange es noch unangemessen ist, dürfte sein Begehren sich wenig von dem »Verlangen« unterscheiden, das man normalerweise für weltliche Dinge empfindet. Erst wenn sich seine Augen nach und nach für die wahre Natur des *nirvāṇa* öffnen, ist das Begehren des *yogin* kein Ausdruck des Verlangens mehr, sondern wandelt sich eher in dessen Verneinung. »Nirvāṇa kann man sich nicht aneignen. Denn wie Mücken nicht in Versuchung kommen, sich auf einer den ganzen Tag lang erhitzten Eisenkugel niederzulassen, so ziehen auch diese Dinge in ihrer übergroßen Herrlichkeit weder Verlangen noch Stolz oder falsche Überzeugung an.«[37]

Auf dem »Pfad« sind weiterhin große Mühen und Anstrengungen nötig, damit man sich von der Welt entfernt. Hat man *nirvāṇa* erreicht, so endet alle Mühe und alles Streben, weil man »getan hat, was getan werden mußte«. Welche »Handlung« nun auch immer noch zu geschehen scheint, sie ist nicht mehr das Werk der »Impulse«, welche den vierten *skandha* bilden. Es ist daher unsinnig, sie dem Begehren oder einem Willensakt zuzuschreiben. Ohne Unrast, glücklich und zufrieden, erwartet der *arhat* keine Zukunft mehr, sie birgt für ihn weder Hoffnung noch Furcht. Seine erhabene und unwiderrufliche Vollendung läßt für keinerlei Wünsche Raum.

Wer die drei »Tore zur Erlösung« verstanden hat, dem werden die höheren Lehren des Buddhismus keine ernsten Schwierigkeiten mehr bereiten, und alle Dinge scheinen nahezu selbstverständlich. Man beachte, daß die Konzentration auf Leere in den Bereich der Ontologie fällt, das Wunschlose in die Sphäre des Willens, und das Zeichenlose zur Erkenntnistheorie. Die spätere Scholastik versuchte, Gegenstücke zu einigen der im Kernstück des *abhidharma* verzeichneten Aufzählungen und Kategorien zu entwickeln. Da die Erläuterungen der Scholastiker nur geringfügig abweichen, bieten sie sich als wertvolle Wegweiser zu einem außerordentlich wichtigen Aspekt der Lehre an, der in seinen Grundzügen wohl in die Aśoka-Zeit zurückgeht. Sie sind auch dann aufschlußreich, wenn man untersucht, wie die Buddhisten zu meditativen Zwecken die vielfältigen Facetten einer schwierigen Lehre zu koordinieren versuchten. Wir müssen diese scholastischen Erörterungen zumindest kurz erwähnen, wenn es auch nicht immer leicht ist, ihnen zu folgen.

Die *Vibhāṣā*[38] sagt, daß wir durch die drei »Tore« die Dinge unter dem Vorzeichen eines Gegenmittels, einer objektiven Bestätigung und einer Absicht sehen. 1. Leere ist das Gegenmittel zur »Fehlauffassung von Individualität« und steht im Gegensatz zu Vorstellungen von »ich« und »mein«, 2. das Zeichenlose weist alle Gegenstände des Gesichts, Gehörs und aller anderen Sinne ab, und 3. das Wunschlose ist das Nichtvorhandensein aller irgendwelche *dharmas* der dreifachen Welt betreffenden Absichten (*āśaya*) oder Pläne (*praṇidhāna*), obwohl hinsichtlich des Pfades durchaus ein gewisses Streben besteht. Der *Abhidharmakośa*[39] bringt unsere Dreiergruppe mit dem spezifisch sarvāstivādischen Verzeichnis der sechzehn »Aspekte« zusammen:[40] Leere entspricht »leer« und »Nicht-Selbst«, das Zeichenlose den vier Aspekten der dritten Wahrheit,[a] und das Wunschlose den übrigen zehn Aspekten. Aufgrund der Leere gelten die Konstituenten der Persönlichkeit nicht als das Selbst und als keinem Selbst zugehörig. Das Zeichenlose deutet an, daß *nirvāṇa* von den zehn »Zeichen« frei ist, nämlich von den fünf Sinnesobjekten, von männlich und weiblich, vom Entstehen, von einem ständig sich wandelnden Dasein und von Zerstörung. Die Zuordnung der übrigen Aspekte zum Wunschlosen wird durch das Argument gestützt, Unbeständigkeit, das Böse und die vier Aspekte der Wahrheit vom Ursprung[b] seien ein Unruheherd (*udvega*), der, wenn man sich dessen wirklich bewußt werde, den auf weltliche Dinge bezogenen Anstrengungen entgegenwirken würde; der Pfad gleicht daraufhin einem Floß, welches preisgegeben werden muß.

Der *Visuddhimagga*[41] nennt vier Gründe, warum der Pfad jeweils leer, zeichenlos und wunschlos genannt wird, und zeigt Entsprechungen zwischen den drei Toren und drei Merkmalen auf. Die Einsicht in ein »Nicht-Selbst« und die Ablehnung des Gedankens an »ein Selbst, ein Wesen und eine Person« führt zur Leere. Einsicht in das »Leid« und Preisgabe aller auf ein in dieser Welt zu findendes Glück gerichteten Wünsche, Hoffnungen oder Sehnsüchte führt zum Wunschlosen. Das Zeichenlose schließlich hängt mit der »Unbeständigkeit« zusammen. Das ist für sich genommen nicht unvernünftig, und wir werden sogleich zeigen, wie die Verbindungen zustande kommen. Allerdings ist interessant, daß Buddhaghosa an diesem Punkt eine gewisse Unsicherheit

a 1. Innehalten, 2. ruhige Stille, 3. erhaben, 4. definitives Entkommen.
b 1. Ursache, 2. Entstehen, 3. Ergebnis, 4. Bedingung.

bezüglich des Wortes »Zeichen« erkennen läßt, ebenso sein Zeitgenosse Vasubandhu, der die völlig klare Definition der *Vibhāṣā* durch eine Aufzählung von »Zeichen« ersetzte, die reichlich künstlich und hergesucht wirkt. Im Zusammenhang mit dem Pfad verwendet der *Visuddhimagga* das Wort »Zeichen« in nicht weniger als drei Bedeutungen. 1. »Der Pfad wird zeichenlos genannt, wenn man ihn erreicht, nachdem man Rückschau auf die Unbeständigkeit genommen hat, wodurch man das Bedingte in seine vergänglichen Komponenten unterteilt und nicht mehr bloß als dichte Masse (*ghana*) betrachtet, und nachdem man auf die Zeichen des Beständigen, Dauerhaften und Ewigen verzichtet hat« (welche den falschen Erscheinungen der Dinge innewohnen). Auch ist er zeichenlos, weil 2. er keine sichtbaren usw. Gegenstände besitzt und 3. weil ihm die Zeichen der Gier, des Hasses und des Wahns fehlen. Soweit die Scholastiker.

3. *Nirvāṇa*

Die Leere, das Zeichenlose und das Wunschlose zählen auch als die drei Versenkungen (*samādhi*),[a] welche weltlich oder auch überweltlich sein können. Nur letztere werden »Tore zur Erlösung« genannt und stehen laut Nāgārjuna[1] der wahren Realität des *nirvāṇa* ziemlich nah, stehen auf der Schwelle zu ihm. Daher blickt man durch sie sowohl auf das Bedingte als auch auf das unbedingte *nirvāṇa*.[b]

a Das Mpps sagt zu dieser Frage (206 c 17, übers. Robinson, S. 91): »Wenn diese drei Arten der ›Weisheit‹ sich nicht im Zustand der Trance verwirklichen würden, müßte es eine wahnsinnige Form der ›Weisheit‹ sein. Man würde zahlreichen Irrtümern und Zweifeln zum Opfer fallen und könnte gar nichts erreichen. Erst wenn man in Trance verweilt, vermag man alle Leidenschaften zu zerstören und zum wahren Merkmal aller *dharmas* vorzudringen.«

b MN i 296: »Es gibt zwei Voraussetzungen für das Erreichen der zeichenlosen Erlösung des Denkens – keinem Zeichen Beachtung schenken; dem zeichenlosen Element Beachtung schenken.«

Was das Bedingte betrifft, so gilt folgendes: 1. Im Hinblick auf Leere bestätigt es,[2] wie wir gesehen haben, daß nichts Bedingtes auf unser Selbst einwirken oder in irgendwie bedeutsamem Bezug zu ihm stehen kann. Die Leute meinen für gewöhnlich, in ihren eigenwilligen Reaktionen auf die Dinge der Umwelt »sich selbst zu finden«, und erfahren sich selbst als bestätigt, bereichert, erweitert, geborgen, zum Ausdruck gebracht und verwirklicht. Jetzt aber, vor dem Tor zu *nirvāṇa* selbst, erkennt der *yogin*, daß ihm all das nichts bedeutet hat.[a] Er kann nun nicht mehr ständig sein Selbst verlieren, indem er von dem, was er selbst ist, meint: »Da bin ich«, sondern er scheidet sein Selbst von allen Entfremdungen, so daß es in seiner ursprünglichen Freiheit und Reinheit hervortritt, entleert von allem, was es nicht ist. 2. Im Hinblick auf das Zeichenlose zeigen die Versenkungen, daß die charakteristischen Züge, aufgrund derer man Gegenstände an sich wahrnimmt und erkennt, für nichts wirklich Kennens- und Tunswertes Relevanz besitzen. Sobald sich dem *yogin* ein Gegenstand zeigt, schätzt er ihn ab und bemerkt seine kurze Dauer und zugleich die entscheidende Tatsache, daß der Gegenstand zu dem Zeitpunkt, da der *yogin* sich zu einem kritischen Blick darauf anschickt, bereits geschehen, verschwunden, nicht mehr vorhanden ist. So kommt er zu der Überzeugung, daß der Gegenstand ihn nichts mehr angeht, daß es sich nicht lohnt, an ihm festzuhalten. Dies hat zur Folge, daß er das »Zeichen« ablehnt und preisgibt, nämlich all das, was auf eine Bedeutung der Dinge hinweise könnte, welche über die nackte, rein augenblickliche Existenz eines *dharma* hinaus wahrgenommen werden könnte.[b] In festem Glauben strebt er nun nach dem, was ohne »Zeichen« ist. 3. Im Hinblick auf das Wunschlose ist es zwecklos, nach etwas Bedingtem zu

a jam quod magnum videbantur nil fuisse cernitur. Petrus Damiani.

b Das *mahāyāna* geht sogar noch weiter, indem es betont, daß ein Mensch »nach Zeichen jagt«, wenn er »die Erfahrungswerte als Zeichen für wirklich vorhandene Realitäten ansieht«. BWB 27.

streben. Es wäre närrisch, irgendwelche großartigen Erwartungen oder Zukunftshoffnungen darauf zu setzen. So verzichtet denn der *yogin* auf alle Versuche, in dem, was er als grundsätzlich leidvoll erkennt, Behagen zu finden. Da er weiß, daß ein Streben nach »Kontrolle« über die Dinge der Außenwelt nur weiteres Leid herbeiführt, wendet er sich von den äußeren Dingen ab und zieht sich in eine innere Ruhe zurück, von wo aus er still und gelassen das äußere Geschehen als ganz und gar entlegen beobachtet.

Nirvāṇa dagegen, wenn man sich ihm durch die drei Tore nähert, erscheint wie folgt: 1. Als *leer* hat es keinen Bezug zum eigenen Selbst, man selbst kann es weder »haben« noch »erlangen«. Nun ist der Weise völlig uneingeschränkt, obwohl er sich nicht dort befindet, um in diesem Zustand zu sein. Er ist mit dem zufrieden, was ihn nicht das geringste angeht und was er sich keinesfalls aneignen kann. *Nirvāṇa* steht in keiner Beziehung zu seinem persönlichen Selbst, weder positiv noch negativ. Der Zugang zum *nirvāṇa* setzt die Tilgung seines persönlichen Selbst voraus und wird erst da möglich, wo er »selbst« nicht mehr ist.[a] Doch diese blanke Negation erweist sich dennoch als nicht gründlich genug, denn sie vermag das »Innehalten« (*nirodha*) nicht zu beschreiben, ein ständig gebrauchtes Synonym für *nirvāṇa*, welches die Ablehnung der »vier Alternativen« andeutet (vgl. S. 313 f.), nämlich daß das Selbst sei, nicht sei, sowohl sei als auch nicht sei und weder sei noch nicht sei. »Innehalten« verlangt darüber hinaus, daß selbst diese Ablehnung preisgegeben wird. 2. Als *zeichenlos* besitzt *nirvāṇa* nichts, woran es zu erkennen wäre. Man gibt sich mit seiner Unbeschreibbarkeit zufrieden und grämt sich nicht deswegen, da man unmöglich sagen kann: »Dies ist es« oder »Dies ist es nicht«.

a Es ist merkwürdig, daß ausgerechnet Epikur genau dasselbe über den Tod aussagt: »Der Tod nun, der größte Schrecken unter allen Übeln, bedeutet uns nichts, denn solange wir hier sind, ist der Tod es nicht, und wenn der Tod da ist, sind wir es nicht.«

3. Als *wunschlos* ist *nirvāṇa* das, was man nicht begehren kann, und sein »Besitzer« begnügt sich mit dem, was er ganz einfach »ist«.

Dieses »*nirvāṇa*« ist fraglos eine ausgesprochen seltsame Größe, die sich von allem, was uns je zuvor begegnet ist, grundsätzlich unterscheidet und mit Gegenständen, über die sich etwas aussagen läßt, nichts gemeinsam hat. Um ihr gerecht zu werden, muß man sich von allem entfernen, wodurch, worüber oder womit irgend etwas ausgesagt werden kann. Als höchste Erlösung ist *nirvāṇa* die *raison d'être* des Buddhismus und seine letzte Rechtfertigung. Alle Worte des Buddhismus haben, so sagt man, den Geschmack von *nirvāṇa*, und »das religiöse Leben ist in *nirvāṇa* versenkt, seine Absicht ist *nirvāṇa*, sein Ziel und Ergebnis ist *nirvāṇa*«. Was mag es denn nun wirklich sein, dieses *nirvāṇa*? Wie kann man es beschreiben?[3]

Man beginnt eine Erklärung des nicht-bedingten *nirvāṇa* am besten mit einer Gegenüberstellung der drei Merkmale alles Bedingten. In diesem Sinne ist *nirvāṇa*[4] 1. ohne Tod oder frei von allem Sterben und jeder Art Vergänglichkeit; 2. im Frieden, oder frei von allen bedrückenden Störungen seiner friedlichen Stille, frei von allem Leid; 3. sicher, oder frei von allen Bedrohungen der Sicherheit durch ein äußeres Nicht-Selbst, frei von aller inneren Selbstentfremdung. Wir müssen diese Aspekte nun im einzelnen betrachten.

1. *Nirvāṇa* als das Todlose (*a-mṛta*) oder Unsterbliche wird nicht als Abstraktion verstanden, sondern als lebendige Realität; nicht als bloß subjektive Gemütsverfassung, sondern als »etwas«, das jeden individuellen Geist transzendiert. Dieser Freiheit vom Tode entzog sich Gilgamesch, sie blieb aber ständiges Ziel der *yogins*, die danach trachteten, »den Menschen aus seiner menschlichen Verfassung zu befreien, absolute Freiheit zu erringen, das Unbedingte zu erkennen«.[5] In der Geborgenheit des *nirvāṇa* steht der *yogin* außerhalb der

Reichweite des Todes, denn »wer, der im *dharma* weilt, fürchtet den Tod?«.[6] Das Sanskrit-Wort für »Tod« lautet »*māra*«, und die Aufzählung vier verschiedener *māras* soll zeigen, was der Buddha mit seiner bekannten »Überwindung des *māra*« vollbrachte.[7] Es gibt 1. den *skandha-māra*, auch die fünf Anhäufungen genannt, da diese der »Wohnsitz des Todes« sind und man sterben muß, wenn sie geboren wurden und sich entwickeln. 2. Die Unlauterkeiten sind *māra*, weil sie zur Wiedergeburt führen, welche im Tode enden muß. 3. Im engeren Sinn von »Tod« bezeichnet *māra* die Faktoren, die die Lebensspanne jedes Individuums festlegen. Dieser *māra* war besiegt, als der Buddha drei Monate vor seinem *parinirvāṇa* die unumschränkte Macht gewann, was ihm erlaubte, die künftige Dauer seines Lebens zu bestimmen. 4. Schließlich ist Māra eine Gottheit, die jedem, der den Tod zu überwinden sucht, Schwierigkeiten in den Weg legt. Unmittelbar vor seiner Erleuchtung besiegte der Buddha diese Gottheit, als er die Erde berührte und sie bat, Zeugnis für seine lange, leidenschaftliche, über viele Leben hin geübte Selbstopferung abzulegen.

Das Wort »unsterblich« deutet auch auf Nektar und Ambrosia des Himmels hin. Der Besitz dieses »Unsterblichkeitselixiers« hatte deutliche körperliche Folgen. Maudgalyāyanas Worte bei seiner Begegnung mit Śāriputra[8] sollen diesen Glaubensinhalt kurz beleuchten: »Freund Śāriputra, dein gelassenes Antlitz ist rein und klar, deine Sinne sind ungetrübt. Hast du, o verehrungswürdiger Śāriputra, das Unsterbliche und den Weg, der zum Unsterblichen führt, gefunden? Dein gelassenes Antlitz ist das Antlitz eines frommen Mannes, klar wie blühender Lotus. Ungetrübt und still sind deine Sinne. Wo hast du das Unsterbliche gefunden, durch welches dies zwiefache Leuchten und helle Strahlen des Glanzes über dich gebreitet wurde?« Mehr noch, man gewinnt die Erfahrung der Unsterblichkeit mit körperlichen Mitteln, denn es heißt, daß der Weise »das Unsterblichkeitselement mit seinem

Leibe berührt«. Nach europäischen Maßstäben muß die ständig wiederholte Behauptung, daß der *yogin* »*nirvāṇa* mit seinem Leibe berührt« (vgl. S. 264), also der Glaube, daß der gedankenlose oder unwissende Leib weiser sei als der weiseste Geist, höchst ungewöhnlich und nahezu unglaublich scheinen.[9] Europäer haben eben eine äußerst enge Vorstellung von den Möglichkeiten des Leibes und wissen für gewöhnlich nichts über die verschiedenen »feinstofflichen« oder »höheren« Leiber, die, wie der *yoga* entdeckte, den groben, sichtbaren Leib umgeben und durchdringen. In Europa hielten es sowohl die Platoniker als auch die Materialisten stets für selbstverständlich, daß geistliche Wirklichkeit außerhalb des körperlichen Bereichs liegt – die einen, um den Leib als entwürdigend zu diffamieren, die anderen mit dem Ziel, geistliche Erfahrung als wertlos und albern abzutun. Im Buddhismus grenzen körperliche und geistliche Realität aneinander, alle geistlichen Erfahrungen haben ihre körperliche Grundlage und Entsprechung,[a] und der Leib, der durch *yoga*-Übung zur vollen Reife gebracht wurde, gilt als ein kognitives Organ höchsten Ranges, welches mit der transzendentalen Wirklichkeit in viel engerer Beziehung steht, als es der Intellekt je vermag (vgl. S. 264).

Die »Todlosigkeit« ist für *nirvāṇa* derart zentral, daß mindestens fünfzehn weitere Bezeichnungen den gleichen Gedanken ausdrücken. Demnach ist *nirvāṇa* 1. dauerhaft, 2. beständig, 3. unwandelbar, 4. unzerstörbar (*a-cyuta*), 5. ohne Ende (*an-anta*), 6. endlos dauernd (*aty-antam*), 7. Nicht-Entstehen (da es nichts verursacht), 8. Tilgung der Geburt, 9. ungeboren, 10. nicht der Auflösung unterworfen (*a-palokina*), 11. ungeschaffen (*a-bhūtam*),[10] 12. nicht fortschrei-

a Edward Hamilton Johnston, *Early Sāṃkhya*, London 1937, S. 38: »In Indien können wir die Situation etwa so darstellen, daß Phänomene aller Klassen gleichermaßen als mit einer materiellen Grundlage versehen betrachtet werden, wobei der Unterschied lediglich im Grad der Subtilität liegt, die der jeweiligen Grundlage zugeschrieben wird.«

tend (*a-ppavatta*),[a] 13. frei von Krankheit, 14. alterslos und 15. nicht sterbend (*a-maraṇam*). Da die Todlosigkeit um den Preis der Unterbrechung der bis dahin ununterbrochenen Folge individueller Leben erkauft wird, mögen drei weitere Bezeichnungen hinzugefügt werden, nämlich 16. den Kreislauf der Wiedergeburten unterbindend, 17. frei von Wiedergeburten (*vivaṭṭam*), 18. frei vom Übergang des Bewußtseins in einen neuen Leib (*a-ppaṭisandhi*).

2. Im Zusammenhang mit *nirvāṇa* als Frieden muß ich den berühmten Satz aus dem *Mahāpārinirvāṇasūtra*[11] zitieren, einen wahren Abriß buddhistischen Denkens, der eine längere Betrachtung lohnt:

anityā vata saṃskārā utpāda-vyaya-dharmiṇaḥ
utpadya hi nirudhyante teṣāṃ vyupaśamas sukham.

»Nicht ewig wahrlich sind abhängige Dinge. Steigen und Fallen ist ihre Natur. Denn da sie hervorgebracht wurden, werden sie beendet. Ihre Befriedung bringt Gelassenheit.« Dieser Aspekt des *nirvāṇa* ist Gegenstand einer der zehn Besinnungen (*upaśama-anusmṛti*).[12] Gänzlich und mit Erfolg können ihn nur »Heilige« erfassen, die den Pfad betreten haben. Nur sie können die volle Bedeutung der verwendeten Begriffe erkennen, denn ihr Verständnis beruht darauf, daß sie Entsagung erfahren haben, welche allein die Augen öffnet für jenen »Frieden Gottes, der über alles Verstehen geht«. »Dennoch sollte auch das Weltkind ihn beachten, wenn es den Frieden schätzt. Denn auch wenn man bloß davon hört, erheitert sich das Gemüt beim Gedanken an Frieden.«[13] Anfänger müssen diesen Gedanken allerdings mehr oder weniger in gutem Glauben hinnehmen, denn er kann ihnen kaum völlig einleuchten.

»Frieden« bedeutet »Befriedung des Leidens«. Es gibt im Englischen[b] keinen Begriff, der beiden hier implizierten Be-

a Mit anderen Worten: weder kommend noch gehend; vgl. S. 137ff.
b oder im Deutschen (d. Übers.)

deutungen von *upaśama* entspricht, nämlich 1. Stillung, Befriedung allen Übels und Leids und 2. Zustand friedlicher Stille (*upaśānta*). Spinoza hat gesagt, daß alle Menschen Frieden wollen, aber nur wenige das, was zum Frieden führt. Dies ist vollkommen klar, wenn wir an sozialen Frieden denken. Warum all diese Kriege? Entweder, weil die Leute an ihrem Verlangen nach Macht über andere festhalten und nicht bereit sind, deren Wünsche zu berücksichtigen, oder weil sie ihren eigenen »Lebensstandard« heben möchten. Die einzige Zeit, da auf Erden vergleichsweise Friede herrschte, war die Steinzeit, als niemand etwas besaß und die Arbeitsproduktivität so niedrig war, daß der Wert eines Menschen der Nahrung, die er verzehrte, entsprach, so daß es zwecklos war, ihn zu versklaven, wenngleich er dem Kannibalen immerhin zu einer recht annehmbaren Mahlzeit dienen mochte. Solange wir nicht all das aufgeben, was uns der »Fortschritt« beschert hat, und zu jener idyllischen Armseligkeit zurückkehren, die das *Dao-dejing*[14] feiert, wird es auf Erden weiterhin Kriege geben, und mit unserem wachsenden Wohlstand werden sie immer schrecklicher werden. Selbst unter denen, die diesen Mechanismus verstanden haben, finden sich wenige, die bereit sind, für ein bißchen Frieden allzu große Opfer zu bringen. Ebenso werden die Leute, wenn sie erkannt haben, daß der innere, geistliche Friede buchstäblich alles kostet, sich lieber an das klammern, was sie haben. Solange wir überhaupt an irgend etwas festhalten, müssen wir zwangsläufig besorgt und beunruhigt bleiben. Leider ist das Wort »Frieden« außerordentlich vieldeutig. So wie es der Buddhismus verwendet, bezeichnet es nicht die kreatürliche Friedfertigkeit befriedigter Eingeweide oder das, was Amerikaner »*relaxation*« nennen, sondern eine entschlossene Abwendung von allen denkbaren Störfaktoren. Der hier gemeinte geistliche Frieden beruht auf verinnerlichtem Wissen, welches 1. in uns eine Schicht unerschütterlicher, friedlicher Stille offenbart, 2. die Welt unwichtig erscheinen läßt und 3. Kontakt zur »Zwischenwelt«

herstellt. Vielleicht können wir seine besondere Beschaffenheit verdeutlichen, wenn wir über die in der *Prajñāpāramitā* aufgezählten fünf grundlegenden Bedingungen für »Frieden« nachdenken. Es sind dies: die Panik angesichts der Erkenntnis, daß man sich selbst in einem Körper niedergelassen hat, die Einsicht in die Allgegenwart der Unbeständigkeit, »Nicht-Selbst« und das Leid sowie die Überzeugung, daß absolut nichts an irgendeinem Ort irgendwelche Freude bereitet. Hält man sich diese Konnotationen der buddhistischen Vorstellung von »Frieden« nicht ständig vor Augen, so muß es zu ernsten Mißverständnissen kommen.

Nirvāṇas Gegensatz zum Leid wird in mindestens zwölf weiteren Bezeichnungen ausgedrückt: 1. Tilgung des Leidens, 2. Befriedung des Leidens, 3. das, was nicht verletzt werden kann, oder Nichtleiden,[15] 4. frei von Elend (*an-ītikam*), 5. Behagen,[a] 6. »gesegnet« oder »glückbringend« (*śivam*), 7. sorgenfrei, 8. das Ende aller Mühsal und allen Strebens (*an-āyūhana*),[16] 9. friedliche Stille (*śānti*), 10. rein, 11. nicht befleckt (*asaṅkiliṭṭha*),[17] 12. im Frieden mit sich selbst.[b]

3. *Nirvāṇa als Sicherheit.* In dieser Hinsicht gilt es als 1. das Sichere,[c] 2. die Freistatt, 3. Obdach, 4. Zuflucht und 5. Insel. Da es bleibende Sicherheit bietet, vertreibt *nirvāṇa* natürlich alle Furcht.

Bisher haben wir Bezeichnungen für *nirvāṇa* betrachtet, die es den die drei Merkmale tragenden Dingen gegenüberstellen. Die Mehrzahl der übrigen in den Heiligen Schriften an-

a Bedeutet *sukha* lediglich »Behagen« oder ausdrücklich Glück und Wonne (wie *ānanda* im Śivaismus und möglicherweise das *mahāsukha* der *tantras*), oder »glückliche Befreiung«? Es ist, als wolle man, wie es sich die Kabbala und die Psychoanalyse vorstellen, die Mentalität von Kindern im Mutterleib bestimmen. Einige Pāli-Gelehrte verweisen allerdings auf MN I 247, 398-9 zur Stützung ihrer These, wonach es »Glück« bedeutet.

b *a-raṇa*, »kein Streben«, »ohne Konflikt«, ein äußerst reicher Begriff. Vgl. S. 305.

c *khemam*, verwandt mit wohnlich, heimelig, zu Hause.

gegebenen Attribute oder Namen für *nirvāṇa* kann man unter die folgenden drei weiteren Stichworte gruppieren:

I. Verneinung der Welt und Widerstand dagegen (A) Generelle Ablehnung der Welt: 1. Emanzipation (*mokṣa*), 2. Befreiung (*vimukti*), 3. Flucht (*niḥsaraṇa*), 4. Einhalten, Stillstand, 5. Entsagung, 6. Verzicht (*pratiniḥsarga*),[18] 7. Stillstand des Werdens,[19] 8. Aufbruch (*parāyaṇa*?),[20] 9. Trennung (*viveka*, Sichfernhalten, Absonderung), 10. nicht enthalten (in der dreifachen Welt des *saṃsāra*), 11. überweltlich, 12. das Jenseits, 13. Rast (*nibbuti*), 14. das Einzige (*kevalam*, *to hen*),[21] 15. das Ende der Welt.[22] (B) Verneinung der abstoßenden Züge der Welt: 1. Dahinschwinden,[23] 2. Erlöschen des Verlangens, 3. Erlöschen von Gier, Haß und Wahn, 4. ohne Ausfluß, 5. nicht fleischlich (*nirāmisam*), 6. frei von Verzögerungen oder Unterscheidungen (*niṣprapañcam*),[24] 7. frei vom Wunsch nach Gründung einer Familie (*anālayam*),[25] 8. unbedingt, 9. nicht gemacht (*a-katam*). (C) In der Welt schwer zu finden: 1. das Unsichtbare (*a-nidassanam*), 2. schwer zu erkennen, 3. erstaunlich (*āścaryam*), 4. wunderbar (*adbhutam*), 5. subtil, 6. unauslöschlich (*anakkhātam*, *to arrēton*),[26] 7. unermeßlich oder unvergleichlich (*a-pramāṇam*). (D) In bezug auf die materielle Welt heißt es,[27] daß die vier Elemente der Materie in *nirvāṇa* »nicht Fuß fassen können« (*na gāḍhati*). »Es gibt eine Ebene (*āyatana*), auf der es weder Erde noch Wasser, Feuer und Luft gibt, noch den Zustand des grenzenlosen Raumes, usw., bis: noch den Zustand, wo weder Wahrnehmung noch Nicht-Wahrnehmung herrscht, weder diese Welt noch eine andere (*paraloka*), noch beide zusammen, weder Sonne noch Mond. Hier, ihr Mönche, sage ich, daß dort kein Kommen noch Gehen ist, noch Verweilen, Versinken oder Aufgehen. Es steht nicht still, noch bewegt es sich fort, und es beruht auf nichts. Dies ist wahrlich das Ende aller Leiden.«[28]

II. 1. Reale Wahrheit (*satyam*), wahres Sein (von *as*, sein),

2. wahre Realität im höchsten Sinne (*paramārtha*, auch »höchste Wirklichkeit«).

III. 1. Letztes Ziel (*parāyaṇam?*), 2. höchst erhaben (*param*), 3. höchstes Gut (*parama-artha*), 4. das Beste (*aggam*), 5. vortrefflich (*seyyo*), 6. hochgestimmt (*praṇīta*), 7. äußerst (*anuttaram*), 8. die eine und einzige Vollendung (*eka niṭṭhā*), 9. endgültige Befreiung (*apa-vagga*). Die Endgültigkeit des *nirvāṇa* liegt darin, daß es »für einen zu Recht erlösten Jünger, dessen Denken ruhig ist, nichts mehr gibt, was dem bereits Gemachten hinzuzufügen wäre, und für den nichts zu tun bleibt. Wie ein aus solider Masse bestehender Fels vor dem Wind nicht wankt, so können auch weder Gestalten noch Klänge, Gerüche, Geschmäcke noch Berührungen irgendwelcher Art, weder erwünschte noch unerwünschte *dharmas* einen Solchen (*pavedhenti tādino*) aufregen. Stetig ist sein Denken, erreicht ist seine Erlösung.«[29]

Natürlich wird es Leute geben, die angesichts dieser Fülle von Bezeichnungen argwöhnen, *nirvāṇa* sei einfach – nichts. Sie mögen Trost in solchen Textpassagen finden, die *nirvāṇa* als »absolut nichts«[30] bezeichnen, etwa die folgende:

> »Wo Kein-Ding ist (*akiñcanam*), wo nichts erfaßt wird (*anādānam*),
> Dort liegt die Insel Ohne-Jenseits (*anāparam*),
> *Nirvāṇa* nenn' ich sie, die letzte Tilgung des Alterns und Sterbens.«

Doch solche Stellen beweisen keineswegs, daß *nirvāṇa* absolut nichts ist, sondern nur, daß es bezüglich der Interessen und Erfahrungen der meisten Leute nichts ist. Wenn man nicht sagen kann, was ein Ding ist, so macht dies ein Ding noch nicht zu einem Nichts, vorausgesetzt der Fehler liegt nicht in dem Ding selbst, sondern in den Wörtern. Im übrigen kann man zwischen »negativen« und »positiven« Aussagen keine absolute Trennlinie ziehen.[31] Betrachten wir den folgenden berühmten Satz:[32] »Es ist ein Ungeborenes, Ungewordenes, Ungeschaffenes, Unvermischtes; denn wäre nicht dies Ungeborene, Ungewordene, Ungeschaffene, Unvermischte, so wäre kein Ausweg erkennbar (*paññāyetha*) aus dem Hiesigen, welches ist: geboren, geworden, geschaffen, vermischt.« Hier haben wir negative Eigenschaften, aber ein positives »ist«. Was zählt mehr? Selbst die »Auslöschung der Individualität« braucht nicht unbedingt als etwas »Negatives« gesehen zu werden. Tennyson bezeugt:[33] »Auf einmal, gleichsam aus der Intensität des Bewußtseins von Individualität heraus, schien die Individualität selbst sich in grenzenloses Dasein aufzulösen – der Verlust der Persönlichkeit (falls man es so nennen kann) schien keine Auslöschung, sondern das einzig wahre Leben.«

Um es zusammenzufassen: *Nirvāṇa* ist offensichtlich transzendental und dem logischen Denken (welches einengt, um es gelinde auszudrücken) nicht zugänglich.[34] Hilfreicher als alles andere scheint mir ein wohlbekanntes Gleichnis: »Gleich einem Feuer, dessen Nahrung ausgebrannt ist, wurde er stille.«[35] Der übliche Versuch, die Bedeutung des *nirvāṇa* durch Zusammenstellung und Betrachtung zahlloser aus dem Zusammenhang gerissener Zitate zu bestimmen, kann jedoch keine brauchbaren Ergebnisse liefern. Es ist vielmehr gefordert, sich *nirvāṇa* auf dem vorgeschriebenen Wege zu nähern und in sich selbst jene Gemütsverfassung nachzuvollziehen, die den drei »Toren zur Erlösung« entspricht. Daher wurde ihnen hier auch scheinbar übermäßig viel Platz eingeräumt. Hat man sich so verhalten, dann wird man erkennen, daß in einer der klangvollsten und schönsten Passagen des gesamten Kanons[36] die Natur des *nirvāṇa* mit erschöpfender Klarheit erläutert wird. Was hier gesagt wurde, kann niemand übertreffen. Leider erweist sich eine Übertragung als unmöglich, teils deswegen, weil manche Pāli-Wörter yogische Bedeutung tragen, während sie in unseren Sprachen, die für diese Dinge keinen Wortschatz besitzen, etwas ganz Alltägliches bezeichnen. Ich gebe daher den Pāli-Text im Original wieder und füge eine wörtliche Übersetzung hinzu, in der ich diejenigen Wörter, die sich nicht von der einen in die andere Sprache übertragen lassen, kursiv hervorhebe.

> Eko ahaṃ, Sakka, mahantam oghaṃ
> anissito no visahāmi tārituṃ.
> *Ārammaṇaṃ* brūhi, samantacakkhu,
> yaṃ *nissito* ogham imaṃ tareyyaṃ.

Upasīva: Allein, *ohne Stütze*, o Sakka, vermag ich die große Flut nicht zu durchqueren. Lehre mich die *objektive Stütze*, o Allsehender, auf welche *gelehnt* ich jene Flut durchqueren könnte.

> *Ākiñcaññaṃ pekkhamāno satimā*
> *'na'tthī'ti nissāya tarassu oghaṃ*
> kāme pahāya *virato kathāhi*
> taṇhakkhayaṃ nattamah*ābhipassa.*

Der Herr: *Wachsam erkenne das »gar-nichts-irgendwo«, gefestigt in der Überzeugung »es ist nicht« (es gibt nichts?), so wirst du die Flut durchqueren.* Hast du der Sinneslüste entsagt, *so enthalte ich dich der Rede, trachte nach* Tilgung des Verlangens bei Tag und Nacht.

> Sabbesu *kāmesu* yo *vītarāgo*
> *ākiñcaññaṃ nissito hitva*-m-aññaṃ
> *saññāvimokkhe* parame vimutto,
> *tiṭṭhe* nu so tattha *anānuyāyi*?

Upasīva: *Wer sich von allen Sinnesfreuden abgewandt hat, sich auf »gar-nichts« stützt,* nachdem er alles andere *verworfen* hat, frei geworden ist durch die *Erlösung von der Wahrnehmung*, der Vornehmste von allen, *steht* er darin *ohne zurückzufallen*?
Der Buddha: Ja, das tut er.

Tiṭṭhe ce so tattha anānuyāyi,
pūgaṃ pi vassānaṃ, samantacakkhu,
tatth'eva so *sītisiyā* vimutto,
cavetha *viññāṇaṃ* tathāvidhassa?

Upasīva: Wenn er viele Jahre lang darin steht, ohne abzufallen – wenn er an eben jenem Ort *kühl* und frei wird, wird es dann von einem Solchen *sichere Kenntnis* geben?

Accī yathā vātavegena khitto
atthaṃ paleti, na upeti saṅkham,
evaṃ *munī nāmakāyā vimutto*
atthaṃ paleti, na upeti saṅkhaṃ.

Der Herr: Wie eine vom Wind ausgeblasene Flamme *zur Ruhe geht und der Erkenntnis verloren ist*, ebenso auch *der Weise, der von seinem Namen und Leib befreit wurde* – er geht in die Ruhe ein und ist der Erkenntnis verloren.

Atthaṅ-gato so uda vā so n'atthi
udāhu ve sassatiyā arogo?
Taṃ me, muni, sādhu viyākarohi,
tathā hi te vidito esa *dhammo*.

Upasīva: Er, der in die Ruhe eingeht – ist er nicht da, oder (bleibt er) ewig ohne Krankheit? Das, o Weiser, erkläre mir wohl, da dieser *dharma* dir bekannt ist.

Atthaṅ-gatassa na pamāṇam atthi;
yena naṃ vajju, taṃ tassa n'atthi;
sabbesu *dhammesu samūhatesu*
samūhatā vādapathā pi sabbe ti.

Der Herr: Für ihn, der in die Ruhe eingegangen ist, gibt es kein Maß; nichts, das man benennen könnte, haftet ihm an. Wenn alle *dharmas aufgehoben sind*, sind auch alle Wege der Sprache aufgehoben.

6. Die Pflege sozialer Gefühle

Wir haben bisher jene Kernaussagen des Buddhismus behandelt, die den Weg von der Untersuchung der drei Merkmale bis zum Eingang ins *nirvāṇa* betreffen. Der langsame Aufstieg zu den Höhen war nicht immer bequem, und wir dürfen uns nun eine Weile mit etwas handfesteren Dingen beschäftigen. Unter den vorgeschriebenen Meditationen finden wir eine Gruppe von vier etwas geheimnisvoll als »Stationen des *Brahmā*«[1] bezeichneten Übungen. Sie sollen unsere Haltung anderen Menschen gegenüber regeln. Ihr Ziel ist die Herausbildung von Freundlichkeit (*maitrī*), Mitleid, Mitfreude (*muditā*) und Gleichmut.[2] Dies sind keine spezifisch buddhistischen Eigenschaften, sie kommen auch in den *yoga-sūtras* von Patañjali[3] vor und wurden möglicherweise anderen indischen Religionen entnommen. Jahrhundertelang standen sie eher am Rande der buddhistischen Lehre, und die orthodoxe Elite hielt sie für untergeordnete Praktiken, die mit den übrigen, die Unwirklichkeit von Dingen und Personen betonenden (vgl. S. 110) Übungen nicht recht übereinstimmten. Dennoch sind es wichtige Mittel zur Selbstauslöschung (vgl. S. 114 ff.), und im *mahāyāna* wurde ihnen sogar ein derartiger Stellenwert eingeräumt, daß sich die gesamte Struktur der Lehre veränderte (vgl. III$_{1,6}$).

Gewöhnlich regelt eine Religionslehre das Verhalten ihrer Anhänger in zumindest vier Erfahrungsbereichen. Dies sind 1. die unheilvollen Leidenschaften, die sie an diese Welt binden und daran hindern, geistlich frei zu werden; 2. die okkulten Mächte, die überall im Universum walten; 3. die geistliche Wirklichkeit, nach der sie streben; und 4. andere Geschöpfe, ob Menschen, Tiere oder übernatürliche Wesen. In der heutigen Zeit können wir eine Verlagerung des Schwergewichts zugunsten unserer Beziehungen zu anderen Menschen beobachten. Viele Christen sowohl innerhalb als auch außerhalb der Kirchen scheinen sich in der Tat mehr für ihre Nächsten als für Gott zu interessieren. Selbst bei den Quäkern überwiegt heute die Nächstenliebe über mystische Verzükkung, und häufig scheint sich überhaupt alles religiöse Streben in karitativen Handlungen an Einzelnen und in Sozialarbeit zu erschöpfen. Zwar dürfte außerhalb der kommunistischen Welt kaum jemand so weit gehen, alle selbstlosen Werke im Rahmen der sichtbaren menschlichen Gesellschaft ausdrücklich zu beschränken, doch selbst unter uns sieht man wohl ohne weiteres einen Sinn in guten Werken, blickt jedoch scheel auf Dinge wie Glauben, asketische Übungen, Andacht und Weisheit, da sie im Ruch weltfremder und unergiebiger Tugenden stehen. Diese Wendung zum sozialen Engagement nahm die Religion im vergangenen Jahrhundert. Die moderne Zivilisation hat, indem sie die Gesellschaft zersplitterte, die Beziehungen der Menschen in tiefe Unordnung gestürzt, aus der sie nur mit bewußter und langanhaltender Mühe wieder befreit werden können. Gleichzeitig haben der technische Fortschritt und das hohe Prestige der Naturwissenschaften jede unmittelbare Einsicht in die geistliche Welt verdunkelt. Die traditionelle Religion sah diese Dinge ganz anders. Dort galt die Seele des Menschen als grundsätzlich allein, das wahre Ringen geschah in Zurückgezogenheit von der Gesellschaft, und die entscheidenden Siege wurden in Einsamkeit errungen, im Angesicht der tiefsten Mächte der Wahrheit selbst, »wo Menschen und Berge zusammenkommen«, auf keinen Fall aber »an den Ecken und auf den Gassen«. Gegenüber dem geheimen Leben des Geistes schien das gesellschaftliche Leben zweitrangig, wenn auch natürlich nicht völlig unwichtig. Es war eben nur einer der äußeren Flügel jenes zur Ehre des Allmächtigen errichteten Tempels, niemals aber das innerste Heiligtum selbst. Der Buddha galt als der »Buddha«, weil er unter dem *bodhi*-Baum Erleuchtung fand, allein – von einer Schar *devas* in den fernen Himmeln abgesehen – und mit metaphysischen, nicht mit sozialen Fragen beschäftigt.

Nichtsdestoweniger glaubt der Buddhismus, es sei nicht ohne Gefahren möglich, unsere Beziehungen zu anderen Menschen allein dem Zufall oder metaphysischen Einsichten zu überlassen. Wenn wir sie dem Zufall überließen, so würde das Unkraut der dem Menschengeschlecht von Natur aus eigenen Bosheit den zarten Weizen hart erkämpfter Güte bald ersticken. Würden sie aber durch metaphysische Einsichten gelenkt, so wäre ein totaler Abstand die Folge. Denn wie wir gesehen haben, ist es letzten Endes und im Hinblick auf wahre Realität ganz unmöglich, wirkliche Beziehungen zu anderen Individuen herzustellen, aus dem einfachen Grund, weil einzelne Selbstheiten oder Individuen nicht wirklich existieren.[a]

Freundlichkeit entspricht bis zu einem gewissen Grad der christlichen »Liebe«,[b] und sie gilt als eine, aber nicht als die allerhöchste Tugend. Nur Weisheit allein macht uns frei. Bemerkenswerterweise wird »Freundlichkeit« nicht als eine der Stufen auf dem heiligen achtfachen Pfad gesehen, erscheint nicht unter den sieben »Gliedern der Erleuchtung« und zählt nicht zu den fünf Kardinaltugenden oder sechs Vollkommenheiten. Der *Aṅguttaranikāya*[4] nennt elf Vorteile der Ausübung von Freundlichkeit. *Nirvāṇa* ist nicht darunter.[5] Auch warnt man uns, daß die Übung der »Freundlichkeit« ihren »nahen Feind«, die weltliche Gier, stärken und zu leidenschaftlicher und sinnlicher Liebe (*rāga*) oder einer ausschließlichen, einseitigen Zuneigung entarten kann, welche Unterschiede macht und einigen auf Kosten anderer bevorzugte

a Zwar behandelt die Freundlichkeit die Geschöpfe als etwas, was sie nicht sind, sie ist aber als Gegenmittel gegen den Haß von Nutzen (*kuśalamūla*). AK VIII 199.

b Eigentlich sollte man sie »Caritas« nennen. Von anderen Arten der »Liebe« unterscheidet sie sich darin, daß sie auf ein gänzlich unweltliches, geistliches Wesen im Menschen gerichtet ist und allen mit gleicher Intensität entgegengebracht wird.

Stellungen einräumen möchte. Obwohl *maitrī* mitunter sorglos mit »Liebe« übersetzt wird,[a] sollte es besser »Freundlichkeit« heißen, denn das Wort geht auf *mitra*, »Freund«, zurück und lautet so, »weil es bei einem Freunde gefunden wird oder das (natürliche) Verhalten gegen einen solchen darstellt«.[6] Die Definition der Freundlichkeit blieb durch die ganze Geschichte des Buddhismus gleich, von den *nikāyas* bis hin zu den *tantras*. »Freundlichkeit heißt anderen Gutes tun, beruht auf der Fähigkeit, ihre angenehmen Seiten zu erkennen und führt zur Besänftigung des Übelwollens und der Bosheit.«[7]

Wollen wir den geistlichen Wert der Freundlichkeit abschätzen, so muß die entscheidende Frage lauten, ob sie zu wahrer Selbstlosigkeit führt. Das große christliche Gebot »du sollst deinen Nächsten lieben wie dich selbst« hat im Buddhismus eine genaue Entsprechung. Im Bemühen um »grenzenlose« Freundlichkeit[8] soll man denken: »So wie ich selbst glücklich sein möchte und Widerwillen gegen das Leid empfinde, so wie ich leben und nicht sterben möchte, so wünschen auch andere Geschöpfe dasselbe.« Man soll für andere genau das gleiche Glück verlangen wie für sich selbst.[9] Die kanonische Formel für »grenzenlose Freundlichkeit« umschließt die Forderung, man möge von ganzem Herzen und mit seinem ganzen Selbst (*sabbattatāya*) Freundlichkeit ausströmen, und Buddhaghosa[10] legt dies so aus, daß ein Mensch »sich mit allen (*sabbesu*) identifizieren (*attatāya*) sollte, ob sie

a Wegen der verwirrenden Vieldeutigkeit des Wortes kommt es in Übersetzungen aus den buddhistischen Schriften zu mancher Verwirrung, etwa wenn man es mit *anunaya* oder *sneha* gleichsetzt (wie E.M. Hare in Sn 36), wodurch »Liebe« als Laster erscheint. Lesen wir in Suzukis Übersetzung des Gedichts von Seng-can, daß »es sich selbst erst da in seiner Fülle und ohne Falsch offenbart, wo es von Haß und Liebe frei wurde«, so können wir versucht sein, weitreichende Schlußfolgerungen über die buddhistische Ablehnung der »Liebe« zu ziehen. Doch wenn wir Arthur Waleys Übertragung derselben Verse nachschlagen, so lesen wir: »Habet nicht gerne noch ungern, dann wird alles klar sein.« (BT 211, dtsche. Ausg. 201), und da stehen wir nicht mehr auf so sicherem Boden.

gering, mittelmäßig oder überlegen sind, ob Freunde, Feinde oder Gleichgültige, usw.«, daß er sie also »alle mit sich selbst gleichsetzen soll, ohne sie als andere Wesen von sich abzugrenzen«.

Liebe zu sich selbst gilt daher als Gradmesser für die Liebe zu anderen. Sie bestimmt das Maß und die Beschaffenheit unserer Liebe zu anderen. Daraus folgt paradoxerweise, daß man, um andere zu lieben, auch sich selbst lieben muß. Der normale Mensch ist ja oft weit davon entfernt, sich selbst gut zu sein. Augustinus schien anzunehmen, die Eigenliebe wohne uns derart naturgemäß inne, daß ein eigenes diesbezügliches Gebot überflüssig sei. Falls er das wirklich dachte, war er seinem Zeitgenossen Buddhaghosa an psychologischer Einsicht unterlegen. Dieser nämlich hält es für nötig, in der Meditation über *mettā* auch gegen uns selbst Freundlichkeit zu entwickeln und inbrünstig zu denken: »Möge ich glücklich sein und vor Leid bewahrt werden!« »Mögen Haß, Unterdrückung und Störungen aller Art fern von mir bleiben, möge ich selbst ein glückliches Leben führen!« Oft hassen Menschen sich selbst, und ihr Haß gegen andere ist eine bloße Umlenkung oder Übertragung des Selbsthasses. Manche lieben, ja, liebkosen ihren Haß und wollen ihn um keinen Preis aufgeben. Manche *wünschen* sich den Tod, weil sie das Leben so enttäuscht oder weil besonders zerstörerische Impulse in ihnen walten oder eine Art »Todesinstinkt« wirkt. Manche wagen sich kein Glück zu wünschen, weil sie unter einem Schuldgefühl leiden und meinen, sie hätten nicht verdient, glücklich zu sein, sondern es käme ihnen im Gegenteil Strafe zu für ihre vergangenen Taten oder Gedanken. Falls ein Neurotiker jemand ist, der sowohl mit sich selbst unzufrieden als auch unfähig zu befriedigenden Beziehungen mit anderen ist, so kann man ihn nur dann dahin führen, im Frieden mit anderen zu leben, wenn er zuvor gelernt hat, sich selbst zu ertragen. Daher müssen wir Aristoteles zustimmen, der sagte, daß nur der Weise sich selbst lieben kann, und nur er allein, eben weil er weise ist. »Solche Freundschaft zu sich selbst kann nur im guten Manne bestehen, denn in ihm allein sind alle Teile der Seele, in nichts uneinig, einander wohlgesinnt. Der schlechte Mann dagegen, ständig im Streit mit sich selbst, kann niemals sein eigener Freund sein.«[11] Hier nun kommen wir zu unserem ersten Paradox: Selbstliebe kann nur derjenige entfalten, der sich nicht so intensiv und ausschließlich verhält, mehr Abstand und Gelassenheit besitzt, einfach den Inhalt des eigenen Selbst annimmt. Denn je besitzergreifender er ist, desto ambivalenter, desto stärker erfüllt mit latentem Haß.

Doch wenn es wirklich unsere Pflicht ist, uns selbst zu lieben, weil unsere Fähigkeit, andere zu lieben, davon abhängt, wie steht es dann mit der Forderung, gegen uns selbst gleichgültig zu sein? Dies bietet keine ernste Schwierigkeit. Auf den unteren Stufen der geistlichen Entwicklung gehört Selbstliebe zu den entscheidenden Auftrieben für die Liebe zu anderen. Erst auf den höchsten Stufen wird sie preisgegeben.

Wahres Selbstinteresse sollte uns bewegen, gegen andere freundlich zu sein, denn dies bringt uns selbst Vorteile. Als Lohn für unsere Freundlichkeit verspricht man uns[12] unter anderem, daß wir glücklich werden, ruhig sterben, keine schlechten Träume haben, eine günstige Wiedergeburt erlangen, usw. Der freundliche Mensch möchte andere glücklich wissen, was eindeutig von Vorteil für ihn ist, da es sich so viel angenehmer mit solchen Leuten leben läßt. Er unterdrückt den in seiner Kehle aufsteigenden Ärger, denn er sagt sich, daß eines Menschen Feinde seine besten Freunde sind und seinen Dank verdienen. Sie schaffen ja die gefährlichen Hürden des Wohlstands, Ruhms und weltlichen Glücks aus dem Weg und geben ihm Gelegenheit, die Tugend der Nachsicht zu üben. Sie bedrohen das, was ihm teuer ist, ohne doch wirklich sein eigen zu sein – denn dann könnte es nicht bedroht werden. Feindlicher Druck stärkt damit den Entschluß, auf diese Dinge zu verzichten und unverletzbarer und freier zu werden. Freundlichkeit wird zunächst als kluge Praktik der Selbstsuche gelehrt, und zwar aus dem einfachen Grunde, weil geistliche Tugenden leere Worte bleiben, wenn zu ihren Gunsten keine wirksamen Antriebe in Bewegung gesetzt werden. Und Eigeninteresse ist der einzige Antrieb, den der geistlich Unentwickelte wirklich zu schätzen weiß.

Andererseits lehrt sowohl die buddhistische als auch die christliche Tradition, daß die Freundlichkeit eines geistlich völlig reifen Menschen durchaus selbstlos ist. Sie »suchet nicht das ihre«. Kein Buddhist wird an den folgenden Worten des Thomas von Kempen[13] Anstoß nehmen: »Jemand, der die wahre und vollkommene Bruderliebe besitzt, sucht in nichts sich selbst, sondern es ist sein einziges Verlangen, daß die Herrlichkeit Gottes in allen Dingen wirke. O daß du einen Funken jener wahren Bruderliebe hättest, wie eitel würden dir im Augenblick alle irdischen Dinge erscheinen!« Alle, die die Folgerungen solcher Selbstaufgabe durchdacht und versucht haben, sie in sich selbst zu verwirklichen, mußten erkennen, wie nahezu unmöglich, wie wahrhaft übernatürlich sie ist. Wenn die besonneneren unter den christlichen Theologen an der Möglichkeit verzweifeln, ohne das Eingreifen übernatürlicher Kräfte zu Selbstlosigkeit zu gelangen, so beruht dies weniger auf dogmatischen Überlegungen als auf Erfahrung und Beobachtung. Auf den höchsten Stufen unterscheidet sich die christliche Konzeption der Bruderliebe oder *agapē* nicht wesentlich von der der Buddhisten. Sie sind sich beide in dem Glauben einig, daß die wesenhafte Selbstsucht der Menschen weder durch Gefühlsbildung noch durch Übung in guten Werken gebrochen werden kann, sondern nur durch die Berührung mit geistlicher Wirklichkeit. Anders gesagt: Wir können uns selbst niemals durch unsere Beziehungen zu anderen finden, sondern nur durch Kontakt mit einer überindividuellen Realität.

Nach buddhistischer Tradition bedarf es der Versenkung und der Weisheit, um »Freundlichkeit« in »selbstlose Liebe«

umzusetzen. Es heißt, daß die Alchimie der *dhyānas* Freundlichkeit von ihrer Ausschließlichkeit reinigt und sie »schrankenlos« macht. Ohne hier im einzelnen zeigen zu können, wie diese Wirkung erzielt wird, muß ich mich mit dem Hinweis begnügen, daß die enge Verbindung mit den Praktiken der Trance der buddhistischen Freundlichkeit jene Unabhängigkeit, jenes Sichfernhalten verleiht, welche so viele Beobachter verwirren. Die deftigere, wenngleich weniger geistliche Form der Liebe ist doch häufig nichts anderes als ein Mittel zur Befriedigung sozialer Instinkte, ein Vorwand für die Betäubung der Angst, indem man mit den Schafen blökt. Manchem, was als »menschliche Wärme« gilt, liegt als eisiger Kern die Furcht vor dem Alleinsein zugrunde. Wahre Liebe erfordert Berührung mit der Wahrheit, und die Wahrheit muß in Einsamkeit gefunden werden. Daher gehört die Fähigkeit, Einsamkeit zu ertragen und lange Zeit für sich allein in stiller Meditation zu verbringen, eher zu den Grundvoraussetzungen für jene, die nach selbstloser Liebe trachten.

Ebenso bestehen ganz offensichtlich Zusammenhänge zwischen *Weisheit* und selbstloser Liebe. Geistliche Liebe ist nicht-sinnlich und braucht daher einen die Sinne transzendierenden Gegenstand. Im Christentum ist es Gott, im Weisheits-Buddhismus sind es die *dharmas*. Die christliche Lehre entspricht der buddhistischen und kann in etwa wie folgt beschrieben werden: Geistliche Liebe zu Menschen hängt vollständig von der Liebe zu Gott ab und ist ihr untergeordnet. Da uns geboten wird, alle Menschen gleich zu lieben, können wir sie nur in dem einen Punkt lieben, in welchem sie einander gleichen, nämlich in ihrem Verhältnis zu Gott, dessen Kinder sie sind. Die Liebe zu Gott muß daher notwendigerweise der geistlichen Form der Liebe zu anderen Menschen vorausgehen. Die Nächstenliebe ist nur eine spezielle Variante der Liebe Gottes und der Liebe zu Gott. Gott allein ist unserer Liebe wirklich wert. Der Nächste wird nicht einzig um seiner selbst willen geliebt. Er selbst ist keineswegs würdig, geliebt zu werden. »Wer seinen Nächsten geistlich liebt, was liebt er in ihm als Gott?«[14] Wir sollen Gott lieben und von ganzem Herzen, ganzer Seele und ganzem Gewissen, ebenso alle Dinge, denn sie sind von Ihm erschaffen, und durch sie kehren wir zu Ihm als dem höchsten Ziel zurück. Sie sollen aber nicht um ihrer selbst willen geliebt werden, und wir sollen keine Freude an dem haben, was sie uns bieten. Die Stärke unserer Liebe zu Gott hängt ihrerseits weitgehend von unserer Kenntnis Gottes ab und wächst mit unserem Verständnis. Und Weisheit ist es, die uns eine wahre Vorstellung von Gott vermittelt.

Ebenso im Buddhismus: Normalerweise leben wir in einer Welt der falschen Erscheinungen, in welcher ich selbst von anderen Personen umgeben scheine. In Wirklichkeit habe ich kein Selbst, und die anderen haben ebenfalls keins; es gibt nichts als einen unablässigen Strom unpersönlicher *dharmas*. Wahre, geistliche und selbstlose Liebe muß daher auf der Ebene wahrer Realität wirken. Innerlich selbstlos, muß sie auch den falschen Anschein eines Selbst in den anderen transzendieren und auf das wirklich Existierende, nämlich auf die *dharmas*, gerichtet werden. Da Weisheit bedeutet: die Fähigkeit, über die *dharmas* nachzusinnen, hängt selbstlose Liebe von der Weisheit ab.

Mitleid und Mitfreude gehören offensichtlich zusammen. Mitleid nimmt an den Leiden der anderen teil, Mitfreude an ihrem Glück. Beim Anblick des Leidens anderer, beim Gedanken daran läßt *Mitleid* das Herz zittern und beben.[15] Mitleid »zeigt sich, wenn man die Leiden anderer nicht länger ertragen kann und danach strebt, die Menschen von allem Übel fernzuhalten; es beruht auf der Einsicht in die Hilflosigkeit der vom Leid überwältigten Geschöpfe; es hat zur Folge, daß man davon abläßt, anderen wehzutun«. Wir leiden mit anderen Menschen, sind unfähig, ihr Unglück mit anzusehen und bemühen uns daher, sie glücklicher zu machen. Die Tugend des Mitleids erstickt den Wunsch, andere zu verletzen. Sie läßt die Menschen derart sensibel für den Schmerz anderer und diesen Schmerz so sehr zu ihrem eigenen werden, daß sie ihn nicht noch weiter vertiefen mögen. Der Mitleidige empfindet das anderen zugefügte Leid als an sich selbst geschehen. Dem nun geht man normalerweise aus dem Weg. Überläßt man allerdings die Tugend des Mitleids sich selbst, so kann sie leicht in dumpfe Schwermut ausarten. Die Betrachtung all des Kummers und all der Trübsal, welche diese Welt ja tatsächlich und augenscheinlich erfüllen, muß das Gemüt bedrücken, scheint doch der Versuch, dies gewaltige Leidensmaß zu beheben, gar zu hoffnungslos. Hier droht die Gefahr, daß eine ratlose Verzweiflung den Willen zu helfen lähmt. Wenn wir uns erst mit allem Schmerz dieser Welt, all ihren Enttäuschungen, Erbärmlichkeiten, Unglücksfällen und Schrecken zu identifizieren beginnen, droht uns in der Tat unheilbare Schwermut.

Dennoch wird Mitleid der Mitfreude vorangestellt, da wir es so viel leichter in uns erregen. Normale Menschen werden anscheinend durch das Leid ihrer Mitmenschen keineswegs erschüttert, ja, es scheint sie mitunter sogar geradezu anzuziehen. Die Boulevardpresse würde dem Unglück sicher weniger Platz einräumen, wenn ihre Leser nicht so begierig nach Lektüre über Erdbeben, Kriege, Mord, Verkehrsunfälle, Gewalttaten und dergleichen lechzen würden. Psychologisch gesehen ist Mitleid nah mit der Grausamkeit verwandt – die als das Vergnügen angesichts der Leiden anderer definiert werden kann. Es sind Vorder- und Kehrseite derselben Medaille. Sowohl der Grausame als auch der Mitleidige sind für das Leid der anderen empfindlich und daran interessiert. Dem Mitleidigen bereitet das, was er beobachtet, Schmerz, dem Grausamen Vergnügen. Doch zwischen Vergnügen und Schmerz läßt sich keineswegs eine klare und eindeutige Trennlinie ziehen. Beide verschmelzen untrennbar im masochistischen Genuß. Im übrigen besitzen wir eine derart erstaunliche Fähigkeit zum Selbstbetrug, daß unsere wahren

Motive selten mit absoluter Sicherheit bestimmt werden können. Es ist daher durchaus möglich, daß ein Mensch insgeheim vom Elend der Welt angezogen wird und, ihm selbst weitgehend unbewußt, heimliche Befriedigung daraus zieht, sich an ihm zu weiden, während er ehrlich glaubt, aus Mitleid so zu fühlen. Das ist einer der Gründe, warum der Buddhismus darauf pocht, daß die Übung der Freundlichkeit der Entwicklung des Mitleids vorauszugehen habe. Denn die Freundlichkeit reinigt das Herz von konkreten oder latenten Gefühlen des Hasses und der Mißgunst.

Doch die Schattenseiten des Mitleids – wie Hoffnungslosigkeit oder Grausamkeit – werden letztlich durch die Übung der *Mitfreude* überwunden. Mitfreude erkennt die günstige Lage anderer, freut sich darüber und teilt deren Glück. Logischerweise wäre zu erwarten, daß wir eher das Glück unserer Mitmenschen begrüßen als ihr Elend. Doch in Wirklichkeit liegt nichts unseren ausgesprochen misanthropischen natürlichen Neigungen ferner. *Homo homini lupus*. Einer der Schlüssel zu unseren wahren Gefühlen liegt in der Sprache. Professor Denys W. Harding unterstreicht: »Das *Oxford English Dictionary* zeigt, daß es uns nie gelungen ist, das Konzept großmütiger Bewunderung für Glücksumstände oder Errungenschaften, die über unsere eigenen hinausgehen, sprachlich zu fixieren; jedes diesbezüglich verwendete Wort scheint irgendwann in seiner Geschichte einmal den Unterton des Widerwillens oder der Mißgunst angesichts der Überlegenheit anderer zu verraten.«[a]

In den tieferen Schichten des Bewußtseins hegen die Men-

a *Social Psychology and Individual Values*, S. 150. Andere Sprachen liegen in dieser Hinsicht vielleicht günstiger. Im Krieg wurden die Propagandasprecher nicht müde, darauf hinzuweisen, daß die Deutschen für die Freude über das Mißgeschick anderer das Wort »Schadenfreude« besitzen (das es im Englischen nicht gibt; d. Übers.) und daß dies ein recht düsteres Licht auf den deutschen Nationalcharakter werfe. Gerechterweise muß man jedoch hinzufügen, daß die Deutschen auch die Freude über das Glück anderer mit dem einfachen Wort Mitfreude ausdrücken können, als

schen eine entschiedene Abneigung gegen das von ihnen beobachtete Glück anderer. Neid und Eifersucht sind starke, tiefsitzende, wenn auch selten eingestandene Gegenkräfte. Ständig vergleichen wir eifersüchtig unser eigenes Los mit dem der anderen und mißgönnen ihnen das Glück, das uns versagt bleibt. Sogar die Tatsache, daß wir uns auf geistliche Werte konzentrieren oder daß man dies von uns annimmt, kann gegen eine Mitfreude am Glück anderer sprechen. Denn Glück besitzt eine weltliche und eine geistliche Variante. Für die meisten Leute bedeutet Erfolg materielles Wohl. Wenn sie sich über ein günstiges Geldgeschäft, eine bessere Stellung, ein neues Haus oder das Weiterkommen ihrer Kinder freuen, ist der geistlich orientierte Mensch leicht versucht, auf diese Freude mit einer Mischung aus Hohn und Mitleid herabzublicken. Menschen, die in die Regeln geistlichen Lebens eingeführt wurden, halten es für äußerst töricht, sich über derartige Dinge zu freuen, und Weisheit scheint ihrer Überlegung recht zu geben, daß nämlich solche Güter niemals dauern können, gewöhnlich um den Preis geistiger Versklavung erkauft sind und vermutlich zu großem künftigem Leid führen werden. Um sich mit den Kindern dieser Welt über ihre vermeintlichen Erfolge freuen zu können, ist eine seltene geistliche Vervollkommnung gefordert. Sie setzt völlige und totale Gleichgültigkeit gegenüber materiellen Dingen voraus, denn nichts sonst vermag das Rivalitätsdenken zu ersticken. Erst in diesem Zustand sind wir imstande, die Freude an diesen Dingen ohne Mißgunst gutzuheißen, so wie ein Erwachsener sich mit dem Kleinkind, das gerade gehen gelernt hat, freut oder den sportlichen Wagemut eines Knaben, die herrlichen Sandburgen der Kinder am Strand bewundert. All das liegt natürlich weit außerhalb des Bereichs, in dem er sich mißt und in welchem seine Selbstachtung auf dem Spiel steht.

direktem Gegensatz zu Mitleid, während wir (im Englischen; d. Übers.) mit der reichlich unbeholfenen Umschreibung *sympathetic joy* vorliebnehmen müssen.

Nun weckt freilich nicht nur materielles, sondern auch geistliches Glück das Gefühl der Mitfreude. Besonders die *mahāyāna*-Schule[16] hält es für eine löbliche Übung, die großen Leistungen der geistlichen Helden, ob Buddhas, *bodhisattvas* oder Heilige, in allen Einzelheiten liebend zu durchdenken und darüber nachzusinnen, daß solche Leistungen sogar heute noch erbracht werden und auch in Zukunft möglich sind. Die Welt mit ihrem Elend ist eine Tatsache, und wir fühlen mitleidend mit ihr. Auch die Überwindung der Welt und die Erlangung der absoluten Glückseligkeit des Jenseits sind Tatsachen, und die Übung der Mitfreude befähigt uns, in gewissem Maß an diesem Sieg und seinen Früchten teilzunehmen. Vermögen wir mit der Welt in ihren kurzen Lichtblikken weltlicher Freude glücklich zu sein, so ist dies eine Prüfung, die uns zeigt, daß wir die Grausamkeit in uns, die sich so leicht als Erbarmen ausgibt, überwunden haben. Wenn uns Verzweiflung über die scheinbar endlose Not und Dummheit dieser Welt zu lähmen droht, gibt uns der Gedanke an die uns durch geistliche Suche so klar zuteil werdende Seligkeit ein wenig Hoffnung. Im übrigen tilgt die Mitfreude über die geistlichen Weltüberwinder das Selbstmitleid, das so häufig die Suche nach einem geistlichen Leben vergiftet. Die Lehrbücher für buddhistische Meditation unterstreichen,[17] daß eine der wichtigsten Segnungen der tätigen Mitfreude darin besteht, das Unbehagen zu verscheuchen, welches auf die Entbehrungen eines abgeschiedenen Lebens und die geistige Dürre zurückgeht, die sich auf manchen höheren geistlichen Stufen einstellt. Ein Leben der Entsagung bringt viele Unannehmlichkeiten mit sich und ist nie dagegen gefeit, erneut in den Sog der Welt zu geraten. Erst am Ende einer langen Reise dürfen wir die Früchte einer Glückseligkeit ernten, die größer ist als alles, was die Welt zu geben hat. Mitfreude am Glück der Heiligen nimmt in gewissem Maß diesen höchsten Zustand der Seligkeit vorweg und hilft uns, den Eifer und Mut zum Standhalten in uns zu erneuern. Mitleid kann uns geistig so sehr erschöpfen, weil das Leid leicht als übertragbar empfunden wird. Wenn wir Zeugen eines Unfalls oder einer Verstümmelung werden, so neigen wir zu der Vorstellung, dasselbe Mißgeschick erleiden zu müssen, und halten es wirklich nur für ein völlig unbegreifliches Glück, von einem solchen Schlag verschont geblieben zu sein. Im Hintergrund lauert stets die Angst, daß uns das grausame Schicksal ereilt, wenn uns das Glück verläßt. Die Übung der Mitfreude hebt uns über diese Schrecken hinaus, weil wir greifbar fühlen, daß wir wirklich vom Glück begünstigt sind, irgendwie der Gemeinde der Heiligen angehören, und weil wir ahnen, daß der Tag naht, an dem die Welt uns nicht mehr erreichen kann.

Die höheren Stufen der Mitfreude stellen den Yogin über die gewöhnlichen Sorgen und Geschäftigkeiten des gesellschaftlichen Lebens und bereiten ihn damit auf das vierte Stadium des Prozesses vor. Im Sanskrit lautet das Wort für *Gleichmut upekṣā*, aus *upa + īkṣ*, wörtlich »hinwegblicken« über das, was einen nichts angeht. Der Begriff wird auf eine Vielzahl von Situationen angewandt.[18] In unseren Sprachen können wir die verschiedenen Bedeutungen mit Eigenbegriffen fixieren, die jedoch nicht ganz exakt zutreffen, da sie nicht im Hinblick auf diese spezifisch buddhistischen Kategorien und Tugenden gebildet wurden.

Zunächst einmal bezeichnet das Wort *neutrale Gefühle*, die weder angenehm noch unangenehm sind (vgl. S. 147). Zweitens meint es eine Haltung *gelassenen Unbeteiligtseins*, welche sich während der Praxis der *Versenkung* auf der dritten und vierten Stufe des *dhyāna* einstellt. Dieses Unbeteiligtsein ist eine »Gleichheit des Denkens« (*cittasamatā*) und ein Faktor, aufgrund dessen das Denken mit sich selbst identisch bleibt, ohne diese Identität durch Hinwendung zu irgendwelchen anderen Dingen (*anābhoga*) zu verlieren.[19] Im dritten *dhyāna* ist es ein nicht an ein bestimmtes Objekt gebundener Reiz (*prīti*). Ganz gleich, welchen Gegenstand der *yogin* wahrnimmt, er wird durch ihn nicht angezogen und empfindet keine Freude, noch wird er abgestoßen und empfindet Kummer; er wendet sich ihm einfach nicht zu (*nābhujati*) und bleibt wachsam und im Vollbesitz seiner selbst.[20] Drittens bezeichnet »Gleichmut« den Endzustand »weltlicher« *Weisheit*, kurz bevor der Pfad erreicht wird, wenn sich *Gelassenheit* gegen alle abhängigen Dinge einstellt (vgl. S. 74). Viertens steht das Wort für den *Gleichmut* des *arhat*, der »niemals seinen natürlichen Zustand der Reinheit verläßt«, wenn ihm erstrebenswerte oder unerwünschte Gegenstände begegnen. Ähnliches gilt für den in den heiligen Schriften[21] oft gepriesenen Gleichmut eines Buddha. Der Gleichmut der Buddhas und *arhats* wird selbst durch die Aufnahme ihrer Lehren nicht erschüttert, und sie fühlen weder Freude, wenn sie angenommen, noch Unmut, wenn sie abgelehnt werden,[22] sondern bleiben unbewegt und völlig wachsam. Der Gleichmut der Heiligen wird fünftens der dumpfen *Gleichgültigkeit* des Toren[23] gegenübergestellt,[a] welche profan (*gehasita*) und unklug (*aññāna*) ist und nicht durch vorherige verständige Betrachtung (*apratisaṃkhyā*) erlangt wurde. So beispielsweise, wenn ein Mensch sich die Gefahr in allem Bedingten nicht bewußt macht oder sich gegen die Freuden und Leiden anderer verschließt: Gewiß zeigt dies »Gleichgültigkeit«, doch keineswegs, daß er über diese Dinge hinausgewachsen ist; vielmehr beruht seine Gleichgültigkeit auf Dummheit, Dickfelligkeit und selbstsüchtiger Empfindungslosigkeit.

Und sechstens bedeutet *upekṣā*, als vierte der »Stationen des *Brahmā*«, eine Haltung des *Gleichmuts* (der Unparteilichkeit) gegenüber Lebewesen. Diese Haltung tilgt sowohl die Abneigung (*patigha*) gegen sie als auch den Wunsch, ihre Anerkennung (*anunaya*)[b] zu gewinnen, und ihr Vorzug liegt

a Wie etwa »bezogen auf Entsagung« im Gegensatz zu »bezogen auf weltliches Leben« in MN III 219.

b *anunaya* ist ein schwieriger Begriff. Er besagt, daß jemand sich freundlich und zuvorkommend gegen andere verhält und ihnen angenehm und willfährig zu sein versucht, damit sie freundlich zu ihm sind.

darin, daß sie uns erlaubt, ungestörte stille Ruhe in uns selbst zu bewahren.[24] Sie wirkt ebenso der Mißgunst entgegen wie der »sinnlichen Gier, mit welcher man an Menschen wie Vater, Mutter, Sohn oder Verwandten hängt und sie besonders lieb gewinnt«,[25] und wird manchmal[26] mit Nicht-Begierde (*alobha*) gleichgesetzt.

Dieser Gleichmut beruht auf zwei Verstandesleistungen: 1. Man erkennt die Gleichheit aller Geschöpfe,[27] die in ihrem »Dasein« grundsätzlich gleich, nämlich inexistent sind.[28] Die vier »Grenzenlosen« können in kurze Formulierungen[29] zusammengefaßt werden, die besagen: »Mögen Geschöpfe glücklich sein!« »Wie unglücklich Geschöpfe sind!« »Freue dich mit diesen Geschöpfen!« und »Eben bloß Geschöpfe!« »Geschöpfe, die als nichts anderes als Geschöpfe betrachtet werden, ohne daß man Unterscheidungen zwischen ihnen vornimmt, sind der Gegenstand der Unparteilichkeit.« 2. Man ignoriert die Wirkung, welche die Geschöpfe auf einen selbst ausüben, und überdenkt, warum sie so handeln, wie sie handeln und erdulden, was sie erdulden. Wenn jedermanns *karma* bestimmt, ob er glücklich oder unglücklich ist, dann bestimmt er selbst sein eigenes Schicksal; was ihm auch zustößt, er hat es selbst herbeigeführt; nur er selbst kann sein Schicksal wenden. Die Einsicht in das Wirken des *karma* führt daher zu der Erkenntnis, daß alles Seiende so ist, weil es so sein muß, daß jeder sich selbst um seine Lebensverhältnisse zu kümmern hat[30] und niemand ihm diese Verantwortung abnehmen kann. Folglich wird der *yogin* zum desinteressierten Zuschauer des gesellschaftlichen Schauspiels und beschäftigt sich nicht mit Sachen, auf die er keinen wirklichen Einfluß besitzt.[31]

In der gestuften Einübung gesellschaftlichen Verhaltens, die wir in diesem Kapitel untersucht haben, bildet die Herausbildung unparteiischer Nichteinmischung den höchsten erreichbaren Punkt.[a] Wer diese Vollkommenheit erreicht,

a Über alle Barmherzigkeit stelle ich die Abgeschiedenheit. Meister Eckart.

dessen gesellschaftliche Haltung scheint ebenfalls eindeutig un-gesellige Züge anzunehmen. Denn jetzt versteht er, warum die vier »Stationen des *Brahmā*« nicht zur letzten Erlösung von der Welt führen können. Sie betreffen die gesellschaftliche Welt und die Lebewesen, die eine trügerische, verminderte und entfremdete Wirklichkeit repräsentieren. Der Endeffekt der *brahmavihāras* besteht darin, sie aus dem Weg zu räumen und dem *yogin* eine friedliche Abkehr von ihnen zu ermöglichen. Erlösung hängt von der Fähigkeit ab, aus diesem Zauberkreis auszubrechen, in welchem inexistente Individuen sich unablässig miteinander beschäftigen, und zur dharmischen Wirklichkeit vorzudringen, die jenseits von ihnen liegt. Das folgende Kapitel wird zu erklären versuchen, was der *yogin* findet, wenn er dort ankommt.

7. Der *dharma* und die *dharmas*

Was andere »Buddhismus« nennen, bezeichnen die Buddhisten selbst als »*dharma*«. Die *dharma*-Theorie wird in ihren Grundzügen von allen Schulen geteilt. Sie bildet den Rahmen, innerhalb dessen buddhistische Weisheit wirkt. Es war Th. Stcherbatskys[1] Verdienst zu erkennen, daß alle Varianten des Buddhismus Vorstellungen über »*dharma*« teilen, daß derlei Ansichten die Grundlage aller fortgeschritteneren Meditationen und theoretischen Erörterungen sowie den Ausgangspunkt aller späteren Entwicklungen bilden. Vor ihm waren die Gelehrten derart darauf bedacht, den Buddha als Moralisten hinzustellen, daß die Bedeutung der philosophischen Analyse der Wirklichkeitsfaktoren oder »*dharmas*« entweder übersehen oder als spätere scholastische Ausarbeitungen abgetan wurde. Stcherbatsky jedoch glaubte, daß eine Interpretation des Buddhismus in enger Anlehnung nicht nur an die indischen Kommentare, sondern auch an die bis heute fortlebenden Traditionen in Tibet, der Mongolei, China und Japan uns der ursprünglichen Lehre des Buddha näherbringen könne als die willkürlichen Rekonstruktionen moderner europäischer Gelehrter.

In diesem äußerst schwierigen Kapitel werden zunächst die sieben wichtigsten Bedeutungen des Wortes »*dharma*« erläutert (S. 125-131); sodann gehen wir zu einer detaillierteren Betrachtung der »*dharmas*« als sowohl positiv als auch negativ definierte »wirklich reale Ereignisse« über (S. 131-132), untersuchen die drei Schritte, in denen diese »*dharmas*« angeblich in Erscheinung treten (S. 132-141), sowie die Vorgänge, durch die sie die falsche Vorstellung von einem »Selbst« ausschalten (S. 141 ff.).

Das Sanskrit-Wort *dharma* ist aus dem Stamm *dhṛ*, »halten, stützen«, abgeleitet, welcher auch Wörtern wie *thronos*, *firmus* oder *fretus* zugrundeliegt. Im buddhistischen Gebrauch ist das Wort doppeldeutig und multivalent (vgl. S. 31 f.). Unter seinen vielfältigen Bedeutungen wollen wir sieben als philosophisch interessant betrachten.[2]

1. Im *ontologischen* Sinn ist *dharma*

1 a. eine transzendentale Realität, real in absoluter Wahrheit und im höchsten Sinne.[3] *Nirvāṇa* gilt als »der *dharma*, welcher der Gegenstand erhabensten Wissens ist, oder der erhabenste *dharma*«,[4] und im *nirvāṇa* nimmt seine Zuflucht, wer im *dharma* Zuflucht sucht.[5] Hier gewinnt »*dharma*« eine Stellung, welche derjenigen von *ātman* und *brahman* in manchen Hindulehren gleicht.

1 b. *Dharma* ist »die Gesetzesordnung des Universums, innewohnend, ewig, ungeschaffen«.[6] »Ob *tathāgatas* aufsteigen (erscheinen) oder nicht, jener Zustand der Dinge, jene bestehende Ordnung des *dharma* (oder seine fortdauernde Natur, *dhammaṭṭhititā*), jene festgelegte Folge des *dharma* (oder sein regulatives Prinzip, *dhammaniyāmatā*) ist fest gegründet, nämlich insofern, als alle vermischten Dinge (*dharmas*) unbeständig, leidvoll, nicht-selbst sind.«[7] Soweit die *sthaviras*. Andere Quellen erwähnen »diese wahre Natur (*dharmatā*) der *dharmas*, die fest gegründet ist, ob *tathāgatas* entstehen oder nicht, die bestehende Ordnung des *dharma* (der *dharmas*), die festgelegte Folge von *dharma*(*s*), Derartigkeit, Nicht-Falschheit, unwandelbare Derartigkeit, die Realitäts-Grenze«.[8] »Die wahre Natur der *dharmas*« steht hier für das Entstehen in Abhängigkeit, welches völlig unabhängig vom Auftreten oder Nichtauftreten der *tathāgatas* wirkt, die allein fähig sind, es auszumachen. Ein weiteres gutes Beispiel findet sich in einem Vers des *Dhammapada*:[9] »Niemals kann Haß durch Haß besänftigt werden; er wird nur durch Nicht-Haß besänftigt. Dies ist ein immerwährender *dharma* (*eso dhammo sanantano*, *eṣa dharmaṇ sanātanaḥ*).

1 c. »Ein wirklich reales Ereignis«, die Dinge, wie man sie

sieht, wenn man *dharma* als Norm anlegt. Eine dharmische Tatsache oder die objektive Wahrheit. Dieser Aspekt des »*dharma*« ist so schwierig zu verstehen, daß er weiter unten (S. 131 ff.) näher erläutert werden soll.

1 d. Objektive Angaben, ob dharmisch wahr oder unwahr, Verstandesobjekte oder Verstandeswahrnehmungen, das heißt die Objekte oder Träger des Verstandes, welcher als sechstes Sinnesorgan gilt.

1 e. Charakteristikum, Beschaffenheit, Eigenschaft, Attribut. Diese Bedeutung verweist zugleich auf die Anwendung von *dharma* als Adjektiv (*-dharma*, *-dharmin*), zum Beispiel »zum Vergehen verurteilt sind alle vermischten Dinge«, wo *-dharma* auch übersetzt werden kann als »abhängig von«, »dem Gesetz von ... unterworfen«, »wesentlich« (*eidēs*), »bestimmt zu«, »festgesetzt«, »mit der innewohnenden Eigenschaft (etwas hinsichtlich des Naturrechts oder der rationalen Verfassung des Universums)« (vgl. 1 b). Erblickt der Mönch einen Leichnam, so spricht er zu sich selbst, indem er ihn mit seinem eigenen Körper vergleicht: »Auch dieser mein Leib ist von gleicher Natur (*evaṃ-dhammo*), von gleicher Art, und hat dies nicht überschritten.«

2. Betrachtet man ihn vor dem Hintergrund der Lebensführung, so bedeutet *dharma* das moralische Gesetz, Redlichkeit, Tugend, korrektes Verhalten, Pflicht und Religionsausübung. Der Gegensatz *a-dharma* bedeutet Unredlichkeit, Ungerechtigkeit, falsches Verhalten, Unmoral«, und *dhārmika* heißt »redlich, fromm«, *dharmeṇa* »in Gerechtigkeit, zu Recht, angemessen, geziemend«. In diesem Sinne umfaßt »*dharma*« das gesamte von Nr. 1 und 3 getragene religiöse Leben, und er besitzt fünf Teilbereiche (*skandha*), nämlich Moralität, Versenkung, Weisheit, Erlösung und die Erkenntnis der Erlösung.[10] Sie bilden den »fünfgliedrigen *dharma*-Leib und verweisen (*sūcyate*) auf *nirvāṇa*«.[11] Der häufig verwendete Terminus *dharmacaryā* bezieht sich auf die »Übung

des *dharma*«, die der Weg zum *nirvāṇa* ist (1 a) oder auch so heißt, weil sie die Wiedergeburt in ein leiderfülltes Dasein versperrt (*vidhāraṇa*).[12] »Der *darmacārin* lebt gelassen in dieser wie auch in der jenseitigen Welt.«[13] Und mitunter[14] wird »*dharma*« für die Bezeichnung des Pfades angewandt, den man auch als »Strom des *dharma*« (*dhammasota*) kennt und den der Suchende zum ersten Mal erreicht, wenn er zu einem »in den Strom Eingetretenen« wird, dem niedrigsten unter den Heiligen.

3. Die unter 1. und 2. erwähnten dharmischen Fakten, wie sie in den Lehren des Buddha interpretiert werden. Dort heißt das Wort so viel wie »Lehre«, »die Schriften«, »Wahrheit« (kognitiv verstanden, nicht ontologisch wie in 1 a), »heiliger Text« oder »Lehrtext« (häufig im Gegensatz zum *vinaya*). Er wird in diesem Zusammenhang oft *sad-dharma* genannt, der »wahre« oder »gute« *dharma*, obwohl selbst hier sich eine gewisse Doppeldeutigkeit einschleicht und »wahrer *dharma*« entweder Lehre (*āgama* wie in Nr. 3) oder Übung (*adhigama* wie in Nr. 2) bedeuten kann.[15] Der »*dharma*-Sitz« ist der Stein, die Matte oder dergleichen, worauf der Priester während des Predigens sitzt. Der »Prediger« des *dharma*« ist jemand, der »das Weisheitsauge anderer öffnet, das Gute und Schlechte erklärt und den makellosen Leib des *dharma* stärkt«.[16] Das Wort *dharmadāna*, »Gabe des *dharma*«, steht im Gegensatz zu »materiellen Gaben« und kann daher als »geistliche Gabe« übertragen werden.

Die Entscheidung, welche dieser vielen Bedeutungen jeweils gemeint ist, bereitet immer wieder Schwierigkeiten.[17] Wenn der Buddha sagte, »jene, die die Abhandlungen über den *dharma* kennen als einem Floß vergleichbar, sollten die *dharmas* und mehr noch die nicht-*dharmas* aufgeben«, so verstehen die *sthaviras* das Wort »*dharma*« in seinem sittlichen, die *mahāyāna*-Buddhisten es in seinem ontologischen Sinn.[18] *Dharma-rājā* kann »König der Lehre« (des Buddha) bedeuten oder auch »legitimer, rechtmäßiger König« (des Weltherrschers). Hier erleichtert der Kontext die Entscheidung, wer gemeint ist. Andererseits wurden viele die höheren Lehrsätze betreffende Fachausdrücke seit dem ehrwürdigen Altertum überliefert, und die Sekten konnten sich nicht immer über ihre wahre Bedeutung einig werden. Das betrifft Ausdrücke wie »*dharma*-Leib«,[19] »Auge des *dharma*«,[20] die »analytische Kenntnis des *dharma*«,[21] die »Untersuchung (*pravicaya*) von *dharma(s)*«, »die Erkenntnis der Stabilität von *dharma*(*s*)« (*dharma-sthitijñāna*),[22] und so weiter. Und nachdem die *mahāyāna*-Schule die kausal untereinander verbundenen *dharmas* mit dem einen und einzigen *dharma* identifiziert hatte, mußte sogar die Unterscheidung zwischen dem »*dharma*« und »den *dharmas*« aufgegeben werden.

Die Interpretationsabweichungen beruhen häufig eher auf Akzentsetzungen als auf Urteilen. Die *sthaviras* betonen ganz allgemein die nüchterne, auf Tatsachen bezogene Bedeutung der Begriffe, während die *mahāyāna*-Anhänger dazu neigen, ihnen eine edlere, religiösere Bedeutung zu unterlegen. Der Begriff *dharma-dhātu*, »das Element des/der *dharma(s)*«, heißt für die *sthaviras* generell das siebzehnte der achtzehn Elemente (vgl. S. 149), nämlich der Gegenstände des Verstandesorgans, insoweit es sich um Faktoren handelt, die an unseren geistigen Prozessen beteiligt sind.[a] Doch selbst diese Schule faßt das Wort mitunter im Sinne von »dharmischer Wahrheit« auf, etwa wenn es heißt, der *tathāgata* sei allwissend, weil er in den *dharmadhātu* eingetreten ist,[23] oder wenn bei einer Gelegenheit[24] über Jünger wie Śāriputra ausgesagt wird, daß sie »die Wahrheit als ein Element erkennen, in seiner Grundform (»*Urgestalt*«, Geiger S. 69), und nicht bloß seine Einzelmanifestationen«. Unter den *mahāsaṅghikas* und

a Z.B. Vbh. 89 identifiziert es mit *dhammāyatana* und DhS mit *dhammārammana*. SN II 144-5: durch *dhammadhātu* als wirksamer Ursache entsteht *dhammasaññā*, und aus diesem *dhammasankappa*, *-chanda*, *-parilāha* und *pariyesanā*. Vgl. S. 148 ff.

im *mahāyāna* bezeichnet *dharmadhātu* fast immer den absoluten *dharma* (Nr. 1 a), einen all die möglichen Bestandteile unserer Erfahrung ergänzenden Faktor.[a] »*Dharma*-Element« wird zu einem der Synonyme für das Absolute (vgl. S. 323), seine Bedeutung ist nicht erkenntnistheoretisch, sondern ausgesprochen religiös, und zwar in dem Maße, daß das Wort als »Bereich der Religion« übertragen werden kann.[25] Unbefleckt und gleichbedeutend mit Emanzipation, ist es die geistliche Grundlage (*āśraya*), die sich überall hin erstreckt (*sarvatraga*) und Jünger, *pratyekabuddhas* und *bodhisattvas* stützt.[26] Dieser ungeheure Bereich des *dharma* gilt als »segensreich, rein und ohne Tod« sowie als die Erkenntnissphäre der *tathāgatas*. Seine Bedeutung scheint nicht nur religiös, sondern auch kosmisch zu sein, was sich in jenem geheimnisvollen Satz andeutet, der von der Welt spricht, »die als ihre höchste Entwicklung das *dharma*-Element und als ihren Schlußpunkt das Raum-Element besitzt«,[27] und in gewissem Grad auch in der Theorie, nach der ein *bodhisattva* in seinem achten Stadium seinen vergänglichen Leib verläßt und »einen aus dem *dharma*-Element geborenen Leib erhält«.[28]

Für die *sthaviras* bedeutet das Wort »*dharma*-heit« (*dharmatā*) im allgemeinen, daß etwas »normal« ist oder sich »in der Natur der Dinge« befindet.[29] In der *mahāyāna*-Formulierung »Ah, der *dharma*, ah, der *dharma*, ah, die *Dharma*-schaft des *dharma*!«[30] bedeutet das Wort »ah« (*aho*) »ah, wie wunderbar, wie übernatürlich!«,[31] und »*Dharma*-schaft« oder »die wahre Natur des *dharma*« wird zu einem Gegenstand religiöser Ehrfurcht.[32] Immerhin bezeichnete man selbst unter den *sthaviras* die »Natur der Dinge« als »tiefgründig und jenseits des Bereichs der kritischen Vernunft«.[33] Nur Heilige, die über aller Furcht stehen, vermögen sie überhaupt zu erkennen.[34] Manchmal nimmt das Wort sogar fast die Bedeutung von »Vollkommenheit« an[35] oder bezieht sich

a Nach Ansicht der *sthaviras* war auch das Absolute als eines der Verstandesobjekte im *dharma*-Element enthalten.

auf die überragende Kraft der geistlichen Stärke des Buddha.[36] All dies öffnet uns einen verlockenden Blick auf die gemeinsame Grundlage, die sowohl der *hīnayāna*- als auch der *mahāyāna*-Schule vorausging.

Wir dürfen nun zur Bedeutung von Nr. 1c. zurückkehren. Ein »*dharma*« im Sinne eines »wirklich realen Ereignisses« kann entweder (A) negativ oder (B) positiv interpretiert werden.

A. Negativ unterscheidet sich die *dharma*-Theorie vom gesunden Menschenverstand darin, daß sie drei Fehler vermeidet: 1. Weder »Personen« noch »Dinge« werden Ereignissen oder Prozessen gegenübergestellt, und kein schlecht definiertes »Selbst« erhält den Status einer in ihnen enthaltenen Tatsache. 2. Fakten werden nicht im Sinne undefinierter Vorstellungen von »zugehören« oder »besitzen« in Gruppen geordnet. 3. Der *dharma*-Schüler identifiziert sich nicht mit Teilen der sinnlichen oder an die Sinne gebundenen Dingwelt und glaubt nicht, daß das, was ihnen geschieht, auch ihm selbst geschieht. Im Gegensatz zu diesen drei Irrtümern repräsentieren *dharmas* das von Vorstellungen über ein »Selbst« unberührte Gesetz des Seins selbst, sie sind Ereignisse in sich selbst, wie wirklich erkannte Fakten.

B. Positiv erfüllt der ontologische Zustand der *dharmas* folgende fünf Bedingungen: 1. Sie »tragen sich selbst«[37], das heißt, sie werden nicht wie Attribute oder Besitztümer durch irgendeine Person, ein Ding oder ein Selbst gestützt, noch sind sie an solche gebunden. Sie sind selbständige Tatsachen, die weder zu eigen haben noch zu eigen sind. 2. Jeder *dharma* »trägt« sein eigenes Merkmal[a][38] und besitzt bestimmte Züge, die seine Eigennatur gegenüber anderen definiert. Bewußt-

a Im Gegensatz dazu finden wir in LS 116: »Wie Treibholz auf den Wellen des Ozeans wird der auf bestimmte Merkmale begierige Jünger im Strom des Daseins auf und nieder geworfen. Daher kann es ohne Erkenntnis der Leere der *dharmas* keine wirkliche Emanzipation geben.«

sein bezeichnet den Zustand des »Gewahrseins«, Unkenntnis den »Mangel an Erkenntnis«, und so weiter. Ein »Merkmal« definiert ein Ereignis und ist mit ihm identisch. Ein Ereignis (*dharma*) selbst entspricht seinem Merkmal, ein Merkmal entspricht dem *dharma* selbst, und ein Ereignis ist nichts als sein Merkmal. 3. Sie »tragen« auch die vorgeblichen Dinge und Personen, weil sie »Letztgültigkeit« besitzen,[a] weil es sich bei ihnen um einfache und elementare Konstituenten der sich emanzipierenden Erkenntnis handelt. Demnach können alle Dinge und Personen als Kombinationen elementarer *dharmas* verstanden werden. 4. Sie kommen dem, was wirklich da ist, sehr viel näher als die Bruchstücke der Alltagserfahrung, denn sie sind frei von allem, was Gier, Aggressivität und Wahnvorstellungen des strebenden und irregeleiteten Selbst in diese Erfahrung einbringen. Sie sind wahrhaft da, unverfälscht durch Gier usw.[39] 5. Sie werden durch Bedingungen »gestützt«[40] und wirken zusammen (*saṃsarga*), obwohl sie vereinzelt (*pṛthak*) existieren. Es fällt uns nicht leicht zu erkennen, daß an diesem Punkt die »*dharmas*« (im Sinne von Nr. 1 c) sehr nahe mit dem »*dharma*« im Sinne von Nr. 2. (als »sittlichem Gesetz«) verwandt sind, weil es sich um eine im wesentlichen sittliche Kausalität handelt. In dieser Ordnung des *dharma* »verschmelzen rationales und ethisches Element zu Einem«.[41]

Es ist für ein Verständnis der buddhistischen Philosophie von entscheidender Bedeutung, daß man den Unterschied zwischen »*dharmas*« einerseits und »allgemeinverständlichen Alltagsdingen« andererseits erkennt. In Übereinstimmung mit den meisten Philosophen betrachtet der Buddhismus die alltäglichen Gegenstände der Dingwelt als falsche Erscheinungen. Die »*dharmas*«, daß heißt die letztlich realen Fakten,

a Sie sind nicht in dem Sinne »letztgültig«, daß abstrakte Analyse zu ihnen führen muß, sondern sie sind es für eine durch die buddhistische Meditationsweise nach Erlösung strebende und gläubig die Regeln dieser Methode annehmende Analyse (vgl. S. 34).

sind dem Blick gewöhnlich durch Unwissenheit verborgen, und nichts als die besondere Tugend der Weisheit (vgl. S. 72) befähigt uns, zu ihnen vorzudringen. Kein rationaler Ansatz kann sich damit zufriedengeben, grobe, auf dem trivialen »gesunden Menschenverstand« beruhende Informationen als letztlich gültige Fakten hinzunehmen. Die akademischen Ansätze der modernen Naturwissenschaften berufen sich auf abstrakte Annahmen oder »Konstrukte« wie etwa Atome, Moleküle, elektromagnetische Felder und dergleichen sowie auf deren Eigenschaften, Tendenzen und habituelle Verhaltensweisen. Auf diese Art werden triviale Alltagstatsachen reduziert, umgestaltet oder ersetzt durch sowohl verständlichere als auch »fundamentalere« Konzepte. In ähnlicher Weise behandelt die buddhistische Wissenschaft von der Erlösung die Welt als aus einem unablässigen Strom einfacher »Letztgültigkeiten« gebildet, »*dharmas*« genannt, welche als 1. vielfältige, 2. vergängliche, 3. unpersönliche, 4. voneinander abhängige[a] Ereignisse definiert werden können.

Weisheit erfordert vor allem, daß wir die *dharmas*, wie auch die *skandhas* usw., klar in den Blick bekommen. Das setzt drei Schritte voraus: I. einen Vorgang der *Differenzierung*, in welchem wir die scheinbare Einheitlichkeit von Personen und Dingen[b] in ein Konglomerat elementarer dharmischer Ereignisse unterteilen:[42] II. einen Vorgang der *Entpersönlichung*, der Preisgabe jeden Bezugs auf »ich«, »mir« oder »mein«;[43] III. einen Vorgang der *Wertung*, in welchem wir die im Sinne von *dharmas* vorgenommene Erläuterung einer

a Streng genommen sind *dharmas* weder bedingt abhängig noch absolut; letzteres gilt für *nirvāṇa* oder Raum (vgl. S. 226). In diesem Abschnitt beschränken wir unsere Erläuterungen auf die bedingten abhängigen *dharmas*.

b »Die Realität eines Kruges gleicht der Realität eines Farbflecks (ein Ding), einer Form (ein weiteres Ding), von etwas Hartem (ein drittes Ding), einer bildlichen Erscheinung (wiederum ein Ding), und so fort; doch gibt es absolut kein so reales Ding wie ihre Einheit im Kruge. Der Krug ist Einbildung.« BL I 507.

auf gewöhnlichen Begriffen beruhenden Erläuterung als überlegen empfinden.[44] Diese drei Schritte sind nun im einzelnen zu betrachten. Man sollte sich jedoch stets daran erinnern, daß die »*dharma*-Theorie« im Grunde eine Meditationstechnik darstellt und daß geistige Zucht[a] und *savoir faire* mehr zu ihrem Verständnis beitragen als bloßes Theoretisieren.

I. Differenzierung betrifft sowohl Personen als auch Dinge. Was als »eine Person« erscheint, wird – angeblich restlos – in fünf unpersönliche *skandhas* analysiert, und jede über die be-

a Für Leser, die ihr stockendes Verständnis auf ein wenig Praxis stützen möchten, will ich ein ganz einfaches Beispiel für diese »Zucht« anführen. Man kann einen der *skandhas* in Verbindung mit anderen *dharmas* beobachten. Am leichtesten gelingt das mit dem *skandha* des Gefühls. Die Aufgabe lautet nun, das Aufkommen der Gefühle zu beobachten und jedes Gefühl als 1. angenehm, 2. unangenehm oder 3. neutral zu bestimmen. In den ersten beiden Fällen kann man weiterhin zwischen körperlich oder geistig angenehm unterscheiden. Der dritte Fall sollte gelten, wenn keine bestimmte Empfindung zu beobachten ist oder aber die Gefühle aus einer obskuren und wirren Mischung von Freude und Schmerz, Glück und Kummer zu bestehen scheinen. Es hilft, wenn man mit einer Perlenschnur zählt. Hat man, sagen wir, fünfzig Gefühle registriert, dann darf man zu ihrer *unmittelbaren Ursache* fortschreiten, die in einer der Arten sinnlichen Kontakts besteht. Ein Düsenjäger über unserem Kopf führt zu folgender Beobachtung: »Es gibt ein unangenehmes Gefühl durch Gehörkontakt«, ein köstliches Konfekt zu: »Es gibt ein angenehmes Gefühl durch Geschmackskontakt«, der Gedanke an einen Freund zu: »Es gibt ein angenehmes Gefühl durch Verstandeskontakt«. Nachdem dies etwa hundertmal durchgeführt wurde, sollte man die *karmische Wirkung* dieser Gefühle erwägen. Denn alle derartigen Meditationen heben den karmischen Aspekt hervor, da dieser größere praktische Bedeutung als alles andere besitzt. Angenehme Gefühle stärken unsere Gier und verlocken dazu, sich in der Welt häuslich niederzulassen und mehr und mehr Sinnesfreuden genießen zu wollen; unangenehme Gefühle steigern die Neigung zum Haß, da sie jene Frustration verursachen oder anzeigen, welche zu künftiger Aggression führt; und neutrale Gefühle können leicht in Wahn, Täuschung oder Verwirrung münden. Damit erhalten wir eine weitere Dreiergruppe: »Es gibt ein angenehmes Gefühl durch x-Kontakt, man hüte sich vor Gier!«, »Es gibt ein unangenehmes Gefühl durch x-Kontakt, man hüte sich vor Haß!«, »Es gibt ein neutrales Gefühl durch x-Kontakt, man hüte sich vor Wahn!«

treffende »Person« zu machende Aussage kann in eine Aussage über diese fünf »Gruppen« transponiert werden. Nehmen wir zum Beispiel die Aussage »Ich bin heute sehr glücklich«. Sie wird wie folgt umgesetzt: 1. Es gibt gewisse Veränderungen der Züge und der Körperhaltung, die den Zustand des Glücklichseins ausdrücken, sowie physiologische Veränderungen, die mit ihm einhergehen; 2. es gibt bestimmte angenehme Geistesempfindungen; 3. es gibt bestimmte Wahrnehmungen der als Ursache des Glücks gesehenen Gegenstände sowie des inneres Glückzustandes; 4. es gibt Gier, Reiz, Erregung und zahlreiche weitere »Impulse«; 5. es gibt Bewußtseinshandlungen, welche die Gefühle, Wahrnehmungen und Impulse begleiten und ihrerseits eine Reihe von Faktoren implizieren, wie sie in aller geistigen Tätigkeit zu finden sind (vgl. S. 153). Die gleiche Analyse ließe sich auch auf die Aussage »ich bin heute wirklich wütend« anwenden, nur daß die Gefühle als unangenehme Geistesempfindungen registriert würden und im vierten *skandha* der »Haß« eine betonte Stellung innehätte. Diese extrem elementaren und vereinfachten Beispiele lassen nebenbei darauf schließen, daß unpersönliche Aussagen die persönlichen Darstellungen nicht ohne einen gewissen Verlust jener Faktoren wiedergeben, die uns wichtig, intim, persönlich und interessant schienen. Das ist durchaus beabsichtigt (vgl. S. 141 f.).

Die Differenzierungsversuche stoßen auf zwei Hindernisse, nämlich erstens das Festhalten an »ich«, »mein« usw. und zweitens Verdinglichung (oder Hypostasierung), das heißt die Neigung des normalen Menschen, dem konkreten Strom der Ereignisse, Bedingungen, Handlungen und Sinnesfaktoren durch Abstraktion einen Überbau relativ absoluter und mehr oder minder beständiger »Dinge« überzustülpen, welche er mit verschiedenen Eigenschaften ausstattet. Unter den europäischen Philosophen war es Henri Bergson, der schlüssig demonstrierte, bis zu welchem Grad »Verdinglichung« verfälscht, und auch überzeugend darlegte, daß diese

Verfälschung auf unseren Wunsch zurückgeführt werden kann, Ereignisse für unsere eigenen Zwecke dienstbar zu machen, statt desinteressiert zu betrachten, was wirklich geschieht. Seine Werke bilden eine ausgezeichnete Einführung in die *dharma*-Theorie, nur daß er natürlich die »Dingwelt« lediglich durch eine vage »Intuition« ersetzen konnte, die keiner je richtig verstanden hat, während ihm die positive Lehre über die *dharmas* verborgen blieb.

Erst dann kann von einem Menschen behauptet werden, er habe die »*dharmas*« erkannt und begriffen, inwiefern sie sich von den »Dingen« unterscheiden, wenn er 1. ihren »Aufstieg und Fall«, ihr »Kommen, Werden und Vergehen« beobachten kann und 2. zu dem häufig verwendeten Grundsatz[45] gelangt, nach welchem sie »nirgendwo herkommen und nirgendwo hingehen«. Nach einiger Meditationsübung leuchtet dieser Grundsatz vollkommen ein. Allerdings bin ich außerstande, jenen, die nicht meditieren, in wenigen Worten zu schildern, wie sich derartige Übungen auf den Geist auswirken. Zwei Schwierigkeiten stellen sich hier einer bereitwilligen Annahme der »*dharma*-Theorie« in den Weg.

1. Die erste besteht einfach in der Unfähigkeit, diese Theorie anzuwenden. Wer den Aufstieg und Fall von Gegenständen beobachten will, muß zunächst entscheiden, aus welchem Blickwinkel sie zu betrachten sind. Erst dann können wir mit Sicherheit festlegen, wann ein »Ereignis« wirklich anfing, wie lange es dauert und wann es endet. Eine »Katze«, als »Katze«, fing an, als sie geboren wurde, endet, wenn sie stirbt, und dauert in der Zwischenzeit. Ich könnte aber nun die Katze auch beobachten, wie sie in meinem Vorgarten herumtollt, mich ihr also als Objekt des Gesichtssinnes widmen. Die Stufen wären dann: schwarze Katze wird sichtbar, bleibt für eine kurze Weile sichtbar, entfernt sich außer Sicht. Das Dumme ist nur, daß es auf der dharmischen Ebene keine »Katzen« und »Vorgärten« gibt und die Erfahrung daher dharmisch umformuliert werden muß, bevor man irgend

etwas erreicht. Da es sich hier um eine Frage der Technik handelt, fällt sie außerhalb des Rahmens dieses Buches.

2. Die zweite Schwierigkeit besteht in einer Unfähigkeit, zwischen dem Konkreten und dem Abstrakten, zwischen dem Aktuellen und dem Hypothetischen, zwischen »dem« Objekt und »diesem« Objekt hier und jetzt zu unterscheiden. Kein Objekt steht absolut isoliert da, es hängt vielmehr notwendigerweise mit einem Wahrnehmungsvorgang zusammen, und aktuelle und konkrete Erfahrung besitzt sowohl einen objektiven als auch einen subjektiven Aspekt. Keine Einzelwahrnehmung kann wesentlich länger als etwa eine Sekunde dauern (vgl. S. 191). Danach muß sie durch eine andere Wahrnehmung ersetzt werden, obwohl eine andere Wahrnehmung desselben Gegenstandes sich durchaus kurz darauf erneut einstellen kann. Angenommen, ich sehe um 11 Uhr 35 Minuten 25 Sekunden eine »Kerze«. Die konkrete Erfahrung, in welcher sich eine extrem kurzlebige Sicht-Wahrnehmung mit einem extrem kurzlebigen Gegenstand verbindet, ist demnach um 11 Uhr 35 Minuten 26 Sekunden bereits wieder vorbei. Widme ich mich um 11 Uhr 35 Minuten 28 Sekunden erneut der »Kerze«, so ist es durchaus möglich, daß ich sie als die selbe »Kerze« wahrnehme, aber dharmisch gesprochen handelt es sich um einen anderen Gegenstand, sei es auch nur deswegen, weil der Wahrnehmungsvorgang neu ist. Es besteht eine Neigung, dies zu bezweifeln, da doch das zweite Objekt »Kerze« dem ersten so sehr ähnelt und von einer »Belichtung« zur nächsten als ständiges, bleibendes, dauerndes »Ding« bestanden hat. Dieses »Ding« wurde jedoch lediglich angenommen und war nie wirklich »gegeben«.[a] »Kerze« Nummer eins und »Kerze« Nummer zwei

a Ebenso geht man auch bei der Erklärung des Gedächtnisses davon aus, daß ein Gedächtnis-Objekt in der Zeit zwischen seinem Auftreten und der Erinnerung daran »gespeichert« wurde, vorzugsweise im »Gehirn«. Diese vertraute Prämisse ist keineswegs so zwingend, wie sie scheinen mag. So könnte es beispielsweise vorkommen, daß man am Montag um 3 Uhr 30 und am Dienstag um 3 Uhr 30 niest, aber niemand käme auf die Idee zu

mögen für den praktischen Bedarf identisch sein, doch in ihrem aktuellen Sein sind sie es nicht. Der für eine praktische Anwendung als unbedeutend vernachlässigte Unterschied zwischen beiden Objekten muß dort betont werden, wo es um wahre Realität geht. Es muß überraschen, daß Leute, die ohne weiteres Folgerichtigkeit in den Sehvorgängen zugeben, sich so schwertun, die gleiche Folgerichtigkeit in dem, was gesehen wird, anzuerkennen. Nicht nur die Wahrnehmung ändert sich von Sekunde zu Sekunde, sondern unterdessen ändert auch das Sicht-Objekt seine Eigenschaften, wird aus einem leicht abweichenden Blickwinkel wahrgenommen, in etwas anderem Licht, vor einem etwas anderen Hintergrund usw. Nichtsdestotrotz haftet den Sicht-Objekten zäh die Illusion fortgesetzter Dauer an. Man glaubt sogar, daß sie fortbestehen, wenn niemand sie sieht, ja, sogar wenn es zu dunkel ist, um sie zu sehen. Die *dharma*-Theorie interessiert sich aber nicht für Spekulationen über das »Wahrnehmbare«, sondern konzentriert sich auf das tatsächlich Wahrgenommene.

Ich erlaube mir, diese Erörterung mit einem recht weltlichen und unyogischen Beispiel zu schließen. Gefühle unterliegen weit weniger der »Verdinglichung« als Sicht-Objekte.[a] Nehmen wir an, man wirft einen flüchtigen Blick auf ein hübsches Mädchen, während man selbst mit dem Auto an ihr vorüberjagt. Das Resultat kann formuliert werden als »angenehmes Gefühl durch Sicht-Kontakt«. Dieses spezifische Gefühl, das sich existentiell völlig von allen ähnlichen Gefühlen unterscheidet, die andere Mädchen zu einem anderen – ver-

fragen, wo denn das Niesen in den dazwischenliegenden vierundzwanzig Stunden geblieben sei. In einem Gedächtnisvorgang werden nicht die Wahrnehmungen, Empfindungen usw. erinnert, sondern es handelt sich um eine neue, andere Bewußtseinshandlung, zu welcher die alte, erinnerte Erfahrung als eine der Bedingungen beiträgt.

a Das gleiche gilt für Geräusche. Aufeinanderfolgende Geräusche werden selten als Wiederkehr desselben Urgeräusches interpretiert, sondern als Wiederholungen. Selbst wenn das Geräusch bei seiner Wiederholung durchaus dem früheren gleicht, wird es als individuell verschieden, als ein anderes Geräusch empfunden.

gangenen oder künftigen – Zeitpunkt erregen, stellt sich ein, wenn die notwendigen Bedingungen zusammentreffen, das heißt wenn zwischen Sehorgan und Sichtobjekt Kontakt besteht.[a] Mit anderen Worten: bevor diese Bedingungen zusammentrafen, konnte kein solches Gefühl entstehen, obwohl es im Bereich des Möglichen liegt, daß früher einmal ein ähnliches Gefühl aufkam und später unter vergleichbaren Voraussetzungen wieder ein sehr ähnliches aufkommen kann. Es schwindet dahin, sobald die Voraussetzungen wegfallen. Freilich kann es andauern, aber dann handelt es sich keineswegs um einen fortlaufenden Prozeß angenehmer Gefühle für das Mädchen, sondern kommt und geht in Wellen, ständig von anderen Vorstellungen unterbrochen. Nun heißt es von diesem Gefühl, das mit dem Anblick des Mädchens begann und in dem Moment endet, da die Aufmerksamkeit sich, sei es auch noch so kurz, etwas anderem zuwendet, daß es »nicht war, bevor es aufkam, und nicht mehr ist, wenn es endet«. Dieses durch einen spezifischen Sicht-Kontakt hervorgerufene spezifische Gefühl bestand als solches offenbar nicht, bevor es aufkam, oder zumindest können wir nicht ausmachen, von welcher Art es war, bevor es wurde. Es kam nirgendwo her. Vielleicht bestanden, bevor es aufkam, einige seiner Voraussetzungen, aber nicht alle. Es beruht auf diesen Voraussetzungen, aber »es kommt von nirgendwo her«, da es nicht war, bevor es wurde. Da es nach seinem »Niedergang« nicht mehr existiert, »geht es nirgendwo hin«, zumindest vermögen wir nicht zu sagen, wohin es gegangen ist. All dies wird, sobald man es richtig verstanden hat, ganz klar ersichtlich. Ein *dharma* kommt auf, wenn alle seine Voraussetzungen einander völlig entsprechen. Solche vollständige Entsprechung der Bedingungen trägt aber meist nicht lange, und bald

a Natürlich wird hier übermäßig vereinfacht. Es gibt mindestens sieben Bedingungen: 1. dieses Sichtobjekt, 2. dieses Sehorgan, 3. dieses Bewußtsein des Sehorgans, 4. Kontakt zwischen 1., 2. und 3., 5. dieses Verstandesorgan, 6. dieses Verstandsbewußtsein, 7. dieser Verstandes-Kontakt. Und selbstverständlich viele andere auf dem Willen beruhende Bedingungen.

entweicht der *dharma*. Welchen Sinn hätte es nun aber zu fragen, wohin ein Kopfschmerz verschwunden ist? Wandel, in diesem System, ist keine Umwandlung bereits vorhandenen Materials, sondern eine Folge ständig neuer, in ihrer Existenz vereinzelter, durch Bedingungen miteinander verbundener *dharmas*.

Und doch bleibt ein *dharma* als Voraussetzung bestehen, wenn er auch als existente Einheit bald verlöscht. Der Gedanke an das fragliche Mädchen kann als Voraussetzung in künftige Ereignisse eingehen, etwa indem er bei künftigen Gelegenheiten das Interesse steigert. Denn der Herr sprach: »Handlungen (*karmāṇi*) sind beständig, mitunter über Äonen hinweg. Zu gegebener Zeit tragen sie Früchte, wenn volle Übereinstimmung aller Bedingungen erreicht ist.«[46] (vgl. S. 208, S. 192f.)

II. Die resolute *Entpersönlichung* der *dharmas* entspricht zwar möglicherweise den Methoden der modernen wissenschaftlichen Psychologie, stößt aber dennoch auf dreierlei Schwierigkeiten, nämlich 1. linguistische, 2. emotionale und 3. intellektuelle.

1. Wenn man ein Ereignis beschreibt, soll man stets das Wort »Selbst« meiden, desgleichen alle Begriffe, die ein solches implizieren, etwa »ich«, »mein« oder ein »Lebewesen«, eine »Seele«, eine »Person«, eine »Persönlichkeit«, ein »Individuum«, ein »Mann« oder »Jüngling«, »einer, der etwas tut«, »einer, der etwas weiß«, »einer, der etwas sieht«.[47] Der Verzicht auf persönliche Wörter muß allen mit westeuropäischen Sprachen Vertrauten unendlich schwierig erscheinen. Es dürfte ihnen wirklich fast unmöglich werden, dies überzeugend zu leisten, obwohl sich der Versuch durchaus lohnen würde, zumindest ein paar Stunden lang – sei es auch nur um der Erkenntnis willen, wie grundlegend der *dharma* des Buddha mit dem Lauf der Dingwelt kontrastiert. Es erweist sich als äußerst schwierig, Sätze mit »ich bin« oder »ich habe«

in unpersönliche Sätze umzuformen. Ersetzt man »Ich bin ein miserabler Gärtner« durch »dieses Konglomerat läßt in seiner Eigenschaft als Gärtner erheblich zu wünschen übrig«, so wirkt das irgendwie falsch und klingt gestelzt, gekünstelt und humorlos. Oder nehmen wir »Mein Bart wird grau«. Sagt man statt dessen »Es gibt graue Haare in diesem Bart«, so läßt man den entscheidenden Punkt der Aussage weg, nämlich daß es *mein* Bart ist, welcher ergraut (was kümmern mich die Bärte der anderen!), und daß *ich* mich gegen das Altern sträube. Oder nehmen wir »Ich rauche wieder vor dem Frühstück eine Zigarette«. Ersetzt man »ich« durch »dieses Bündel von *skandhas*«, so geht der Hauptpunkt verloren, nämlich der Widerspruch zwischen meinem Ich und meinem Ich-Ideal. Natürlich ergeben sich Schwierigkeiten dieser Art nicht in allen Sprachen gleich heftig. Im Japanischen beispielsweise fallen unpersönliche Sätze viel leichter.[a]

2. Eine anhaltende Betrachtung der *dharmas* verlangt große Opfer im Bereich der Instinkte. Wenn nicht die fünf Kardinaltugenden unsere Persönlichkeit bis zu einem gewissen Grad umgebildet haben, fehlt uns die Kraft, längere Zeit auf die gewohnte Sichtweise zu verzichten. Normalerweise interessieren uns die Dinge aufgrund dessen, was sie uns persönlich

a Ich zitiere aus dem Brief eines befreundeten Japanologen: »Personalpronomina ›ich, du, er‹ usw. werden nicht gebraucht, außer wenn sich ohne sie ein hoffnungslos vieldeutiger Sinn ergibt oder wenn man sie besonders betonen möchte. Wie oft scheinen Verben unverankert in einem Satz zu treiben – obwohl aus dem Kontext gewöhnlich eindeutig hervorgeht, wer gemeint ist. In Sätzen wie ›Ich denke, ich werde heute hingehen‹ oder ›Er sagte, er würde morgen kommen‹ braucht ›ich‹ oder ›er‹ sicher nicht übersetzt zu werden. Man hält es gewöhnlich auch nicht für nötig, den Singular oder Plural eines Substantivs anzugeben – so daß *hito* entweder ›Mensch‹ oder ›Menschen‹ heißen kann.« Die Frage scheint interessant, ob dies an dem langen Einfluß liegt, welchen buddhistische Denk- und Gefühlsmuster auf japanischsprechende Menschen genommen haben. Wohl kaum, denn schon die frühe Literatur scheint Personalpronomina fast ebenso selten zu verwenden. Hier lohnt ein Vergleich zwischen »Ich denke, darum bin ich« und »*Cogito ergo sum*«. Wo das »Ich« im linguistischen Ausdruck kein isoliertes Element darstellt, besteht wenig Veranlassung herauszufinden, was es eigentlich ist.

bedeuten; hier jedoch sind wir aufgefordert, uns ihnen um ihrer selbst willen zu widmen. Die Beschäftigung mit den *dharmas* zwingt uns, in regelmäßigen Abständen unsere Gewohnheit fallenzulassen, auf die Dinge mit Gier, Haß und Wahn zu reagieren. Vor vielen Jahren begann ich den Versuch, in dieser Richtung zu meditieren, und begriff alsbald, warum die »Untersuchung der *dharmas*« ein Vorrecht der Mönche ist. Unter anderem wurde meine Fähigkeit, mit meiner sozialen Umwelt zurechtzukommen, fast völlig gelähmt. Auf die Forderungen, die diese Umwelt an mich stellte, reagierte ich damit, daß ich mich verdrießlich, traurig, übergangen und nicht im mindesten »erhoben« fühlte. Das sind die Prüfungen des Anfängers. Jedem, der nicht völlig leidenschaftslos wurde, muß die *dharma*-Theorie notwendigerweise erheblich emotionale Schwierigkeiten bereiten, denn sie nimmt den Gegenständen jede Grundlage für sinnliche Befriedigung, Furcht, Liebe, Hoffnung und familiäre oder Stammesbindungen. Auch tun wir uns sehr schwer, wirklich vom Gefühl her völlig gleichgültig dafür zu werden, ob jenes *skandha*-Bündel vor uns nun ein Junge oder ein Mädchen ist, ein kleines Mädchen, ein erwachsenes Mädchen, eine alte Frau, ein alter Mann, Schmidt, Müller oder Grün. William James scheint eine ähnliche Erfahrung gemacht zu haben: »Stellen Sie sich möglichst einmal vor, Sie besäßen plötzlich keine jener Emotionen mehr, die Ihre Welt jetzt in Ihnen weckt, und versuchen Sie sich diese Welt *so wie sie existiert* vorzustellen, rein als sie selbst, ohne Ihren zustimmenden oder ablehnenden, hoffnungsvollen oder furchtsamen Kommentar. Es dürfte Ihnen fast unmöglich werden, sich einen solchen Zustand der Negativität und Leblosigkeit auszumalen. Kein einziger Teilbereich des Universums wäre dann wichtiger als ein anderer, und die gesamte Ansammlung seiner Dinge und Ereignisfolgen wäre ohne Bedeutung, Charakter, Ausdruck oder Richtung. Mit welchem Wert, Interesse oder Sinn unsere jeweilige Welt auch immer ausgestattet scheint, diese sind demnach einzig und allein geistige Zugaben des Betrachters.«

3. Als äußerstes Mittel gegen den Glauben an ein »Selbst« muß die *dharma*-Theorie versuchen, den Lauf der Ereignisse ohne jede Bezugnahme auf ein »Selbst« zu erläutern, und, ausgehend von der Annahme, daß das »Selbst« keinen aktiven oder aktuellen Faktor darstellt, erklären, was sich tatsächlich ereignet. Zwei der fünf Funktionen des angeblichen »Selbst« werden als erfunden abgelehnt, die übrigen drei durch andere Faktoren begründet.

1. Das »Selbst« sei das, was *aneignet* und *besitzt*. Diese Funktion wird schlichtweg geleugnet. »Besitzen« und »gehören« werden als Kategorien abgetan, die von gierigen und unwissenden Leuten erfunden wurden, welche ihre eigenen Einbildungen auf die realen Tatsachen, so wie sie existieren, übertragen. Die dharmische Welt kennt keinen Unterschied zwischen einem »Ding« einerseits und seinen »Attributen« andererseits. Jeder *dharma* besitzt nur ein Attribut und ist mit ihm identisch.

2. Das »Selbst« sei jener beständige Faktor in der konkreten Persönlichkeit, der deren aufeinanderfolgende Handlungen irgendwie *verbindet* (und aufrechterhält).[a] Auch diese Funktion wird geleugnet. Denn erstens gibt es nirgendwo beständige Faktoren, zweitens zeigt die tatsächliche Erfahrung diese Art »Selbst« nie als isolierte Einheit,[b] und drittens ist dies »Selbst« in Ermangelung bezeichnender Eigenschaften nichts als ein bloßes Wort.

3. Das »Selbst« sei das, was *handelt* und *ins Leben ruft*. Tatsächlich gibt es Handlung (*karma*), aber keinen Hand-

a Kant, *Kritik der reinen Vernunft*, 144 b: »nur dadurch, daß ich das Mannigfaltige derselben in einem Bewußtsein begreifen kann, nenne ich dieselben insgesamt *meine* Vorstellungen; denn sonst würde ich ein so vielfarbiges verschiedenes Selbst haben, als ich Vorstellungen habe, deren ich mir bewußt bin.«

b Dies wurde auch von Hume in einer berühmten Passage betont. vgl. jedoch S. 296.

lungsträger (*kāraka*). Unsere vernünftigen Handlungen sind nicht das Werk eines »Selbst«, sondern Werk der wesentlichen Bestandteile des vierten *skandha*. Hinsichtlich des »Ich« laufen sie alle gleich unfreiwillig und unpersönlich ab,[a] und die ihnen zugrundeliegenden Impulse gelten als »fremd«, »auswärtig« und »widerspenstig«, da eine Kontrolle über sie nur unvollständig gelingt und sie genau dann auseinanderbrechen, wenn »ich« es nicht will, zu ihrer eigenen, nicht zu »meiner« Zeit, unter völliger Mißachtung »meiner« Bedürfnisse.

4. Das »Selbst« sei das *Subjekt*, welches »weiß oder sieht«. In Wirklichkeit gibt es Wissen, aber keinen Wissenden; es gibt Bewußtsein, aber keinen, der es besitzt. Es wäre unklug, Gedanken als freie Schöpfungen eines denkenden Selbst zu betrachten oder anzunehmen, daß sie von einem »Selbst« oder einer »Seele« ausgehen, welchen ja dann die Natur innewohnen müßte, sie zu erschaffen. Das »Verstandes-Element« und das »Verstandes-Bewußtseins-Element« (vgl. S. 153f.) sind dazu da, die Arbeit des »denkenden Selbst« zu leisten.[b] Eine Vielzahl unpersönlicher Wirkfaktoren wird für weniger schädlich und irreführend gehalten als ein scheinbar einheitliches Agens, dem gedankenloser Sprachgebrauch die Erzeugung all der »Taten« eines »Individuums« zuschreibt.

5. Das »Selbst« sei derjenige Faktor, der einen Menschen von einem anderen *unterscheidet*. Derart viele Dinge erscheinen mir als privat und persönlich, vor allem meine Erinnerungen und mein *karma*, daß dieser Aspekt der Vorstellung von

a Das soll nicht heißen, daß der Buddha sich an der Auseinandersetzung um das Pseudoproblem des »freien Willens« beteiligt. Populär ausgedrückt wird hier eher gefragt, ob »ich tun kann, was ich tun will« oder ob »ich wollen kann, was ich will«. Was den Versuch betrifft, die Leistungsfähigkeit des »Ich« im Verhältnis zu äußeren Kräften zu bestimmen, so gilt Buddhisten die ganze Fragestellung als sinnlos.

b Eine richtige Ausarbeitung dieses Schemas ist unglaublich schwierig, und ich muß meine Leser auf die erhaltenen *abhidharma*-Texte verweisen.

einem »Selbst« bis zu einem gewissen Grad bestätigt werden mußte, und zwar indem man a) der Unterscheidung zwischen »innen« und »außen« (*ādhyātmika*, *ajjhatt(ik)a* im Pāli; *bāhya*) eine gewisse Gültigkeit zuschrieb und b) die Existenz isolierter Kontinuitätsverläufe (*santāna*) anerkannte.

a) »Dinge sind ›innen‹, ›dem Selbst zugehörig‹ oder ›eigen‹, wenn man bei Betrachtung ihrer Beziehung zu einem ›Selbst‹ ausdrücken möchte, daß ›wir Dinge für (zu) uns selbst (gehörig) halten, welche auf diese Weise hervorgehen‹«.[48] Die Unterteilung in »innen« und »außen« wird daher nicht als eine letztgültige Tatsache, sondern als vorläufiges meditatives Mittel gegeben. Im Zusammenhang mit der Betrachtung der *dharmas* werden im *abhidharma* »die innerhalb der eigenen Kontinuität verlaufenden und auf jede einzelne Person bezogenen *dharmas* als ›persönlich‹ (oder ›dem Selbst zugehörig‹) bezeichnet«.[a] Ebenso werden in der *Vibhāṣā*[49] »innen« und »außen« unter dem Gesichtspunkt der Folge oder Kontinuität unterschieden. *Dharmas* innerhalb der Person selbst (*sva-ātmabhāva*) sind »persönlich«; diejenigen, die sich in anderen befinden oder durch keinerlei Lebewesen ergänzen, sind »äußerlich«. Auch der *Abhidharmakośa*[50] stellt fest: »Form ist innerlich, wenn sie einen Teil der als ›mein Selbst‹ bezeichneten Folge bildet.«[51] Zugleich stellt sich die Frage, wie man, wenn es doch weder »Selbst« noch »Person« gibt, von »persönlichen« Elementen sprechen kann. Vasubandhu antwortet, daß es sich bei dem, was die Leute irrigerweise für ihr »Selbst« halten, in Wirklichkeit um »Denken« handelt, weshalb »Denken« auch metaphorisch *ātman* genannt

a Dies ist die *abhidharma*-Bedeutung. In anderen Kontexten kann *adhyātma* bedeuten: 2. »subjektiv« wie in: »die sechs subjektiven Sinnesfelder«; 3. »Bereich« (Sphäre, *gocara*) wie in: »innerlich entrückt und versunken«; 4. Domäne (*viśaya*) wie in: »Dies ist der Ort, zu welchem der *tathāgata* voll erwacht, auf daß er verweile, unempfindlich für alle Zeichen, und so die innere Leere erreiche«, »Denn wenn die Buddhas den Zustand des Fruchttragens erreichen, so heißt dies ihre ›Domäne‹«. Dieses Thema verdient im ganzen eine weitere Untersuchung.

wird.[a] Die Sinnesorgane und die sechs Arten des Bewußtseins stehen jenem Denken, welchem der Name »Selbst« gegeben wird, sehr nahe; sie bilden tatsächlich seine Grundlage; daher können sie im Unterschied zu den Bewußtseinsobjekten »persönlich« oder »innerlich« genannt werden.

b) Auf die Frage nach den für die Individualisierung des Denkens verantwortlichen Faktoren wird nirgends eine klare Antwort erteilt. Als Lösung für alle derartigen Probleme wird das Wort »Kontinuität« angeboten.[52] Diese »Kontinuität« wird folgendermaßen interpretiert: Alle vergangenen, gegenwärtigen und zukünftigen Handlungen, welche in gegenseitiger kausaler Abhängigkeit eine fortlaufende und ununterbrochene Folge bilden; ein Bewußtseinsstrom, welcher trotz ständiger Veränderung seiner Elemente mit sich selbst identisch bleibt. Dennoch wird sie letzten Endes, vermutlich aus Unwissenheit, als eine (vorläufige?) Tatsache an sich behandelt (vgl. S. 184f.).

III. Abschließend wollen wir kurz ausführen, inwiefern die *dharma*-Theorie als den Ansichten des gesunden Menschenverstandes *überlegen* gilt. 1. Sie ist *vernünftiger*, weil sie lediglich verständliche, exakt definierte Einheiten berücksichtigt. 2. Sie ist *wahrhaftiger* bezüglich dessen, was wirklich da ist,[53] und weil unpersönliche Aussagen wissenschaftlich eher zutreffen, da sie eine Reihe offensichtlicher Erfindungen wie das »Selbst« usw. von der Hand weisen. 3. Geistlich gesehen ist sie *heilskräftiger*, da eine Darstellung der Erfahrungen, die ihnen einen Platz innerhalb des *dharma*-Konzepts zuweist, eher zum Heil führt als ihre Beschreibung in Alltagsbegriffen. Denn letztere stört eindeutig die innere Ruhe und trübt den Spiegel ursprünglicher Weisheit.

a Das wird deutlich, wenn man folgende Verse aus den Schriften miteinander vergleicht: »Da er sein Selbst sorgsam gebändigt hat, gewinnt der Weise den Himmel« und »Es ist gut, das Denken zu bändigen; ein wohlgebändigtes Denken bringt Glückseligkeit.«

8. *Skandhas*, Sinnesfelder und Elemente

Drei Klassifizierungen der *dharmas* werden von allen buddhistischen Schulen geteilt, nämlich die fünf *skandhas*, die zwölf Sinnesfelder und die achtzehn Elemente.

1. Die *skandhas* (»Häufungen, Bündel« oder »Gruppen«) sind die fünf Bestandteile der Persönlichkeit, so wie sie erscheint. Sämtliche sowohl uns selbst als auch die auf uns bezogenen Objekte betreffende Erfahrungstatsachen lassen sich analytisch im Sinne der *skandhas* erklären. Zweck der Analyse ist es, das verschwommene Wort »ich« zu beseitigen. Die *skandhas* »definieren die Grenzen der Grundlage des Greifens nach dem Selbst und allem, was zu einem Selbst gehört«.[1] Sie umfassen alles, wonach wir als nach unserem Selbst, als zu ihm gehörig oder es betreffend streben oder greifen mögen. Sie werden gelehrt, um durch einen Appell an die Vernunft all jene zu retten, die in einen Zustand gefallen sind, in welchem sie nach einem »Ich« greifen.

Was unserer ungeübten Einsicht und unkundigen Wahrnehmung als vermeintlich einheitliches Wesen oder Ding erscheint, als ein scheinbar fester Klumpen (*ghana*), wird in fünf Haufen (*rāśi*)[2] oder Bündel unterteilt. Es ergibt sich ein bloßes Konglomerat aus Teilen mit einem Namensschild, eine aus fünf verschiedenen Konstituenten bestehende Masse. Wie die Sterne eines Sternbildes nicht wirklich zusammengehören, sondern von uns in eine willkürliche Einheit gruppiert wurden, so stellt auch unsere »Persönlichkeit« eine bloße, willkürlich festgesetzte Anordnung isolierter Elemente dar, welche allesamt zu einer der fünf als *skandhas* bekannten Gruppen gehören.

Die ersten vier *skandhas* bereiten keine Schwierigkeiten, und es kommt kein Zweifel daran auf, was gemeint ist.

1. Form, Gestalt (*rūpa*) bildet den materiellen oder körperlichen Aspekt der Dinge; sie ist das, was von Personen und Dingen bleibt, wenn man ihre sittlichen und geistigen Eigenschaften abzieht. 2. Gefühle oder Empfindungen[3] (*vedanā*) sind angenehm (= was man fortsetzen möchte), unangenehm (= was man beenden möchte) oder neutral.[4] 3. Es gibt sechs Wahrnehmungen (*saṃjñā*), die den sechs Sinnesorganen entsprechen. 4. Als Impulse (oder »Koeffizienten«, *saṃskāra*) gelten alle aktiven Absichten, Tendenzen, Impulse, Willensakte, alles Streben, alle Emotionen usw., ob »bewußt« oder unterdrückt, wenn auch stets mit dem Bewußtsein im buddhistischen Sinn verbunden.[a] 5. Bewußtsein (*vijñāna*) ist der wichtigste und am schwersten greifbare der *skandhas*. Es ist am wichtigsten, weil die anderen vier angeblich von ihm »abhängen«. Im Grundsatz über die Entstehung in Abhängigkeit gilt Bewußtsein als Vorläufer und Bedingung von »Namen und Gestalt«, einem archaischen Begriff für den psychomentalen Organismus, und in der Analyse des *abhidharma* werden die übrigen drei geistigen *skandhas* als durch Bewußtsein bestimmt definiert.[b]

2. Als die zwölf Sinnesfelder (*āyatana*) gelten: 1. Auge, 2. Sichtbares, 3. Ohr, 4. Klänge, 5. Nase, 6. Gerüche, 7. Zunge, 8. Geschmacksrichtungen, 9. Leib, 10. Fühl- oder Berührbares,[c] 11. Verstand und 12. Verstandesobjekte. Die Etymolo-

a Es scheint vernünftig, in unbewußten Geisteszuständen einen gewissen Grad von Bewußtsein festzustellen. Im Schlaf, in Trance, unter Narkose, bei Verdrängung und hysterischer Bewußtseinsspaltung wirkt ein »Ersatz-Ich« fort, und daher ist individuelles Bewußtsein nie ganz ausgeschaltet.

b Bewußtsein ist die »Stütze« (*nissaya*) der anderen drei geistigen *skandhas* und übt einen beherrschenden Einfluß (*adhipati*) über sie aus. Es kann auf neunzehn Arten Bedingung sein, wobei 1, 10, 13, 17 und 18 unanwendbar sind.

c Dieser Begriff beschränkt sich nicht auf jene Gegenstände, die gemeinhin unter den »Tastsinn« fallen. Im Sinn der modernen Psychologie ausgedrückt, umfaßt er auch Temperaturen, körperlichen Schmerz (als sinnli-

gie des Wortes *āyatana* scheint extrem unsicher,[5] doch seine buddhistische Anwendung wird schlüssig geklärt, wenn es als *āyadvāra*[6] erläutert wird, wörtlich »das Tor zum Eintritt ins Dasein«, »das Tor der Ankunft«, wobei *āya* den »Aufstieg«, *vyaya* den »Verfall« bezeichnet. Vielleicht wäre »Quelle, Ursprung« ein akzeptables Äquivalent, da »Tor« auch die Bedeutung von »Ursache« oder »Mittel (zu)« trägt.

So wie die Meditation über die *skandhas* darauf abzielt, den Glauben an ein »Selbst« zu zerstören, betrifft die Meditation über die Sinnesfelder den Ursprung der geistigen *dharmas*, die Herkunft des »Denkens und seiner koexistenten Eigenschaften«,[7] und betrachtet sie als etwas, das infolge des Zusammenhangs oder der Verbindung zwischen Sinnesorgan und Sinnesobjekten geschieht. In den Sinnesfeldern sehen wir den Grund (*kāraṇa*), warum geistige Vorgänge anfangen oder stattfinden, sie sind ihr »Geburtsort, so wie das Dekkan der Ort ist, wo Vieh geboren wird«.[8] Wenn ich »meine« Gedanken für freie Schöpfungen »meiner« selbst oder meines »Bewußtseins« halte, so befinde ich mich im Irrtum. Erwiesenermaßen sind sie an Organ und Objekt gebunden, zwischen welchen Verbindung bestehen muß, damit irgendein bewußter Vorgang stattfinden kann. Beide sind fremd, da ich nicht behaupten kann, meine biologische Verfassung noch die Gegenstände meines Denkens geschaffen zu haben. Beide wurden vorgegeben und mir aufgezwungen.

3. Die achtzehn Elemente (*dhātu*) umfassen die sechs Sinnesorgane, die sechs Sinnesobjekte und die sechs entsprechenden Sinnes-Bewußtseins-Zustände. Das Wort *dhātu*, von *dhā*, »setzen, stellen, legen«, trägt viele Bedeutungen.[9] Die wichtigsten sind »Element« oder »Ursache« (*hetu*) und »Sphäre« oder »Ebene«. In unserem Kontext bedeutet es wohl »Teilbe-

che Wahrnehmung), kinästhetische Objekte, Gleichgewicht und Gleichgewichtsstörungen sowie somatische Objekte (das heißt Sinnesinformation über innere Vorgänge im Körper).

reich« oder »Faktor«. Die Meditation über die achtzehn Elemente bezweckt, uns mit einfachen Mitteln die Wahrheit dessen »unter die Nase zu reiben«, was in Europa als »Phänomenalismus« bekannt ist. Zugleich benutzt diese Meditation das fragliche philosophische Theorem als Ausgangspunkt, um zu einer typisch buddhistischen Schlußfolgerung zu gelangen.

Angenommen, man sieht eine Apfelsine vor sich. Im Sinne der »Elemente« setzt diese Erfahrung mindestens drei Faktoren voraus – ein Sichtobjekt, die Empfindlichkeit eines Sehwerkzeugs und einen Akt des Sicht-Bewußtseins. Die »Apfelsine« als Erfahrungstatsache, als das gesehene Sichtobjekt, sollte nicht mit der objektiven Tatsache »Apfelsine«, wie sie »da draußen« besteht, verwechselt werden, aus dem einfachen Grund, weil die objektive Tatsache, so wie der Verstand sie registriert, durch zwei zusätzliche Faktoren modifiziert wird, nachdem sie die Wirkungen des Organs und des Bewußtseinsaktes durchlaufen hat.[a] Niemand kann sagen, was wirklich geschieht, wenn der Beitrag der anderen beiden Elemente entfällt. Niemand kann das Objekt so erfassen, wie es an sich ist, sondern man erfaßt es lediglich als die durch subjektive Vorgänge modifizierte und verfälschte »Apfelsine«. Keiner, dessen Verstand nach reiner Realität verlangt, wird diese Entdeckung ohne weiteres von der Hand weisen können.

Bislang konnte die Betrachtung der Elemente lediglich jenen »Phänomenalismus« bestätigen, der auch in der europäi-

a In Wirklichkeit sind auf der subjektiven Seite natürlich viele weitere »Elemente« beteiligt und bedingen die Wahrnehmung der Apfelsine. Denn diese Apfelsine, die wir vor uns sehen, ist mehr als ein bloßes Sichtobjekt (das heißt ein orangefarbener Fleck plus einer rundlichen Form). Sie besitzt einen typischen Geruch, ihr Geschmack läßt sich durchaus ahnen, und es eignet ihr eine bestimmte Beschaffenheit (schwer zu definieren, aber »nicht so hart wie ein Golfball«). Auch das Verstandes-Element und das Verstandes-Bewußtseins-Element spielen eine Rolle, da sie nämlich 1. die verschiedenen Sinnesfaktoren zu einem »Ding« zusammenfügen und 2. diesem Ding den herkömmlichen Namen »Apfelsine« zulegen, der keinem der fünf Sinne als »gegeben« erscheint.

schen Philosophie seit Protagoras eine entscheidende Rolle gespielt hat. Die Buddhisten jedoch halten an diesem Punkt nicht inne, sondern stellen weiterhin die Frage: Wenn eine vorgegebene Tatsache insgesamt aus drei gleichermaßen wesentlichen Faktoren besteht, warum wenden wir uns dann fast immer nur dem ersten, nämlich dem Objekt zu, und zwar dermaßen intensiv, daß die Erkenntis der anderen Faktoren fast gänzlich entfällt? Die Antwort lautet, daß der Durchschnittsmensch sich den Gedanken zur Gewohnheit gemacht hat, sein Glück beruhe auf der Manipulation von Gegenständen. Der Buddhismus glaubt, daß er irrt, und erwartet aus den subjektiven Faktoren, die gewöhnlich ignoriert werden, bessere Ergebnisse. Analytisch betrachtet, nehmen die subjektiven Komponenten auf die Gestaltung des äußeren Scheins eines Objekts, welches als »Ding an sich« völlig unzugänglich bleibt, einen überwältigenden Einfluß. Ebenso scheint die Einordnung dieser subjektiven Faktoren wesentlich lohnender als die Manipulation von Gegenständen. Wir werden ständig daran erinnert, daß das, was die Welt uns tut, nichts zu bedeuten hat, sondern daß alles davon abhängt, wie wir auf die Herausforderung der Welt reagieren. Die Außenwelt umformen zu wollen gilt als Zeitverschwendung. Erst wenn wir unseren Verstand umgebildet haben, kann uns nichts mehr berühren.

Das Innere des Menschen wird mit den Begriffen »Bewußtsein« (fünfter *skandha*), »Verstand« (elftes Sinnesfeld und zwölftes Element) und »Verstandes-Bewußtsein« (achtzehntes Element) bezeichnet. Die Tatsache, daß sowohl der verfügbare Platz als auch meine Kenntnisse nicht ausreichen, hindert mich daran, dieser Seite des buddhistischen Denkens volle Gerechtigkeit widerfahren zu lassen. Ich werde daher nicht mehr sagen als für ein Verständnis der in Teil II und III dieses Buches beschriebenen späteren Entwicklungen unbedingt nötig. Zunächst müssen wir verstehen, in welcher Beziehung »Bewußtsein«, im Sinne des »*dharma*«, zum

»Selbst« steht, zweitens sind die drei grundlegenden Bedeutungen des Wortes »Bewußtsein« zu definieren, und drittens wollen wir die entscheidende Rolle untersuchen, die Bewußtsein im Prozeß der Befreiung von der Welt spielt.

I. »Bewußtsein« gilt, wie wir gesehen haben (S. 145), als Ursache einer der Funktionen, die häufig einem »Selbst« zugeschrieben werden. Man lehrt uns, daß es keine »Subjekte« gibt, wohl aber Handlungen, die einer Objektivierung, einem Erkennen und Wissen dienen. Verwenden Buddhisten das Wort »Bewußtsein«, so versuchen sie, unpersönlich über die Tatsache zu sprechen, daß alle meine geistigen Erfahrungen »mir« widerfahren, »mir« bekannt sind, von »mir« wahrgenommen werden. Wenn »Bewußtsein« erwähnt wird, steht das »Ich« durchaus im Hintergrund, obwohl es nie erwähnt werden darf. »Bewußtsein« ist die »Seele« des »Selbst«,[a] da es diejenige skandhische Komponente bildet, welche mehr als alle anderen das Auftreten von Individualität nahelegt. Sehr sorgfältig bemüht man sich daher um seine Desubstantivierung: a) es ist kein Ding, sondern eine fortlaufende Handlungsfolge; »Verstand, bei Tag und Nacht, kommt ständig als *ein* Ding auf und endet als ein anderes«;[10] b) es ist weder persönlicher Besitz noch ein persönlich Besitzendes, sondern Ergebnis eines zu Recht abhängigen Verlaufs unpersönlicher Ereignisse.

II. Je nach Kontext bedeutet das Wort »Bewußtsein«: 1. reines Erkennen, 2. ein Gedanke, 3. Verstand.

1. Es ist einfach, »Bewußtsein« als »reine Erkenntnis« zu definieren oder auch als Unterscheidungsvermögen bzw. Diskrimination (das *vi-* in *vijñāna* besitzt die gleiche Aussagekraft wie *dis-*), doch nahezu unmöglich, es tatsächlich in dieser seiner Reinheit zu erfahren. Das liegt zum Teil an der Proble-

a Auch in der modernen Psychologie kam das Wort »Bewußtsein« auf, als das Wort »Seele«, als »substantielle Form« verstanden, an Boden verlor.

matik, einen Erkenntnisakt zu beobachten, ohne zugleich dem Gegenstand des Erkennens eine gewisse Aufmerksamkeit zu widmen, mit anderen Worten, an unserer tiefsitzenden Scheu, auf alles außer den reinen Erkenntnisvorgang zu verzichten. Hinzu kommt, daß »Bewußtsein« sich dem Zugriff nur zu sehr entzieht, weil man es als eigentliches Subjekt aller geistigen Tätigkeit nicht zu einem Gegenstand der Beobachtung machen kann, daß es seinen spezifischen Charakter verliert. Sobald das Subjekt objektiviert oder wahrgenommen wird, sieht man es nicht länger als das, was es ist. Wenn der Geist sich seiner selbst bewußt wird, spaltet er sich in Subjekt und Objekt. Damit hört das wahrgenommene Subjekt auf, wahrnehmendes Subjekt zu sein. Meine Aussichten, durch Selbstbeobachtung mein Bewußtsein fassen zu können, stehen etwa ebenso günstig, wie wenn ich meinen eigenen Schatten fangen wollte.

Bewußtsein bedeutet einfach mehr oder weniger abstrakt gesehene geistige Tätigkeit; es ist das mehr oder weniger selbständig verstandene handelnde Subjekt. Im Gegensatz dazu werden die drei übrigen geistigen *skandhas* konkret definiert aufgrund spezifischer Handlungen oder Objekte. »Bewußtsein« in diesem Sinn wird mit »Denken« (*citta*) gleichgesetzt, und die drei anderen geistigen *skandhas* bezeichnet man als »Verstandesfaktoren« (*caitasika*) oder koexistente geistige Eigenschaften, von denen es heißt, daß sie das Denken fördern, mit ihm zusammenhängen oder an es gebunden sind, und daß sie aus dem Denken stammen und mit ihm zugleich entstanden sind. In der Wahrnehmung dominiert das Objekt, im Bewußtsein das Subjekt; die Wahrnehmung (*saṃ-jñā*, »zusammen-wissen«) erkennt dies oder jenes, während Bewußtsein Erkenntnis schlechthin ist, ohne (*vi-jñāna*) Anspielung auf ein Objekt; Wahrnehmung liefert eine detaillierte Kenntnis von Attributen, Bewußtsein dagegen die allgemeine Erkenntnis vom Vorhandensein eines Objekts.

2. In seiner konkreten Existenz – nicht als Abstraktion ver-

standen – wird ein Bewußtseinsakt als *ein* Gedanke (*citta*) definiert. Hier steht der Begriff nicht für das Denken allein, sondern für das auf ein Objekt bezogene Denken.[11] Einem konkreten Erkenntnisakt gehen stets zwei unmittelbare Vorläufer voraus (Organ und Subjekt), welche seinen Charakter so entscheidend prägen, daß man »Bewußtsein« in sechs Arten unterteilt, nämlich Augen- oder Sicht-Bewußtsein usw. bis hin zu Verstandes-Bewußtsein. Ein Gedanke zeitigt oft karmische Folgen und besteht immer aus einer Reihe von Konstituenten. Den *theravādins* zufolge finden sich in jeder geistigen Tätigkeit neben Gefühl und Wahrnehmung fünf Faktoren, nämlich Kontaktaufnahme, Wille, geistiges Leben, Versenkung und Aufmerksamkeit.[a] Durch »Kontakt« wird ein äußerlicher Vorgang sozusagen zu einem Teil des Geistes, zu einem inneren Ereignis, welches geistige Prozesse in Bewegung setzt. Erst wenn die sechs inneren Sinnesfelder gegenüber dem Außenbereich eine Sphäre der Innerlichkeit geschaffen haben, kann Kontakt stattfinden. »Wille« bedeutet, daß mit diesem neuen Gast des Geistes etwas zu geschehen hat. Man bemüht sich um ihn, und absichtsvolle Handlungen finden statt. Durch »geistiges Leben« ist man imstande, sich *fortgesetzt* um ihn zu kümmern, da der Gedankenstrom sich ständig erneuert. »Versenkung« verleiht dem Denken a) die Einheitlichkeit, die es braucht – Einheitlichkeit des Objekts und einheitliche Ausrichtung des Geistes; b) Ausschließlichkeit durch gezielte Hinwendung, mit Blick auf anhaltendes geistiges Bemühen; c) die Fähigkeit, dementsprechend auf andere Objekte zu verzichten. Und schließlich reagiert die »Aufmerksamkeit« auf Unterschiede (in den Anreizen) und leitet Veränderungen (der geistigen Haltung) ein (vgl. S. 269).

a Die *sarvāstivādins* gehen ihrerseits davon aus, daß es zehn in allem Denken vorhandene allgemeine *caitasika dharmas* gibt, nämlich 1. Gefühl, 2. Wahrnehmung, 3. Willen, 4. Kontakt, 5. Antrieb (*chanda*), 6. Intelligenz (*mati*), 7. Erinnerung, 8. Aufmerksamkeit, 9. Entschlossenheit und 10. Versenkung.

3. »Bewußtsein« wird immer wieder in der Bedeutung von »Verstand« (*manas*) gewertet. In diesem Fall dürfen wir vom »Vorgang des Verstehens« sprechen, und die entsprechenden *dharmas* können als »Objekte der Begriffsbildung« bezeichnet werden. Im Verständnisakt, der das sechste Sinnesorgan darstellt, kommt die Selbsttätigkeit des Verstandes stärker zum Tragen als in den fünf körperlichen Sinnen. Dort gibt er am meisten von sich selbst (im Sinne der Auslegung von Angaben) und nimmt am wenigsten von der Außenwelt auf (im Sinne der Aufnahme von Daten). Man schrieb dem »Verstand« vier Funktionen zu. 1. Es handelt sich bei ihm um ein besonderes Empfangsorgan, das für fünf Klassen von Verstandesobjekten empfindlich ist: Gefühl, Wahrnehmungen und Impulse (die er als eine Art »inneren Sinnesorgans« versteht), geistige, unsichtbare, feinstoffliche Form (vgl. II 4,2) und in gewissem Ausmaß *nirvāṇa* (vgl. S. 74f.). 2. Der Verstand ordnet die Angaben der anderen Sinne, eint sie und macht sie zu Wahrnehmungen von Dingen und Personen, das heißt zu dem, was wir Denkobjekte nennen können. 3. Als »stellvertretender Verstand« übt er die Funktionen des Argumentierens, Urteilens, der Erinnerung, Planung und Einbildung aus. 4. In bezug auf alle Gegenstände besteht die Rolle des Verstandes darin, zwischen dem, was zum Selbst, und dem, was zur Außenwelt gehört, zu unterscheiden. Daher ist er auch hauptsächlich verantwortlich für Vorgänge des »Ich-Machens« (*aham-kāra*).

Unter allen Sinnesorganen gilt »Verstand« als das für unser Heil entscheidendste, da allein seine Tätigkeit sich als karmisch heilskräftig oder unheilvoll auswirken kann. »Es hängt vom zugrundeliegenden Gedanken ab, ob eine körperliche Tätigkeit unser Heil fördert oder ihm schadet.«[12] In einem Vers, der immerhin als wichtig genug galt, um an den Anfang des *Dhammapada* gestellt zu werden, heißt es von allen *dharmas*, sie seien vom Verstand beherrscht, regiert, geschaffen worden.[13] »Einem Menschen, der mit verderbtem Verstande spricht und handelt, folgt Leid, wie das Wagenrad dem Hufe des Ochsen folgt. Spricht und handelt er aber mit klarem Verstande, so folgt ihm Wohlergehen, gleichwie der Schatten, welcher ihn stets begleitet.« Mit anderen Worten: alles, was wir sind, sowohl körperlich als auch geistig, wurde durch das, was wir gedacht haben, gestaltet. Die Welt der »harten Fakten« wurde uns keineswegs grausam aufgezwungen, sondern jeder hat durch das, was er in der Vergangenheit gedacht hat, seine materielle Umwelt gewählt und seinen eigenen Charakter, seine Fähigkeiten und Neigungen gestaltet. Daher kann allein Verstandesübung unsere inneren und äußeren Verhältnisse fördern. Diese Lehre gehört zum eigentlichen Kern des Buddhismus, obwohl sie in modernen Ohren recht seltsam klingen dürfte.

III. Zu den Axiomen jeder introspektiven und mystischen Philosophie gehört die Annahme, daß die Wahrheit in der innersten Innerlichkeit des Menschen lebt.[a] Als Bewußtsein oder Denken gilt jener Teil von uns, in welchem wir am meisten wir selbst sind, jener Ort im Menschen, wo er am leichtesten glauben darf, er selbst zu sein, nur er selbst mit sich selbst allein. Reines Bewußtsein, welches nicht durch intellektuelle Abstraktionen, sondern durch Erkenntnis des innersten Kerns im eigenen Selbst gewonnen wurde, müßte demnach identisch sein mit reinem, einfachem »Geist« an sich, in be-

a »Man scheint zwei Haupttypen mystischer Erfahrung unterscheiden zu können, welche sich beide in allen höheren Kulturen finden. Der eine Typus kann als extrovertierte mystische Erfahrung bezeichnet werden, der andere als introvertierte mystische Erfahrung. Beide greifen nach dem Einen, doch sie erreichen es auf verschiedenen Wegen. Der extrovertierte Typus blickt nach außen und durch die körperlichen Sinne in die Außenwelt, um dort das Eine zu finden. Der introvertierte Typus wendet sich nach innen und findet das Eine am Grunde des Selbst, am Grunde der menschlichen Persönlichkeit. Sowohl in der Geschichte der Mystik als auch in der Geschichte des menschlichen Denkens allgemein besitzt der zweite gegenüber dem ersten Typus wesentlich schwererwiegende Bedeutung.« Stace S. 15.

ständigem Frieden. Es gab unter Buddhisten eine gewisse Tendenz zu dieser Schlußfolgerung, und die Isolation des Bewußtseins galt als ein Weg zu *nirvāṇa*. Paradoxerweise erweist sich allerdings reines Denken, sobald es sich seiner selbst annimmt, im wesentlichen als Nicht-Denken.

Alle gestaltlose Trance führt zur Überwindung und Ablehnung der Objekte sowie der Abhängigkeit von ihnen und Unterstützung durch sie. Die zweite Trance betrifft ausschließlich ein reduziertes Bewußtsein, dessen Objekt aus nichts als leerem Raum besteht und das sich sehr still und friedlich befindet, fast ganz ohne Unruhe oder drohende Beunruhigung, fast unbefleckt und rein. Während das Bewußtsein sich von dem, was nicht es selbst ist, abwendet und auf diese Weise mehr und mehr zu sich selbst findet, wird es schwächer und schwächer. »Da er an Gefühlen im Inneren und Äußeren keine Freude empfindet, vermag er wachsam zu wandeln und versperrt das Bewußtsein.«[14] (vgl. S. 89) In der Trance mit »weder Wahrnehmung noch Nicht-Wahrnehmung« erreicht das Bewußtsein seine eigene Auslöschung, dort ist »Denken weder Denken noch Nicht-Denken«.[15]

Jenseits von all diesem liegt die »Erlangung des Verlöschens« (*nirodhasamāpatti*), auch als »Einstellung der Wahrnehmung und des Gefühls« bekannt. Buddhaghosa[16] definiert dies als »Stillstand aller auf das Denken und seine Begleitumstände bezogenen *dharmas* aufgrund ihrer fortschreitenden Abtrennung«. Dieser Zustand scheint all jenen erstrebenswert, die es müde werden, ständig mit abhängigen, bald wieder zerfallenden Dingen fertig werden zu müssen, und die beschlossen haben, bereits in diesem Leben dadurch Frieden zu finden, daß sie nichts denken (*a-cittaka*), und vorübergehend, sagen wir sieben Tage lang, einen Zustand der Loslösung erreichen, der *nirvāṇa* gleicht.[17] Der *yogin* weilt ohne Denken, da sich sein Streben auf Loslösung richtet,[18] und hierin unterscheidet sich seine Gedankenlosigkeit von der weltlicher Hohlköpfe. Wenn er aus seiner Trance erwacht stets seine Entscheidung für Entsagung und beständiges *nirvāṇa*[19] fester denn je. Dieser Zustand des Verlöschens ist im übrigen so nahezu transzendental, daß er weder bedingt noch absolut, weder weltlich noch überweltlich genannt werden kann, »denn er besitzt kein [bestimmtes] ihm eigenes Sein« (*sabhāvato natthitāya*).[20] Dies ist die geheimnisvolle Trance, gekennzeichnet durch die Abwesenheit von Wahrnehmung und Denken, welche dem höchsten Ziel nahesteht, wenngleich über ihre Stellung auf dem Pfad einige Ungewißheit herrscht.[21] Sie ähnelt *nirvāṇa*, und ein Buddha versinkt im Augenblick seiner Buddhawerdung in ihr.[22] »Aus ihr erwacht, gleicht der *yogin* einem, der ins *nirvāṇa* einging und zurückkehrte.«[23] Soweit Vasubandhu, dessen Darstellung im wesentlichen mit derjenigen Buddhaghosas übereinstimmt.

Darüber hinaus bemüht sich der *Abhidharmakośa* besonders um eine Definition des »Nicht-Denkens«, das für die Erreichung der Loslösung als bezeichnend gilt. Der Text diskutiert zunächst, ob es absolut kein Denken mehr gibt oder ob nach wie vor ein extrem feines unterbewußtes Denken fortbesteht.[24] Zweitens stellt er die Frage: Angenommen, »Nicht-Denken« bedeutet wörtlich, was es aussagt, und es gibt dort wirklich weder Denken noch Bewußtsein noch Erkenntnis eines Objekts, müßte daraus nicht folgen, daß diese Trance nichts anderes wäre als ein Betäubungszustand, ohne Kontakt zu irgendwelchen Dingen, am wenigsten zur erhabenen Wirklichkeit des *nirvāṇa*? Nichtsdestotrotz bestehen nun, selbst nach Erlöschen aller Verstandestätigkeit, die physiologischen Vorgänge des Leibes weiter, und es heißt, daß der *yogin* »*nirvāṇa* mit dem Leibe berührt«. Auch lehrt uns Vasubandhu, daß »die großen Urelemente in einen Zustand der Gleichheit gestellt wurden, was die Entstehung des Denkens behindert«.[25] Hier handelt es sich um eine besondere körperliche Verfassung, die einen Menschen im übrigen auch davor bewahrt, während der Loslösungs-Trance sich am Feuer zu verbrennen, im Wasser zu ertrinken, durch das Schwert verwundet oder durch irgend jemand getötet zu werden. Ihn kann tatsächlich nichts verletzen (vgl. S. 89). Drittens führt der Begriff »Nicht-Denken« allzu leicht zu Mißverständnissen. Ein Elektronenrechner oder ein Felsblock besitzt kein »Denken«, steht *nirvāṇa* aber kein bißchen näher als einer von uns.

Ist der *yogin* auf seinem Weg zu *nirvāṇa* erst über einen bestimmten Punkt hinausgekommen, so wandert er sozusagen auf Messers Schneide, und, was noch mehr beunruhigen muß, die eigentlichen Voraussetzungen des Buddhismus lassen folgern, daß für ihn kein zwingender Grund besteht, nicht doch lieber nach einem wesentlich geringeren Ziel zu trachten. Drei Beispiele mögen dies verdeutlichen. Das Streben nach Leere läßt sich nur schwer von jenem philosophischen Nihilismus unterscheiden, welchem alle Zwecke gleichermaßen fragwürdig scheinen, alle Wahrheiten gleichermaßen verdächtig, alle Praktiken gleichermaßen unergiebig. Zweitens: Wenn Erlösung vom Leid das Ziel des Buddhismus darstellt, warum sollte man sich dann nicht mit der Erlösung selbst zufriedengeben, warum statt dessen die übergroße Bürde eines *bodhisattva* oder Buddha auf sich nehmen (vgl. S. 239)? Und drittens: Wenn die Leiden, die wir so sehr hassen und fürchten, an unsere Wahrnehmung der Dinge und unser Bewußtsein von ihnen gebunden sind, warum versuchen wir dann nicht, sie dadurch zu beenden, daß wir einen Zustand relativ endgültiger Bewußtlosigkeit erreichen, wie er in der buddhistischen Kosmologie durch die »unbewußten Götter«[26] gegeben war; einen Zustand, den die *yogins* als »Zustand des Unbewußt-seins« herbeiführen und der auf die vierte Trance folgen konnte?[27] Schlaf muß ebenso reizvoll scheinen wie Erwachen (*bodhi*), obwohl er sein genaues Gegenteil ist. Und in jedem Fall stellt sich die Frage, worin denn nun der praktische Unterschied zwischen Unbewußt-Sein und der Trance des Verlöschens von Wahrnehmung und Gefühl liegt.

Bemüht, diesen Unterschied zu definieren, betont der *Abhidharmakośa* mit aller Deutlichkeit, daß der Buddhismus nicht bloß lehrt, wie man unangenehmen Erfahrungen aus dem Weg geht, sondern auf der Vision einer höheren Realitätsebene fußt. Der Zustand des Unbewußtseins und der Zustand des Innehaltens haben gemeinsam, daß beide die Gedanken und ihre Begleitumstände zum Stillstand bringen.[28] Die Kraft (*dharma*), welche über lange Zeit hinweg die geistigen Vorgänge (*dharma*) der unbewußten Götter hemmt, wirkt wie ein Deich, der die Strömung eines Flusses staut. Der Unterschied liegt jedoch darin, daß es sich bei den »unbewußten Wesen« nur um eine untergeordnete Art von »Gottheiten« handelt, die nach einer Weile sterben müssen. Wenn das Bewußtsein neu in ihnen erwacht, werden sie zur Welt der Sinneslüste wiedergeboren, und so endet ihr langer Schlaf in einem recht traurigen Erwachen. Außerdem sind die unbewußten Götter von der Hoffnung auf »Entkommen« (*niḥsaraṇa*) aus dieser Welt erfüllt, von der Hoffnung darauf, durch eine positive Vorstellung friedlicher Stille (*śānta*) Loslösung zu erlangen.[29] »Unbewußt-Sein« schließt keineswegs alle künftigen Wiedergeburten aus und wird nur von gewöhnlichen Menschen geübt, während die »Heiligen« auf diesen Zustand als »Abgrund und Unheil«[30] blicken, der die Erlösung lediglich verzögert. Auf der anderen Seite können gewöhnliche Menschen den Zustand der Loslösung nicht herbeiführen, weil ihnen vor der Vernichtung graut. Da er voraussetzt, daß der Pfad Wirkungskraft besitzt, können im übrigen nur diejenigen, die *nirvāṇa* »gesehen« haben (vgl. S. 76f.), in ihn eingehen.

In den Schriften der *theravādins* erscheinen die Wörter *a-citta* und *a-cittaka* nur sehr selten,[31] und sie werden fast stets in abwertendem Sinn gebraucht, als »ohne Verständnis, sinn-los, gedankenlos und un-bewußt«. Dennoch hätten die Anhänger dieser Schule wohl kaum bestritten, was Nāgārjuna sagt:[32] »Wenn das Reich des Denkens endet, endet das

Benennbare; die *dharma*-Natur gleicht *nirvāṇa*, sie entsteht nicht und endet nicht.« Im *chàn*-Buddhismus schließlich wurde »Nicht-Denken« als die höchste Errungenschaft gepriesen. Dieser terminologische Widerspruch schließt also eine grundsätzliche Übereinstimmung im Ausblick und in der Zielrichtung nicht unbedingt aus.

ZWEITER TEIL

Die *sthaviras*

1. Die Unterteilung in achtzehn Schulen

Die ersten fünf Jahrhunderte Buddhismusgeschichte erlebten die Entwicklung einer Reihe von Schulen oder Sekten, die man traditionell auf achtzehn zählt. Die diesbezüglichen historischen Überlieferungen sind unsicher, widersprüchlich und wirr. Viele Versuche wurden unternommen, die Fakten zu sichern, und ich bin gern bereit, André Bareau[1] zu folgen, dessen Darstellung mir plausibler erscheint als andere. Das folgende Diagramm zeigt eine Gliederung der verschiedenen Schulen, und ich habe diejenigen, die im Lauf dieser Erzählung häufig erwähnt werden, kursiv hervorgehoben.

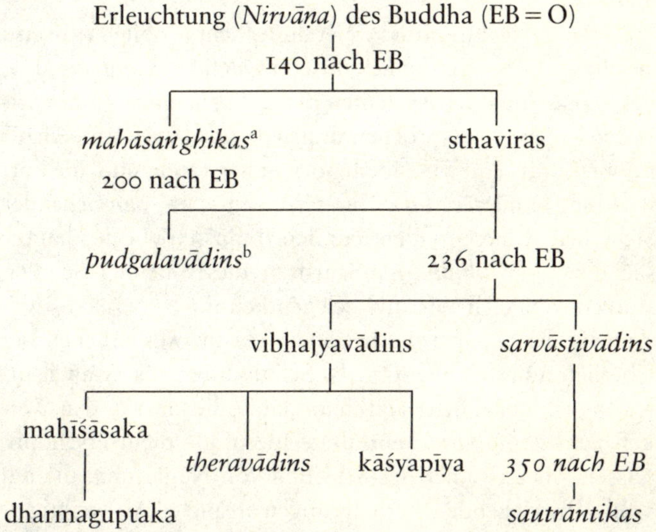

Die *sthaviras* waren »jene, die (auf dem Konzil von Pātaliputra) die Tradition der Ältesten vertraten« und sich viel auf das

a Für ihre Unterteilung vgl. S. 277.
b Für ihre Unterteilung vgl. S. 171.

Vorrecht der Älteren und ihre Rechtgläubigkeit zugute taten. In diesem Buch steht das Wort als Sammelbegriff für alle Nachfolger der ursprünglichen *sthaviras*, dem Thema von Teil II, während Teil III die *mahāsaṅghikas* und ihre Nachfolger erörtert. Die *pudgalavādins* waren »jene, die die Existenz einer Person lehren«, die *vibhajyavādins* »jene, die Unterschiede machen« und den Historikern ein ziemliches Rätsel geblieben sind. Die *sarvāstivādins* lehrten, daß »alles existiert«, das heißt, Vergangenheit, Zukunft und Gegenwart sowie Raum und *nirvāṇa*. Die *theravādins* dominierten zwei Jahrtausende lang in Ceylon; die Zusammenhänge zwischen ihnen und den Sekten auf dem indischen Festland liegen im Ungewissen. Die *sautrāntikas* schließlich halten die *sūtras* für maßgebend, leugnen jedoch die Echtheit der Werke des *abhidharma*.

Lediglich die Literatur zweier dieser Schulen blieb teilweise erhalten. Die Beschaffenheit unserer Quellen zwingt uns also, der Darstellung der Ansichten der *sarvāstivādins* und *theravādins* einen ausgesprochen unproportionalen Raum einzuräumen, während wir zudem noch außerstande sind, die Entwicklung anderer *hīnayāna*-Gruppen mit hinreichender Sicherheit zu beschreiben. Für Teil II müssen wir uns hauptsächlich auf *abhidharma*-Schriften dieser beiden Schulen stützen, obgleich wir uns gelegentlich auch auf den *abhidharma* der *yogācārins*[2] beziehen, der im wesentlichen der Überlieferung der *mahīśāsaka*-Schule folgt, der Asaṅga ursprünglich angehörte. Daß man damit die einst in den Werken zum *abhidharma* entfaltete Ideenfülle nicht erschöpft, wissen wir aus einer der Schriften von Nāgārjuna, die auf völlig abweichende Überlieferungen anspielt.[3] Als wichtigste Lehrbücher seien die folgenden genannt: für die *theravādins* die *Aṭṭhasālinī*,[4] ein Kommentar zum *Dhamma-saṅgani*,[5] sowie Buddhaghosas *Visuddhimagga*; für die *sarvāstivādins* der *Abhidharmakośa* und seine Kommentare; und für die *yogacārins* der *Abhidharmasamuccaya*.[6]

Die in Teil II diskutierten Themen ähneln den in Teil I erörterten. Hier werden sie vom Standpunkt des reifen *hīnayāna* aus betrachtet. In der Einschätzung des Bedingten (zweites Kapitel) werden die Merkmale des Nicht-Ich und der Unbeständigkeit sowie das ganze Konzept der Bedingtheit einer weiteren Untersuchung unterzogen. Ferner betrachten wir, wie sich nun im Hinblick auf das Unbedingte (drittes Kapitel) die nahezu unausweichlichen Meinungsverschiedenheiten über die Natur des *nirvāṇa* zu ausdrücklich formulierten, einander widersprechenden Ansichten verhärten. Wir werden sehen, wie die Klassifizierung der ins *nirvāṇa* Eingegangenen zur Herausbildung dreier verschiedener und spezifischer Typen führt und wie der Pfad mit einer Präzision abgesteckt wird, die in der alten Zeit, als viele wirklich auf ihm wandelten, unbekannt war. Schließlich, im vierten Kapitel, werde ich einige der im *abhidharma* erörterten Probleme behandeln, die das Denken der *hīnayāna*-Sekten prägten und die ursprüngliche *dharma*-Theorie systematisierten.

2. Lehrstreitigkeiten

Im Hinblick auf den überwiegend intellektuellen Ansatz der buddhistischen Heilssuche war zu erwarten, daß schon bald ontologische Fragen aufgeworfen werden würden. Unwissenheit, der Ursprung allen Übels und Leidens, muß durch wahres Wissen als der einen und einzigen zuverlässigen Quelle beständigen Heils überwunden werden. Daher hing alles davon ab, die eingebildeten Objekte der Unwissenheit von den wahrhaft realen Objekten weiser Erkenntnis zu unterscheiden. Die Frage, wo die präzise Trennlinie zwischen diesen beiden Objektklassen zu ziehen sei, gab natürlich Anlaß zu mancherlei Meinungsverschiedenheiten. Das folgende Diagramm faßt die fraglichen Inhalte der Diskussion zusammen:

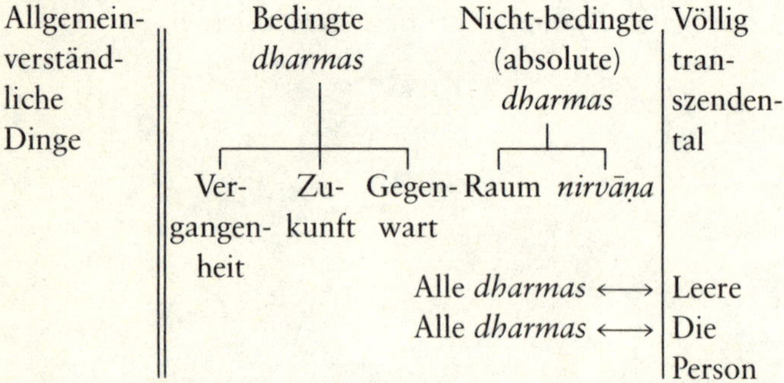

Wie wir gesehen haben, zweifelte kein buddhistischer Denker daran, daß allenthalben Illusionen und falsche Vorstellungen die Erscheinungen und Darbietungen gewöhnlicher, allgemeinverständlicher Dinge durchziehen. Doch sobald man dies gelten ließ, erhob sich um so dringender die Forderung nach einer Definition dessen, was nun wirklich existiert oder, im buddhistischen Sprachgebrauch, was als ein »*dharma*«, ein wahrhaft existierender Gegenstand gelten kann.

Historisch gesehen, kam es zur ersten Meinungsverschiedenheit zwischen solchen Denkern, die nur die Gegenwart für existent hielten, und anderen, die davon ausgingen, daß Vergangenheit und Zukunft ebenso real seien wie die Gegenwart (vgl. S. 194f.). Ferner wurden häufig zwei *dharmas*, nämlich Raum und *nirvāṇa*, als absolut angesehen. Einige Schulen bestritten jedoch, daß Raum entweder als real oder als absolut gelten könne. Andererseits scheint zwar niemand die absolute Natur des *nirvāṇa* bezweifelt zu haben, doch hinsichtlich des ihm zuzuschreibenden Realitätsgrades bestand keine Übereinstimmung. Einige glaubten, es besäße überhaupt keine Realität, während andere ins entgegengesetzte Extrem gingen und forderten, allein *nirvāṇa* als wahrhaft real zu betrachten (vgl. S. 279f.). Eine dritte Entwicklung führte zu einer vollständigen Umgestaltung der buddhistischen Theorie. Der Realitätscharakter aller *dharmas*, sowohl der bedingten als auch der nicht-bedingten, wurde mit dem Argument in Frage gestellt, sie stünden genau wie die Dinge der gewöhnlichen Welt lediglich für eine willkürlich festgelegte Realität. Diese Tendenz begann bereits mit den *mahāsaṅghikas*, die behaupteten, alles Zufällige und Bedingte ebenso wie das Absolute sei Einbildung, nichts als ein Konzept, bloßes Geschwätz ohne irgendwelche Eigensubstanz (vgl. III 1,1). All diese erdachten »*dharmas*« wurden sodann einem »*dharma*-Element«, einer »Dharmahaftigkeit« gegenübergestellt, welche ihrerseits mit der einen großen Leere gleichgesetzt wurde, in welche alle *dharmas* eingehen (vgl. Teil III). Schließlich stellte sich noch die Frage nach der »Person«.

1. Die Stellung des »Selbst«

Keiner der Lehrsätze des Buddhismus hat zu mehr Zwiespalt und Mißverständnissen geführt als die *anātman*-Theorie, wonach nirgends ein »Selbst« greifbar ist. Die Aussicht auf vollständige Selbstauflösung, von wahren Buddhisten begrüßt, schien vielen Schülern des *dharma* derart finster und trocken, daß sie sich ein »wahres Selbst« einfallen ließen, welches sich, wie sie sagten, im Zeitpunkt der Vernichtung des falschen empirischen Selbst verwirklicht. In Europa erwies sich diese Fehlinterpretation als dermaßen populär,[1] daß man versucht sein könnte, dies entweder als Ausdruck des für moderne Europäer typischen Interesses an »Individualität« und »Persönlichkeit« zu verstehen oder aber als Überrest des christlichen Glaubens an eine unsterbliche »Seele«. Tatsächlich ist diese Interpretation jedoch nicht auf europäische Christen oder gewesene Christen beschränkt. Überall, selbst in Indien, hört man in ihr, wenn man sie dem weit prächtigeren Ausblick des buddhistischen Denkens gegenüberstellt, die Stimme Adams nach dem Fall. Zwei Jahrhunderte nach Buddhas *nirvāṇa* gab sie Anlaß zur Gründung der *pudgalavādin*-Sekte.

Alle orthodoxen Buddhisten glauben übereinstimmend, daß einzig und allein unpersönliche Ereignisse real sein können. Persönlichkeit ist ein Zeichen der Falschheit, und kein Gedanke an ein »Selbst«, in welcher Form auch immer, sollte in der Vorstellung von wahrer Realität Platz finden. Mit ihrer Ansicht, daß man neben den unpersönlichen *dharmas* dennoch eine Person anzunehmen habe, verursachten die *pudgalavādins* oder »Personalisten«, wie wir sie nennen wollen, gewaltige Aufregung. Sie bestritten entschieden die grundlegende Lehre aller übrigen Buddhisten. Ihre Motive sind nicht schwer zu erraten, denn ihre Reaktion auf die *dharma*-Theorie unterschied sich nicht von der eines jeden anderen Menschen, der zum ersten Mal davon hört.

Die Stellung der Personalisten innerhalb des *saṅgha* war recht fragwürdig. Üblicherweise werden sie unter die achtzehn Schulen gezählt, und selbst ihre Gegner geben, wenn auch ungern, zu,[2] daß sie in die Schar der Buddhisten gehören und heilsgewiß sind. Sie gelten, anders als die Brahmanen oder Jainas, nicht als völlige »Außenseiter« (*tīrthika*), sondern als »Außenseiter unter uns«,[3] als »Häretiker«, wie wir sagen würden. Als ständiger Stachel im Fleisch der anderen Sekten waren sie Ziel unablässiger Polemiken.[4]

Die Personalisten selbst erkannten die Glaubwürdigkeit des buddhistischen kanonischen Schrifttums an, obwohl sie über den Gehalt des »Buddhawortes« eigene Ansichten vertraten. Ihr Kanon, der vermutlich in Apabhraṃśa rezitiert wurde, war um ein Drittel kürzer als der der anderen Schulen. Entrüstet vermerkt Vasubandhu, daß sie einige jener Texte als nicht authentisch zurückwiesen, mit deren Hilfe er sie widerlegt.[5] Ihre Mönchsorganisation glich der der anderen Schulen, von einigen unbedeutenden Einzelheiten in Kleidung und Ritual abgesehen. Zu Zeiten scheinen sie, was ihre Zahl betrifft, einen beträchtlichen Teil der buddhistischen Gemeinde ausgemacht zu haben. Im 7. Jahrhundert zählte Yuan-zang unter insgesamt 254000 buddhistischen Mönchen in ganz Indien 66000 Mönche der Personalismus-Schule. Sie mögen zwar durchaus die schwächeren Brüder gewesen sein, doch offensichtlich waren sie sehr zahlreich.

Man unterteilt die Personalisten in zwei Haupt- und fünf Nebensekten. Das folgende Diagramm veranschaulicht die verschiedenen Querverbindungen:

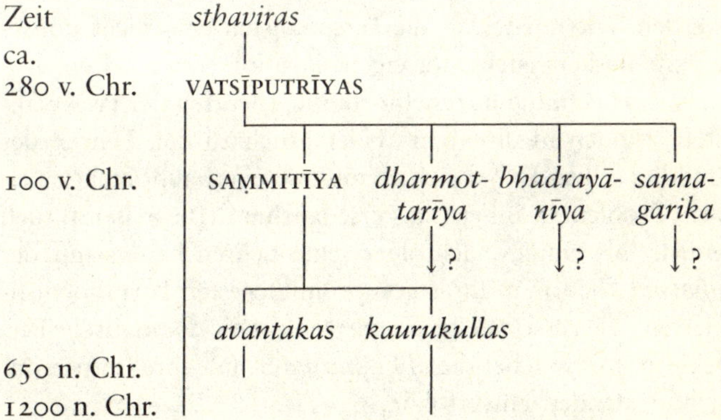

Die *vatsīputrīyas* heißen nach ihrem Gründer. Paramārtha zufolge war Vatsīputra ein Jünger des Śāriputra, und ihr *abhidharmapiṭaka* hieß *Śāriputra-abhidharma*. Trifft dies zu, dann muß Vatsīputra einer jener Jünger gewesen sein, welche eine der Haltung ihres Lehrers diamentral entgegengesetzte Position einnehmen. Der Name der *saṃmitīyas* läßt zahlreiche Interpretationen zu. Ich verweise in diesem Zusammenhang auf Bareau.[6] Sie stritten mit den übrigen drei Ablegern der *vatsīputrīyas* über die Frage der Erlösung eines *arhat*, doch wir können heute nicht mehr feststellen, worin sie sich unterschieden.

Die Literatur dieser Sekten ging fast vollständig verloren. Nur drei kurze Werke haben überlebt: eine knappe Abhandlung über *vinaya*, die uns in einer chinesischen Übersetzung erhalten blieb (T. 1641); ein *abhidharma*-Text, dessen Palmblatt-Manuskript Professor Tucci in Tibet fand;[7] und eine kurze Abhandlung namens *Sāṃmitīya-nikāya-śāstra* zur Rechtfertigung ihrer Positionen, ein ebenfalls auf Chinesisch erhaltener Text (T. 1649), der allerdings als nahezu unübersetzbar gilt. Wie bei so vielen Meinungsäußerungen von Minderheiten müssen wir uns hinsichtlich der meisten Informationen über diese Sekten auf die Aussagen ihrer Gegner stützen. Doch selbst aufgrund unseres spärlichen und aus zweiter Hand überlieferten Quellenmaterials läßt sich, wie wir sehen werden, erkennen, daß die Personalisten eine recht konsequente und einleuchtende eigene Position entwickelten.

Es wäre unklug anzunehmen, die Theorien der Personalisten stünden in direktem Widerspruch zu den Lehren des Buddha selbst. Er hat sich vermutlich überhaupt nicht zu einem Problem geäußert, das erst Jahrhunderte später aktuell wurde, als einige Nachfolger seine Lehren bereits mit der *dharma*-Theorie in ihrer kompromißlosesten Form identifizierten. Die Personalisten reagierten auf die dogmatische Perfektion, mit welcher die *abhidharma*-Schule ihre Entpersönlichungstendenzen verfolgte.

Daß der Begriff *pudgala* häufig in den kanonischen Schriften erwähnt wird, läßt sich nicht bestreiten. Die Personalisten zitieren zum Beispiel: »Eine Person (*eka-pudgala*), wenn sie in die Welt geboren wird, ist zum Wohle der Vielen geboren. Wer ist diese Person? Es ist der *tathāgata*.«[8] Oder: »Nachdem er höchstens siebenmal wiedergeboren wurde, endet das Leid eines Menschen (einer *Person*), und er wird zu einem, der alle Bindungen gelöst hat.«[9] Selbst dem *abhidharma* waren die acht Typen der Heiligen allgemein als die »acht Persönlichkeiten« (*pudgala*) (vgl. S. 75 Fn.) bekannt. Besonderes Gewicht maß man dem *sūtra von der Bürde* zu, das auch von jenen bevorzugt wurde, die in den letzten Jahren versuchten, die personalistische Position wiederzubeleben. »Ich lehre euch die Bürde, wie man sie auf sich nimmt, wie man sie niederlegt, und auch den Träger der Bürde (*bhāra-hāram*). Die fünf *skandhas* (bilden das Ziel) des Ergreifens: sie sind die Bürde. Verlangen nimmt die Bürde auf sich. Verzicht auf Verlangen legt sie nieder. Der Träger der Bürde ist die Person: dieser ehrenwerte Mensch, mit dem-und-dem Namen, geboren so-und-so, aus der-und-der Familie, der sich von dieser und jener Speise ernährt, diese und jene Freuden und Leiden erfährt, so-und-so lange lebt, so-und-so lange hier verweilt, sein Leben auf diese und jene Weise endet.«[10] Die *vatsīputrīyas* durften mit einigem Recht behaupten, daß hier die Person eindeutig von den fünf *skandhas* unterschieden wird. Denn wenn Person und *skandhas* identisch wären, müßte die Bürde sich selbst tragen, was absurd wäre.[11]

Die orthodoxen Lehrer kamen nicht umhin, diese Passagen anzuerkennen, doch sie vertraten den Standpunkt, daß sie nicht meinen, was sie sagen. Bei der »Person«, von der hier die Rede ist, handelt es sich um eine bloße Bezeichnung von etwas, das gar nicht existiert, und der Buddha paßte sich in diesen Textstellen lediglich dem Sprachgebrauch einer unwissenden Welt an. Denn das »Selbst« ist nichts als Einbildung, und was wäre eine Person ohne »Selbst« im Mittelpunkt? In der Fachsprache ausgedrückt, gehört die »Person« zur konventionellen, nicht zur höchsten Realität (*paramaṭṭha*), und sie läßt sich, wie es heißt, nicht wahrnehmen, nicht »erfassen« (*upalabhyate*), ganz einfach weil nichts real Wahrnehmbares existiert. Im Gegensatz dazu besagt die Ausgangsposition der Personalisten, daß »die Person als Wirklichkeit im höchsten Sinne (*paramaṭṭhena*) erfaßt (*upalabhate*) und zum Gegenstand realer Erfahrung (*sacchikaṭṭha*) gemacht werden kann«.

Welche Funktionen besitzt nun dieser *pudgala*? Das folgende Diagramm zeigt sie auf einen Blick:

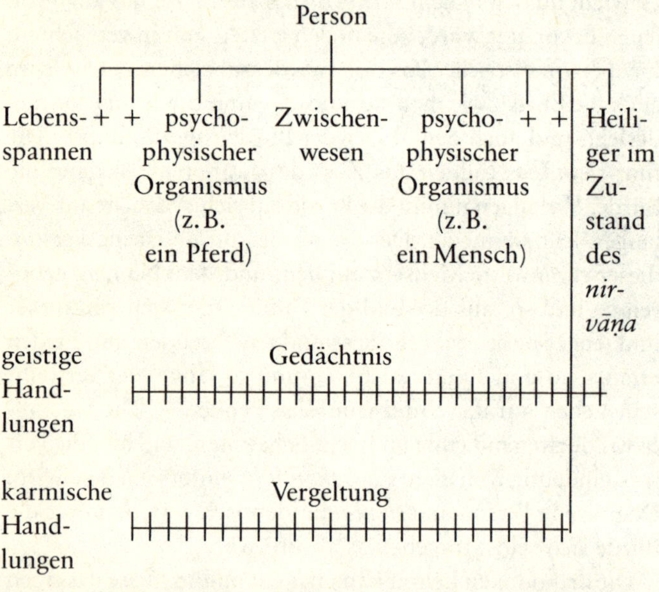

Der hypothetische *pudgala* dient als eine Art Substanz, die den gemeinsamen Faktor der sukzessiven Prozesse in einem mit sich selbst identischen Individuum bildet. Wir sollten uns allerdings daran erinnern, daß im Buddhismus das Leben eines Individuums länger dauert und ereignisreicher verläuft als nach unserer gewohnten Vorstellung. Außer daß es 1. die Ereignisse eines einzigen Lebens von der Wiege bis zur Bahre umfaßt, verläuft es 2. über viele Lebensspannen hinweg,[12] und es handelt sich nicht nur allemal um dieselbe Person, welche in stets neuen Wiedergeburten immer und immer wieder erscheint, sondern 3. um ebenfalls ein und dieselbe Person, die zunächst als gewöhnlicher Mensch erscheint, um später, am Ende, durch ihr *nirvāṇa* völlig verwandelt zu werden.

Buddhistische Theoretiker interessieren sich vor allem für den zweiten und dritten dieser Punkte, während uns für den Augenblick der erste besonders angeht. Eine ausgesprochen zentrale Stellung käme dem dritten Punkt zu, da wir in dem Menschen, welcher *nirvāṇa* erreicht hat, im *tathāgata*, den *pudgala par excellence* vor uns haben, den Prototyp aller *pudgalas*. Stcherbatsky betont, daß die *vatsīputrīyas* darauf abzielten, »von der philosophischen Seite her die Lehre von einem übernatürlichen, überlebenden Buddha abzustützen«.[13] Für sie schien es wichtig, die Identität des Menschen, der Erlösung fand, mit dem, der sie gesucht hatte, zu betonen. Der Buddha selbst, wenn er sich an seine früheren Lebensspannen erinnert, drückt sich in Worten aus, die sich einer personalistischen Interpretation anbieten. »Dieser Weise Sunetra, welcher in der Vergangenheit existierte, jener Sunetra war ich.«[14] Da sich alle psycho-physischen Elemente verändert haben, kann es sich nur um die »Person« selbst handeln, welche den Buddha und Sunetra gleichsetzt. Ähnlich liegt der Fall, wenn Buddha sagt: »In der Vergangenheit besaß ich einen derartigen Leib.« Das Wort »ich« kann sich nur auf eine Person beziehen.[15]

Das führt uns zum zweiten Punkt. Den *vatsīputrīyas* erschien die Seelenwanderung ohne eine Person unvorstellbar. Im Moment des Todes endet das Leben, mit ihm enden alle weiteren Konstituenten (*dharmas*) eines Individuums, welches daher nicht in das nächste Leben übergehen kann. Die Person jedoch ist durchaus dazu fähig, denn sie endet nicht. Sie wandert von einer Existenz zur nächsten, indem sie die alten *skandhas* aufgibt und neue »annimmt« (*upādāna*) oder erwirbt. Wie Buddha sprach: »Er weist einen Leib von sich und nimmt einen anderen an.«[16] Wenn es keine Person gibt, wer wird dann wiedergeboren? Wer sonst könnte »wandern« als die Person? Denn es ist doch absurd zu sagen, daß die Wanderung (*saṃsāra*) wandert.[17] Mit dem Tod wandelt sich ein Individuum in ein »Zwischenwesen«, welches spontan und in einem Augenblick zwei aufeinanderfolgende Lebensspannen miteinander verbindet.[18]

Ferner gibt es in jedem Individuum eine Reihe von Faktoren, die den flüchtigen Augenblick überdauern. Gedächtnis ist eine Tatsache, doch wie kann ein gedanklicher Augenblick, welcher sogleich wieder verschwindet, später erinnert werden, wie kann er sich erinnern, wiedererkennen? »Wenn das Selbst nicht wirklich ist, wer erinnert sich dann, wer erkennt Dinge wieder, wer rezitiert Schriften und prägt sie sich ein, wer sagt die Texte auf?« »Es muß ein ›Ich‹ geben, welches zunächst Erfahrungen sammelt und sich dann an das erinnert, was es getan hat. Gäbe es keines, wie könnte man sich dann überhaupt an das erinnern, was man getan hat?«[19] Eine ähnliche Beweisführung läßt sich auch auf karmische Handlungen und ihre Vergeltung anwenden. Es handelt sich um ein und dieselbe Person, welche zunächst handelt und dann Lohn oder Strafe erntet. Es gäbe sonst keine Gerechtigkeit im Universum, und der entscheidende Antrieb für korrektes Verhalten würde ebenfalls fehlen.

Im übrigen stellt *pudgala* das Agens für die Handlungen des Individuums dar. Der *pudgala* sieht, die Augen dienen ihm bloß als Werkzeug.[20] Der *pudgala* weiß, nicht ein apersonales Wissen, wie es die meisten Buddhisten annehmen. Wie sonst wäre der Buddha allwissend? Wenn alle Wissenshandlungen flüchtig sind, kann niemand alles wissen. Auf der anderen Seite schafft eine beständige Persönlichkeit die Grundlage für Allwissenheit.[21] In jedem Fall setzt Wissen einen Wissenden voraus, ein wissendes Subjekt, und dieses Subjekt eben ist *pudgala*. Bei dem, was gebunden und befreit wird, handelt es sich ebenfalls um die Person, nicht nur um unpersönliches »Denken« (*citta*).

Schließlich würde, wenn es keine Person gäbe, die Übung der Freundlichkeit entfallen.[22] In der Meditation über Freundlichkeit sind wir aufgefordert, uns auf den folgenden Satz zu konzentrieren: »Mögen alle fühlenden Wesen glücklich sein!« Wie kann man gegenüber einem Konglomerat aus unpersönlichen und substanzlosen Elementen Freundlichkeit entwickeln?

All diese Argumente haben für sich, daß sie leicht verständlich sind. Die Pesonalisten scheinen einfach die Trivialvorstellungen zu wiederholen, an die sich der Durchschnittsmensch gewöhnt hat. Anhaltende Meditation über den *dharma* würde, so glaubte die Mehrzahl der Buddhisten, ihre Einwände mühelos zerstreuen, da sie von der Warte höheren philosophischen Ernstes und geistlicher Reife aus völlig unbegründet erschienen. Da die Personalisten keinen erkennbaren Beitrag zur Erlösung oder zur Loslösung von der Welt und ihrem Treiben bieten, können wir verstehen, warum sie keine allzu freundliche Aufnahme fanden.

In welcher Beziehung stehen nun die buddhistischen Personalisten zu den übrigen in Indien kursierenden philosophischen Vorstellungen vom Selbst? Ihr *pudgala* unterscheidet sich eindeutig sowohl vom *puruṣa* (von den *puruṣas*) der *sāṃkhya-* als auch von dem einen, universalen *ātman* der *vedānta*-Schule. Beide sind inaktiv – der *puruṣa*, der freigesetzte Geist, gleicht lediglich einem Zeugen oder Zuschauer, und sowohl *ātman* als auch *puruṣa* werden mit Bewußtsein gleichgesetzt, das hier unter die vom *pudgala* zu unterscheidenden *skandhas* fällt. Und zumindest für die *sāṃkhyas* gilt nicht *pudgala*, sondern ein »feinstofflicher Leib« als »Grundlage der Wiedergeburt und zugleich als das Prinzip der persönlichen Identität in den verschiedenen Existenzen«.[23] Wie bereits Kamalaśīla erkannte, weisen die personalistischen Ansichten nahe Verwandtschaft mit den für die *nyāya*-Logiker typischen Argumenten auf. Wie die *pudgalavādins* definieren auch die *naiyāyikas* »*ātman* (oder *pudgala*) wie folgt: 1. als den Ausführer verschiedener reiner wie unreiner Taten; 2. als den Empfänger der erwünschten oder unerwünschten Frucht der von ihm selbst ausgeführten Taten; und 3. als den ›Genießenden‹, der in *saṃsāra* wandelt, indem er die alten *skandhas* ablegt und neue annimmt«.[24] Beide Schulen bringen die gleichen Argumente vor und teilen die gleiche Mentalität. Beide zeigen das gleiche Interesse an einer substantiellen Seele, die durch ihr Fortbestehen ein mit sich selbst identisches Agens und eine Grundlage für Gedächtnis und Karma darstellt, die Vielfalt der verschiedenen Personen begründet, ein Subjekt zu Erkenntnisleistungen befähigt, erklärt, warum ein Individuum sich der Gefühle und Gedanken aller anderen nicht bewußt ist, vorübergehend körperliche Gestalt annimmt, dafür sorgt, daß man in der Kindheit wie im Alter dieselbe Person bleibt und verantwortlich ist dafür, daß *mokṣa* Vernichtung nicht des Selbst, sondern lediglich der Bindung bedeutet.[25] Die vitalen und wirksamen Motive, die einer derartigen Argumentation zugrundeliegen, beruhen auf einer Abneigung gegen spekulative Höhenflüge und auf dem Bestreben, die Inhalte des gesunden Menschenverstandes zu schützen.

Immerhin hielten die *pudgalavādins* als Buddhisten es für ihre Pflicht, den Kern der *anattā*-Lehre und die Lehren des Buddha über *satkāyadṛṣṭi* und die *viparyāsas* zu wahren. Sie waren sorgsam darauf bedacht, das Verhältnis zwischen Person und *skandhas* dermaßen zu definieren, daß ein »irriger Glaube an ein Selbst« sich ausschloß. Denn der zweite Teil ihrer These lautete: »Die Person ist weder mit den *skandhas* identisch, noch befindet sie sich in den *skandhas*, noch außerhalb der *skandhas*.« Sie kann nicht mit den *skandhas* identisch sein, denn sonst müßte sie ja mit ihnen gemeinsam erscheinen und verschwinden. Sie ist nicht von ihnen verschieden, denn sonst könnte sie auch außerhalb der *skandhas* bestehen, außerdem wäre sie ewig und ohne Eigenschaften und daher wie der Raum handlungsunfähig. Wie der Lehrsatz der *pudgalavādins* besagt, »kann die Person *in einer Wechselbeziehung mit* den *skandhas* verstanden werden, nachdem sie sich diese innerlich zu einem gegebenen Zeitpunkt aneignete«.[26] Aus der allgemeinen indischen Überlieferung, die in *saṃsāra* einen Verbrennungsprozeß sah, leiteten die Buddhisten die Gleichung ab: Wie Feuer zu seiner Nahrung steht die Person zu den psycho-physischen Elementen (*upādāna-skandha*).[27] Feuer, so bestätigen die Personalisten, bedeutet nicht nur eine Folge flüchtiger Zündungen, sondern besitzt unabhängige Substanz, die durch sich selbst existiert, indem sie ihre Nahrung verzehrt, genau wie es das gewöhnliche philosophische Denken annimmt. Obwohl man das Feuer stets in Wechselbeziehung zur Nahrung sieht, die es verbrennt, aus der es sich speist und von der es nie isoliert allein als es selbst existiert, ist es dennoch real und keine bloße Einbildung; es besitzt eine Eigennatur, nämlich Hitze, und es tut etwas, hat eine Wirkung (*kārya*). Die Personalisten, denen die »Spitzfindigkeiten« ihrer Gegner die Geduld raubten,[28] erklärten, daß das Selbst sich analog in den psycho-physischen Elementen manifestiere und daher mit ihnen gleichzeitig existiere, nicht isoliert, sondern in einer Art »struktureller Einheit«.

Aus einem leicht abweichenden Blickwinkel unterscheiden sie fünf Arten erkennbarer Faktoren (*jñeya*). Die ersten drei sind bedingte *dharmas*, nämlich Vergangenheit, Zukunft und Gegenwart; der vierte ist das Unbedingte; und der fünfte ist das »Unaussprechliche«,[29] mit anderen Worten *pudgala*. Die Person kann nicht als bedingt gelten, da sie sonst nur eine flüchtige Existenz besäße und nicht als bleibende Grundlage einer Folge flüchtiger *dharmas* dienen könnte. Ebensowenig kann sie absolut sein, denn dann wäre sie inaktiv und handlungsunfähig. Daher gehört *pudgala* in eine Kategorie für sich. Die Person ist in jeder Hinsicht (*prakāra*) undefinierbar. Man kann zum Beispiel nicht bestimmen, ob sie beständig oder unbeständig, eins oder viele ist.[30] Und wirklich gilt das wahre, transdenzentale Selbst eines Menschen als dermaßen subtil, daß nur der Buddha es erkennt.

Es ging den Personalisten also darum zu zeigen, daß ihre Thesen nicht im Widerspruch zu den Grundprinzipien der Lehren des Buddha standen. Sie betonten auch, daß der Glaube an ein Ich, wie sie es formulierten, dem geistlichen Leben nicht schade. Normalerweise müßte jemand, der an »ich« und »mein« glaubt, Bindungen an jenen Teil des Universums eingehen, den er gewohnheitsgemäß als sein Eigentum betrachtet, was ihn vom Heil ausschließen müßte. Doch die Personalisten betonen, daß man nur dann, wenn man irrtümlich das wahre Selbst in etwas sieht, was es gar nicht ist, zu diesem angeblichen Selbst Zuneigung empfindet. Betrachtet man dagegen, wie es der Buddha tut, die Unaussprechliche Person als das wahre Selbst, dann kommt keine Zuneigung auf. Womit auch immer unwissende Menschen die Person identifizieren, es handelt sich stets nur um einen der *skandhas*, um bloße Einbildungen und Bezeichnungen, die nicht dem Selbst zugehören. »Es ist ein Irrtum (eine ›verkehrte Sichtweise‹), dasjenige als ein Selbst anzusehen, was nicht das Selbst ist; aber (der Buddha sagt nirgends:) es sei ein Fehler, dasjenige als ein Selbst anzusehen, was das Selbst ist.«[31]

Die Personalisten konnten also beweisen, daß ihre These einer buddhistischen Lebensführung relativ geringen Schaden zufügte. Die Frage bleibt offen, ob sie sich jemals bemüht haben, eine solche Lebensführung zu fördern. Der *sarvāstivādin* Vijñānakāya[32] argumentiert: »Selbst wenn euer *pudgala* existiert, dient er nicht dem Heil, fördert weder das Wohlgefallen noch den *dharma* noch das religiöse Leben und führt weder zu überlegenem Wissen noch zur Erleuchtung noch zu *nirvāṇa*. Da er zu nichts taugt, gibt es keinen *pudgala*.« Wir müssen jedoch gerechterweise hinzufügen, daß nicht die Personalisten, sondern die *abhidharma*-Buddhisten als erste in geistlich unfruchtbare philosophische Behauptungen abglitten. Die Tatsache, daß die Personalisten so viele Jahre lang bestanden, ebenso wie die hilflose Feindschaft, die sie bei ihren Mitbrüdern erregten, scheint darauf hinzuweisen, daß sie eine nützliche Funktion erfüllten: In zumindest zweierlei Hinsicht konnten sie Irrtümer richtigstellen, welche sich eingeschlichen hatten.

1. Die kategorische Verneinung der Existenz eines Selbst war zweifellos ein Irrtum kleinerer Geister. Wie die Personalisten betonten, war gesagt worden: »Zu behaupten, daß das Selbst in Wahrheit und Wirklichkeit (*satayatahsthititah*) nicht existiere, ist eine falsche Ansicht.«[33] Jede Aussage muß konkret und im Kontext der Diskussion betrachtet werden. In jedem Fall hat man zu berücksichtigen, was gefragt wird, welche Bedürfnisse und welches geistige Niveau der Fragesteller besitzt, welche Punkte womöglich mißverstanden werden können, und so weiter. Stets soll man die barmherzige Absicht des Buddha in Rechnung stellen. Denn der Buddha kam zu helfen, nicht, Theorien aufzustellen. Man hat zu unterscheiden zwischen einer *spezifischen* Negation, welche besagt, daß das Selbst mit einer klar definierten Reihe von Faktoren wie den *skandhas* nicht identifiziert werden kann, und einer *allgemeinen* Negation, der zufolge »das Selbst nirgends besteht«. Bei letzterer Aussage handelt es sich um eine universale theoretische Behauptung,[34] die in keinem Zusammenhang außer der philosophischen Diskussion von irgendeinem Nutzen sein kann, keine sinnvollen Fragen beantwortet, keine Mißverständnisse beseitigt und nichts zur Erlangung des Heils beiträgt. Man entwertet die für ein religiöses Leben nach buddhistischen Richtlinien wesentliche Nichtwahrnehmung eines Selbst, wenn man sie zu einer philosophischen Aussage über die definitive Nichtexistenz des Selbst macht. Candrakīrti hat einleuchtend gezeigt,[35] daß es unter gewissen Voraussetzungen durchaus nützlich sein kann zu lehren, daß es ein Selbst gibt,[36] unter anderen, daß es nicht existiert, unter

wieder anderen, daß weder ein Selbst noch ein Nicht-Selbst vorhanden sei. Doch alle derartigen Aussagen werden durch ihren Kontext begrenzt, ohne den sie ihre Bedeutung verlieren. Im Kontext heilskräftiger Praktiken erweist sich ein absolutes »ja« oder »nein« als nutzlos und irreführend. Und wirklich lehnte es der Buddha selbst in einem berühmten Dialog mit Vatsagotra ab, sich in der Frage einer Existenz des Selbst eindeutig festzulegen.[37]

2. In einem weiteren Punkt mußte die einseitige Philosophie der *abhidharma*-Buddhisten ebenfalls Opposition aus den eigenen Reihen provozieren. Jede einseitige These muß, wie uns die *Ratnāvalī* einprägt (vgl. S. 297f.), zu gegebener Zeit zu einer Gegenthese führen, und keine der beiden kann der Wahrheit entsprechen. Die *abhidharma*-Anhänger bestanden darauf, daß nur flüchtige Ereignisse real wären. Damit betonten sie die Prozesse unter Ausklammerung aller Substanz und taten sich damit hervor, die relative Dauer von Gegenständen ebenso wie ihre relative Einheitlichkeit zu leugnen. Die zahlreichen in diesen Standpunkt eingegangenen Unwahrscheinlichkeiten und Hilfshypothesen (vgl. S. 192f.) mußten zwangsläufig Reaktionen provozieren. Die *mahāyāna*-Philosophen waren mit der *abhidharma*-Position ebenso unzufrieden wie die Personalisten, aber sie hielten sich besser. Wie unser Diagramm auf S. 168 zeigt, steht *pudgala* in enger Analogie zur Derartigkeit oder Leere der *mādhyamikas*. Ebenso wie der *pudgala* auf die *skandhas* ist die Derartigkeit auf alle *dharmas* bezogen. Derartigkeit kann ebensowenig wie *pudgala* begrifflich (*anirvacanīya*) bestimmt werden.[38] Doch die *mādhyamikas* gehen weiter: sie glauben, daß derjenige Faktor, welcher begriffliches Denken transzendiert, nicht sehr wohl als »Person« bezeichnet werden kann, da man ja damit das Unbestimmbare bestimmen würde. Ein zweiter Unterschied liegt darin, daß die Personalisten im wesentlichen eine *hīnayāna*-Position vertraten, wenn sie

annahmen, daß neben dem undefinierbaren *pudgala* die einzelnen *dharmas* als definierbare Einheiten existierten. Die *mahāyāna*-Schule kann demgegenüber nicht an die Existenz von *dharmas* glauben, welche derart unwahrscheinliche Eigenschaften besitzen, wie sie ihnen von den *abhidharma*-Anhängern zugeschrieben werden. In gewissem Sinn waren die *pudgalavādins* Vorläufer nicht nur der *mādhyamikas*, sondern auch der *yogācārins*, deren »Speicherbewußtsein« viele der Funktionen besaß, die die Personalisten dem *pudgala* zuschrieben. Sie scheinen sogar die These von einem siebenten Bewußtsein vorweggenommen zu haben. Denn auf die Frage, welches der Sinnesorgane die Person wahrnimmt, gaben sie zu, daß dies außerhalb der Reichweite der üblichen sechs Bewußtseinsarten liege, und schrieben diese Wahrnehmung einer besonderen, siebenten Art zu.[39]

Die innere Logik der Grundlehre von den »verkehrten Sichtweisen« macht uns, wie wir gesehen haben (S. 57), zu der Annahme bereit, daß auf die gleiche Weise, wie Dauer und Wohlgefallen des *nirvāṇa* im Gegensatz zur Unbeständigkeit und zum Leid der Welt stehen, auch das wahre Selbst im Gegensatz zum falschen Selbst zu sehen ist. Um so bemerkenswerter scheint die Tatsache, daß keine einzige kanonische Textstelle jemals die Existenz eines solchen wahren Selbst klar behauptet. In gewissem Ausmaß mag es sein, daß die *pudgalavādin*-Theorie so universal abgelehnt wurde, weil sie auf einem grundsätzlichen Mißverständnis des Ziels und der Funktion buddhistischer Philosophie beruhte. Ihr Anliegen gilt ja nicht so sehr der Begründung der Erscheinungen, so wie sie durch gewöhnliche Menschen wahrgenommen werden; sie wird vielmehr durch die Überzeugung getragen, daß diese Erscheinungen weniger erklärt als – zugleich mit den gewöhnlichen Menschen, welche sich durch sie täuschen lassen – beseitigt werden sollten. Freilich können die Personalisten heute nicht in eigenem Namen sprechen, und wir wissen daher nicht mit Sicherheit, ob sie wirklich die Ansprüche und

Ausblicke höheren geistlichen Lebens ignorierten. Ihre Gegner mögen sie durchaus verleumdet haben, und ich hege mitunter den Verdacht, daß ihr Hauptverbrechen darin bestand, gleich jenem Kind gehandelt zu haben, welches ehrlich aussprach, daß der Kaiser keine Kleider anhatte. Alle wußten, daß es stimmte, taten aber so, als wäre es anders.

Der Wunsch, von der strengen *abhidharma*-Interpretation des *anattā* abzugehen, kam in vielen Gruppen der buddhistischen Gemeinschaft auf, sowohl unter den *sthaviras* als auch bei den *mahāsaṅghikas* und den *mahāyāna*-Anhängern. Es scheint mir unmöglich, nicht zu dem Schluß zu gelangen, daß die Orthodoxie der *theravādins* und *sarvāstivādins* die ursprüngliche Lehre einengte, um sie in sich selbst logisch konsistenter zu gestalten. Das praktische und theoretische Bedürfnis nach einem als beständig angenommenen Faktor im Zusammenhang mit den Tätigkeiten einer »Person« erweist sich wirklich als dermaßen stark, daß neben den *pudgalavādins* auch andere Schulen nicht umhinkonnten, dieses Axiom mehr oder minder verstohlen und in verborgener Form einzuführen, wenn auch das Wort »Selbst« stets tabu blieb. Man tut sich schwer, diese »Pseudo-Selbstheiten« zu untersuchen, teils weil es zu wenig exakte Informationen gibt, teils auch weil die Konzepte selbst offensichtlich sehr vage gehalten wurden.

Personale »Kontinuitäten« (vgl. S. 145) erfüllen zumindest zwei Funktionen eines »Selbst«, indem erstens jede Kontinuität von anderen getrennt verläuft und indem sie zweitens konstant, wenn auch nicht »beständig«, vorhanden ist. Die Buddhisten leugnen ein wie ein Faden durch eine Perlenschnur verlaufendes Selbst. Es gibt nur die Perlen, keinen Faden, der sie zusammenhält. Die Ansammlung der Perlen bleibt jedoch ein und dieselbe, weil sie streng kontinuierlich ist, das heißt, jede Perle hängt ohne Zwischenraum an derjenigen vor oder nach ihr. Die *sthaviras* sahen wenig Veranlassung, sich über die Vielfalt und Getrenntheit dieser »Kontinuitäten« auszulassen, da sie diese offenbar ganz einfach als Gegebenheiten des Lebens hinnahmen. Sie betonten jedoch mit Nachdruck, daß diese Ereigniskette, wenn auch unter fortgesetzter Umgruppierung ihrer Konstituenten, konstant vorhanden sei und kein Zwischenraum den kontinuierlichen Kausalitätsstrom durch die fadenlosen, eng aneinanderliegenden Perlen hindurch unterbräche.[40] Um die disruptiven Wirkungen solcher Lücken ein für allemal auszuschließen, brachten die späteren *theravādins* die Theorie eines »Lebenskontinuums« (*bhavaṅga*)[41] auf, welches unterbewußt[a] ist und unter der Bewußtseinsschwelle verläuft. Selbst wenn im Oberflächenbewußtsein nichts geschieht, liefert das Unterbewußtsein den erforderlichen Kontinuitätsprozeß, da der Verstand, im übrigen unbeschäftigt, niemals, keinen Augenblick lang, aufhört zu funktionieren, auch wenn er ins Unterbewußtsein absinkt. Ebenso lehrten die *sautrāntikas* das »fortgesetzte Vorhandensein eines äußerst feinen Bewußtseins«, und auch die *mahāsaṅghikas* kannten ein grundlegendes Bewußtsein (*mūla*)[42] und glaubten, daß *karma* im unterbewußten Verstand heranreife, wo das Denken kein bestimmtes Objekt besitzt.[43]

Das Verlangen nach einer beständigen Persönlichkeit verfestigt sich zunehmend, als eine weitere Sekte, die *saṃkrāntikas*, lehrt, daß auch die *skandhas* von einem Leben in ein anderes wandern. Oder wenn die *mahīśāsaka*-Schule drei Arten von *skandhas* unterscheidet, nämlich solche, die nur einen Augenblick lang, solche, die über ein Leben und solche, die bis zum Ende des *saṃsāra* bestehen. Derartige Ansätze kamen auf, um der Zwangsjacke des *abhidharma* zu entfliehen und ein Äquivalent nicht nur für das empirische Ich, sondern auch für ein wahres Selbst zu schaffen. Wir hören von dem »*skandha* eines einzigen Geschmacks«, welcher aus den Samenkörnern besteht, die seit undenklichen Zeiten bestan-

a jedoch nie völlig »unbewußt«, sondern stets bis zu einem gewissen Grad von Bewußtsein begleitet (vgl. S. 148, Fn.).

den, ohne je ihre Natur zu ändern; dieser *skandha* ist mit dem kontinuierlich fortbestehenden feinen Bewußtsein identisch und liegt an der Wurzel (*mūla*) der fünf *skandhas*. Auf diese Weise entsteht eine Verbindung nicht nur der verschiedenen Lebensspannen einer »Person« in *saṃsāra*, sondern auch hinsichtlich der »Kontinuität« oder »Person«, die zunächst an *saṃsāra* gebunden ist und später zu *nirvāṇa* erlöst wird. Trotz ihrer gegenteiligen Bekenntnisse zog es die Buddhisten immer wieder zum Glauben an ein »wahres Selbst«, welches als dauerhafte Konstituente (*dhatū*) hinter der ständig wechselnden »Kontinuität« vermutet wurde. Die *sautrāntikas* postulierten ein unverderbliches »Saatkorn« des »Guten«, das zu *nirvāṇa* führt, seit undenklichen Zeiten besteht, niemals seine Natur ändert und während all unserer Lebensspannen in uns ruht. Es ist der »Same der Befreiung«, von dem der Buddha spricht, wenn er sagt: »Ich erkenne diesen äußerst feinen Samen der Erlösung wie eine Goldader, verborgen im erzhaltigen Fels.«[44] In den flüchtigen, äußerlichen und unreinen Prozessen steckt demnach ein inhärenter, unzerstörbarer und reiner Faktor. Sowohl die *sautrāntikas* als auch die *yogācārins* behaupten, daß gewisse inhärente, heilskräftige *dharmas* nie zerstört werden können; in Form von »Samenkörnern« bleiben sie innerhalb der »Kontinuität« erhalten, und unter günstigen Umständen gehen neue heilskräftige *dharmas* aus ihnen hervor.[45] Selbst ein gewöhnlicher Mensch besitzt in seinem Innern die Möglichkeit, zu einem Buddha zu werden, da seine »Kontinuität« (oder »Person«) die *āryadharmas* oder reinen Samen (*anāsrava-bīja*) enthält, die fein und unverderblich sind.[46] Ebenso kennen alle buddhistischen Schulen die Überlieferung eines von Natur aus hellen Denkens, nichts als Leuchten und Spontaneität, welches von seinem Wesen und Ursprung her rein ist, aber durch zufällige Heimsuchungen befleckt wurde.[47] Während die *theravādins* seine Bedeutung dadurch herunterspielen, daß sie es als »unterbewußtes Denken« interpretieren,[48] setzen andere es mit *Dharma*-haftigkeit, Derartigkeit und dem *dharma*-Leib des Buddha gleich,[49] und wieder andere nennen es den »Keim des *tathāgata*« (vgl. S. 329f.).

All diese theoretischen Konstrukte sind Versuche, die Lehre vom »Nicht-Selbst« mit dem fast instinktiven Glauben an ein »Selbst« – ob nun empirisch oder wahr – in Einklang zu bringen. Der Höhepunkt dieser Vereinigung des Unvereinbaren wurde in konzeptionellen Monstrositäten wie dem »Speicherbewußtsein« (*ālaya-vijñāna*) des Asaṅga[50] und einer Minderheit der *yogācārins* erreicht. Dieses Bewußtsein trägt sämtliche Funktionen eines »Selbst« innerhalb einer Theorie, welche fast marktschreierisch die Nichtexistenz eines solchen »Selbst« proklamiert.[51] Das »Speicherbewußtsein« ist ein gutes Beispiel für »mit dem Hasen rennen und mit den Hunden jagen«. Die meisten Buddhisten lehnten es denn auch als eine verkappte Seele ab[52] oder nannten es einen »im Dunkeln abgeschossenen Pfeil«. Wie das Selbst übt es die Funktion des Aneignens aus:

> Das tiefe und feine, zueignende (*ādāna*) Bewußtsein
> Fließt mit all seinen Samen gleich einem aufgewühlten Strome.
> Die Narren lehrte ich es nicht,
> Auf daß sie es nicht für ein »Selbst« hielten.[53]

Über längere Zeit hinweg bildet es die tragende Schicht für das Wirken einer »Kontinuität« und dient als Träger einer »psychischen Vererbung«. Indem es für den Zusammenhang kausal aufeinander bezogener Augenblicke einer »Kontinuität« einsteht, legt es die illusorische Vorstellung von einem »Individuum« oder einer »Person« nahe. Auch bildet es Behälter und Nährboden für alle jene Samen, welche zu einem künftigen Zeitpunkt Frucht tragen, denn in Übereinstimmung mit der *sautrāntika*-Tradition gilt dieses Bewußtsein, auch »Grund-« oder »Samenbewußtsein« genannt, als ein Speicher guten oder schlechten Saatgutes, aus welchem im

Verlauf der geistigen Folge neue Samen hervorgehen. Überdies ist es eine Art »Buddha-Selbst« und die Grundlage unseres Strebens nach *nirvāṇa*. *Naturam expellas furca, tamen usque recurret.*

2. Die Analyse der Unbeständigkeit

a) Unbeständigkeit und Flüchtigkeit

In Teil 1 (S. 41) haben wir die drei Aspekte aufgezählt, welche die grundlegende Bedeutung des Begriffs »Unbeständigkeit« umschreiben. Wir wollen nun ihre weitere Entwicklung betrachten. Sie bestand in einer vertieften Beobachtung der exakten Dauer eines Ereignisses, und sein »Aufstieg und Fall« wurde mit großer Genauigkeit abgesteckt. Man versuchte, die gegebene Größe für die tatsächliche Dauer zu errechnen und eine klarere Vorstellung hierüber zu gewinnen. Wir haben gesehen (S. 129 f.), daß es »vor seinem Aufkommen nicht war«, »nach seinem Fall nicht mehr ist«, und daß die Zeit zwischen Aufstieg und Fall, anders ausgedrückt seine eigentliche Präsenz als Seiendes, allgemein für äußerst kurz gehalten wurde. Meinungsunterschiede ergaben sich allerdings in der Frage, ob diese Präsenz einige wenige »Augenblicke« (*kṣaṇa*) währte, wie die *sarvāstivādins* und *theravādins* meinten, oder nur einen einzigen »Moment« (*kṣaṇa*), was der Vorstellung der *sautrāntikas* entsprach.

Nach Ansicht der *sautrāntikas*[1] dauert ein Ereignis nur einen Augenblick lang und vergeht, sobald es aufkommt, unmittelbar nachdem es Dasein erlangt (*ātmalābha*) hat. Seine Zerstörung ist spontan (*ākasmika*) und erfordert keine zusätzliche Ursache. Als ein Nichts (*abhāva*) braucht Zerstörung nicht ausgeführt zu werden und ist daher keine Wirkung, welche einer Ursache bedarf. Die Dinge vergehen von selbst, einfach weil dies in ihrer Eigennatur liegt.

Die *sarvāstivādins* und *theravādins* gehen jedoch davon aus, daß ein Ergebnis drei, vier oder sogar noch mehr Augenblicke lang andauert. Für alle geistigen Ereignisse definieren die *theravādins* die genaue Präsenz innerhalb der drei Augenblicke der Entstehung, der Dauer und des Zerfalls.[2] Nach der Vorstellung der *sarvāstivādins* muß jedes abhängige Einzelereignis vier »Augenblicke« oder Phasen durchlaufen, nämlich 1. Geburt oder Entstehung, 2. Dasein, 3. Verfall und 4. Zerstörung (*anityatā, vināśa*). Diese werden als vier aktive und reale Faktoren verstanden, die (wie *saṃskāras*) über alles Bedingte Macht ausüben. Nachdem beispielsweise »Dasein« begonnen hat, würde es aus sich selbst heraus unendlich weiterbestehen und niemals enden; doch unmittelbar darauf betritt eine neue Kraft die Bühne, nämlich »Verfall«, die das »Dasein« schwächt und den *dharma* an die letzte Kraft weiterreicht, die sein Verlöschen herbeiführt oder, besser, seine Wirkungskraft beendet. Möglicherweise bewahrten die spätmittelalterlichen *theravādins* auf Ceylon eine alte Tradition, wenn sie materielle und geistige Ereignisse unterschiedlich behandelten. Form durchläuft nicht nur *vier* Phasen, wie nach Auffassung der *theravādins* jeder *dharma*, sondern ein materieller Komplex besitzt eine zusätzliche,[3] längere Dauer als eine gedankliche Einheit. Es heißt, daß er siebzehn gedankliche Augenblicke lang anhält, nämlich einen halben kurzen Entstehungs-Augenblick, sechzehn Augenblicke der Dauer oder des Daseins und wiederum einen halben kurzen Augenblick des Zerfalls.

Die Betrachtung von »Aufstieg und Fall der *dharmas*« gehört zu den Ecksteinen buddhistischer Meditation. Hinge sie von der Fähigkeit ab, tatsächlich flüchtige Veränderungen wahrzunehmen, so müßte sie wohl den meisten Menschen unzugänglich bleiben. Will man also den Geist mit dem Thema der Unbeständigkeit vertraut machen, so empfiehlt es sich,[4] auch umfangreichere Komplexe und längere Zeitspannen zu berücksichtigen. 1. Ein Ereignis läßt sich unter dem

Gesichtspunkt betrachten, daß es mit der Wiedergeburt beginnt und mit dem Sterben endet; die »gegenwärtige Dauer« zieht sich in diesem Fall über ein ganzes Leben hin. Das kommt praktisch einer Meditation über den Tod gleich.[5] 2. Man betrachtet einen durch einen gemeinsamen Faktor bestimmten kontinuierlichen Prozeß als *ein* Ereignis. 3. Man kann als Präsenz all das annehmen, was während einer gegebenen Zeitspanne, etwa einer halben Stunde, einer Stunde usw., abläuft, wobei eine Zeitspanne beliebiger Länge gewählt werden kann.

Die Frage bleibt offen, inwieweit »Augenblicke« erfahren werden können. Handelt es sich um beobachtbare Einheiten perzeptibler Zeit, um intellektuell definierbare Einheiten angenommener Zeit oder um direkt, noch vor Eintritt irgendeiner Wahrnehmung oder Begriffsbildung erfahrene Zeit? Die Situation stellt sich weniger klar dar, als wir hoffen – wir haben vermutlich entweder die Lehre mißverstanden oder erwarten größere Präzision, als sie die Buddhisten zu liefern für nötig hielten.

Was die perzeptible Zeit betrifft, so setzen die Bedingungen der Wahrnehmung einer Zeitunterteilung Grenzen, und die »Scheingegenwart« als kleinste von uns wahrnehmbare Einheit umfaßt vermutlich zahlreiche »Augenblicke«. Auch vermögen die Wellen der Wahrnehmung keine Momentereignisse aufzuzeigen. Dennoch ermangeln Augenblicke nicht jeglichen Bezugs zur materiellen (Uhr-)Zeit, und Buddhisten haben, wenn auch mit unterschiedlichem Erfolg,[6] ihre Länge einzuschätzen versucht. Einige ihrer Berechnungen stimmen recht genau mit der Minimaldauer der Schwingungen geistigen Lebens überein, wie sie die moderne Psychologie gemessen hat.[7] Immerhin scheint es möglich, daß Experiment und Beobachtung für unergiebig gehalten wurden, da Denkeinheiten von so extrem kurzer Dauer sind. »Ihr Mönche, ich erkenne keinen anderen einzelnen *dharma*, welcher sich mit der gleichen Leichtigkeit verwandelt wie dieses Denken.«

Würde man diese Aussage mit unserem heutigen Wissen kombinieren, so dürften wir allerdings nicht einmal den Versuch wagen, einen gedanklichen Augenblick zu messen. Denn wenn sich Licht mit 300 000 Kilometern pro Sekunde fortbewegt und Elektronen in einer Sekunde 1 000 000 000 000 000 mal um einen Kern kreisen, wie schnell muß dann im Vergleich die Bewegung eines Gedankens vor sich gehen! Kein Vergleich kann, so wurde festgestellt,[8] die Kürze eines gedanklichen Augenblicks umschreiben.

In gewissem Ausmaß handelt es sich beim »Augenblick« also um ein begriffliches Konstrukt. Er steht für eine Infinitesimaldauer, eine Zeitspanne, die sich dem Fluchtpunkt nähert. Man hat viele Versuche unternommen, ein Kriterium aufzustellen, mit welchem sich Gegenwart gegenüber Vergangenheit und Zukunft definieren ließe.[9] Vasubandhu läßt Vasumitras Lösung gelten, welche die drei Zeitebenen hinsichtlich der Aktivität (*kāritra*) eines *dharma* unterscheidet. Hat der *dharma* sein Wirken noch nicht vollbracht, handelt es sich um Zukunft; während er es vollbringt, herrscht Gegenwart; nach vollbrachter Wirkung haben wir Vergangenheit.

Flüchtige Ereignisse sind jedoch nicht lediglich abgeleitet, sondern werden direkt »gefühlt«, und zwar auf einer Apperzeptionsebene (Nr. 3 auf S. 270), die sowohl der Wahrnehmung als auch der Begriffsbildung vorausgeht. Die Welt der Dinge, unveräußerlich sie selbst, das heißt momentane Energieblitze, jeder einmalig in seinem konkreten Sein, an welchem nichts anderes teilhat – diese Dingwelt stößt auf der hier erwähnten Ebene auf den Verstand, nur um sehr rasch durch Überlagerung mit bildlichen Vorstellungen und willkürlichen Denkkonstrukten verdrängt zu werden. Die Reihung nicht dividierbarer, punktueller Augenblicke, die sich uns hier offenbart, stellt das einzige Ding im gesamten Universum dar, welches kein fiktives Konstrukt ist, sondern die reale Basis, auf welcher letztendlich all unsere falschen Vorstellungen über das Universum beruhen. Die diesbezüglichen unmittelbaren Erfahrungstatsachen lassen sich nicht beschreiben, wir können sie höchstens als »dies« oder »jetzt« bezeichnen, und ihnen entspricht keinerlei perzeptionelles Bild oder Wahrnehmungsmuster.[10]

Wenn das Sein eines Dinges mit seinem eigentlichen Dasein, seiner Präsenz im strengen Sinn, zusammenfällt, wird die Welt nahezu ausgelöscht, denn diese Präsenz ist ein Punkt fast ohne jede Dauer. In dem Augenblick, da ein *dharma* »ist«, hat er auch bereits wieder aufgehört zu sein. Als ständiger Übergang von unmittelbarer Vergangenheit zu unmittelbarer Zukunft ist er ein Nichts zwischen zwei Nichts. »Sogleich im folgenden Augenblick ist nicht die geringste Kleinigkeit dessen mehr vorhanden, was im Augenblick zuvor bestand. Jeder Augenblick, das heißt jedes flüchtige Ding, wird vernichtet, sobald es erscheint, da es nicht in den nächsten Augenblick hinüber bestehen bleibt.[a] In diesem Sinn stellen alle Dinge ihre eigene Vernichtung dar.«[11]

b) Modifikationen der Augenblicklichkeits-Theorie

Die Lehre von der Augenblicklichkeit aller bedingten *dharmas* läßt sich recht leicht verstehen, und man ist versucht, ihr zu folgen. Ob man angesichts ihrer Folgerungen gänzlich unerschrocken bleibt, steht auf einem anderen Blatt. Derartige Lehren berauschen, können aber nicht lange nähren. Denn die These, daß die Welt aus isolierten, unzusammenhängenden *dharmas* besteht, die nur einen flüchtigen Augenblick lang existieren und dann spurlos verschwinden, schafft die Welt, die wir kennen, mit Nachdruck beiseite. Sie zerstört nicht nur den gesunden Menschenverstand, sondern auch

a Henri Bergson in *L'évolution créatrice* (1907), zit. nach BL i 107: »Die Welt, in welcher der Mathematiker sich bewegt, ist eine Welt, die in jedem Augenblick stirbt und wiedergeboren wird.« Es gibt daher überhaupt keine »Sub«-stanz (BL i 109).

alle Praktiken des geistlichen Lebens. Nun könnte man ja auf den »gesunden Menschenverstand« gut und gern als Faselei unwissender Menschen, die eben nicht gescheiter sind, verzichten. Was die Kirchenlehrer ernstlich erschütterte, war die Tatsache, daß die Lehre von einer universalen Augenblicklichkeit all jene Voraussetzungen untergräbt, auf denen die Heilspraktiken beruhen. Nachdem die *sthaviras* dermaßen extrem und kompromißlos die Flüchtigkeit und Augenblicklichkeit der *dharmas* formuliert hatten, sahen sie sich genötigt, neue Konzepte einzuführen, um den Schaden, den sie angerichtet hatten, wiedergutzumachen. Die Hauptschwierigkeiten betreffen folgende Punkte:[12]

1. Zunächst einmal scheint die Lehre vom *karma* und von einer Vergeltung bedroht. Wie kann ein *dharma* eine Wirkung ausüben, nachdem er restlos verschwunden ist? Ein heute gedachter unheilvoller Gedanke wird, sagen wir, zwanzig Jahre später bestraft. Wenn er nun aber unmittelbar nach seinem Aufkommen verschwindet, wie kann er, wenn er doch nicht mehr da ist, eine Wirkung zeitigen? Welcher Faktor überbrückt die Zeitlücke zwischen Tat und Vergeltung?
2. Im übrigen schreibt man den Heiligen eine Reihe von Eigenschaften und Errungenschaften zu, die in dem Sinne beständig sind, als sie nicht verlorengehen, sobald der gegenwärtige Augenblick vergangen ist. Ein in den Strom Eingetretener braucht nie mehr in eine leidvolle Existenz wiedergeboren zu werden und hat damit eine Eigenschaft gewonnen, welche er stets besitzen wird. Einigen Quellen zufolge kann der *arhat* nie mehr abtrünnig werden. Eine Erlangung des *nirvāṇa* ist endgültig und entschieden und kann ihm niemals mehr genommen werden. Die Leidenschaftslosigkeit des *nirvāṇa* bedeutet absolutes künftiges Nichtvorhandensein übler Zustände, da diese ein für allemal aufgegeben und verlassen wurden. Wie kann ein winziger, flüchtiger *dharma* derart weitreichende und langfristige Konsequenzen in sich tragen?

3. Es ist üblich, von geistigen Prozessen zu sprechen, die länger als einen Augenblick zu dauern und Reihungen von relativ langer Dauer zu sein scheinen, etwa die »Wurzeln« heilskräftiger und unheilvoller Handlungen, die »Samen« guter und böser Taten oder auch »latente Ausrichtungen« beziehungsweise Tendenzen (*anuśaya*). Der Heilige verfügt, selbst wenn er dies nicht wirklich weiß, über die Macht, sich diese oder jene Errungenschaft nach Belieben bewußt zu machen, und besitzt daher die Möglichkeit zu ihr. Die Fähigkeit, einen Geisteszustand entschieden abzulehnen oder herbeizuführen, liegt außerhalb der flüchtigen Zustandsfolge, desgleichen der ständige oder potentielle Besitz einer geistlichen Errungenschaft. Man spricht ferner davon, daß ein Mensch zu einem künftigen Zustand »bestimmt« (*niyata*) ist, und geht davon aus, daß er diesen zweifellos erreichen wird. So heißt es zum Beispiel, daß Menschen »zu *nirvāṇa* bestimmt« sind oder dazu »bestimmt«, Heil (*samyaktva*) oder Verdammnis (*mithyātva*) zu erlangen. Es scheint also, daß nicht nur Tatsachen, sondern sogar Möglichkeiten als real anerkannt werden sollen. Leute tun nicht nur Dinge, sondern besitzen die »Macht«, sie zu tun oder zu lassen. Ein Mensch kann sich auf diese Macht berufen, etwa so wie man sagt, jemand »kann« Französisch, selbst wenn zum gegebenen Bewußtseinszeitpunkt kein französisches Wort erscheint. Die Vorstellung, daß ein Mensch zu jedem beliebigen Zeitpunkt nur mit dem einen, lediglich von Augenblick zu Augenblick in ihm wirkenden *dharma* identifizierbar sei, läßt sich schwer aufrechterhalten. Darüber hinaus handelt es sich um eine bestimmte »Art Mensch«, beispielsweise entweder um einen »gewöhnlichen Menschen« oder einen »Heiligen«.

Ebenso wie die dogmatische Auffassung von der Nichtexistenz eines »Selbst« durch verschiedene »Pseudo-Selbstheiten« ergänzt werden mußte, konnte die dogmatische These von der Augenblicklichkeit nur durch Einführung einer Reihe von Pseudo-Beständigkeiten glaubhaft gemacht werden. Die folgenden drei Ansätze entstammen dem Wunsch, jene Folgerungen der Augenblicklichkeits-Theorie zu entkräften, welche die Fruchtbarkeit geistlichen Lebens bedrohten: 1. der »Panrealismus« der *sarvāstivādins*, 2. ihre Lehre von »Besitz« und »Nichtbesitz« und 3. die *sautrāntika*-Lehre von den Keimen (*bīja*), vom Verströmen (*vāsanā*), sowie ihre Abstammungskonzepte.

1. Der *sarvāstivādin*-Schule zufolge können *dharmas* entweder in ihrem aktuellen Sein als Phänomene oder in ihrem ideellen Sein als Noumena betrachtet werden. Sie manifestieren sich erst im Moment ihrer Aktivität, doch *in essentia* existieren sie auch vor- und nachher.[13] Ein *dharma* an sich existiert immer, das heißt über die Zeiten hinweg, und reist sozusagen durch die drei Zeitebenen. Diese Theorie berücksichtigte die antike Überlieferung, daß ein *dharma* von langer Dauer und unendlich sei, nicht bloß ein schwacher Pulsschlag der Aktivität, kürzer als ein Atemzug. Auch versuchten die *sarvāstivādins*, an der Tradition der *brāhmaṇas* festzuhalten, »welche alle Faktoren berücksichtigten, die das Individuum als ein Wesen ausmachen, das an transzendentalen Vorgängen teilhat«.[14] Sie nannten vier Gründe für ihre Theorie:[15] 1. Der Buddha hat sie ausdrücklich gelehrt.[16] 2. Verstandes-Wissen entsteht aus dem Kontakt zwischen dem Verstand und seinem Objekt. Wenn vergangene und künftige *dharmas* nicht existieren würden, könnten sie kein Verstandesbewußtsein schaffen, welches sie zum Gegenstand hat. 3. Ohne ein Objekt könnte kein Wissen entstehen und wäre all unser Wissen auf die nackte Gegenwart beschränkt. 4. Wenn es keine Vergangenheit gibt, wie kann dann eine gute oder böse Tat in Zukunft Früchte tragen? Denn zu dem Zeitpunkt, da die Früchte geerntet werden, gehört der Anlaß zur Vergeltung der Vergangenheit an.

Dieser »Panrealismus« lehrt, daß das »Entstehen und Werden der *dharmas* kein wirkliches Werden und Vergehen, sondern eine Wanderung stets vorhandener Einheiten von einer Zeit in die andere ist. Scheinbar neu entstandene Einheiten wandern in Wirklichkeit aus der Zukunft in die Gegenwart und werden, wenn sie vergehen, in die vergangene Zeit versetzt. Auch die Ereignisse der persönlichen Kontinuität entstehen und vergehen nicht. Vielmehr bildet die Kontinuität einen Strom, welcher aus der Zukunft in die Vergangenheit fließt. Erlösung bedeutet, daß die persönliche Kontinuität unterbrochen wird und nicht länger fortdauert. Sie wurde entschieden und endgültig in die Vergangenheit versetzt. Sie wurde nicht vernichtet, sondern hat sich nur zur Ruhe begeben.«[17]

2. Weiterhin versuchten die *sarvāstivādins*, die Schwierigkeiten, die sich aus einer Anerkennung der »Zugehörigkeits«-Kategorie ergeben, welche ja von der Überlieferung als Einbildung abgelehnt wurde (vgl. S. 141), in kaum verschleierter Form unter dem Namen »Besitz« (*prāpti*) zu lösen.[18] Damit jeder *dharma* in eine Folge von *dharmas* oder eine »persönliche Folge« (*santāna*, eine diskrete Umschreibung für das »Individuum«) eingefügt werden kann, muß man von einem isolierten *dharma* namens »Besitz« ausgehen, welcher im Gegensatz zu »Nichtbesitz« steht. In diesem System ist »Besitz« eine wirkliche Tatsache (*dravya-dharma*), eine letztgültig reale Einheit, ein entschieden kausales Agens, nicht aber, wie in den anderen Schulen, eine bloße Bezeichnung (*prajñapti-dharma*).

Die *prāpti* wird definiert als »1. die Aneignung dessen, was man zuvor noch nicht erlangt (*prāpta*) oder aber verloren hatte; 2. der Besitz dessen, was, nachdem es erworben wurde, nicht verlorengegangen ist. Die *a-prāpti* ist sein Gegenteil.«[19] Besitz und Nichtbesitz beziehen sich sowohl auf bedingte als auch auf nicht-bedingte (absolute) *dharmas*. Gegenwärtige oder künftige Leidenschaften oder Handlungen und dergleichen »besitzt« man oder »besitzt« man nicht. Man »besitzt«

solche *dharmas*, die »der eigenen Kontinuität zugefallen sind« (*sva-santāna-patita*), im Gegensatz zu solchen, die sich in der Kontinuität eines anderen Menschen befinden oder keinem Lebewesen angehören (vgl. S. 145). Der Erwerb oder Besitz des *nirvāṇa*, eines absoluten *dharma*,[a] sollte in dem Sinn verstanden werden, daß der Asket über den Pfad als Frucht den »Besitz« der Loslösung von unreinen *dharmas* oder den »Besitz« ihres Innehaltens erlangt. Wenn man das Heil »erwirbt«, an Erleuchtung oder *nirvāṇa* »festhält«, sie »gewinnt« oder »erkennt«, dann wird *nirvāṇa* in gewissem Sinn dieser Kontinuität ständig angegliedert, oder doch zumindest so lange, bis diese selbst gänzlich endet. Es gibt demnach nicht nur eine Entstehung des *nirvāṇa*, sondern auch seine Erlangung (das heißt seine erneute Entstehung, durch die man Herr über das Erlangte wird), sowie schließlich den Besitz oder die permanente Entstehung jener heilskräftigen *dharmas*, welche *nirvāṇa* bilden. Wollte man versuchen, dies unpersönlich auszudrücken, so könnte man sagen:[20] Man nimmt das Innehalten, Ende oder *nirvāṇa* in dem Moment in »Besitz«, wenn die *prāpti* an den verderblichen *dharmas* endet, das heißt, wenn man nicht länger von ihnen besessen werden kann.

Mit Hilfe des Begriffs »Besitz« können einige der beständigeren Verbindungen von *dharmas* und persönlicher Kontinuität neu interpretiert werden. So läßt sich beispielsweise von den Unlauterkeiten sagen, daß man entschieden und endgültig durch die Erkenntnis der Wahrheiten von ihnen abläßt, da der »Besitz« an ihnen durch diese Erkenntnis endet und die Bedingungen für ihr Werden nicht länger vollzählig vorhanden sind.[21] Auf ähnliche Weise besteht das Merkmal eines gewöhnlichen Menschen im »Nichtbesitz« an heiligen (*ārya*) *dharmas*, während dieser Nichtbesitz als ein *dharma* sich als jene Macht auswirkt, welche ihren Besitz verhindert. Wären nur gegenwärtige, augenblickliche *dharmas* wirklich, so gäbe es keinen Unterschied zwischen einem gewöhnlichen Men-

a Es gibt keinen Besitz des Äthers.

schen und einem an etwas Weltliches denkenden Heiligen. In Wirklichkeit besteht jedoch durchaus ein Unterschied, weil der Heilige, selbst wenn er einen weltlichen Gedanken hegt, sich im »Besitz« zahlreicher reiner *dharmas* befindet.[22]

Es ist schwierig, den philosophischen Wert dieser genialen Lösung der durch die *dharma*-Theorie aufgeworfenen Probleme klar einzuschätzen. Die Beschränkung der Realität auf augenblickliche *dharmas* führte dazu, die Erfahrung aufzusplittern und beständige Einheiten ihrer faktischen Grundlage zu berauben. Die *sarvāstivādins* glichen dies dadurch aus, daß sie ihrer Aufzählung der *dharmas* einen besonderen *dharma* hinzufügen, welcher lediglich die eine Funktion trägt, als eine Art Leim zu wirken, der die *dharmas* in mehr oder weniger beständigen Einheiten zusammenhält. Die schwache Seite dieser Lösung war dermaßen offensichtlich, daß alle anderen Schulen sie als bloß verbale Umgehung des eigentlichen Problems ansahen. Die *mahāyāna*-Buddhisten ließen sich zu einer heftigen Reaktion hinreißen und sprachen diesem »Besitz« jede Gültigkeit und Realität ab, indem sie ihn als bloße Variante der Selbstbehauptung und Selbstsuche (vgl. S. 332) verdächtigten. Offensichtlich kommt der Begriff *prāpti* dem Konzept einer »Person« oder eines »Selbst« sehr nah. »Besitz« ist ein Bezug, der die Elemente eines Gedankenstroms zusammenhält oder einen *dharma* an einen »Bewußtseinsstrom« bindet, welcher seinerseits lediglich einen versteckten Begriff für eine zugrundeliegende »Person« darstellt. In gleicher Weise handelt es sich bei »Nichtbesitz« um einen Bezug, der vom eigentlichen Strom und damit gleichzeitig von der zugrundeliegenden »Person« entfernt. »Besitz« deutet auf etwas Tragendes hin, das über den flüchtigen, von Augenblick zu Augenblick dauernden Zustand hinausgeht, tatsächlich also auf eine beständige Persönlichkeit, das heißt auf den Strom als mit sich selbst identisch, in einer personalen Identität, die hier als »Kontinuität« interpretiert wird.

3. Die *prāpti*-Theorie erwies sich damit als Sackgasse. Die

sautrāntikas versuchten, die unerwünschten Folgerungen aus der *dharma*-Theorie dadurch zu beseitigen, daß sie die Hilfskonzepte der »Samen«, des »Verströmens« und der »Abstammung« einführten. Diese erwiesen sich als annehmbarer und trugen viel zur Ausgestaltung des späteren buddhistischen Denkens bei. Bevor wir uns jedoch mit der Lösung der *sautrāntikas* befassen, müssen wir nachdrücklich betonen, daß sie sich von der Absicht her radikal von den *sarvāstivādins* unterschieden. Die *sarvāstivādins* hatten zu erklären versucht, was in der dharmischen Welt wirklich geschieht, während die *sautrāntikas* lediglich das anbieten, was wir in modernen Zeiten eine »Hypothese« nennen würden. Die *sarvāstivādins* setzten voraus, daß man ihre Theorien durch tiefe, auf Kontakt mit der Wirklichkeit gerichtete Meditation erhärten könnte. Wir haben gesehen, daß sie in Wirklichkeit, sobald man sie verbalisiert, in unbeholfene Umschreibungen münden. Die Theorien der *sautrāntikas* dagegen werden lediglich als nützliche Benennungen vorgelegt, mit deren Hilfe wir Ereignisse an sich mit einiger sprachlicher Präzision erläutern können. Bei den von ihnen verwendeten Konzepten handelt es sich um ergiebige Konstrukte (*prajñapti*) ohne Bezug zur höchsten Wirklichkeit. Sie sollten nicht allzu ernst genommen werden und gehören eher in den Diskussionskontext als in den Bereich der Meditation.

Es liegt in der Absicht der »›Samen‹-Theorie, die dauernde Natur der *santati* mit dem flüchtigen Aufscheinen der *dharmas* zu versöhnen«.[23] Die *sautrāntikas* leugnen,[24] daß die *prāpti* einer Leidenschaft aufkommt oder vergeht, sobald wir diese Leidenschaft aufgeben oder nicht aufgeben. Sie erklären Entsagung durch einen bestimmten »Zustand der Substanz«.[25] »In den *āryas* wird die Substanz kraft der Wirkung des Pfades modifiziert und zu etwas anderem, als was sie zuvor war. Sobald sie durch den Pfad zerstört wurde, kann die Leidenschaft sich nicht mehr kundtun. Wie der Same, im Feuer verbrannt, zu etwas anderem wird und nicht länger zu sprossen vermag, so heißt es auch vom *ārya*, daß er die Leidenschaften hinter sich ließ, weil seine Substanz den Samen (*bīja*) zu ihrer Entstehung nicht mehr enthält.« Andererseits heißt es von der Substanz, sie habe die Leidenschaften nicht völlig aufgegeben, wenn deren Same nicht entweder verbrannt oder zerstört wurde. Was nun den »Besitz« an den heilskräftigen *dharmas* betrifft, so sind diese entweder angeboren oder durch Streben erworben. Im ersten Fall eignet der Substanz ohne alle Behinderungen die Fähigkeit, als Nährboden für diese heilskräftigen *dharmas* zu wirken; im zweiten Fall vermag die Substanz, nachdem heilskräftige *dharmas* entstanden sind, diese ungehindert zu reproduzieren.

»Besitz« ist daher kein eigener *dharma*, sondern ein »Zustand« (*avasthā*), welcher diese oder jene Wirkung zeitigen kann. Ein »Same« wird als der psycho-physische Organismus beziehungsweise als der Komplex der fünf *skandhas* definiert, insofern er die Fähigkeit besitzt, mittelbar oder unmittelbar Früchte hervorzubringen, und zwar durch eine Kulmination des Entwicklungsverlaufs (*pariṇāma-viśeṣa*) der geistigen Kontinuität. »Entwicklungsverlauf« ist insofern eine Einschränkung (*anyathātva*) des Kontinuitäts-Begriffs, als sie tatsächlich in jedem Augenblick, von sich selbst verschieden, entsteht. Bei der »Kulmination« des Entwicklungsverlaufs handelt es sich um jenen Augenblick innerhalb der Folge, der geeignet ist, diese Wirkung oder Frucht unmittelbar hervorzubringen.[26]

Die *sautrāntika*-Hypothese erläutert auch die *anuśayas*, die als »Samen des Bösen« gelten. Das Wort bedeutet »Neigung, Hang zu, Vorhandensein einer schlummernden oder latenten geistigen Bereitschaft, die zu bösen Absichten aller Art führt«.[27] »Ein derartiger Same ist einfach die inhärente Kraft des Geistes, eine [neue] Leidenschaft zu erzeugen, welche selbst aus einer vergangenen Leidenschaft geboren wird. Er läßt sich mit der inhärenten Fähigkeit vergleichen, wie wir sie in einer Reisdolde erkennen: Ist sie doch, die selbst aus

Reis entstand, fähig, ihrerseits Reis hervorzubringen.«[28] Die orthodoxen *sarvāstivādins* protestierten mit allem Nachdruck gegen die »Samen«-Theorie. Ihr Haupteinwand bestand darin, daß ein »Same« weder mit dem Denken identisch noch von ihm verschieden sein könne. Die *sautrāntikas* blieben unerschüttert und konterten, ein »Same« sei tatsächlich weder mit dem Denken identisch noch von ihm verschieden, aus dem dreifachen Grund, weil es sich bei ihm um keine Einzelwahrheit handele, sondern um einen nominellen *dharma*.[29]

Am Grund des von Augenblick zu Augenblick fortfließenden Gedankenstroms unterstellen die *sautrāntikas* ein Substrat, eine Substanz (*āśraya*, eine weitere diskrete Umschreibung für die »Person«), worin sie alle Möglichkeiten dieser jeweiligen Kontinuität verankern. Diese »Substanz« ist der psycho-physische Organismus oder der mit Organen ausgestattete Leib, und sie trägt das Denken und seine Begleitumstände.[30] Dieser komplexe Organismus ist von solcher Art, befindet sich in einem derartigen spezifischen Zustand,[31] oder sein Chrakter ist dermaßen beschaffen, daß bestimmte Entwicklungslinien ihm offenstehen, andere ihm verschlossen bleiben. Dieser »Zustand« erklärt, warum ein Mensch zu gewissen Dingen fähig, zu gewissen Dingen bestimmt ist.

Aufgrund derartiger Annahmen läßt sich leicht erklären, wie eine Tat, obwohl sie der Vergangenheit angehört, zu einem späteren Zeitpunkt Frucht tragen kann. »Eine Absicht durchströmt mit ihrem Duft die geistige Folge und legt eine Möglichkeit in ihr an. Dadurch, daß diese Möglichkeit im Lauf ihrer Entwicklung zu ihrem Höhepunkt gelangt, kann später eine konkrete Frucht erwachsen.«[32] Obgleich die Augenblickshandlung selbst vergeht, kann die geistige Folge, vom »Duft« dieser Handlung »durchströmt«, aufgrund dieser besonderen Entfaltung ihrer Möglichkeit dennoch eine gute oder schlechte Frucht tragen. Sie gleicht einem Samenkorn, welches über verschiedene Zwischenstufen aus sich selbst heraus eine Frucht erzeugt. Die Theorie der *sautrāntikas* wird in gewissem Umfang von den *mahāsaṅghikas* und *mahīśāsakas* geteilt.[33] Eine enge Parallele finden wir bei den *saṃmitīyas*, die behaupten, daß eine karmisch relevante Handlung einen »Hang zur Vergeltung« (*avipraṇāśa*) besitzt, das heißt eine Schuld eingeht, welche zu gegebener Zeit bezahlt werden muß,[34] oder, präziser ausgedrückt, in der geistigen Folge einen unabhängig existierenden eigenen *dharma* niederlegt, den manche »Nichtverschwinden« (*avipraṇāśa*) nennen, andere »Anhäufung« (*upacaya*), und dem es zu verdanken ist, daß die künftige Frucht reift.[35] Die *sautrāntikas* weichen insofern von diesen lediglich verbalen Bestätigungen der behaupteten Verbindungen ab, als sie die Ähnlichkeit mit einer organischen Entwicklung betonen, was sicher recht angemessen ist. In dieser Hinsicht sind sie alles andere als absolute Neuerer, sondern arbeiten Anspielungen auf, die bereits in den *sūtras* stehen.[36]

»Verströmen« (*vāsanā*) bedeutet in der Umgangssprache das Ausströmen eines Duftes. Als Fachwort steht es für einen Hang zu etwas, eine »natürliche Veranlagung«,[37] die Nachwirkung einer vergangenen Erfahrung, die die Folge »durchduftet« oder »durchdringt«, den Einfluß einer früheren Erfahrung, der zu einer Gewohnheit wird, zu einer gewohnten Denk- oder Lebensweise.[38] Anders ausgedrückt, kann man von der »Spur« einer Absicht sprechen, welche zurückbleibt, heranreift und eines Tages wirksam wird.

Schließlich muß ein weiterer wichtiger Begriff erwähnt werden. »Abstammung« (*gotra*) ist ein Synonym für »Saat«, »Veranlagung (*sāmarthya*) zum Denken« und »entlegene Ursache« (*hetu*).[39] Bis zu einem gewissen Grad entspricht das Wort dem, was wir »Klasse« nennen. Leute aus den unteren Klassen haben Unterklassen-Gedanken, Leute aus gehobenen Klassen Oberklassen-Gedanken, und in beiden Fällen bildet derartiges Denken Gewohnheiten heraus, da es »die Folge durchduftet«.[40] Für den Asketen folgt auf die Vorstellung von einer »Frau« unmittelbar der Gedanke des Widerwillens gegen ihren Leib, während weltliche Menschen sogleich an ihren Mann oder Sohn denken, weil sie eben derartige Menschen sind (vgl. S. 212). In seiner spezielleren Anwendung bezeichnet das Wort *gotra* die »Familie« oder »Gruppe«, der ein Heiliger angehört. Sie hängt von den Eigenschaften seiner heilskräftigen Wurzeln ab, von der Intensität seiner Fähigkeiten[41] und ebenso davon, ob er den Methoden der Jünger, der *pratyekabuddhas* oder der Buddhas folgt (vgl. S. 236 f.).[42] Im *mahāyāna* steht *gotra* außerdem für »das *dharma*-Element, welches Quelle und Substanz der *dharmas* eines Buddha und die wahre, grundlegende Natur eines *bodhisattva* ist«.[43]

3. Das Kausalitätskonzept

a) Der Bereich der Bedingungen

Außer *nirvāṇa* und möglicherweise dem Raum sind alle *dharmas* bedingt oder abhängig (*saṃskṛta*), das heißt »durch Verbindung und Zusammenwirken von Verbindungen entstanden«.[1] Das sieht ziemlich einwandfrei aus, doch die Schwierigkeiten beginnen, wenn wir wirklich versuchen, über die Bedingtheit von allem um uns herum zu meditieren. Es ist nicht unmittelbar klar, wie wir an diese Aufgabe herangehen sollen. Dennoch wurde Einsicht in die Bedingungen für ein wertvolles Werkzeug gehalten, welches von den Bindungen an diese Welt freisetzt, und sie bildete einen wichtigen Teil der Meditationspraktiken des *saṅgha*.

Tatsächlich erweist sich die Untersuchung der Bedingungen als von entscheidender Bedeutung. Behutsam und Schritt für Schritt soll sie den Glauben an die Beständigkeit und letzte Gültigkeit der sinnesorientierten Differenzierungen zwischen den uns umgebenden Dingen untergraben. In der Überzeugung, daß geistige Gesundheit von der Fähigkeit abhängt, mit der tatsächlichen Wirklichkeit hinter den Erfahrungswerten in Kontakt zu treten, suchen Buddhisten nach dem, was ein Ding selbst ist, sie versuchen, anders ausgedrückt, sein »Eigen-Sein« (*svabhāva*) zu ergründen. Das ist schwieriger, als es auf den ersten Blick scheint. Ein Ding wird ja nie isoliert vorgefunden, sondern stets zusammen mit anderen, die es »umstellen« und seine »Umstände« ausmachen. Sobald wir herauszufinden versuchen, wo ein Ding endet und wo seine Umstände oder Bedingungen anfangen, wissen wir auch schon nicht mehr, wo wir stehen.

Betrachten wir zunächst die Bedingungen der *Darbietung* eines *Objekts*. Man nehme einen beliebigen sichtbaren Gegenstand, ein Sichtobjekt, etwa eine Rose, eine Vase, ein Stück Papier: Niemals hat man das Sichtobjekt allein vor sich, sondern es wird stets von einer Menge anderer Materie umlagert. Wir sehen es stets vor einem Hintergrund, und seine Erscheinung ändert sich mit der Umgebung. Die Genialität der Gestaltpsychologen lieferte uns zahlreiche Beispiele für die fast vollständige Umwandlung, die die visuelle Erscheinung eines Gegenstandes erfahren kann, wenn der Hintergrund wechselt. Außerdem ändert sich die Erscheinung mit dem Licht, in welchem ein Ding gesehen wird, mit dessen Farbe und Intensität. Bei künstlicher Beleuchtung oder Sonnenschein, in blauen oder rotem Licht sieht die Rose jeweils ganz anders aus, und es ist schwer zu entscheiden, welches Licht uns die wahre Rose zeigt. Ebenso können wir unmöglich sagen, wie die Rose in völliger Dunkelheit aussieht, da Licht einer gewissen Stärke vorhanden sein muß, um die Rose überhaupt als Sichtobjekt in Erscheinung treten zu lassen. Außerdem hängt das Aussehen der Rose von der Beschaffenheit unserer Sehorgane ab, also von Auge, Sehnerven und den zerebralen Zusammenhängen. Hätten wir Facettenaugen wie die Bienen, oder würde der Sehnerv die Reizungen der Netzhaut in anderer Form ans Gehirn weitergeben, dann würde das ganze Bild sich ändern. Fragen wir nun aber, ob die aktuelle Wirklichkeit des Objekts getreuer durch linsenförmige oder durch facettierte Augen wiedergegeben wird, so sind wir sicher um eine Antwort verlegen.

Die Untersuchung der Bedingungen, unter denen ein Erfahrungswert sich dem Bewußtsein darbietet, nimmt einen Ehrenplatz in der Tradition buddhistischer Meditation ein. So lesen wir im *Sālistamba-Sūtra*:[2] »Augen-Bewußtsein entsteht in Abhängigkeit von (zumindest) fünf Faktoren: Vorhanden sein müssen 1. Augen als innerer Träger, 2. ein Sichtobjekt als äußerer Träger, 3. Licht zur Erhellung oder Sichtbarmachung des Objekts, 4. ein ungehindertes Sichtfeld zwischen Auge und Sichtobjekt und 5. angemessenes Aufmerken, welches die geistigen Prozesse auf die Situation hinlenkt. Fehlt einer dieser Faktoren oder wird durch andere Bedingungen ausgeschaltet, so kommt es zu keinem Augen-Bewußtsein. Die Entstehung des Augen-Bewußtseins beruht auf der Verbindung dieser fünf Faktoren.« Mit Hilfe der modernen Wahrnehmungspsychologie könnte man diesen Gedankengang zu einem höchst wirksamen Demonstrationsobjekt für die irreführende Natur sinnlicher Erfahrung umgestalten. Hier soll der Hinweis genügen, daß die Bedingungen, welche die Darbietung eines Objekts der Wahrnehmung lenken, sich dieses Objekt einverleiben, und daß man es von ihnen nicht trennen kann.

Das gleiche gilt, wenn wir ein Ding nicht als Gegebenheit, sondern als Prozeß, als *Ereignis* betrachten und über die Bedingungen, die es entstehen lassen, nachdenken. Kein Ereignis entsteht je durch eine einzige Bedingung, sondern es ist dazu eine Vielzahl von Bedingungen erforderlich. Der gewöhnliche Verstand neigt freilich dazu, diesen Tatbestand dadurch zu verschleiern, daß er zwischen »Ursachen« und »Bedingungen« unterscheidet, doch nach reiflicher Überlegung läßt sich dies nicht aufrechterhalten.

Nehmen wir an, jemand wurde durch eine Kugel getötet.

Aus praktischen Gründen, zum Beispiel um die juristische Schuldfrage zu klären, mögen wir uns damit zufriedengeben, die Kugel und den Mann, der sie abgefeuert hat, als die »Ursache« des Todes zu bezeichnen. Anders liegt der Fall jedoch, wenn wir uns desinteressiert mit der Realität des wirklichen Geschehens beschäftigen. Die Kugel ist eine der Bedingungen für den Tod des Mannes, doch nur eine unter vielen. Hätte er sich nicht in der Ziellinie der Kugel befunden, so wäre er nicht durch sie getötet worden. Viele Bedingungen trugen außerdem dazu bei, daß er ausgerechnet dort stand. Hätte er zuvor keinen sterblichen Leib angenommen, so hätte er nicht sterben können. Ebenso muß es Gründe gegeben haben, warum die Kugel abgefeuert wurde und warum sich zwischen ihr und dem Mann kein wirksames Hindernis befand. Dann haben wir noch die Waffe selbst, die hergestellt, an ein Geschäft ausgeliefert und gekauft werden mußte. Es gab den Mann, der sie abfeuerte, und sowohl seine Hände als auch seine Augen, sein Hirn und sein Verstand hatten etwas damit zu tun. Nach einigem Nachdenken müssen wir also zugeben, daß selbst in einem einfachen Fall wie diesem eine beträchtliche Anzahl von Bedingungen zusammenkommen, um ein einziges Ereignis herbeizuführen. Viele andere Bedingungen sind ebenso wesentlich für das Ereignis wie die Kugel, denn ohne all diese wäre die Wirkung in ihrer konkreten Besonderheit nicht erfolgt. Tatsächlich ist die Zahl der Bedingungen für ein beliebiges Einzelereignis wenn nicht gerade unendlich, so doch von unbestimmter Größe.[a] »Nur der Allwissende vermag alle

a Die buddhistische Lehre von der Vielfalt der Bedingungen scheint eine Entscheidung über die »Willensfreiheit« unnötig zu machen (vgl. S. 144 Fn.). Wenn die Summe der Bedingungen unbegrenzt ist und uns die meisten unbekannt bleiben, können wir unmöglich bestimmen, welche Bedingung welches Ereignis notwendigerweise herbeiführt. Folglich ist es auch in jedem gegebenen Fall unmöglich, mittels Beobachtung zu beweisen, daß ein bestimmtes Ereignis sich aus diesen und keinen anderen Bedingungen ergibt. Unvermeidliche Kausalität ist daher bloße Einbildung, und ein weiter Raum steht launigen Einfällen und Ungewöhnlichkeiten offen (wie etwa der jungfräulichen Geburt Christi oder der Herabkunft Buddhas als

Ursachen zu erkennen, welche den schimmernden Glanz in einem einzigen Auge des Pfauenrades bewirken. Ihre unend liche Vielfalt übersteigt die Erkenntnis anderer.«[3]

Wie weit sollen wir nun also unsere Netze auf der Suche nach relevanten Bedingungen ausspannen? Sie brauchen ja nicht einmal unbedingt im räumlichen Umfeld des Ereignisses selbst zu liegen. Angenommen, unser Mann fiel in einer Schlacht, so haben wir uns für einige der Bedingungen, die zu seinem Tod führten, womöglich bis zur Sonne hinaufzubemühen. Wurde er bei Tag getötet, so half die Sonne dem anderen Mann natürlich, ihn zu sehen, aber das ist noch nicht alles. Wenn, wie zahlreiche Ökonomen behaupten, eine der Ursachen für Wirtschaftskrisen bei den Sonnenflecken liegt, und wenn die beste Lösung zur Behebung einer derartigen Krise darin besteht, sowohl Menschen- als auch Warenüberschuß in einem modernen Krieg in die Luft zu jagen, dann läßt sich zeigen, daß auch die Sonnenflecken zu den Bedingungen für den Tod des Mannes durch eine Kugel gehören. Vielleicht müssen wir sogar noch höher hinaus als bis zur Sonne – bis zu den Sternen selbst. Denn war es ein bloßer Unfall, daß der Mann ausgerechnet in jenem Augenblick starb, oder lag es vielleicht an einer besonders tödlichen Himmelskonstellation, für die er aufgrund seines Geburtshoroskops empfänglich war? Doch hier wäre die natürliche Kausalität zugunsten der Welt der Magie und des Okkulten aufzugeben, wohin mir wohl nur wenige Leser folgen möchten.

Doch selbst wenn er das Okkulte ablehnt, wird jeder Bud-

weißer Elefant). Die buddhistische Definition erhärtet keineswegs die Zweifel der Deterministen an der Möglichkeit des Außergewöhnlichen. »Normalerweise« sind gewisse Bedingungen erforderlich, um eine bestimmte Wirkung zu erzielen; doch die Norm kennt Ausnahmen, die zwar unwahrscheinlich, aber nicht grundsätzlich unmöglich sind. Beobachtete Fakten verweisen weder auf Determinismus noch auf Indeterminismus. *Facta ducunt sed non trahunt*. Es wäre daher töricht, Willensfreiheit entweder zu behaupten oder zu leugnen. Hier handelt es sich jedoch nur um meine persönliche Meinung, der kein geringerer Fachmann als Stcherbatsky in BL I 131-4 widerspricht.

dhist über die natürliche Ereignisfolge hinaus zwei ursächliche Zusammenhänge betrachten müssen, die normalerweise außerhalb des Gesichtskreises gewöhnlicher Alltagsmenschen liegen. Er hat notwendigerweise sowohl den karmischen als auch den »geistlichen« Bedingungen eines Ereignisses besondere Aufmerksamkeit zu widmen. Die karmischen oder sittlichen Bedingungen können, wie wir gesehen haben (S. 140), zeitlich weit, ja, bis zu Äonen zurückliegen.

Des Meeres Fluten mögen einst versiegen,
Der Berg Sumeru mag vergehn,
Die Taten aus vergangnen Lebensspannen
Sind nie verloren, tragen Frucht,
Wenn auch Äonen auf Äonen folgen,
Bis schließlich alle Schuld bezahlt.

Das, was ich in Ermangelung eines passenderen Begriffs die »geistliche« Kausalität nennen will, ist sogar noch wichtiger. Geburt war die *Ursache*, die Kugel nichts als der *Anlaß* für den Tod dieses Mannes. *Daß* er sterben würde, war zum Zeitpunkt seiner Geburt bereits Gewißheit, nur *wann* und *wie* er sterben würde, hing von einer unbestimmten Zahl weiterer Bedingungen ab. Und was bestimmte, daß er als derjenige, der er war, geboren wurde? Die Tatsachen seiner Vergangenheit, durch die seine Wiedergeburt in den-und-den Zustand bedingt wurde. Wir müssen also die zwölf Linien der Entstehung in Abhängigkeit zurückverfolgen, vom »Werden« bis zur »Unwissenheit« als der Grundlage all dessen.

Es macht einen grundsätzlichen Unterschied, ob man die Untersuchungen der Bedingungen aus weltlichen oder unweltlichen Motiven heraus anstellt. Wenn Fragen des Überlebens, des Wohlbefindens oder Unbehagens, der Gefahr oder Sicherheit das Interesse an derartigen Untersuchungen lenken, wird man stets solche Bedingungen für die interessantesten, relevantesten und maßgeblichsten halten, die für das jeweilige Ereignis besonders *spezifisch* sind. In unserem obigen

Beispiel würde man etwa die Kugel als äußerst wichtig ansehen. Allgemeinere Bedingungen wie das Vorhandensein der Atmosphäre, die Erdanziehungskraft und dergleichen dürften als relativ irrelevante Nebenbedingungen gelten. Ganz anders liegt der Fall, wenn wir uns mit Heilsfragen beschäftigen und in der Betrachtung eines Ereignisses eine günstige Gelegenheit erkennen, die Emanzipation von der Welt insgesamt zu fördern. Hier muß das Interesse eher den *allgemeinen* Faktoren gelten. Buddhisten meditieren über Bedingungen, um Erlösung von allem Bedingten zu erlangen, denn sie trachten danach, Gegenstände, insofern sie bedingt sind, abzulehnen und auf diese Weise zum Unbedingten vorzudringen. Im alltäglichen Leben werden wir zu sehr von unserer Beschäftigung mit diesem oder jenem konkreten Gegenstand in Anspruch genommen, als daß wir seine allgemeinen Bedingungen besonders betonen könnten. Dies gilt namentlich für die Bedingungen in uns selbst, die wir nur zu gern für gegeben halten. Wir sind den Dingen der Welt zu sehr verfallen, als daß wir auf ihre Ferne von der wahren Realität besonders achten würden. In der Meditation liegt der Schwerpunkt jedoch eher auf den inneren als auf den äußeren Bedingungen und ebenso eher auf den allgemeinen als auf den spezifischen und eigentümlichen. Jede neue Erfahrung beleuchtet stets die gleiche Problematik, nämlich die falsche Einstellung der falschen Person zu falschen Erscheinungen. Vom Standpunkt unseres Heils aus liegt die wesentlichste Tatsache aller weltlichen Erfahrung darin, daß ein derartiger Gegenstand einem derart vereinzelten, unwissenden und selbstverliebten Selbst begegnen kann. Die Unterschiede zwischen zwei Gegenständen A und B wiegen weniger schwer als die beiden gemeinsame Tatsache, daß sie einer Person vorgelegt werden, die sich als unruhiger Geist in der Welt des *saṃsāra* wiederfindet. Das Weltkind interessiert sich für die konkrete günstige oder ungünstige Wirkung, die bestimmte Gegenstände auf seinen Lebenslauf ausüben; der geistliche Mensch neigt dazu, derartige Auswirkungen zu ignorieren. Statt dessen konzentriert er sich auf den einen Generalnenner all seiner weltlichen Erfahrungen, auf die Tatsache nämlich, daß sie einem Menschen begegnen, der sich verlaufen hat, in die Irre gegangen ist und sich als ein Gefallener erkennt.

Wir suchen nach Ursachen zur Beseitigung eines Übels. Die Alltagspraxis betont spezifische Ursachen und vernachlässigt die allgemeinen und üblichen, welche sie für gegeben und erwiesen hält. In den Meditationspraktiken streben wir nach Gleichgültigkeit gegen Objekte im allgemeinen, und ihre Eigentümlichkeiten bedeuten uns nicht viel. Statt einen bestimmten Gegenstand zu ergreifen und ihn für unsere eigenen Bedürfnisse zurechtzukneten, behandeln wir ihn als willkommenen Anlaß, all diesen Dingen zu entsagen. Wir konzentrieren uns auf die in den zwölf Bindungen der Entstehung in Abhängigkeit im einzelnen dargelegte Tatsache, daß unsere gesamte Erfahrung durch blinde Selbsttäuschung »herbeigeführt« wird und ein Selbst voraussetzt, welches sich gegen eine Außenwelt abkapselt und infolge seiner Individualisierung in Leid, Rastlosigkeit und Verstrickung versinkt. Alle zentralen Tatbestände unserer individuellen Existenz und Erfahrung können mit den Bindungen der Entstehung in Abhängigkeit in Zusammenhang gebracht werden, und dieser Zusammenhang erlaubt uns sowohl, sie zu verstehen, als auch, sie zu überwinden.

b) Die Definition der Kausalität

Als erstes sollte man sich daher das Gesetz von der »Vielfalt der Bedingungen« einprägen. Kein Ereignis hat nur eine einzige Ursache, sondern stets ist das Zusammenwirken einer Vielzahl von Bedingungen beteiligt.[4] Damit ein Ereignis stattfinden kann, ist das Aufkommen der »vollen Zahl« (*sāmagrī*) der Bedingungen nötig. »Die Wirkung selbst ist fürwahr nichts als ein Auftreten der Summe ihrer Ursachen. Sind Samenkorn und die nötige Menge Luft, Boden, Wärme und Feuchtigkeit gegeben, so ist der Sprößling ohne das Zutun der anderen Elemente bereits vorhanden. Die Wirkung geht in keinem Falle über das Auftreten der Summe ihrer Ursachen hinaus.«[5] Wenn die Summe der Vorbedingungen unvollständig ist, ja, wenn nur eine einzige fehlt, kann keine Wirkung erfolgen. Es kann also bis zuletzt irgendeine Hemmung, eine Gegenkraft dazwischentreten und die Wirkung verhindern. Die Zukunft ist niemals ganz sicher, man sollte nicht zu fest auf sie bauen, und nur ein allwissendes Wesen kann sie präzise voraussagen.[6] Für uns aber gilt: »Die Erfüllung des Ergebnisses kann jederzeit durch ein unvorhergesehenes Ereignis gefährdet werden.«[7] Im Gegensatz dazu läßt sich das moderne Kausalitätsdenken durch das Ideal der Vorhersage leiten. Die konkrete Gesamtheit der Ereignisse läßt es außer acht, »isoliert« bestimmte Teilbereiche und beobachtet sie für sich allein – in der Absicht, Ereignisse zu »kontrollieren«. Buddhisten gehen einen anderen Weg (vgl. S. 259f.). Die Unlust moderner Europäer, Ereignisse in ihrer konkreten Individualität zu akzeptieren, läßt ihnen nicht nur das buddhistische Konzept der Unbeständigkeit (vgl. S. 136f.) problematisch erscheinen, sondern macht es ihnen auch so schwer, die hier gemeinte Bedeutung von »Kausalität« zu verstehen. Sprechen sie von einer Ursache, so meinen sie die *allgemeine* Ursache eines *derartigen*, abstrakt verstandenen Ereignisses. Buddhisten dagegen interessieren sich für die *konkreten* Bedingungen dieses *besonderen*, *konkreten* Ereignisses. Wenn man dies verstanden hat, erweist sich die buddhistische Theorie als evident.

Das Wort »bedingt« bedeutet, wie man uns lehrt, »wo dies ist (oder wird), da ist (oder wird) jenes«.[8] Diese Regel trifft auf alle abhängigen Phänomene zu und definiert die Beziehung zwischen Bedingung und Bedingtem. Nach Buddhaghosa trägt eine Bedingung die Funktion, zu »unterstützen« oder »Dienste zu leisten« (*upakāra*). Sie gilt als ein *dharma*, der einem anderen *dharma* hilft, zu verweilen oder zu entstehen. Das Bedingte hängt von den Bedingungen ab, welche so beschaffen sein müssen, damit etwas anderes auftreten kann. Es wäre irreführend zu sagen,[9] die Ursache sei ein aktives Agens, welches die »Entstehung« oder »Erzeugung« der Wirkung betreibe. In Wirklichkeit tut sie nichts als »da zu sein« (*avyāpara*, *akiñcit-kara*), und die Wirkung entsteht in funktionaler Abhängigkeit von den Bedingungen. »Es gibt keine wirkliche Entstehung; es gibt nur wechselseitige Abhängigkeit.« Zu dem Zeitpunkt, da die Wirkung einsetzt, ist die »Ursache« bereits operationsunfähig, da unmittelbar, nachdem die »Ursache« ihr Dasein gewonnen hat, auch schon nicht mehr die leiseste Spur ihrer Realität überlebt. Der Platz reicht hier nicht aus, einen Vergleich des buddhistischen Kausalitätsverständnisses mit anderen in Indien und Europa geläufigen Konzepten anzustellen.[10] Daher soll der Hinweis genügen, daß es als unausweichliche Folge der Lehre von der Augenblicklichkeit zu sehen ist.

c) Klassifizierung der Ursachen und Bedingungen

Als Anleitung für Meditationen über diesen Bereich enthält der *abhidhamma* der *theravādins* ein Verzeichnis von einundzwanzig Bedingungen (*paccaya*), welche der Mönch systematisch auf alle seine Erfahrungsinhalte anzuwenden hatte.[11] Man beachte, daß dies – wegen der vorrangigen Bedeutung geistiger Verfassungen (vgl. S. 154) – hauptsächlich geistige Vorgänge und ihre Begleitumstände betraf.

Vier dieser Bedingungen, nämlich die unter Nr. 2, 9, 13 und 21 aufgeführten, gelten als Grundlehre,[12] so daß ich mit ihnen beginne.

Nr. 2. Ein *dharma* kann einen anderen bedingen oder unterstützen, indem er dessen *Objekt* oder »objektive Stütze« abgibt. Wie ein gebrechlicher Mann, auf einen Stock gestützt oder an ein Seil geklammert, sich erheben und aufrecht stehen kann, so kommen Gedanken und ihre Begleitumstände dadurch auf, daß sie Sicht- usw. bis Verstandesobjekte finden und durch diese zugleich sich selbst aufrechterhalten. Kein bewußtes (im Gegensatz zum unterbewußten) Denken existiert ohne ein Objekt.

Nr. 9. *Entscheidender Einfluß*. Dies ist eine machtvolle Bedingung, und das Bedingte kann sich ihren Eingebungen oder Anreizen schwerlich entziehen. Sie besitzt drei Aspekte: 9a) Entscheidender Einfluß des *Objekts*. Dies besagt, daß man, wenn man über ethisches Verhalten, Meisterschaft in den Trancepraktiken und dergleichen nachdenkt, ein bestimmtes Objekt aufgreift, hervorhebt und seine Bedeutung betont, bis es alle anderen Überlegungen verdrängt und überwältigende, fast unwiderstehliche Macht gewinnt.[a] 9c) Entscheidender Einfluß der *Gewohnheit*. »Gewohnheit« (wörtlich »Natur«, *pakata*) kann entweder die gewohnte Ernährung, das Klima usw. betreffen oder sich auf geistige Gepflogenheiten beziehen. Einem in den Glaubenspraktiken fortgeschrittenen (*nipphādito*) Menschen fällt es aufgrund seiner langen Praxis immer leichter, weitere Glaubenshandlungen auszuführen. Das gleiche gilt für alle übrigen Tugenden. Wurden sie erst zur Gewohnheit, so führen sie ihrerseits dazu, daß man mit einer gewissen Selbstverständlichkeit Gaben austeilt, die Moralvorschriften einhält, Trancezustände erreicht, Einsicht gewinnt, in den Pfad eintritt und überlegenes Wissen erlangt.[b]

Nr. 13. *Karma*. Es wirkt durch jene Handlungsweise, wel-

a 9b), der entscheidende Einfluß durch *unmittelbare Nähe*, wird unter Gruppe III (S. 217) erläutert.

b Bei Bedingung Nr. 9 handelt es sich um eine intensivierte Fassung der Bedingung Nr. 3, nämlich *vorherrschender Einfluß*. Dort unterstützt ein Ereignis das andere insofern, als es »überlegen«, »vorangehend« oder »führend« ist. Es besitzt zweierlei Natur, nämlich als gleichzeitige Entstehung und als Objekt. Die erste besagt, daß konzentrierter Tatendrang, Entschlossenheit, Denken und Forschen dann vorherrschenden Einfluß gewinnen können, wenn für die Ausübung der vier Grundlagen psychischer Macht der einen oder anderen Vorrang eingeräumt wird. Die zweite (die 9a entspricht) tritt in Erscheinung, wenn ein Objekt besonders mäch-

che Gedankenarbeit (*citta-prayoga*) einschließt. a) Heilskräftiges oder unheilvolles weltliches Wollen, manifestiert in körperlichen, verbalen oder geistigen Handlungen, bedingt die später auftretenden *skandhas* und entstammt ihnen. b) Gleichzeitig entstandenes Wollen bedingt gleichzeitig entstehende zusammenwirkende Phänomene.

Nr. 21. *Präsenz*. Bedingung und Bedingtes sind gleichzeitig. Die Bedingung unterstützt und untermauert das Bedingte durch ihr bloßes Vorhandensein. In diesem Sinn unterstützen die vier geistigen *skandhas* einander, die vier großen Ur-Gegebenheiten unterstützen sowohl einander als auch die aus ihnen hervorgegangenen materiellen Objekte, und so fort.

Die übrigen Bedingungen können in die folgenden drei Gruppen geordnet werden: Gruppe I betrifft Ereignisse, die A) gleichzeitig, B) vorgegeben, C) nachträglich und D) alles zugleich sind.

IA. (Nr. 6) *Gleichzeitig*: die Bedingung entsteht zugleich mit dem Bedingten, wie Lampe und Lampenlicht. (Nr. 7) *Gegenseitigkeit*: wie die drei Ständer eines Dreifußes einander beim Aufrechtstehen helfen, so unterstützen Bedingung und Bedingtes einander, indem sie sich gegenseitig hervorrufen und tragen. (Nr. 8) *Unterstützung*: gleichzeitige Zustände helfen einander im Sinne eines Fundaments, einer Stütze, so wie Bäume im Fundament des Bodens wurzeln oder ein Ölgemälde auf einer Leinwand haftet. (Nr. 19) *Gleichsetzung*: geistige Zustände unterstützen einander dadurch, daß sie miteinander dieselbe körperliche Ausgangsbasis sowie dasselbe Objekt, denselben Aufstieg und Verfall teilen. (Nr. 24) *Nicht-Verschwinden*: ein Ereignis hilft dem anderen dadurch, daß es präsent bleibt, nicht verschwindet.

IB. (Nr. 10) *Vorgegeben*: eine Bedingung, welche dem Bedingten vorausgeht, unterstützt dieses durch ihr Andauern

tig wird, betont und hervorgehoben wird und als angenehmster, liebenswertester, befriedigendster und am meisten Aufmerksamkeit verdienender Gegenstand erscheint.

und ihre fortgesetzte Präsenz. Nehmen wir beispielsweise ein Sichtobjekt, welches erscheint und einige Zeit bestehen bleibt; es ermöglicht das Element des Augen-Bewußtseins. Ohne das vorgegebene Sehwerkzeug usw. könnte kein Augen-Bewußtsein entstehen.[13] Hier können die fünf Sinnesorgane, fünf Sinnesobjekte und die »Herzbasis« als Bedingungen wirken; die fünf Sinnes-Bewußtseinsebenen ebenso wie der Verstand und das Verstandes-Bewußtsein und ihre Begleitumstände bilden das Bedingte.

IC. (Nr. 11) *Nachträglich*: nachträgliche geistige Zustände tragen oder unterstützen vorgegebene körperliche Zustände, »wie die Freßlust junger Geier eine Bedingung für die Erhaltung ihres Leibes ist«.

ID. (Nr. 20) *Alles zugleich*: dies betrifft Beziehungen zwischen materiellen und immateriellen Ereignissen. Die Bedingung hilft dem Bedingten dadurch, daß keine gemeinsame körperliche Basis usw. besteht (im Gegensatz zu Nr. 19, siehe IA). Auf diese Weise bedingen a) gleichzeitige heilskräftige *dharmas* gedanklich entstandene Form; b) nachträgliche heilskräftige *dharmas* diesen bestimmten Leib, insofern er vorgegeben ist; c) die sechs vorgegebenen körperlichen Grundlagen die sechs Arten des Bewußtseins.

Gruppe II. Unterschiedliche Arten der Bedingtheit unter verschiedenen Voraussetzungen: (Nr. 1) *Wurzel-Ursache*: alle gleichzeitigen heilskräftigen Ereignisse wurzeln in der Abwesenheit von Gier, Haß und Wahn, während alles gleichzeitige unheilvolle Bewußtsein auf Gier, Haß und Wahn beruht. Geistige Zustände mit derartigen Wurzeln erweisen sich als fest und dauerhaft wie Bäume mit tiefen Wurzeln. Solche ohne derartige Wurzeln sind weniger fest verankert und gleichen dem Moos, dessen Wurzeln nicht größer als Sesamkerne sind. (Nr. 14) *Karma-gegeben*: ein derartiger *dharma* ist selbst ohne Streben, still und passiv, bedingt jedoch andere, mit ihm zusammenwirkende *dharmas*, indem er in ihnen einen Zustand der Passivität und Stille schafft. (Nr. 15) *Nah-*

rung: Materielle Speise trägt den Leib (das heißt, sie verhindert Schwäche). Die drei immateriellen Nahrungen, nämlich Kontakt, geistiges Wollen und Bewußtsein, tragen oder unterstützen die mit ihnen zusammenwirkenden Zustände oder die aus ihnen entstehende Form. (Nr. 16) *Dominanten* unterstützen durch Ausübung eines dominanten Einflusses.[14] (Nr. 17) *jhāna*: die sieben Faktoren der Trance[15] helfen, einen Zustand meditativer Trance nebst seinen materiellen Folgen herbeizuführen. (Nr. 18) *Pfad*: die zwölf »Faktoren des Pfades« werden dahingehend verstanden, daß sie von diesem oder jenem fortführen (*niyyāna*), wobei »dieses« für die Welt und »jenes« für *nirvāṇa* steht.[a]

Gruppe III betrifft Beziehungen zwischen Ereignissen, wenn diese als kontinuierliche Folge von Denkmomenten gesehen werden, welche zur Reife allen voll entwickelten Denkens führen (vgl. S. 266-273). Wie wir sehen werden, schwillt jeder derartige Gedanke wie eine Welle über bestimmte Apperzeptionsebenen heran. Sechs Bedingungen gehören in diese Gruppe: (Nr. 4) Zwei Denkmomente werden durch *unmittelbare Nähe* bedingt, wenn kein Abstand (*antara*) zwischen ihnen liegt. Diese Denkmomente folgen nicht willkürlich aufeinander, sondern ihre Entwicklung muß festgelegte Stufen durchlaufen, und bevor die vorhergehende Stufe nicht überschritten wurde, wird die folgende nicht erreicht. Die vorhergehende unterstützt also die folgende Stufe dadurch, daß sie ihr unmittelbar vorangeht, denn wäre dem nicht so, könnte die gegebene Reihenfolge der Gedankenprozesse nicht eingehalten werden und der nächste Denkmoment nicht entstehen. »Dies ist die festgelegte Ordnung des Denkens (*cittaniyamo*), daß zuerst Augen-Bewußtsein sei, dann

a 1. falsche Ansichten, 2. falsche Rede, 3. falsches Verhalten und 4. falsche Lebensführung entfernen von *nirvāṇa*; 5. Erkenntnis, 6. rechtes Denken (?, *vitakka*), 7. rechte Rede, 8. rechtes Verhalten, 9. rechte Lebensweise, 10. Ausdauer, 11. Wachsamkeit und 12. Versenkung führen von der Welt fort. Dieser Punkt ist sehr schwierig, und ich kann mich nicht rühmen, ihn vollends verstanden zu haben.

Verstandes-Element, dann Verstandes-Bewußtseins-Element; und dies wird nur vollbracht, wenn die Gedanken in der gegebenen Folge und auf keine andere Weise voranschreiten; darum heißt ein Gedankenmoment, welcher unmittelbar nachfolgend einen passenden Gedankenmoment hervorbringen kann, eine Bedingung durch unmittelbare Nähe.« (Nr. 5) Der *unmittelbare Vorläufer* bedeutet laut Buddhaghosa dasselbe wie Nr. 4, nur daß die Unmittelbarkeit der Aufeinanderfolge der beiden durch keine Zwischenpause unterbrochenen[16] Momente noch betont wird. (Nr. 9b) *Entscheidender Einfluß durch unmittelbare Nähe* bezieht sich auf Fälle, wo ein vorgegebener Denkmoment einen heftigen Anstoß für das Entstehen des unmittelbar auf ihn folgenden gibt. (Nr. 12) *Wiederholung* bildet eine Gewohnheit heraus, wie wenn wir etwas auswendig lernen. Findet Wiederholung statt, so unterstützt ein Denkmoment den unmittelbar auf ihn folgenden dadurch, daß er ihn vertrauter und kräftiger erscheinen läßt. Diese Bedingung gilt nur für die siebente Stufe der bewußten Wahrnehmung. Jedes heilskräftige Wollen erleichtert das unmittelbar folgende Aufkommen einer neuen heilskräftigen Absicht. Das gleiche gilt für unheilvolle Absichten. Auch bestimmte Reaktionen wie Ärger, Lust, Hochmut, Mitleid usw. können zur Gewohnheit werden, ferner ebenso rein funktionale Triebkräfte, wohl in dem Sinn, daß gewisse technische Fertigkeiten erworben werden. (Nr. 22) *Abwesenheit*: soeben vergangene geistige Ereignisse unterstützen die unmittelbar folgenden dadurch, daß sie ihnen Raum geben. Indem sie selbst enden, schaffen sie für jene die Möglichkeit, zu entstehen und fortzuwirken. (Nr. 23) *Verschwinden* unterscheidet sich nur verbal von Nr. 22. Durch sein Verschwinden schafft ein Ereignis Raum für das folgende.

Selbst dieser flüchtige Seitenblick sollte zeigen, daß im Buddhismus der Begriff »Bedingung« weit größere Bedeutungsfülle trägt als unsere gewohnte Interpretation. Damit ihm auch ja keine der vielen Bedingungen für ein Ereignis entgeht, verhält sich der *theravādin* wie ein Siouxhäuptling, der im Kreis um die Planwagen der Trapper galoppiert und aus allen Richtungen und Winkeln seine Pfeile abschießt.[a]

Die *sarvāstivādin*-Aufzählung der Bedingungen ist etwas weniger komplex. Sie weist genügend Parallelen zum *theravādin*-System auf, um die Vermutung nahezulegen, daß beide auf eine gemeinsame Urfassung zurückgehen, welche vor der Trennung der beiden Schulen enstanden sein muß. Aber auch Unterschiede finden sich in ausreichender Zahl, um die Annahme zu rechtfertigen, daß das uns vorliegende System erst nach ihrer Trennung ausgearbeitet wurde. Hier nun wird zwischen vier Bedingungen (*pratyaya*) und sechs Ursachen (*hetu*) unterschieden.[17] Als die vier Bedingungen gelten 1. das Objekt, 2. der unmittelbare Vorläufer, 3. die vorherrschende Bedingung (*adhipati*) und 4. die kooperative Bedingung.

Die erste betrifft das jeweilige Objekt geistiger Vorgänge. Die zweite bezieht sich ebenfalls nur auf geistige Ereignisse und betrifft den unmittelbar vorausgegangenen Moment im Gedankenstrom, der durch sein Erlöschen die unmittelbar folgende Entstehung eines neuen Gedankens ermöglicht. Alles Denken nimmt an dieser Kausalität teil, mit Ausnahme des letzten Gedankens eines *arhat* im Augenblick seines *nirvāṇa*, dem kein neuer Gedanke folgen kann. Die dritte ist die entscheidende, vorherrschende, spezifische Bedingung, der Grund (*kāraṇa*) für das Entstehen von etwas anderem, dasjenige nämlich, was es zu »erzeugen« (*jānaka*) scheint, wie Sehorgan und Sichtobjekt hinsichtlich des Sicht-Bewußtseins, das Samenkorn hinsichtlich des Sprößlings usw. Die »kooperative Bedingung« schließlich wird als der Beitrag erläutert,

a Ich bedaure, daß der Platz nicht reicht, um diese Kategorien durch konkrete Beispiele zu verlebendigen. Der Leser sei jedoch warnend darauf hingewiesen, daß die Meditation über Bedingungen zu den höchsten Errungenschaften buddhistischen Denkens zählte; ehe er die vierundzwanzig Bedingungen als wirre Phantasterei unaufgeklärter Heiden abtut, sollte er zu erfassen suchen, welche Wirkung mit dem System beabsichtigt war, und lernen, es zu handhaben.

welchen beispielsweise das Licht zur visuellen Empfindung beisteuert, und dergleichen.

Bei den sechs »Ursachen« handelt es sich aller Wahrscheinlichkeit nach um eine spätere Ergänzung.[18] Die erste ist die umfassende, gattungsbestimmende oder allgemeine und indirekte Ursache eines Ereignisses. Jeder abhängige *dharma* bildet die »allgemeine Ursache« für alle Einheiten außer seiner selbst. Diese kopräsente Ursache umfaßt alle »zulässigen« Bedingungen eines Ereignisses, die seinem Entstehen kein Hindernis (*avighna*) in den Weg legen, sich nicht störend auswirken, obwohl sie es könnten – wodurch sie eine ständig im Hintergrund lauernde Bedrohung darstellen.[a] Zweitens haben wir Koexistenz (*sahabhū*). Hier bedingen gleichzeitig bestehende *dharmas* einander, etwa die großen Ur-Gegebenheiten und deren Ableitungen, wie das Denken und seine Begleitumstände, oder die vier Merkmale, Geburt usw. (vgl. S. 255), und die *dharmas*, denen sie zugehören. Die *dharmas*, die stets einen Gedanken begleiten (vgl. S. 153), haben zeitlich gesehen das gleiche Entstehen, Verweilen und Verlöschen wie der Gedanke selbst, denn das Denken und seine Begleitumstände entstehen, bleiben und verlöschen gemeinsam; sie tragen die gleiche Frucht und münden in das gleiche *karma*-Ergebnis; ist das eine heilskräftig, unheilvoll und neutral, so sind es auch die anderen. Die *sautrāntikas* wandten ein, daß eine Ursache nach üblichem Sprachverständnis ihrer Wirkung vorausgehen müßte und nicht mit ihr gleichzeitig auftreten könnte. Die *sarvāstivādins* erwiderten mit gegenteiligen Beispielen, darunter dem der Lampe und des Lampenlichts, dem wir schon auf S. 214 begegnet sind. Im Fall koexistenter *dharmas* lautet die Interpretation, daß alle existieren, wenn einer besteht, und keiner, wenn ein einziger fehlt. Daher bedingen sie einander. Auch hier erläutert das Dreifuß-

a »Das bedeutet, daß als Ursache für ein zu einem gegebenen Augenblick stattfindendes Ereignis nichts geringeres als die Situation des Universums zu diesem Zeitpunkt zu sehen ist.« (BL I 131)

Beispiel die gegenseitige Unterstützung gleichzeitiger *dharmas*. Diese Überlieferung dürfte also recht alt sein.[a]

»Zusammenwirken« oder Kooperation, unsere dritte Bedingung, ähnelt der »Koexistenz«. Der Begriff bezieht sich nur auf geistige Ereignisse. Bewußtsein (*citta*), wenn auch ein eigener *dharma*, tritt, wie wir gesehen haben (S. 153), nie allein auf, sondern stets in Begleitung anderer geistiger Ereignisse (*caittā*). *Citta* und *caittā* sind durch Zusammenwirken aufeinander bezogen, wenn sie die gleiche Einzel(*abhinna*)-Substanz teilen. Zum Beispiel[19] kann eine momentane Aktivität der Sehorgane als Substanz nicht nur für einen visuellen Bewußtseinsvorgang, sondern auch für daran beteiligte Gefühle und dergleichen dienen. So wie die Begleiter einer Karawane miteinander das gleiche Essen, Trinken usw. teilen, teilen kooperative *dharmas* die gleiche Substanz, das gleiche Objekt, Aspekte, Zeitebenen und tragende Bestandteile.[20] Die zweite und dritte Ursache sollen offenbar an die Selle der »Vererbungs«-Kategorie treten, wie sie von anderen Philosophen Indiens angenommen wurde.

Die vierte Ursache, »Homogenität«, »soll den homogenen Verlauf punktueller Momente erläutern, was den Gedanken an Dauer und Stabilität (der Objekte) nahelegt«. Gleiches verursacht Gleiches, heilkräftige Ereignisse ebnen heilkräftigen Ereignissen den Weg, ebenso unheilvolle *dharmas*, und es trifft auch auf alle *dharmas* der gleichen Kategorie und Ebene

a An anderem Ort (AK ii 275) betonen die *sarvāstivādins* auch, daß Bedingungen dem Bedingten nicht vorauszugehen brauchen. Vergangene und gegenwärtige *dharmas* können »alldurchdringend« oder »ähnlich« genannt werden; gegenwärtige und künftige *dharmas* können »kooperativ«, »koexistent« und »*karma*-gegeben« sein; die abhängigen *dharmas* der drei Zeitebenen können als »erzeugende Ursachen« wirken. Sowohl die koexistente und kooperative Ursache als auch die Bedingung des Objekts wirken auf den *dharma* ein, der mit ihnen zugleich entsteht, verweilt und vergeht. Drei, nämlich die ähnlichen, allgemeinen und *karma*-gegebenen *dharmas*, wirken auf einen künftigen *dharma* ein, der sich im Werden befindet, ebenso auch die unmittelbar vorausgehende Bedingung. Vgl. auch BL i 120.

zu, so wie Reis wieder Reis erzeugt und Weizen wieder Weizen. Die Ursache geht hier stets der Wirkung voraus. Ebenso wie die Begleiter einer Karawane sicher reisen, da sie einander beistehen, erhalten auch die durch »Ähnlichkeit« oder »Homogenität« aufeinander bezogenen *dharmas* einander.

Fünftens bezieht sich die »alldurchdringende« (*sarvatraga*) Ursache auf die durch latent vorhandene böse Anlagen bewirkte Kausalität. Dieses Thema ist so schwierig, daß ich auf die Originaltexte verweisen[21] und mich darauf beschränken muß, Stcherbatskys Zusammenfassung zu zitieren: »Unter diesem Begriff sind die verschiedenen Leidenschaften und Denkgewohnheiten des gewöhnlichen Menschen zu verstehen, die ihn davon abhalten, den Ursprung und das Wesen empirischer Realität zu erkennen und ihn somit daran hindern, ein Heiliger zu werden.« Schließlich umfaßt die sechste Ursache, nämlich Vergeltung (*vipāka* = *karma*-Ergebnis) alle unheilvollen *dharmas* sowie jene heilsträchtigen, die von Ausflüssen begleitet werden, da sie von ihrer Natur her zu einem *karma*-Ergebnis führen. Heilskräftige *dharmas* ohne Ausflüsse, als von Verlangen frei, verhalten sich nicht auf diese Weise.

d) Entstehung in Abhängigkeit

Die Entdeckung der zwölf Glieder der Ursachenkette, oder, genauer gesagt, der gemeinsamen Entstehung in Abhängigkeit (*pratītyasamutpāda*) wurde für die höchste Einsicht eines Buddha gehalten, die seiner Erleuchtung unmittelbar vorausgeht; sie war Gegenstand unablässiger Meditation, und der Mönch wurde durch das *saṃsāramaṇḍala* ständig daran erinnert, das heißt an den »Kreislauf von Geburt und Tod«, bekannter als das »Rad des Lebens«, das man in die Vorhallen der Klöster malte.[22] Den Grundsatz dieser Lehre habe ich in meinem *Buddhist Meditation* dargelegt, gefolgt von der auf Buddhaghosa zurückgehenden *theravādin*-Interpretation.[23]

Es hieß zu Recht von diesem Grundsatz, er sei »tief, und blickt zugleich tief«, und man könnte leicht ein ganzes Buch über ihn schreiben. Da ich mich aus Platzgründen auf Grundbegriffe beschränken muß, will ich mich hier auf die Definition seines konkreten Zwecks konzentrieren. Was hofft dieser vielgepriesene Grundsatz zu erreichen, was will er erklären? Acht Punkte müssen in Betracht gezogen werden:

1. Als Korrelat zur zweiten und dritten Wahrheit erklärt er den Ursprung des Leids und zugleich seine Beendigung, das heißt also die Möglichkeit der Erlösung. Er erklärt, warum unser Leben auf Abwege geraten ist und lehrt uns, was wir tun können, um es wieder auf rechte Bahnen zu lenken. Unser Kampf hat sich vor allem gegen Unwissenheit und Verlangen zu richten.

2. Er gemahnt uns an das völlig Abnormale unserer gegenwärtigen Verfassung, daran, daß wir uns sozusagen in »gefallenem« Stand befinden und daß alles, was wir denken oder tun mögen, durch Unwissenheit und Verlangen von Grund auf verderbt ist. »Knechtschaft entsteht durch das Festhalten an der Unwissenheit, Freiheit dadurch, daß wir sie aufgeben.« Die Überzeugung, das Leben sei nichts als eine einzige lange Krankheit, kommt in Buddhaghosas Gleichnissen[24] für die zwölf Kettenglieder klar zum Ausdruck: Das erste gleicht einem Blinden, der nicht sieht, was vor ihm liegt; 2. er stolpert; 3. er fällt; 4. er zieht sich eine Geschwulst zu; 5. die Geschwulst reift, in ihr sammelt sich Materie, die 6. spannt und 7. schmerzt; 8. er verlangt nach Heilung, 9. greift zur falschen Arznei, 10. wendet eine falsche Tinktur an, 11. mit dem Ergebnis, daß die Geschwulst wächst und 12. platzt. Diese Lehre setzt also unsere kostbare, gehegte und gepflegte Persönlichkeit einer »Beule« gleich!

3. Er klärt uns darüber auf, daß das, was wir unsere »Erfahrung« oder »Kenntnis« der Welt nennen, in Wirklichkeit auf Unwissenheit beruht, und daß der einzige Ausweg aus die-

sem wirren Durcheinander in weiser Betrachtung der Leere liegt.

4. Er liegt dem Mechanismus der Wiedergeburten zugrunde. In diesem Zusammenhang sollten wir allerdings die Möglichkeit in Betracht ziehen, daß es sich bei der Kette der zwölf Glieder, wie sie in der Orthodoxie der *theravādins* und *sarvāstivādins* erscheint, um eine spätere scholastische Version einer leicht abweichenden früheren Theorie handelt. Es wurde oft bemerkt, daß einige der heiligen Schriften eine Version des »Entstehens in Abhängigkeit« erwähnen, welche in gewissem Ausmaß von der später gültigen abweicht.[25] Unwissenheit wäre demnach nicht nur nicht unbedingt das erste Kettenglied, sondern ihr würden dem *Suttanipāta* zufolge *upādhi*, »Zuneigungen«(?) vorausgehen, dem *Majjhima-Nikāya* zufolge die Ausflüsse (*āsava*). Außerdem enthalten einige der älteren Aufzählungen Bedingungen, die in der festgelegten Fassung des Grundsatzes fehlen, etwa »Wahrnehmungen« und »vielfältige Konzepte« (*prapañca*), die in der Heilslehre des *mahāyāna* eine entscheidende Rolle spielen. Lassen wir andere Varianten beiseite, so scheint die wichtigste darin zu bestehen, daß in den ältesten Formulierungen offenbar vier der Kettenglieder fehlen. Es sind dies 4. Name und Form, 5. die sechs Sinnesfelder, 11. Geburt und 12. Verfall und Tod. Übrig bleiben 1. Unwissenheit, 2. *Karma*-Bildung, 3. Bewußtsein, 6. Kontakt, 7. Gefühl, 8. Verlangen, 9. Ergreifen und 10. Werden. Nun ist leicht zu erkennen, daß die vier fehlenden Punkte (4, 5, 11, 12) eben genau diejenigen umfassen, die der Seelenwanderung des Individuums sozusagen Körperhaftigkeit geben und das Los des wandernden Organismus beschreiben. Es scheint daher keineswegs ausgeschlossen, daß dieser Lehrsatz ursprünglich nichts mit der Frage der Wiedergeburt zu tun hatte und daß die Anordnung seiner Teile auf die drei Lebensspannen eine scholastische Ergänzung darstellt. Die übrigen acht Faktoren (1-3, 6-10) lassen sich dahingehend interpretieren, daß sie die grundlegende Geistesverfassung beisteuern, die, jederzeit

wirksam, für den Ursprung von Leid und falschen Ansichten verantwortlich ist. Möglicherweise drückte der Lehrsatz ursprünglich nichts als die Herkunft und Überwindung des Leids aus, ohne direkten Bezug zur Folge der verschiedenen Lebensspannen.

5. Gesicherter ist die Tatsache, daß auch die Scholastiker die Kettenglieder nicht als bloße Reihenfolge, sondern als gleichzeitig in ein und derselben Erfahrung präsent sahen. Der *Abhidharmakośa*[26] sagt, daß in ein und demselben Augenblick, wenn ein dem Verderben zum Opfer gefallener Mensch einen Mord begeht, alle zwölf Kettenglieder zum Tragen kommen. Da ist zunächst sein *moha* oder Geisteszustand, 2. sein Wollen oder absichtsvolles Handeln, 3. sein Unterscheidungsvermögen, welches ihm einen bestimmten Gegenstand bewußt macht, 4. die vier mit diesem Bewußtsein koexistenten *skandhas*, 5. die Aktivität der Sinnesorgane, 6. die an dieser Aktivität beteiligten Kontakte, 7. die Erfahrung derartigen Kontakts, 8. Gier, 9. die »Besessenheiten« (*paryavasthāna*), die mit Gier zusammenhängen, wie mangelndes Schamgefühl und dergleichen, 10. die Handlungen des Körpers und der Stimme, 11. die Entstehung (Geburt) all dieser *dharmas* und 12. ihr Reifen und Zerbrechen.

6. Die Lehre zerstreut die Zweifel, die man über sein eigenes Schicksal empfinden mag, etwa: »Gab es mich in der Vergangenheit, wie, und als wen?« »Wie und von wo aus kam ich dorthin?« »Wohin gehe ich von hier aus, und auf welche Weise?« »Wer oder was werde ich nach meinem Tod sein?«

7. Sie erklärt, wie es einem Individuum möglich ist, offenbar ohne Vorhandensein eines beständigen Selbst ins Dasein einzutreten, das heißt eines Selbst, welches für das Subjekt seiner Taten und Erfahrungen, als Empfänger der Freuden und Leiden, die aus diesen Taten folgen, zu gelten hätte. Allenthalben werden unpersönliche Faktoren ins Spiel gebracht. Wir lernen, daß es niemanden gibt, der weiß, berührt, fühlt, begehrt, ergreift, entsteht, geboren wird, vergeht oder stirbt.

8. Sie verhilft zu einem tieferen Verständnis der abhängigen Natur aller Ereignisse. In den *sūtras* betraf Entstehen in Abhängigkeit lediglich die zwölf Bindeglieder, angefangen mit Unwissenheit, oder die Faktoren, welche die Wiedergeburt eines Individuums bestimmen. Die *abhidharma*-Anhänger entwickelten diese Lehre zu einer allgemeinen Theorie, in welcher Entstehen in Abhängigkeit zu einem Synonym für die gesamte bedingte Realität wurde.[a][27]

a Einige Schulen vertraten die Ansicht, die Entstehung in Abhängigkeit sei nicht-abhängig. So wie man sagen könnte, daß nichts beständig wäre außer der Unbeständigkeit, ließe sich auch behaupten, nichts wäre absolut oder nicht-bedingt außer der Tatsache, daß alles bedingt sei. Dies ist von weitreichender Bedeutung für die Zukunft.

3. Das Unbedingte und der Heilsprozeß

1. *Nirvāṇa* und Raum

Nachdem wir das Bedingte beschrieben haben, wenden wir uns nun dem Unbedingten zu. Das Absolute erscheint in unpersönlicher Form als das »Unbedingte« oder »*nirvāṇa*« und in scheinbar persönlicher Gestalt als der »Buddha« oder »*tathāgata*« (vgl. S. 244 f.). Die *sūtras* berichteten in tief gefühlter poetischer Sprache von der Transzendenz des *nirvāṇa*. Der Hauptteil der *abhidharma*-Literatur gilt der Analyse des Bedingten. Aussagen über das Unbedingte kommen relativ selten vor und befassen sich hauptsächlich mit drei Themen. Das erste wurde ausführlich in Teil 1 diskutiert, wo wir *nirvāṇa* in bezug auf die drei Merkmale alles Bedingten definiert haben (vgl. S. 97 ff.). Das zweite und dritte Thema betreffen seine Beziehung zur Kausalität und Existenz und bedürfen an dieser Stelle einiger Erläuterungen. Erst mit dem *mahāyāna* verlagert sich das Augenmerk definitiv auf das Unbedingte. Es wird nun fast zum einzigen Diskussionsthema. Man schützt seine Transzendenz nicht nur durch immer neue Negationen vor Mißverständnissen, sondern darüber hinaus durch ein unermüdliches Ringen um exakte Definitionen der eingebrachten negativen Aussagen.

Das Unbedingte durchdringt seinem eigentlichen Wortsinn zufolge nicht nur alles Denken, sondern auch jedes *karma* und alle Kausalität. Das *Dhammasaṅgani*[1] erwähnt hie und da beiläufig einige Eigenschaften des »Nicht-bedingten Elements«. Hinsichtlich des Denkens ist es »nicht aus dem Denken gekommen«, entstand nicht gemeinsam mit dem Denken und folgt nicht aus dem Denken. In bezug auf *karma* verhält es sich unbestimmt, das heißt, es bringt weder gutes noch schlechtes *karma* hervor; es ist weder *karma*-Ergebnis noch für ein solches verantwortlich. In bezug auf Kausalität stellt es keine Ursache dar, löst keine nachfolgende Ursache aus und steht in keinerlei Bezug zu einer Ursache. Das Werk *Fragen des Königs Milinda*[2] erfaßt sehr klar das Wesentliche des Problems: *Nirvāṇa* ist kein Ergebnis einer Ursache (*a-hetujam*). Es gibt keine Ursache für das Entstehen des *nirvāṇa*, doch es gibt einen Pfad, welcher zu seiner Verwirklichung führt. *Nirvāṇa* selbst ist nicht machbar (*anuppādanīya*), denn es ist »aus gar nichts gemacht«. Es läßt sich von ihm weder sagen, daß es gemacht oder nicht gemacht wurde, noch, daß es vergangen, künftig oder gegenwärtig sei.

So weit, so gut. Doch ein seinem eigenen Impuls überlassenes scholastisches System wird stets nach mehr und mehr Präzision streben, indem es bis ins Unmäßige immer feinere und feinere Differenzierungen ausarbeitet. In diesem Sinn erreichten die europäischen Scholastiker des sechzehnten Jahrhunderts gegenüber dem vergleichsweise schlichten Heiligen Thomas einen fast unglaublichen Grad begrifflicher Spitzfindigkeit, woraufhin ihr System derart sperrige Züge annahm, daß es nur noch die Kleinmütigen und Mittelmäßigen fesseln konnte und von kühneren Geistern wie Martin Luther oder Francis Bacon grob beiseite gefegt wurde. So führte denn auch im *abhidharma* der löbliche Wunsch nach größerer Präzision über die Jahrhunderte hinweg in eine fast ausweglose Sackgasse. Als seine fein ausgewogenen gedanklichen Konstrukte immer weniger Einsicht zu vermitteln begannen, verloren die *mahāyāna*-Anhänger die Geduld und reagierten mit forciert paradoxen Behauptungen, in denen sie zwar die Unvereinbarkeit von *nirvāṇa* und irdischer Welt betonten, jedoch jeden Versuch einer Erklärung aufgaben, wie irgend jemand jemals *nirvāṇa* erreicht. Denn ein Ziegelstein wird, auch wenn man ihn noch so gründlich poliert, nie zu einem Spiegel. Ebenso führt keine noch so große Mühe, kein noch so heftiges sittliches Streben, keine noch so tiefe Meditationsübung und weise Einsicht in die Wirklichkeit je zur Erlangung des *nirvāṇa*. Und doch wurde, ist und wird *nirvāṇa* erlangt. So begünstigte der Widerwille der *mahāyāna*-Schule gegen das Ringen um Folgerichtigkeit des *abhidharma* den entgegengesetzten Ansatz, nämlich Verkündigung der Wahrheit mittels Aussagen, die krasse Widersprüche in sich selbst enthielten.

Bereits im *Abhidharmakośa*[3] war deutlich geworden, daß die *abhidharma*-Schüler in ihrem Bemühen, das Wunderbare mit streng rationalen Begriffen zu definieren, notwendigerweise scheitern und in völlig unlösbare Schwierigkeiten geraten mußten. Es wäre ermüdend, sie in allen Einzelheiten zu beschreiben, und ich begnüge mich damit, lediglich den Kern dessen, was Vasubandhu zu sagen hat, wiederzugeben: Das Unbedingte besitzt keine Ursache für eine Frucht (Wirkung), sondern ist zugleich Ursache[4] und Frucht.[5] Es trägt keine Frucht, da es außerhalb der drei Zeiten liegt. Keine Ursache kann es hervorbringen, und als inaktiv kann es keine Wirkung zeitigen. Das Unbedingte kann keine Ursache haben, da »Innehalten«, welches ewig ist, zu keinem Zeitpunkt aufkommen kann, nachdem es zuvor nicht war.[6] Hier mag eingewendet werden, daß *nirvāṇa* nicht ewig sein kann, da eine weise Gnosis (*pratisaṃkhyā*), ohne welche es nicht ist, seine notwendige Vorgabe gewesen sein muß. Diese Gnosis gipfelt in der »Erkenntnis des Nicht-Entstehens« (vgl. S. 238). Das »Nicht-Entstehen« seinerseits hat stets unabhängig existiert. Erfolgt keine Erkenntnis des Nicht-Entstehens, so entstehen *dharmas*; gibt es diese Erkenntnis, so entstehen sie auf keinen Fall. Hinsichtlich des Nicht-Entstehens besteht die Wirkung der Erkenntnis lediglich darin, daß es 1. vor dem Eintritt der Erkenntnis kein Hindernis für ein Entstehen bedinger *dharmas* gab; und daß sie 2., nachdem sie eingetreten ist, die bedingten *dharmas* am Entstehen hindert.

Soweit zu der Aussage, daß das Unbedingte weder Ursache noch Wirkung »hat«. Der Folgesatz, nämlich daß es sowohl Ursache als auch Wirkung »ist«, war Gegenstand mancher Kontroversen. Einige wandten ein, daß, wenn das Unbedingte eine Wirkung »ist«, es eine Ursache »haben«, beziehungsweise, wenn es eine Ursache »ist«, eine Wirkung »haben« muß. Die *sarvāstivādins* beharrten nach wie vor auf ihrem Standpunkt, daß das Unbedingte eine Wirkung des Pfades sei, da durch dessen Kraft der »Besitz« der Loslösung von allem Bedingten erlangt werde. Der Pfad vermag freilich die Loslösung nicht zu »verursachen«, doch sie gilt nichtsdestotrotz als die »Frucht« des Pfades. Denn der Pfad vermittelt den »Besitz« der Loslösung. Zudem ist das Unbedingte in zweierlei Hinsicht »Ursache«, als es nämlich 1. zu den hervorbringenden Ursachen gehört, welche das Entstehen anderer *dharmas* nicht hemmen (vgl. S. 219), und 2. vom Objekt her als eine Bedingung für die das Unbedingte betrachtende Erkenntnis gesehen werden muß. Die *sautrāntikas* wandten ein, daß Kausalität ausschließlich auf bedingte und unbeständige Gegenstände beschränkt sei, und die *sarvāstivādins* gaben zu, *nirvāṇa* sei nicht in dem Sinn Ursache, daß es etwas erzeuge. Danach gleitet dann die Debatte wirklich in reine Scholastik ab und verliert die geistlichen Realitäten, die zu diskutieren sie vorgibt, aus dem Auge.

Nun ein paar Worte zur Beziehung zwischen *nirvāṇa* und den Kategorien der »Existenz« oder »Nicht-Existenz«. Angesichts der Schwäche der menschlichen Natur darf es uns nicht sonderlich überraschen, daß die späteren Buddhisten recht intensiv über die grundsätzlich müßige Frage diskutierten, ob *nirvāṇa* »existiere« oder »nicht existiere«. Die Meinungsverschiedenheiten zwischen *sarvāstivādins*, *theravādins* und *mahīśāsakas* einerseits und *sautrāntikas* andererseits führten zu ausgedehnten Kontroversen über die Frage, ob *nirvāṇa* ein Seiendes (*dravya*)[a] oder Nichtseiendes (*abhāva*) wäre.[7] In seiner gewohnt schlichten Art sagt der *Milindapañha*:[8] »*Nirvāṇa* ist; es kann vom Verstand erkannt werden; mit reinem, hohem, geradem, offenem und geistlichem (*nirāmisa*) Ver-

a Oder »real«. Dies wurde in der *sarvāstivādin*-Schule gleichbedeutend mit einem eigenen *dharma*.

stand vermag der heilige Jünger, wenn er auf rechte Weise fortschreitet, *nirvāṇa* wirklich zu sehen.« Demgegenüber versichern die *sautrāntikas*, *nirvāṇa* sei keine reale und konkrete Einheit, sondern lediglich Abwesenheit einer solchen. So wie Raum nichts anderes ist als die Abwesenheit fester Körper (vgl. S. 233), so besteht auch *nirvāṇa* in bloßer Abwesenheit der Neigung zum Handeln und des Zwangs zur Wiedergeburt.[9] Es bedeutet lediglich Nicht-Existenz der fünf *skandhas*, und es wäre schlichtweg absurd, dieser Nicht-Existenz eine eigene Existenz beizulegen.[10] Das Unbedingte ist nicht durch direkte Sinnesoffenbarung (*pratyakṣa*) erkennbar, noch läßt es sich zwingend ableiten (*anumāna*). Daher besitzt es keine Merkmale, an denen es zu erkennen wäre, und existiert nicht als eigene erkennbare Einheit.[11] Man könnte dem entgegenhalten, daß doch das *sūtra* einen Mönch erwähnt, der »*nirvāṇa* mitten in diesem Leben erlangte«; wenn *nirvāṇa* ein bloßes Nichts ist, wie kann er es dann erlangt haben? Die *sautrāntika*-Schule antwortet: der Mönch hat durch die auf dem Pfad genommene Entwicklung ein Gegenmittel, eine Gegenkraft gefunden und damit zugleich eine Substanz gewonnen, welche mit den Unlauterkeiten und einer Wiedergeburt in ein neues Leben unvereinbar sind.[12] Schließlich berufen sich die *sautrāntikas* auf jenes *sūtra*, das über den gänzlich erlösten Heiligen aussagt: »Gleich dem Verlöschen (*nirvāṇam*) einer Flamme wird sein Denken (*cetasaḥ*, auch ›Herz‹) erlöst«, und fragen, wie jemand das Hinscheiden (*aty-aya*) einer Flamme als ein Ding an sich betrachten könne.

Wie üblich stellt sich die Theorie der *sarvāstivādins* schwieriger dar. Sie ist in vielem ihrem »Panrealismus« und ihrer Theorie vom »Besitz« verpflichtet. Die *sarvāstivādins* unterscheiden zwei Arten der Loslösung: die eine beruht auf der durch Weisheit erlangten Erkenntnis der vier Heiligen Wahrheiten (*prati-saṃkhyā*), die andere dagegen vollzieht sich nicht mit Vorbedacht durch intellektuelle Arbeit, sondern beruht auf dem Mangel an ausreichender Kraft. Die erste ist *nirvaṇa*,[13] das als ein *dharma* definiert wird, welcher den »Besitz« oder die »Trennung« (*visamyoga*) von allen unreinen *dharmas* herbeiführt, wobei diese Trennung selbst ewig und nicht durch Ursachen bewirkt ist. Bei der zweiten Art der Trennung oder des Innehaltens (*nirodha*) handelt es sich um einen *dharma*, welcher in demjenigen, der ihn »besitzt«, jede Geburt irgendeines *dharma* absolut unmöglich macht und die Entstehung künftiger *dharmas* verhindert, nicht durch Weisheit, sondern weil die Gesamtheit der notwendigen Bedingungen unvollständig und unzureichend geworden ist. Nennen wir ein Beispiel. Ein Sehorgan und ein Verstandesorgan beschäftigen sich mit einem bestimmten Sicht-Objekt. Alle anderen Objekte des Gesichts, Gehörs usw. fallen daraufhin aus der Gegenwart in die Vergangenheit. Infolgedessen können keine Bewußtseinshandlungen entstehen, die dieses Sichtbare, Hörbare usw. zum Gegenstand hätten; denn ein Sinnes-Bewußtsein kann sein jeweiliges Objekt nicht ergreifen, wenn dieses Objekt vergangen ist. Da die Ursachen ihrer Geburt unzureichend sind, besteht ein absolutes Hindernis für die Geburt solcher Bewußtseinshandlungen. Die zweite Art der »Trennung« wird daher als der »Besitz« des Innehaltens solcher *dharmas* definiert, die unter gar keinen Umständen künftig aufkommen können, da der *dharma* namens »Innehalten« sie daran hindert.

Dennoch waren die Meinungsverschiedenheiten zwischen *sautrāntikas* und *sarvāstivādins* weniger tief, als sie in manchen europäischen Lehrbüchern dargestellt werden. Man sollte beachten, daß im vorliegenden Kontext das Wort »ist« das Gewicht von »ist nicht« trägt und daß selbst während dieser Auseinandersetzung die Buddhisten sich nie dermaßen in logische Kategorien verstrickten, daß sie die ursprüngliche Lehre aus den Augen verloren, nach der der Weg des Buddha als der Mittlere Weg zwischen »es ist« und »es ist nicht« gilt.[14] Im *Satya siddhiśāstra* zum Beispiel sagt der *sautrāntika*: »Gibt es also kein *nirvāṇa*? Dem ist nicht so.

Denn gäbe es kein *nirvāṇa*, dann müßten Geburt und Tod ewig dauern, und es gäbe keine Erlösung. Das Zerbrechen eines Kruges oder das Fällen eines Baumes sind Tatsachen, doch sie sind keine wirklich separaten Einheiten.«[15] Immerhin zeigen sich die buddhistischen Theoretiker in diesen Kontroversen nicht von ihrer besten Seite. Es heißt vom Buddha, als er erleuchtet wurde: »Wie ein Feuer, dessen Nahrung niedergebrannt ist, wurde er still.«[16] Wozu diskutieren, ob dieses »still gewordene« Feuer, nachdem es sich selbst verzehrt hat, Existenz besitzt oder nicht?

Der eigentliche Zusammenstoß über die Frage nach dem *nirvāṇa* erfolgte zwischen Rationalisten und Mystikern. Der Standpunkt der *sautrāntika*-Schule trug, soweit wir es beurteilen können, extrem rationalistische, ja, nahezu areligiöse Züge. Jene nun, denen *nirvāṇa* als Mittelpunkt leidenschaftlicher religiöser Empfindungen galt, nicht bloß als ein beliebiges philosophisches Konzept, konnten diesen Standpunkt nicht teilen. Sie meinten, daß platte Negationen seiner transzendentalen Würde nicht gerecht werden könnten. Wie, so wandten etwa die *sarvāstivādins* ein,[17] kann *nirvāṇa*, wenn es nicht existiert, als »der beste (*agra*) unter allen bedingten und nicht-bedingten *dharmas*« bezeichnet werden? Wenn etwas nicht ist, inwiefern kann es dann als bestes, rühmlichstes, vornehmstes unter allen anderen Dingen gelten, welche ebenfalls nicht existieren? Einige *mahāsaṅghikas* fragten sich darüber hinaus, ob die erhabene Realität des *nirvāṇa* überhaupt die gleiche Art Existenz besitzen könne wie die gewöhnlichen, kurzlebigen und verderbten *dharmas* der abhängigen Welt. Sie gingen von der Annahme aus, daß die Realität der Dinge mit ihrem Wert steigt, und schlossen daraus, daß lediglich überweltliche Dinge existieren, weltliche dagegen nicht. Diese Position wurde von den *lokottaravādins* (vgl. S. 277) eingenommen, die jene Aspekte der Lehren Buddhas über das Absolute aufgriffen, welche die *sthaviras* in ihrem Streben nach logischer Folgerichtigkeit vernachlässigt hatten.

Nirvāṇa und Raum (*ākāśa*) werden oft als nah verwandt behandelt. *Ākāśa* wird von sechs Sekten unter die nicht-bedingten *dharmas* gezählt,[18] von drei Sekten nicht.[19] Semantisch gesehen, handelt es sich um einen recht weiten Begriff, und sein Bedeutungsumfang geht über das hinaus, was man erwarten würde. *Ākāśa* bedeutet 1. örtlich begrenzter und 2. unendlicher Raum. Die erste Bedeutung umfaßt a) einen Zwischenraum und b) ein Synonym für »Himmelszelt«, »Firmament« oder »hoch oben in der Luft«. Der unendliche *ākāśa* ist entweder a) der riesige, leere Raum oder entspricht b) etwa unserem »Äther«.

1 a. Der *Abhidharmakośa*[20] definiert örtlich begrenzten Raum als ein Loch, eine Höhlung, worin es keine materiellen Objekte gibt, welche sich aber in der Nähe solcher Objekte befindet und wahrgenommen werden kann, etwa wie die Mundhöhle oder die Öffnung eines Tores. Die *theravādins* beschreiben diesen Raum parallel dazu als die Lücken, Zwischen- oder Leerräume, Löcher, Öffnungen usw., welche zwischen sichtbaren usw. Objekten wie Türen, Fenstern, Mund- und Nasenhöhle auftreten. In ihnen gibt es nichts Sicht- oder Fühlbares, aber sie konturieren die Formen, begrenzen sie, umgeben sie, zeigen sie an und sind Grundlage für Vorstellungen wie »unten«, »oben«, »gegenüber« und dergleichen. Örtlicher Raum bedeutet einfach Abwesenheit von Materie, er ist endlich, sichtbar und bedingt. 1 b. Wenn wir »in der Luft« oder »am Himmel« sagen, sprechen Buddhisten von »im Raum«, beispielsweise in dem Satz »Wie Vögel im Raum umherfliegen, so bewegen sich die Heiligen im Reich des *nirvāṇa* (*nibbānadhātu*)«.[21] Diese häufig verwendete, wenn auch metaphorische Redensart stärkte die Neigung, »Raum« und »*nirvāṇa*« als nah verwandte Konzepte zu betrachten.

2 a. »Raum ist das, was nicht behindert.«[22] Sein Wesen liegt darin, keine Hemmnisse zu bieten, nicht zu behindern, keinen Widerstand zu leisten. Raum kann nicht gegen mate-

rielle Sachen stoßen, ebensowenig diese gegen ihn, auch kann man ihn nicht verrücken. Die *Vibhāṣā*[23] unterscheidet klar zwischen unendlichem und örtlichem Raum, wenn es 2a als immateriell, unsichtbar, widerstandslos und nicht-bedingt beschreibt, während 1a als Teil des materiellen Universums gilt. Als ein Urelement ist *ākāśa* (vgl. S. 260) unendlich, allgegenwärtig und ewig. Die *sarvāstivādins* halten Raum in diesem Sinn für eine Einheit (*vastu*), die *sautrāntikas*[24] für reines Nichts, für bloße Abwesenheit eines berührbaren oder Widerstand leistenden Körpers (*sa-pratigha-dravya*). 2b. Ohne einen Widerspruch darin zu sehen, behandeln die Buddhisten *ākāśa* gleichzeitig als etwas, das materielle, positive Natur besitzt, als ein feinstoffliches, ätherisches Fluidum,[25] welches ewig und allgegenwärtig ist. Dieser Äther selbst wird durch nichts getragen (*apratiṣṭhitam anālambanam*), trägt aber all die anderen Urelemente. Zunächst ruht das Element Luft auf ihm, während Wasser und Erde ihrerseits auf der Luft unter ihnen ruhen.[26] Schließlich betrachteten die Buddhisten unter dem Einfluß altindischer Überlieferungen diesen Äther als aus sich selbst heraus leuchtend und bildeten das Wort *ākāśa* aus dem Stamm *kāś*, »leuchten, scheinen«. Āryadeva[27] lehrt, daß man die Abwesenheit von Materie *ā-kāś-a* nennt, weil darin die Dinge »strahlend leuchten«, und im gleichen Sinn kann Sāramati[28] sagen, daß die Buddhanatur strahlend leuchtet wie die Sonne *oder der Äther*.

Einer der Wege zum Heil liegt in der Identifikation mit *ākāśa*. Die erste gestaltlose Erkenntnis wird durch Betrachtung des leeren Raumes 1a bis hin zum unendlichen Raum 2 gewonnen.[29] Ein kanonischer Grundsatz erklärt *ākāśa* als frei von drei Dingen, nämlich von a) Gestalt, b) Einfluß (*patigha*) und c) Vielfalt. Es besitzt daher a) keinen der Nachteile, mit denen sich jene Dinge plagen, die durch langfristige karmische Anfälligkeit einen festen Körper angenommen haben;[a]

a Wie Hunger, Durst, Schicksalsschläge, Krankheiten und so manche weiteren Qualen. VM X 1; Lamotte, *Traité*, 1032.

b) keinen durch Wahrnehmungen ausgeübten Einfluß;[30] c) keine »vielfältige Domäne (*gocara*), in welcher Sichtobjekte usw. vielfältige Eigenexistenzen entfalten«.[31] Andererseits ist Raum unendlich (*an-anta*), da man weder sein Entstehen noch sein Vergehen wahrnehmen kann,[32] und er muß jenen, die der Form und all ihrer Implikationen überdrüssig wurden, höchst anziehend scheinen.

In den *sthavira*-Texten finden sich gelegentlich[33] Gegenüberstellungen der Eigenschaften von *nirvāṇa* und Raum. Beide existieren, obwohl ihre Gestalt, ihr Ort, ihr Alter und Ausmaß nicht ausgemacht werden können. Beide sind ohne Hemmnisse, ungetragen und unendlich, ohne Ursprung, Leben oder Tod, Aufstieg oder Fall. In der Meditation kann Raum als eine Art Gleichnis für die Leere als höchste Wirklichkeit betrachtet werden. Als riesige Weite[34] ist er nicht Nichts. Keinen Bedingungen oder Beschränkungen unterworfen, kennt er weder Hemmnisse noch Behinderungen und kann weder umgestoßen werden noch selbst Anstoß geben. In ihm gibt es nichts, das verletzen, Widerstand leisten, fesseln, hinreißen, befremden oder irreführen könnte. Er ist überall, und überall gleich. Ihm kann man nichts hinzu- oder beifügen. In vollkommener Ruhe verharrt er in sich selbst, außerhalb von Zeit, Handel und Wandel. Nichts läßt sich ihm zuschreiben, keine Eigenschaft haftet ihm an.

Eine treffende europäische Parallele gibt Henry Moore.[35] Unter dem Einfluß der jüdischen mystischen Literatur, welche Gott als den »Raum der Welt«[a] beschreibt, identifiziert er

a Die experimentellen Grundlagen der modernen Wissenschaft mögen einige unter uns durchaus beeindrucken; es scheint jedoch immerhin recht merkwürdig, daß Einstein und Freud, die beiden einflußreichsten jüdischen Wissenschaftler der vorigen Generation, ihre Hauptgedanken aus einem so kraß »unwissenschaftlichen« und phantastischen System wie der Kabbala abgeleitet haben. Mit den Prämissen des Empirismus läßt sich diese Tatsache schwerlich erklären. Abgesehen von Einsteins früheren Lehrsätzen über das Licht, »formulierte er (kurz vor seinem Tod) ...... die Quintessenz (seines) neuen Weltbildes mit dem Satz: ›Der Raum hat Äther

den Raum mit Gottes Allgegenwart. Er nennt ihn »eine gewisse, recht wirre und vage Darstellung des göttlichen Wesens oder der wesenhaften Gegenwart«,[36] eine göttliche Substanz, »eins, einfach, unbewegt, ewig, vollkommen, unabhängig, in sich selbst existent, durch sich selbst erhalten, unverderblich, notwendig, unermeßlich, ungeschaffen, unbegrenzt, unfaßbar, allgegenwärtig, körperlos, alle Dinge durchdringend und umgebend, wesentliches Sein, tatsächliches Sein, reine Tatsächlichkeit«.[37]

Das *mahāyāna* identifiziert alle Dinge mit *nirvāṇa*, und so gelten auch die Eigenschaften der Dinge als mit denen des »Raumes« gleich (*ākāśa-sama*).[38] Man sollte jedoch beachten, daß alle diese buddhistischen Aussagen über *ākāśa* sinnlos und unglaubwürdig erscheinen, wenn man sie auf den »mathematischen Raum«, wie wir ihn kennen, bezieht. Sie betreffen den »kosmischen Raum« der mystischen Seher des Altertums, und zwischen der »rationalen« und der »mystischen« Vorstellung von »Raum« läßt sich nur schwer vermitteln.

2. Die drei Klassen von Erleuchteten

Als nächstes müsses wir uns der scheinbar »personalen« Definition des Absoluten zuwenden. Als Heilige (*ārya*) gelten alle in den »Pfad« Eingetretenen (vgl. S. 75), das heißt diejenigen, deren Verhalten weitgehend vom Verlangen nach dem Unbedingten bestimmt wird (*asaṃskṛta-prabhāvita*).[1] Am Ende ihrer Suche, wenn ihre Lehrzeit um ist, werden die »Heiligen« zu »Eingeweihten«. Das Absolute nimmt sie auf, und sie verlieren ihre Eigenpersönlichkeit. Dennoch – und dies ist nahezu unerklärbar – sind sie danach nicht alle gleich,

und die Zeit verschlungen; er scheint im Begriff zu sein, auch das Feld und die Korpuskeln zu verschlingen, so daß er als alleiniger Träger der Realität übrigbleibt« (Rudolf Thiel, *Und es ward Licht*, Hamburg 1956, S. 347).

sondern bewahren gewisse eigentümliche, besondere Züge, und die buddhistische Überlieferung der *sthaviras* spricht von dreierlei Personen als »Eingeweihten«, »Erleuchteten« oder solchen, die Nirvana »haben«. Es sind *arhats*, *pratyekabuddhas* und Buddhas.

Beginnen wir mit den *arhats*. In älteren Texten wird das Wort »*arhat*« noch sehr allgemein verwendet. Es konnte als Umschreibung für den Buddha gelten oder als Bezeichnung für die achte der »heiligen Personen«, diejenige, welche endgültiges Heil erlangt hatte. Mitunter wird diese Person vom *pratyekabuddha* abgegrenzt. Manchmal[2] ist der »*arhat*« aber auch entweder ein Jünger (*śrāvaka*), der die Lehre von einem *tathāgata* »hören« muß, *oder* ein *pratyekabuddha*. Etymologisch gesehen, bedeutet »*arhat*« jemand, der »würdig« ist, »der Ehre und Opfer verdient«, doch die buddhistische Etymologie[3] interpretiert den Begriff auch als einen, der die Feinde (*ari*), das heißt die »Unlauterkeiten«, »erschlagen« hat (*han*), oder als einen, der »geeignet« ist, anderen zu helfen.

Welche konkreten Errungenschaften schreibt man nun einem *arhat* zu? Die Texte liefern zwei Gruppen von Beschreibungen, die eine poetischer und rühmender,[4] die andere scholastischer und präziser. Die gängigste Formulierung beginnt mit den Worten »Versiegt sind seine Ausflüsse« (*āsrava*), verwendet also einen auch von den Jainas häufig für ihre »*arhats*« gebrauchten Fachausdruck. Welche Konnotation das Wort zu Buddhas Lebzeiten auch immer gehabt haben mag, im dogmatischen Buddhismus wird der Begriff »*arhat*« auf die erste Heilige Wahrheit zurechtgestutzt. Denn hier gilt ein *arhat* als jemand, der alles »Leid«, wie es diese Wahrheit definiert, überwunden hat. Da der *arhat* das Ziel der meisten Buddhisten erreicht hat, kann er zu Recht als einer beschrieben werden, der »getan hat, was getan werden mußte«. Der *abhidharma* präzisiert weiter, indem es die zwei »Erkenntnisse« analysiert, welche den Eintritt in den Stand eines *arhat* bezeichnen und Erleuchtung ausmachen. Es sind »die Erkenntnis des Erlöschens« und »die Erkenntnis des Nicht-Entstehens«.[5] Die erste stellt sich ein, sobald die letzten Spuren der Ausflüsse, wie Unwissenheit usw., verschwunden sind. Diese Erkenntnis beruht auf der entschiedenen und berechtigten Überzeugung, daß sie versiegt sind. Wenn danach der Heilige nicht mehr zurückfallen kann und »unwiderruflich« (*akopya*)[a] wurde, schreitet er voran[6] zur Erkenntnis, daß in Zukunft keine Ausflüsse mehr in ihm entstehen. Durch die erste Erkenntnis wußte er, daß seine Aufgabe erfüllt war, durch die zweite, daß in Zukunft nichts mehr zu tun bleibt.[7] Der *arhat* hat nun vollständige Herrschaft über sein Denken erlangt, und »alle guten *dharmas* fallen ihm zu, wie Vasallen dem Fürsten huldigen, welcher ein erhabener König geworden ist«.[8]

Die den *pratyekabuddha* betreffenden Überlieferungen sind nicht immer sehr klar. Er gilt als[9] ein Buddha für sich, der als »selbsterzeugt« (*svayambhū*)[10] seine Erleuchtung, anders als der *arhat*, durch eigenes Bemühen ohne Unterweisung durch andere gewonnen hat, der jedoch anders als die Buddhas die Wahrheit nicht an andere verkündet. Das Wort in seiner heutigen Form stammt aus *praty-eka*, »allein, individuell, persönlich, privat«. Das Synonym »Rhinozeros« (*khaḍgin*) verweist ebenfalls auf sein alleinstehendes Leben, gleich dem Nashorn.[10a] In allen Epochen der Buddhismusgeschichte läßt sich die kontinuierliche Überlieferung eines Individualismus nachweisen, und die ersten beiden Gruppen von »Eingeweihten« dienen denn auch den Individualisten als Vorbild. Der *pratyekabuddha*, an ein Einzelgängerleben gewöhnt, mag sich nach seiner Erleuchtung nicht mit Leuten abgeben[11] und meidet sie, um in seiner entrückten Betrachtung nicht gestört zu werden. Menschliche Wesen sind ja nicht grund-

a Die Frage, ob *arhats* auf dieser Stufe noch verlieren können, was sie gewonnen haben, wurde endlos diskutiert, und der gesamte die »Irreversibilität« (*avaivartya*) der verschiedenen Heiligen betreffende Fragenkomplex würde eine eigene Untersuchung lohnen.

sätzlich liebenswert, und besonders die Tranceübung konnte einen entschiedenen Widerwillen gegen ihre Gesellschaft erzeugen oder bekräftigen,[12] so wie es Gulliver nach seinem Besuch bei den Houyhnhnms ging. Man bezeichnete diese Eingeweihten auch als *pratyayabuddhas*,[13] da sie »durch tiefes Verständnis der Ursachen und Bedingungen (*pratyaya*) endgültiges *nirvāṇa* für sich zu finden hofften«.[14] Anders ausgedrückt bleibt ihr Wissen, obwohl weiter fortgeschritten als das der *arhats*, dem Bereich der vier Wahrheiten verpflichtet – mit dem einzigen Unterschied, daß sie der Entstehung in Abhängigkeit als einer Folgeerscheinung der zweiten und dritten Wahrheit größere Aufmerksamkeit zuwenden.

Die Schaffung dieses Mischwesens deutet an, daß große Teile der Gemeinde in den Lehren des Buddha ein System der auf den vier Heiligen Wahrheiten beruhenden Selbsterziehung sahen, das vor allem denjenigen nützte, die sich ihr unterzogen, und das keine hervorstechende altruistische Komponente besaß. Sie begriffen »Erleuchtung« als individuelle, nicht als gesellschaftliche oder kosmische Errungenschaft, und diese implizierte in ihren Augen keinerlei Beziehung zu anderen Leuten oder zum Universum als ganzem. Dieser Ansatz erschwerte ihnen eine Erklärung, warum Buddha, der Herr, die Lehre überhaupt verkündet und sich nicht wie ein *pratyekabuddha* verhalten hatte. Kein wirklich überzeugender Grund ließ sich finden, warum er sich mit der Unterweisung anderer Menschen geplagt hatte. Die meisten Darstellungen in den Schriften berufen sich auf ein Wunder, das heißt göttliches Dazwischentreten durch Brahma und Indra.[15] Diese übermäßige Selbstversunkenheit provozierte denn auch die Lobgesänge der *mahāyāna*-Anhänger auf den selbstlosen Dienst eines *bodhisattva*. Ihre Lehre muß als Reaktion auf die stark individualistische Tendenz innerhalb des Ordens verstanden werden, eine Reaktion, die, wie so manche Überkompensationen, nicht ganz frei von Übertreibungen war. Im Lauf der Zeit änderten sich die Ansichten derart grundlegend, daß einerseits die *hīnayāna*-Schule nur mit Mühe daran glauben konnte, daß ein aufgeklärter Mensch es allen Ernstes auf sich nehmen würde, das Unlehrbare zu lehren, während es andererseits manche *mahāyāna*-Schüler als unmöglich empfanden, daß irgend jemand die Wahrheit wissen könne, ohne sie weiterzugeben. *Pratyekabuddhas*, so sagten sie, lehren durch Gedankenübertragung und können auf die grobe Methode der verbalen Äußerung verzichten, auf welche sich die Jünger stützen müssen.[16] Damit war der Kreis geschlossen.

Die Erleuchtung eines Buddha wird gegen die der beiden anderen Klassen von Eingeweihten abgegrenzt und als unübertrefflich (*anuttara*) und vollständig (*sambodhi*) beschrieben. Da die Zahl der *arhats* in der Gemeinde zurückging, wurde Buddhas Durchbruch zur vollen Wahrheit eindeutig zur höchsten Gewähr für das gesamte rationale intellektuelle Gebäude. Es kann kaum ein Zweifel daran bestehen, daß die Stellung des Buddha im Lauf der Jahre ständig stieg. Bald waren die Zeiten vorbei, da man sich noch damit zufriedengab, den Buddha als »den Einen« zu bezeichnen, »der das, was man verstehen soll, von Grund auf verstanden hat, der das, was man entfalten soll, entfaltet hat und das, was man preisgeben soll, preisgab«.[a][17] Der *abhidharma* definiert den Unterschied zwischen dem Buddha und den anderen beiden Eingeweihten durch Aufzählungen von ihm allein zuzuschreibenden Eigenschaften oder durch Bezeichnungen, welche, wie es heißt, weder auf *arhats* noch auf *pratyekabuddhas* angewendet werden können. Bei den Eigenschaften handelt es sich gewöhnlich um achtzehn einem Buddha eigene *dharmas*,[18] das heißt den *vaibhāṣikas* zufolge um die zehn Kräfte,[19] vier Grundlagen des Selbstvertrauens,[20] drei Arten des Gleichmuts (vgl. S. 121) und um das große Erbarmen. Was

a abhiññeyam abhiññatam
pahātabbam pahīnam me
bhāvetabbañ ca bhāvitam,
tasmā Buddho'smi brāhmana.

Bezeichnungen betrifft, so heißt er »der Herr« (*bhagavan*),[a] »Bezwinger des *māra*«, »König des *dharma*«, »Übermensch«, »*tathāgata*«, »unbesiegter Sieger« und so fort. Die Überlegenheit des Buddha zeigt sich auf fünferlei Weise: in seiner Beziehung zu 1. *dharmas*, 2. Lebewesen, 3. zum Kosmos sowie 4. in seinem Leib und 5. in seinen Zurüstungen.

1. Die achtzehn speziellen *dharmas* werden alle, außer dem letzten, als Erkenntnisse oder deren Ergebnis angesehen. Im übrigen besitzt die besondere Erkenntnisfähigkeit des Buddha hinsichtlich der *dharmas* vier Aspekte.[21] 1. Sie wurde durch sein eigenes Streben erworben, und was er weiß, hat er nicht von anderen gelernt; 2. sie ist universal (*sarvatra*), da er alle Merkmale sämtlicher *dharmas* kennt; 3. sie ist allumfassend (*sarvathā*), da er sämtliche Formen (*prakāra*) der Existenz kennt; 4. sie ist mühelos, da er allein durch den Wunsch nach Wissen alles weiß. Wir können auch sagen, der Buddha sei auf eine andere Weise »allwissend« (*sarvavid*) als der *arhat*. Die weitere Definition dieser Allwissenheit stellt erstens fest, was er weiß, und unternimmt zweitens einige unsystematische Versuche zu einer Erklärung, auf welche Weise er es weiß. Zunächst versichert man uns, daß »Allwissenheit« wörtlich zu verstehen sei, das heißt, daß der Buddha alles kennt, was existiert, und zwar nicht nur das Wesentliche, sondern auch die Einzelheiten. Zweitens finden wir Hinweise wie den, daß der Buddha die Zukunft nicht durch Schlußfolgerungen oder aufgrund verschiedener Vorzeichen und Omina kennt, welche es den Wahrsagern ermöglichen, sie zu erraten, sondern indem er sie direkt vor Augen sieht.[22] Im allgemeinen stimmt man darin überein, daß das Wissen eines Buddha »unfaßbar« weit sei,[23] und versucht keine weiteren Erläuterungen. Die *abhidharma*-Schüler waren sich allerdings darüber klar, daß diese Betonung der Allwissenheit reichlich unglaubwürdig wirken mußte und ein beträcht-

a Was bedeutet, daß er die wertvollste und herrlichste Person der ganzen Welt ist. Mpps 116.

liches Glaubensmaß erforderlich war, um sie zu akzeptieren.[24] Vasubandhu erklärt,[25] daß Buddha der Herr allein die Unwissenheit als ganzes zerstört habe und völlig frei wurde von dem, was uns daran hindert, die Dinge als das zu erkennen, was sie sind. »Der *arhat* und der *pratyekabuddha* haben sich von dem durch die Unlauterkeiten verderbten Wahn befreit; doch weiterhin wirkt in ihnen die nicht durch Unlauterkeiten verderbte Unwissenheit. Weder wissen sie um die besonderen Eigenschaften eines Buddha, noch kennen sie Gegenstände, die weit entfernt in Zeit oder Raum liegen, noch die unendliche Vielfalt der Dinge.« Der *arhat* gibt sich damit zufrieden, alles, was ihn persönlich betrifft, zu wissen, der *pratyekabuddha* kennt darüber hinaus die Entstehung in Abhängigkeit, doch der größere Teil des Universums liegt nach wie vor jenseits ihrer Erkenntnis.[26]

2. Das »große Erbarmen«[27] unterscheidet sich von gewöhnlichem Mitleid darin, daß es sehr viel weiter reicht. Nicht nur durch offensichtliches, sondern auch durch verborgenes Leid (vgl. S. 42) wird es erregt, nicht nur jenes Leid, welches die Übel der Welt sinnlichen Verlangens uns zufügen, sondern auch das durch die Welt der Formen und die gestaltlose Welt verursachte Leid. Dieses Erbarmen gilt überdies allen Wesen, ob sie nun zu leiden scheinen oder nicht, und es hat nicht nur den Haß, sondern auch den Wahn überwunden. Es geht weit über gewöhnliches Mitleid hinaus, da es die Wesen tatsächlich vor den Schrecken des *saṃsāra* schützen kann. Aus diesem Grund stellt die buddhistische Kunst den Buddha so oft mit der »Geste der Furchtlosigkeit« (*abhayamudrā*) dar. Denn mehr als ein *arhat* kann der Buddha den Wesen helfen und ihnen größeren Segen spenden. Er vermag die Menschen wirklich aus dem Zustand des Jammers und aus den Leiden der Seelenwanderung zu befreien und sie in eines der drei Fahrzeuge zu heben oder unter Bedingungen zu stellen, welche eine günstige Wiedergeburt ermöglichen.

3. Was den Kosmos betrifft, so spricht man dem Buddha Souveranität (*vaśitva*) oder *prabhāva*, »Herrschaft« oder »Macht« über ihn zu.[28] Da er jene Wunderkräfte, die man allen Heiligen zuschreibt, in gesteigertem Maß besitzt,[29] kann der Buddha nach Belieben Objekte der Außenwelt schaffen, umwandeln oder erhalten, seine Lebensspanne verkürzen oder verlängern, durch feste Gegenstände wandeln, sich rasch über weite Strecken durch die Luft fortbewegen, materielle Körper verkleinern und dergleichen mehr. Auf diese Weise besitzt er kraft seiner eigenen Natur die Fähigkeit, allerlei Wunder zu wirken.[30] Die wichtigsten Ereignisse seines Lebens werden von auffallenden kosmischen Phänomenen begleitet.[31] Ein Buddha ist kein isoliertes Individuum, sondern von einem »Buddha-Feld« umgeben, welches sich Buddhaghosa zufolge dreifach gliedert:[32] »Das Feld seiner Geburt grenzt an die zehntausend Weltsysteme, welche lebten, als der *tathāgata* geboren wurde«, Erleuchtung fand und in sein endgültiges *nirvāṇa* einging. »Das Feld seiner Herrschaft« dehnt sich noch weiter aus, und »das Feld seiner Reichweite ist grenzenlos und unermeßlich. Von ihm wurde gesagt: ›So weit er wünscht‹ (AN i 228), denn der *tathāgata* weiß allüberall alles, was er zu wissen wünscht«.

4. Der materielle Leib des Buddha besitzt vier einzigartige Züge.[33] 1. Dieser Leib ist mit den zweiunddreißig Merkmalen des Übermenschen und den achtzig geringeren Merkmalen geziert. 2. Er besitzt gewaltige Kraft und muß einigen Quellen zufolge unendlich sein, um als Träger einer unendlichen Erkenntnis dienen zu können. Ebenso hören wir,[34] daß der Buddha seine »diamantene Trance« auf dem »diamantenen Sitz« oder der »Plattform der Erleuchtung« mitten im Zentrum von Jambudvīpa erreichte, »da kein anderer Ort mächtig genug gewesen wäre, seine Trance zu tragen«. 3. Nach seiner Verbrennung bleibt von ihm eine diamantene und unzerstörbare Substanz namens *śarīra* oder »Überrest« zurück. 4. Er strahlt heller als hunderttausend Sonnen, denn die

Herrlichkeit des Herrn durchdringt das gesamte Universum.

5. Die Zurüstungen des Buddha für seine Buddhawerdung reichen über wahrhaft gewaltige Dimensionen hinweg. Selbst nachdem er sich auf der Stufe eines Buddha Dīpaṅkara aufgelöst hat, um volle Erleuchtung zu erlangen, muß er noch mehr als drei unermeßliche Äonen lang im vorbereitenden Zustand eines *bodhisattva* verharren, bis er sein Ziel erreicht.

Es wäre natürlich ein Irrtum, den Buddha als eine »Person« im gewöhnlichen Sinn zu betrachten. Im älteren Buddhismus der *sūtras* galt seine Person als dermaßen nebensächlich, daß das klassische Werk über den »Buddha« von Hermann Oldenberg ihm nur sieben von 401 Seiten einzuräumen braucht. Oldenberg gibt zu, daß es reichlich merkwürdig scheinen mag, wenn er »das Dogma von den Buddhas gewissermaßen als einen Anhang zu anderen wesentlicheren Gedankenkreisen« bespricht, rechtfertigt sein Verhalten aber durch die Bemerkung, »daß die buddhistische Lehre in allem Wesentlichen das sein könnte, was sie in der Tat ist, und sich doch der Begriff des Buddha aus ihr fortdenken ließe.«[35] Im Gegensatz zu den *abhidharma*-Schülern zeigten die älteren Texte wenig Interesse an Klassifizierungen derer, die erlöst waren. Es zählte allein die Erlösung, und der Buddha war nichts als ein *primus inter pares*. Doch selbst im *abhidharma* bleibt Buddhas Persönlichkeit als solche im Hintergrund. Weit eher denn als Person erscheint er 1. als ein unpersönliches metaphysisches Prinzip, 2. als eine übernatürliche Macht und 3. als Typus.

1. Der wirklich lebende Buddha stellt sich uns dar als Verbindung eines impersonalen metaphysischen *dharma*-Prinzips und eines »schnöden Leibes«, und es dürfte klar sein, was von beiden Bedeutung besitzt.[36] Der Buddha wurde zu allen Zeiten dem *dharma* untergeordnet, und seine Bedeutung liegt darin, daß er ein Zugang zur ewigen Wahrheit des *dharma* ist. Da »Personen«, wie wir gesehen haben, nicht

existieren, muß selbst eine »Zufluchtnahme« in Buddha die *dharma*-Theorie berücksichtigen. Tatsächlich geschieht nämlich folgendes:[37] man nimmt seine Zuflucht in die *dharmas*, welche einen Buddha bilden oder welche zu etwas namens »Buddha« führen. »Sein Leib, aus seinen Eltern geboren, besteht aus unreinen *dharmas* und ist nicht würdig, daß man darin seine Zuflucht nehme; man nimmt Zuflucht in die *dharmas* eines Eingeweihten, welche zur Erleuchtung führen und den *dharma*-Leib ausmachen.«[38] Andere Quellen halten die achtzehn speziellen *dharmas* eines Buddha für die gesuchte Zuflucht.

2. Der Buddha ist, wie wir gesehen haben, eindeutig mehr als ein Einzelindividuum, welches still aus dieser Welt hinwegdämmert. Seine Handlungen und Taten finden großen Widerhall in dieser Welt und bei allen, die darin leben.

3. Wenn man den Buddha als einen »*tathāgata*«[a] bezeichnet, so behandelt man damit seine individuelle Persönlichkeit als unbedeutend. *Tathāgatas* sind »Typen«, welche zu gewissen vorbestimmten Zeiten in feierlicher Prozession auf Erden wandeln, und zwar seit undenkbarer Zeit und in alle Zukunft. Die Zeit eines *tathāgata* wurde zuvor festgelegt, und

a »*Tathāgata*« gehört zu den recht zahlreichen buddhistischen Fachausdrücken, die sich grammatisch nicht befriedigend erschließen lassen, wie auch *satkāyadṛṣṭi* (Aspekt der Realität), *pratyekabuddha*, *pratisamvid* (analytisches Wissen) oder *parijaya* (Meisterschaft). Ihre ursprüngliche Bedeutung bleibt dunkel; ihre gängige Interpretation gibt nicht die ursprüngliche Anwendung wieder, sondern die Konstruktionen späterer Grammatiker und Kommentatoren. Als Sanskrit-Begriff kann *tathāgata* nur als *tathā-gata* oder *tathā-āgata* verstanden werden, »so gegangen« oder »so gekommen«, wobei »so« nach der Überlieferung bedeutet »wie die vorangegangenen Buddhas« gegangen oder gekommen sind. Doch das Wort kann durchaus auch aus dem Prakrit stammen oder sogar auf einen vor-arischen Begriff zurückgehen, dessen Bedeutung heute verschüttet ist (siehe Mpps 126 Fn., JAs 1952, S. 266). Mitunter sollte man sich tunlichst daran erinnern, daß nach eigenen Aussagen der Buddhisten der Buddhismus weniger eine Schöpfung des Buddha Śākyamuni ist, als vielmehr eine Wiederbelebung von Vorstellungen, die bis in die dämmernden Anfänge der Geschichte zurückgehen.

jeder durchläuft einen stereotypen Werdegang und folgt demselben Pfad, der ein für allemal für alle *tathāgatas* bestimmt wurde. Die *tathāgatas* unterscheiden sich nur in unwichtigen Details voneinander,[39] doch im Wesentlichen, in ihren Buddha-*dharmas*, sind sie alle gleich.

Abschließend müssen wir den Leser daran erinnern,[40] daß die Unterscheidung eines dreifachen Leibes auf bereits in den *sūtras* zu findende Andeutungen zurückgeht. Diese Dreiteilung schreibt dem Buddha erstens einen vergänglichen Leib zu, zweitens »geistgeschaffene Leiber, die ihm ermöglichen, die Himmel usw. zu besuchen, und drittens seinen *dharma*-Leib nebst seiner Lehre. Der *abhidharma* der *sarvāstivādins* systematisiert diese Andeutungen und unterscheidet die folgenden drei Leiber: 1. Der materielle Leib (*rūpakāya*), der Ergebnis früherer *karmas* ist. Er ist zwar vergänglich, in anderer Hinsicht jedoch dem Leib gewöhnlicher Wesen überlegen (vgl. Nr. 4 auf S. 242). 2. Der Buddha vermag dank seiner magischen Kräfte erfundene Leiber (*nirmāṇakāya*) heraufzubeschwören, mit denen er überall erscheinen kann. 3. Schließlich gibt es den *dharma*-Leib, der aus fünf »*dharma*-Teilen« (vgl. S. 128) besteht und dessen Besitz einen *bodhisattva* zu einem Buddha macht. In dieser Form wurde die *trikāya*-Lehre ins *mahāyāna* übernommen, wo sie einige weitere Modifikationen durchlief (vgl. S. 334 ff.), teils aufgrund ihrer Verbindung mit dem Doketismus der *mahāsaṅghikas* (III 1,1) und teils durch den Einfluß des *bodhisattva*-Ideals und der neuen ontologischen Konzepte des *mahāyāna*.

3. Der Plan des Pfades

1. Der *Visuddhimagga* des Buddhaghosa enthält eine meisterliche Untersuchung der Stadien, über welche sich Weisheit entfaltet. Wenn keiner mehr als das versteht, was er erfahren hat, müssen Umfang und Tiefe der Einsicht eines jeden

Menschen auf dem Grad seiner geistlichen Reife beruhen. Steckt man diese Stufen ab, so kann man bestimmen, was jemand in einem bestimmten Stadium begreifen kann und was nicht.

A. Weisheit besitzt zwei *Wurzeln* (*mūla*), nämlich sittliche Reinheit und Reinheit des Denkens. Sie entsprechen den fünf Kardinaltugenden, welche jeder reifen Weisheit vorausgehen müssen. Die »Reinheit des Denkens« besteht in den acht Meditationsleistungen und entspricht der Tugend der Versenkung. Die »sittliche Reinheit« umfaßt 1. die »Unterwerfung unter die *patimokkha*-Regeln«, was dem Glauben entspricht; 2. die »Reinheit der Lebensführung«; 3. die »Unterdrückung der Sinne« und 4. eine »Geringschätzung der Lebenserfordernisse«,[1] was jeweils den Tugenden der Ausdauer, Wachsamkeit und Weisheit entspricht.

B. Die *Grundlage* (*bhūmi*) der Weisheit setzt sich zusammen aus der Kenntnis der *skandhas*, Sinnesfelder, Elemente, Dominanten, Wahrheiten und des Entstehens in Abhängigkeit (Kap. 14-17).

C. Der *Korpus* (*śarīra*) der Weisheit wird in fünf Einsichten unterteilt:

I. *Verständnis des Erlernten*[2] (in B). Dies betrifft 1) die von den einzelnen *dharmas* getragenen Merkmale,[3] 2) eine gründliche Kenntnis von Name-und-Form sowie deren Kausalbeziehungen.[4]

1) Kap. 18. Reinheit der Ansichten. Name und Form werden entsprechend den Tatsachen beobachtet,[5] und zwar dermaßen, daß die Idee eines »Seins« transzendiert wird.[6] Kap. 19. 2) Reinheit der Überwindung (*vitaraṇa*) von Zweifeln. Die Bedingungen des psychophysischen Organismus werden erfaßt,[7] und man versteht das Gesetz von Ursache und Wirkung (*dhammaṭṭhiti*).[8]

II. *Wertbestimmendes Verständnis.*[9] Sein Objekt sind die allgemeinen Merkmale der *dharmas*.[10] 3) Kap. 20. Reinheit der Erkenntnis und Beobachtung dessen, was den Pfad ausmacht und was nicht. Hier gewinnt man Verständnis dafür, daß nicht die Komplexe den Pfad bilden, sondern *nirvāṇa*. Die *skandhas* werden zunächst unter 33, danach unter 200 Gesichtspunkten betrachtet. Ist man danach immer noch nicht überzeugt, so werden neun Arten der Schärfung des Verstandes empfohlen.[11] Alternativ werden die Komplexe unter Anwendung der drei Merkmale betrachtet.[12] 4) Kap. 21. Reinheit der Erkenntnis und Beobachtung der Stufen des Fortschreitens. Hier tritt man in den Heiligen Pfad ein. Der erste Schritt ist (a) die Anschauung von Aufstieg und Fall.[13]

III. *Verzichtbestimmendes Verständnis.* Hier werden die drei Merkmale auf alle Objekte angewandt. Diese Anwendung kann in achtzehn Einsichten[14] unterteilt werden oder besteht wahlweise aus den folgenden acht Punkten: (b) die Anschauung des Zusammenbruchs,[15] (c) die Erkenntnis vorhandener Gefahr,[16] (d) die Erkenntnis des Jammers,[17] (e) die betrachtende Erkenntnis des Widerwillens,[18] (f) die Erkenntnis des Verlangens nach Erlösung,[19] (g) die betrachtende Erkenntnis des Abwägens, (A) Anwendung der drei Merkmale auf alle komplexen Dinge,[20] (B) betrachtende Erkenntnis der Leere,[21] (h) die Erkenntnis des Gleichmuts gegenüber abhängigen Dingen,[22] (i) die Erkenntnis der Fähigkeit zur Einswerdung.[23]

IV. *Die die Abstammung verändernde Erkenntnis der »Annahme«.* Der *yogin* »wendet sich nun dem Pfad zu«.[24] Daraufhin »tritt er aus der Abstammung, Kategorie und Ebene gewöhnlicher Menschen heraus und in die Abstammung, Kategorie und Ebene der Heiligen ein«. Als Ergebnis von III(i) erscheint jede Andeutung eines bedingten Objekts als bloßes Hindernis (vgl. S. 74), und infolge von IV wählt der *yogin* »*nirvāṇa* zu seiner objektiven Stütze, als das Zeichenlose, welches nicht fortfährt, nicht zusammengesetzt ist und zum Innehalten führt«. »Dies ist die erste Anspielung auf *nirvaṇa* als objektive Stütze, das erste Anteilnehmen (*ābhoga*) daran, das erste Aufmerken (*samannahāra*) darauf, was sich sechsfach als Bedingung für den Pfad auswirkt, nämlich hinsichtlich unmittelbarer Nähe sowie als unmittelbarer Vorläufer, häufige Wiederholung, entscheidender Einfluß, Abwesenheit und Verschwinden.«[25] (vgl. S. 212-217.) Der *yogin* sieht jetzt *nirvāṇa*, wie man einen König sieht, der auf einem Elefanten reitet; man hat ihn nicht wirklich »gesehen«, da man beim König kein konkretes Anliegen ausgerichtet hat. Ebenso kann, bevor man nicht das Erforderliche getan, nämlich auf die Unlauterkeiten verzichtet hat, noch nicht von »Anschauung« des *nirvāṇa*, welches mit dem Pfad beginnt,[26] die Rede sein.

V. *Die Erkenntnis des Pfades* leitet sodann die geistliche Wiedergeburt ein (vgl. S. 75 f.), durch die der Heilige auf überweltlicher Ebene fähig wird, in die Wahrheiten einzudringen. Während er von einem Pfad zum nächsten wandert, fallen allmählich alle unheilvollen Neigungen von ihm ab, und es kommen die vier »heiligen Personen« eine nach der anderen zum Vorschein. Es ist bezeichnend für die buddhistische Mentalität, daß hier die Stufen weniger im Hinblick auf das, was man gewinnt, beschrieben werden, als vielmehr hinsichtlich jener Dinge, denen man entsagt. Buddhaghosa unterscheidet vier Arten des »Aufgebens«.[a][27] 1. Die unter C I-III aufgezählten Einsichten und Erkenntnisse wirken als Gegenkräfte gegen die gleiche Anzahl falscher und gefährlicher Ansichten, welche mittels dieser Gegenkräfte aufgegeben werden. 2. Unter C V zerstört die Erkenntnis des Pfades die Fesseln usw., woraufhin sie unwiderruflich aufgegeben werden, da der Pfad in sie einschlägt wie der Blitz in einen Baum. 3. Hat man vollen Besitz der Pfade erlangt, werden die Unlauterkeiten aufgegeben, indem sie vollständig zur Ruhe kommen. 4. Wer *nirvāṇa* erreicht, hat alles Bedingte aufgegeben, das heißt, er ist ihm endgültig entflohen.

a Eine fünfte betrifft die vorübergehende Unterdrückung der Faktoren, welche die Trance verhindern (VM xxii 111) und braucht uns in diesem Kontext nicht weiter zu interessieren.

Buddhaghosa beläßt es bei einem flüchtigen Blick auf die höheren Stufen, die ja so gänzlich außerhalb jeder irgend erreichbaren geistlichen Erfahrung seiner Leser liegen. In dieser Hinsicht unterscheidet er sich von den *sarvāstivādins* und *mahāyāna*-Anhängern. Es gibt wirklich keine bessere Einführung in die praktischen Aspekte des buddhistischen Denkens als der *Visuddhimagga*.

2. Der *Abhidharmakośa*, ungefähr gleichzeitig mit dem *Visuddhimagga* entstanden, vermittelt ein etwas anderes Bild.[28] Es unterteilt den Pfad in fünf Stufen, nämlich folgende: I. Der Pfad, auf dem man allmählich das erste Rüstzeug erwirbt (*sambhāra-mārga*). Es folgt II. der »Pfad des Ringens« (*prayoga-mārga*), der als Lernprozeß definiert wird, unmittelbar dem Eintritt in den überweltlichen Pfad (= III) vorausgeht und C I-IV in Buddhaghosas Schema entspricht. Hier jedoch wird er in vier »Hilfen für das Eindringen« (*nirvedhabhāgīya*)[29] unterteilt, eine höhere Form der Meditation über die *dharmas*. Auf dieser Stufe betrachtet man nämlich nicht mehr die speziellen oder allgemeinen Merkmale der *dharmas*, sondern die sechzehn Aspekte der vier Heiligen Wahrheiten. Die »Hilfen« tragen folgende Bezeichnungen: 1. Hitze, 2. Gipfel, 3. Geduld, 4. höchste weltliche *dharmas*. Jede der vier gliedert sich wiederum in die drei Stadien a) schwach, b) mittel, c) stark. Viel mehr wissen wir nicht über sie, und keine detaillierte *sarvāstivādin*-Erläuterung dieses wichtigen Themas scheint erhalten zu sein.[30] Die letzte Stufe auf dem »Pfad des Ringens« lautet »ungestörte Versenkung« (*ānantarya-samādhi*) und bezeichnet den Vollbesitz der höchsten weltlichen *dharmas*.

Unmittelbar auf diese Stufe folgt III, der *Pfad des Sehens*, das heißt der überweltlichen Einsicht in die Wahrheiten.[31] Hier übt man Weisheit ohne Ausflüsse, verkehrte Sichtweisen[32] und Leidenschaften, befaßt sich mit den allgemeinen Merkmalen der Wahrheiten unter ihren sechzehn Aspekten und überwindet nach und nach die intellektuellen Unlauterkeiten, welche man durch rechte Sichtweisen aufgeben kann. Diese Stufe wird in fünfzehn »Denkmomente« unterteilt. (1) Der erste heißt »Annahme des Leidens als Gegebenheit« und betrifft das Leid in der Welt des sinnlichen Verlangens. An diesem Punkt kommt der *yogin* zu der Überzeugung, daß »ohne jeden Zweifel alle *dharmas* in der Welt sinnlichen Verlangens unbeständig, leidvoll und ohne Selbst sind!« Indem er seine Zweifel über diese Behauptung fallenläßt[33] und die Leidenschaften aufgibt, welche sich aus dem Glauben an das Gegenteil ergeben, betritt der *yogin* den ersten Pfad, wird zu einem *ārya* und besitzt nun die Gewißheit, eines Tages *nirvāṇa* zu erreichen.[34] Diese Einsicht wird ergänzt durch (2) eine feste Überzeugung von der Unbeständigkeit usw. aller *dharmas* der Welt sinnlichen Verlangens und durch eine Erlösung oder Befreiung (*vimuktimārga*), welche in den Besitz des Innehaltens jener Leidenschaften versetzt, und in deren Verlauf (3) das Leid der Welt der Formen und (4) der formlosen Welt abgelegt werden. Analog betreffen (5-8) den »Ursprung«, (9-12) das »Innehalten« und (13-15) den »Pfad« bis hin zur Welt des Geformten. Die mit der falschen Sicht der Individualität verbundenen Leidenschaften werden nunmehr zerstört. Doch andere bleiben, und den *yogin* plagen nach wie vor Liebe, Haß und das Verlangen nach angenehmen Gefühlen.

Wir kommen nun zu IV, dem *Pfad der Entfaltung*.[a] Der erste Schritt auf diesem Pfad ist der sechzehnte Denkmoment, welcher den Pfad in bezug auf die gestaltlose Welt betrachtet. Dies entspricht der ersten Frucht.[35] Von nun an ist die Erlösung Gewißheit, und nach nur sieben weiteren Lebensspannen wird *nirvāṇa* erreicht. Im weiteren Verlauf dieses Pfades erreicht man den Zustand eines Einmal-Wiederkehrenden,[36] der nur noch ein einziges Mal in die Welt sinnlichen Verlan-

a Er wird als wiederholte Betrachtung (der Wahrheiten) und als fortgesetztes Streben nach ihrer Erkenntnis definiert.

gens wiedergeboren wird, und eines Niemals-Wiederkehrenden,[37] der nie wiedergeboren wird. Dieser Pfad gliedert sich weiter[38] in achtzig »Momente«, in welchen die noch vorhandenen Unlauterkeiten allmählich beseitigt werden – zunächst neun für die Welt sinnlichen Verlangens, dann 36 für die Himmel, entsprechend den vier *dhyānas*, und 35 entsprechend den vier gestaltlosen Errungenschaften. Schließlich folgt v, der *Pfad des Eingeweihten* (*aśaikṣa-mārga*), wo selbst die schwächsten, auf den Gipfel der Existenz (*bhavāgra*) bezogenen Unlauterkeiten entfallen. Den Eintritt in diesen Pfad kennzeichnet die diamantene (*vajropama*) Versenkung.[39] Es handelt sich dabei um eine plötzliche Erleuchtung, durch die der »Kandidat« zu einem »Eingeweihten« wird. Er ist nun frei von allen denkbaren Unlauterkeiten (*kleśa*) und Unreinheiten (*āsrava*). Dieser Pfad heißt auch *viśeṣa-mārga*,[40] und der Heilige ist nun ein *arhat*, der die beiden für den *arhat* bezeichnenden Erkenntnisse besitzt (vgl. S. 238). An diesem Punkt besteht das Erkenntnis-Objekt im »Gipfel der Existenz«, der höchsten Realitätsebene, an welche der *arhat* ja nach wie vor gebunden bleibt. Wenn jemand an einer vergifteten Wunde stirbt, sammelt sich das Gift, welches zuvor seinen ganzen Körper durchdrang, im Augenblick seines Todes in der Wunde selbst. Ebenso konzentriert der am Ende angekommene *yogin* seine Erkenntnis auf das letzte Objekt, das er hinter sich lassen muß, nämlich die *skandhas* des *bhavāgra*, und ebenso betrachtet er das Leid, welches ihn dort knechtet, sowie dessen Ursprung.[41]

Dieses Schema, das zum Ausgangspunkt des *mahāyāna*-Denkens über den Pfad wurde, ist in zweierlei Hinsicht bedeutsam: 1. Ohne irgendeinen engeren Bezug zur aktuellen Erfahrung werden traditionelle Kategorien mittels mathematischer Permutationen in ein klares Schema geordnet. 2. Das Interesse konzentriert sich eher auf die späteren als auf die früheren Stadien. Während es praktisch keine Aussagen über die »Hilfen zum Eindringen« gibt, wird einer bis ins kleinste gehenden Unterscheidung Dutzender verschiedener Arten von *arhats* und niemals Wiederkehrenden breiter Raum gegeben. Die Darstellung der Stadien des Pfades, wie sie der *Abhidharmakośa* vorlegt, ist keine Anleitung zum Handeln, sondern zur frommen Betrachtung der Leistungen anderer.

4. Einige Probleme des *abhidharma*

1. Die Klassifizierung bedingter *dharmas*

Die Scholastiker gaben sich nicht damit zufrieden, die Fakten in *skandhas*, Sinnesfelder und Elemente (vgl. S. 147-161) zu unterteilen. Im Lauf der Zeit hielten sie es überdies für notwendig, eine Gesamtaufstellung der *dharmas* zu erarbeiten. Sie erhielten damit ein definitives Inventar für Meditationen über die als heilsrelevant geltenden Bestandteile des Universums. Die *theravādins* zählten 82 *dharmas*, die *sarvāstivādins* 75, die *yogācārins* 100; fast alle sind bedingt.[a] Im wesentlichen stimmen die Aufzählungen überein, und es wäre Platzverschwendung, alle drei abzudrucken.[1] Da jedoch die Kenntnis der von den *abhidharma*-Buddhisten als »Fakten« betrachteten Dinge bedeutsam ist, empfiehlt es sich, zunächst jene Punkte aufzuzählen, in welchen alle uns bekannten Schulen übereinstimmen, um danach die wichtigsten Divergenzen zu nennen. Die drei Schulen des *abhidharma*, von denen wir einige Kenntnis besitzen,[b] sind sich in allem einig außer in der Anordnung und Gruppierung der *dharmas*, in der Reihenfolge ihrer Aufzählung und in einigen terminologischen Details. Die Unstimmigkeiten sind jedoch völlig unbedeutend und betreffen lediglich nebensächliche Punkte.[c] Ein überwiegender Teil der Aufzählung wurde offenbar vor der

a Die *theravādins* kennen einen nicht-bedingten *dharma* (*nirvāṇa*), die *sarvāstivādins* drei (Raum und zwei Arten von *nirvāṇa*, vgl. S. 226-236), die *yogācārins* sechs. Für die vier *asaṃskṛtas* des *Pañcaskandhakam* siehe F 117-18.

b Im übrigen Teil dieses Abschnitts verwende ich folgende Abkürzungen: Th. = *theravādins*, S. = *sarvāstivādins*, Y. = *yogācārins*.

c So gilt IV A 10 der Th. den S. als Tugend, IV A 11 wird als Aspekt des Gefühls gezählt, für IV B 2 setzen die S. »Freundlichkeit«, für IV B 10 »nicht verletzend«; IV B 7 halten sie für undefinierbar, und »Intelligenz« (*mati*) steht bei ihnen als ein Begriff für Verstand und Weisheit.

Trennung von *sarvāstivādins* und *theravādins* zusammengestellt, und selbst die *yogācārins* weichen selten von der festgelegten Tradition ab, wenngleich sie hie und da ihre eigenen sonderbaren Vorstellungen einbringen. Es folgt die nach den fünf *skandhas* angeordnete gemeinsame Liste:

I. *Form*: Die fünf Sinnesobjekte und fünf Sinnesorgane. II. *Gefühle*. III. *Wahrnehmungen*. IV. *Impulse*. Hier zählten die Th. 50 *saṃskāras*, die S. 44. Die wichtigsten Faktoren sind: A. *Die Konstituenten der Geistestätigkeit*: 1. Kontakt(aufnahme) (vgl. S. 270), 2. Wille (*cetanā*) (S. 271 f.), 3. Geistesleben, 4. Versenkung (S. 269), 5. Aufmerken (S. 269), 6. angewandte und 7. folgernde Reflexionen (S. 273), 8. der Drang oder Wunsch zu handeln, 9. Entschlossenheit (vgl. S. 62), 10. Ausdauer, 11. Triebkraft. B. *Tugenden*: 1. Nicht-Gier, 2. Nicht-Haß, 3. Nicht-Wahn, 4. Schamgefühl, 5. Angst vor Schande, 6. Glaube, 7. Wachsamkeit, 8. Gleichmut oder Gelassenheit (vgl. S. 121 ff.), 9. Ruhe, Stille, 10. Mitleid und 11. Mitfreude. C. *Laster*: 1. Gier, 2. Haß, 3. Wahn, 4. Mangel an Schamgefühl, 5. Mangel an Furcht vor Schande, 6. Erregbarkeit, 7. Trägheit oder Gefühllosigkeit, 8. falsche Ansichten, 9. Überheblichkeit, 10. Furcht (oder Schuldgefühl), 11. Neid, 12. Gewöhnlichkeit oder Geiz und 13. Zweifel. V. *Bewußtsein*.

Es folgen die wichtigeren der durch die Schulen der gemeinsamen Aufzählung hinzugefügten Punkte: I. Th. fügen den oben genannten noch fünfzehn hinzu, S. nur einen (vgl. S. 256 f.). IV B. Th. nennen zwölf weitere Bedingungen des *kāya* (= *skandhas* 2, 3, 4) und *citta* (= der fünfte *skandha*): Gemütsruhe (vgl. IV B 9), Leichtigkeit, Biegsamkeit, Lenkbarkeit, Tauglichkeit und Geradheit; drei Enthaltungen: von unschicklichen körperlichen Handlungen, unziemlicher Rede und Lebensführung. S. nennen ferner: Wachsamkeit (*apramāda*), die eifrige Entfaltung heilskräftiger *dharmas*. IV C. S. fügen hinzu: Fahrlässigkeit (*pramāda*), Glaubensschwäche; und als untergeordnete Unlauterkeiten: Ärger, Heuchelei,

Trübsinn, Leid zufügen, Feindseligkeit, Falschheit, Unaufrichtigkeit, Rausch. Die Y. nennen noch drei weitere. S. fügen ferner hinzu: IV D. Unbestimmt: Reue, Widerwille. IV E. Vierzehn vom Denken unabhängige *dharmas*[2] (die aber dem Denken ähneln, da sie nicht Form sind; weder geistig noch physisch): 1. Besitz, 2. Nicht-Besitz (vgl. S. 196-197), 3. generische Ähnlichkeit (*sabhāgatā*): mehreren Lebewesen gemeinsame Züge, die Ähnlichkeit unter ihnen verursachen; 4. Lebenskraft (vgl. S. 280). Vier Merkmale des Bedingten: 5. Geburt, 6. Subsistenz, 7. Verfall, 8. Zerstörung (vgl. S. 189). 9. Unbewußtsein, das heißt jener *dharma*, der bei »unbewußten Wesen« das Denken am Aufkommen hindert (vgl. S. 159), 10. Erlangung der Unbewußtheit (vgl. S. 160), 11. Erlangung der Loslösung (vgl. S. 156); 12. Wörter (*nāmakāya*), 13. Sätze (*padakāya*) und 14. Buchstaben (*vyañjanakāya*). Unter V. zählen S. nur einen *dharma*, der reines Bewußtsein ohne irgendeinen objektiven Inhalt ist, zum Beispiel Denken (*citta*); desgleichen die Th., doch da Bewußtsein nie isoliert besteht, sondern stets in Verbindung mit anderen *dharmas*, unterscheiden sie zwischen neunundachtzig *cittāni* oder Zuständen, in welchen das Denken mit verschiedenen psychischen Faktoren verbunden ist; die Y. zählen acht, manchmal neun Arten des Bewußtseins, das heißt zusätzlich zu den sechs Arten des Sinnesbewußtseins 7. das »befleckte Bewußtsein«, welches irrtümlich 8., das Speicherbewußtsein, für ein »Selbst« hält.

2. Die materielle Welt

Angesichts der Überbetonung der materiellen Seite des Lebens, unter der wir gegenwärtig leiden, mag es interessant sein zu beobachten, wie die Buddhisten diesen Aspekt des Universums behandelten. Außer den vier Urelementen (vgl. S. 259), den fünf Sinnesorganen und fünf Sinnesobjekten zählen die *theravādins* fünfzehn[a] weitere Faktoren auf,[1] die *sarvāstivādins* nur einen, nämlich »unmanifestierte Form«.[b]

Die *theravādins* nennen zunächst drei *organische Kräfte*, nämlich 1. Weiblichkeit, 2. Männlichkeit, 3. physisches Leben. Organisches Leben, im Gegensatz zu psychischem, gilt als »das Beharren materieller Zustände, ihre Erhaltung, ihr Weiterbestehen, das, was sie fortfahren läßt, ihr Fortschritt, ihre Konituität und Bewahrung«. Es ist ihre »stetige Erneuerung von Augenblick zu Augenblick«, welche die Grundlage organischer Stabilität bildet und auf die karmisch festgelegte Lebensspanne beschränkt ist.[2] Es folgt 4. die physische Grundlage des Verstandes und geistiger Prozesse, oder die physische Stütze des Verstandes-Elements und des Verstandes-Bewußtseins-Elements, das heißt die *Herz-Basis*. Wie alle alten Völker geben die späteren *theravādins*[3] das Herz, nicht das Gehirn an, und zwar mit etwa der gleichen Rechtfertigung,[c] während die *sarvāstivādins* ebenso wie die kanonischen Schriften der *theravādins* selbst sich auf keinerlei definitive Aussagen über den physischen Sitz des Verstandes festlegen.

Es folgen zwei *Hinweise* oder »Meldungen«. 5. »Körperhinweise« sind Körperbau und Bewegungen (zum Beispiel Gesten), durch die man seinen Gedanken sinnvollen Ausdruck gibt; und 6. »Sprachhinweis«, bezogen auf artikulierte Laute, mit welchen man sich ausdrückt. Danach haben wir 7. *Raum* (vgl. S. 233-235). Sodann drei *Bedingungen der körperlichen Tauglichkeit* für Meditation und Weisheits-

a Obwohl sie das greifbare Element unter die Urelemente zählen, weshalb die Gesamtzahl achtundzwanzig, nicht neunundzwanzig beträgt. Siehe Ñāṇamoli, *The Path of Purification*, 1956, S. 489.

b Die *sarvāstivādins* erkennen die meisten Punkte der *theravādin*-Aufzählung an, doch sie ordnen sie anders an. So zählen sie zum Beispiel 1. und 2. als »Gaben«, aber nicht als »*dharmas*«, 3. gilt als einer der »vom Denken getrennten« *dharmas*, 5. und 6. werden nicht als eigene *dharmas* behandelt, sondern als aus dem Wollen entstandene Handlungen. Diese unbedeutenden Details sollen uns hier nicht aufhalten.

c Denn wenn der Verstand überhaupt lokalisiert werden kann, so nur im gesamten Organismus, nicht in einem bestimmten Organ.

übung. Es sind: 8. Behendigkeit, das heißt die Fähigkeit, sich leicht umzustellen, im Gegensatz zum Gefühl der Trägheit, Schlaffheit und Schwere; 9. Elastizität, das heißt Flexibilität, nicht Steifheit des Körpers; 10. Lenkbarkeit, im Gegensatz zu auf körperlicher Ermüdung beruhenden fixen Ideen. Es folgen die vier *Phasen der Form*, das heißt 11. ihre anfängliche Erzeugung, 12. ihr Fortbestehen, 13. ihr Verfall und 14. ihr Verschwinden (vgl. S. 189). Schließlich gibt es noch 15. *materielle Nahrung*. Dies bezieht sich nicht auf die sichtbare Erscheinung der Speisen oder ihren Geschmack, sondern auf das »nährende Prinzip« in ihnen, welches sie nahrhaft und verdaulich macht.

Anstelle dieser fünfzehn *dharmas* nennen die *sarvāstivādins* nur einen zusätzlichen *dharma*, nämlich »unmanifestierte Form« (*avijñapti-rūpam*). Dieser Begriff bezeichnet die versteckten Ausprägungen unserer Körperstruktur, die in gewissen Handlungen zutagetreten, etwa wenn man einen Mord verübt, sich der Zucht unterwirft, *dhyāna* übt oder die Wahrheiten auf dem Pfad betrachtet. Sie machen einen Menschen zu einer von anderen unterschiedenen Person und wachsen weiter, bis sie ihren Lohn oder ihre Strafe finden. Ein Willensakt kann sich durchaus äußerlich und materiell in Gesten und Worten manifestieren. Ebenso kann aber auch eine gute oder schlechte Handlung, für die die Person verantwortlich ist, in einer unmanifestierten und unsichtbaren Modifikation der materiellen Struktur einer Person resultieren – zum Beispiel wenn jemand dafür sorgt, daß ein anderer getötet wird, ohne daß er selbst durch Worte oder offene Handlungen dazu beiträgt.

Die oben aufgezählte Auswahl materieller Kategorien muß einem Bürger des zwanzigsten Jahrhunderts auf den ersten Blick grotesk erscheinen. Doch wenn man sich den Zweck dieses Systems vor Augen hält, ist sie vollkommen einleuchtend. Sie stellt jene Aspekte der materiellen Welt heraus, die dem *yogin* in seiner Übung des *yoga* begegnen. »Weiblichkeit« und »Männlichkeit« sind als Eigenschaften von Personen dazu angetan, ihn zu faszinieren und auf Abwege zu führen, weshalb er sie tunlichst übersehen soll. »Leben«, oder genauer, »Lebensspanne« hat Bedeutung für ihn, weil er sich stets den Tod vergegenwärtigen soll. Gesten und Worte besitzen zweifellos eine über das Gesehene oder Gehörte hinausgehende »Bedeutung«, und es könnte den *yogin* verwirren, wenn diese »Bedeutung« keinen Platz im Schema der fünf *skandhas* einnehmen würde. Die religiösen Konnotationen des »Raums« wurden bereits diskutiert (S. 233). Die Punkte 8 bis 10, die ja die Tauglichkeit zur Meditation betreffen, sind für jeden, der meditiert, von offensichtlichem Interesse. 11 bis 14 stellen den Versuch dar, mit den Grundtatsachen der Unbeständigkeit zurechtzukommen, und 15 schließlich, »Nahrung«, bildet den Gegenstand einer der Standardmeditationen des Mönchs.[4] Ein Asket wird seine Freiheit durch die simple Tatsache, daß er essen muß, als grundsätzlich beschränkt erkennen, und was dem Durchschnittsmenschen Vergnügen bereitet, demütigt und knechtet den *yogin*.

Die gleiche Haltung bestimmt die Anwendung der Theorie von den »großen Elementen der Urmaterie«. Für gewöhnlich werden entweder vier oder sechs[a] gezählt.[b] Die vier entsprechen jener fast weltweiten Tradition der Menschheit, also Erde, Wasser, Feuer und Luft (Wind). Die Scholastiker schreiben ihnen folgende Eigenschaften zu: fest, flüssig, warm und bewegt (*samudīraṇa*, oder »gebläht«, *vitthambana*). Angewandt werden sie nur als Grundlage einer Meditation[5] über den Körper und seine 32 Teile – als aus diesen Urelementen zusammengesetzt,[6] – einer Meditation, die dazu befähigt, »in die Leere einzutauchen«.[7] Das »Konzept eines (personalen) Wesens« dürfte verblassen, wenn der Körper als

a Das fünfte und sechste sind Raum und Bewußtsein.

b Ihre Stellung ist unbestimmt. Die *theravādins* zählen sie als eigene *dharmas*, die *sarvāstivādins* vermutlich nicht, obwohl sie ihre Existenz zugeben. Siehe auch Jaini LSOAS xxii, 1959, 534.

willkürliche Anordnung elementarer Bestandteile betrachtet wird. Dies macht uns bereit, »Angst und Furcht zu bezwingen«,[8] da uns schließlich der gesamte Ablauf nicht das geringste angeht. Jedes dieser Elemente sollte »als bloßes Element, ohne Empfindung (*nissattato*, oder ›nicht als ein Wesen‹) und ohne Seele«[9] betrachtet werden, als ein besonderer Bestandteil des Körpers, ohne Denken, unbestimmt, zweckfrei, kein Lebewesen«.[10] Im übrigen sollte man sich stets daran erinnern, daß die Urelemente, indem sie zu materiellen Gegenständen unserer Umwelt umgestaltet wurden, zur Täuschung neigen.[11] Dies sind die Lehren, die man aus einer Untersuchung der materiellen »Elemente« ziehen kann. Der gleiche Grundgedanke würde in moderner Sprache etwa so ausgedrückt werden können, daß nur ein Dreißigstel unseres Körpergewichts aus C, H, O und N besteht, der Rest aus S, P, Fe, L, Na, Ca, Mg und dergleichen. Man würde darüber hinaus betonen, daß diese Elemente sich willkürlich verbinden, daß wir als Personen in dieser Angelegenheit nicht viel zu sagen haben und daß solche biochemischen Prozesse sich völlig automatisch abspielen. Doch abgesehen von *moralischen* Überlegungen dieser Art zeigen Buddhisten nicht das leiseste Interesse an den physikalischen Elementen und zerbrechen sich kaum je den Kopf darüber, was sie nun eigentlich sind und bewirken.[a] Sie entwickeln keinerlei Neugier bezüglich der physikalischen Welt, nicht einmal in dem Maß wie die Vorsokratiker, die ja auf ihre Weise immerhin den Donner, die Gezeiten und ähnliches zu erklären suchten. Joseph Needham untersuchte den Einfluß des Buddhismus auf die Wissenschaft und das wissenschaftliche Denken in China und gewann die Einsicht, es könnten »kaum Zweifel daran bestehen, daß er sich insgesamt gesehen stark hemmend auswirkte.«[12] Needham spricht von »der bemerkenswerten Tatsache, daß aus den buddhistischen Gesetzmäßigkeitsvor-

a I may not hope from outward forms to win
The passion and the life, whose fountains are within. (Coleridge)

stellungen keine Naturwissenschaft hervorging. Das hatte vermutlich zwei Gründe. Einmal gab es keinen Anreiz, über das nicht-menschliche, nicht-moralische Universum ernsthaft nachzudenken. Man hielt es für *māyā*, wie wenn man sich eine langweilige Kinovorstellung gezwungenermaßen ansehen muß, oder die Vorstellung in einem Saal gezeigt wird, aus dem man nur mit Mühe herausfindet. Zweitens: Wenn auch dem modernen Verstand die Wirkungen des ›Gesetzes‹ von Ursache und Wirkung als solchem eindeutig moralisch neutral erscheinen mögen, so lag doch tatsächlich das einzige, was die Buddhisten überhaupt daran interessierte, in den ihm zugeschriebenen moralischen Funktionen. In gewissem Sinne war die apersonale kosmische Unvermeidlichkeit nur ein dünnes Gewand, hinter welchem sie ihren tief religiösen Glauben an die Gerechtigkeit Gottes verschleierten. Dieser Ansatz war daher als Ausgangspunkt und treibende Kraft zur Bildung einer kausalen Wissenschaft ungeeignet.«[13] »Letztenendes war der Buddhismus eine grundlegende Ablehnung der Welt«, »eine überweltliche Ablehnung dieser Welt scheint jedoch formal und psychologisch unvereinbar mit dem Aufkommen von Wissenschaft.«[14]

So ahnungslos die Buddhisten auch hinsichtlich der eigentlichen »Wissenschaft« in Professor Needhams Sinn waren, sie besaßen vergleichsweise umfangreiches Wissen über Schichten der materiellen Welt, welche dem »Wissenschaftler« unzugänglich sind. Unsere Darstellung der buddhistischen Lehre über die materielle Welt wäre äußerst unvollständig ohne einen kurzen Seitenblick auf die von allen Schulen geteilten Ansichten über gewisse »Körper«, die aus den *yoga*-Übungen hervorgehen. Wir können ihnen den Gattungsnamen »Zwischenkörper« geben, da sie in die »Zwischenwelt« gehören, wie sie auf S. 24 definiert wurde. Schwierigkeiten ergeben sich für uns aus dem Umstand, daß dieser Aspekt der Lehre als »esoterisch« galt (vgl. S. 391) und daher in den allgemein zugänglichen Dokumenten nicht systematisch behandelt wurde. Einige verstreute Hinweise und Andeutungen vermitteln eine vage Vorstellung davon, was die buddhistischen *yogins* beabsichtigten, doch in ihren präzisen Details entziehen sich die verschiedenen »feinstofflichen« Körper, wie sie von der yogischen Physiologie postuliert wurden, heute unserem Zugriff, teils weil wir über die traditionellen Glaubensinhalte nurmehr bruchstückhafte Kenntnisse besitzen, teils auch, weil wir außerstande sind, Übungen auszuführen, die uns zu eigenen Erfahrungen in diesem Bereich verhelfen könnten.

Eine wichtige Gruppe yogischer »Körper« wird als *manomaya* oder »geistbeschaffen« bezeichnet.[15] Man nennt sie so, weil sie dem Bereich des yogischen Geistestrainings entstammen, aber auch, weil sie »mental« sind,[16] insofern sie sich nämlich sehr rasch und ungehindert durch Berge und dergleichen fortbewegen können, ganz so wie der Verstand, wenn er Szenen seiner früheren Beobachtung erinnert und sich augenblicklich an deren Ort begeben kann, ganz gleich wie weit dieser vom physischen Leib (*śarīra*) entfernt liegt, in welchem der Verstand gefangen ist. Es heißt von einem derartigen »geistgeschaffenen« Körper, daß ihn der *yogin* auf einer bestimmten Stufe aus einem Hohlraum seines physischen Körpers zieht, »wie man einen Strohhalm aus dem Schaft zieht, ein Schwert aus der Scheide, eine Schlange aus dem Balg«.[17] Ferner besitzen viele jener Wesen, die in die Gruppe der »wunderbar Geborenen« (*upapāduka*)[18] gehören, »geistbeschaffene« Körper, so etwa die höheren Götter[19] oder die »Zwischenwesen« (*antarabhāva*), die zwei Existenzen miteinander verbinden und etwa 49 Tage lang bestehen.[a] Auch besaßen die ersten Menschen zu Beginn des Äon »geistgeschaffene« Körper,[20] ebenso die niemals Wiederkehrenden in der Zeit zwischen ihrem Ableben und ihrem Eingang ins *nirvāṇa*. Ferner spricht man auch den höheren *bodhisattvas* eine

a Ihre Körper sind »geistbeschaffen«, weil sie aus dem Geist hervorgehen und nicht auf äußeren Elementen beruhen. AK iii 122.

Reihe von »geistgeschaffenen Körpern« zu, die in diesem Kontext »Willenskörper« genannt werden können. Auf die im *Laṅkāvatāra-sūtra*[21] gegebene Version dieser Theorie bezieht sich Daisetsu T. Suzuki und bringt deren Grundgedanken klar zum Ausdruck: »Das, wonach der Buddha oder *bodhisattva*, dessen Absicht den gesamten Bereich der Wesen umfaßt, jeweils am heftigsten verlangt, muß sich auf die eine oder andere Weise auf diese Welt selbst unseres Alltagslebens auswirken. Um jedoch Erfüllung eines Wunsches zu erlangen, wird man oft die Grenzen dieses physischen, räumlich und zeitlich begrenzten Leibes überschreiten müssen. In diesem Fall bedarf man eines nicht auf solche Weise eingeschränkten Körpers – eines Körpers, der zu jeder gewünschten Zeit überall auftreten kann.« Wir können an dieser Stelle nicht in die Einzelheiten dieses schönen Konzepts gehen.[a] Das *Laṅkāvatāra-sūtra* unterscheidet drei Arten von »Willenskörpern«, doch ich beschränke mich darauf, die Beschreibung des zweiten auszugsweise zu zitieren. Auf der achten Stufe (vgl. S. 340) beginnt er sich herauszubilden. »Dieser Körper kennt die verschiedenen Kräfte und Arten des überlegenen Wissens, ist rasch wie der Verstand, gleicht einer magischen Täuschung (*māyā*), einem Traum oder Spiegelbild, keinem Erzeugnis der Urelemente (*abhautikam*), wenn er auch dem, was sie erzeugen, nicht unähnlich und imstande ist, die ganze Vielfalt der denkbaren materiellen Gestalten zu zei-

a Auf S. 331 spricht Suzuki vom »tiefen menschlichen Verlangen nach einem verklärten Leib. Wir sind mit unserer körperlichen Existenz unzufrieden, wir leiden ständig unter dem Gefühl der Gefangenschaft, unser Geist schwingt sich aus dieser Welt physischer Schranken empor, wir sehnen uns stets nach einem *manomayakāya* (Willenskörper). Dieser physische Leib drückt die Absicht des Geistes unvollständig aus, er zerrüttet, er tyrannisiert. Alles religiöse Ringen und Hoffen in diesem Leben kreist tatsächlich um die Kontrolle über diesen Leib. Theosophen, Swedenborgianer, Taoisten und indische Philosophen – sie alle kennen den Gedanken eines immateriellen Leibes, den wir annehmen können, wenn uns eine göttliche Gabe zuteil wurde oder wenn unsere moralische Zucht zum Höhepunkt gelangt. In gewisser Hinsicht handelt es sich hier um unsere Sehnsucht nach Unsterblichkeit«.

gen.«[23] Während der *bodhisattva* sich seiner Buddhawerdung nähert, treten weitere Körper in Erscheinung, gestaltet durch Erkenntnis (*jñāna-kāya*) oder *dharma* (*dharma-kāya*), und es gibt auch den »Leib des *tathāgata*«, der beschrieben wird als »allgegenwärtig, und dessen sichtbare Gestalten keine einschränkenden Bedingungen besitzen.«[24]

Damit ist der dem *yoga* – wenn auch nicht der Wissenschaft – bekannte Bereich der Körper noch nicht erschöpft. Andernorts hören wir von »feinstofflichen« (*sūkṣma*) ätherischen Körpern, die »umherwandern wie Sonnenstrahlen«, oder von »magischen Leibern« (*māyādeha*), welche »durch das Spiegelbild gekennzeichnet sind. Ihre Spanne, durch den ›Mond im Wasser‹ wie ein Regenbogen, besteht aus Farben.«[25] Doch wir müssen weitereilen. Es soll genügen, den Leser darauf hinzuweisen, daß unsere Quellen reichlichen und klaren Aufschluß geben über die Anatomie und Physiologie einiger dieser unsichtbaren Leiber,[26] wobei es sich in Wirklichkeit um die Physiologie der Meditation handelt.[a] Einige Einzelheiten mögen erst spät hinzugekommen sein, doch die wesentlichen Prinzipien sind so alt wie der Buddhismus selbst, wenn nicht älter. Wir haben sie uns zu vergegen-

a Eliade (S. 243-44): Die »Subtilphysiologie« hat sich wahrscheinlich von asketischen, ekstatischen und kontemplativen Erlebnissen aus gebildet, die sich in derselben Symbolsprache ausdrückten wie die traditionelle Kosmologie und das traditionelle Ritual. Das soll nicht heißen, daß diese Erlebnisse nicht »real« waren; sie waren es, aber nicht in dem Sinn, in dem zum Beispiel eine physikalische Erscheinung real ist ... Es handelt sich um Experimente auf anderer Ebene als der des täglichen, profanen Lebens ... man braucht nur die Texte aufmerksam zu lesen, um sich klar zu werden, daß es sich hier um transphysiologische Erlebnisse handelt, daß alle diese »Zentren« »yogische Zustände« repräsentieren, also Zustände, die ohne spirituelle Askese nicht erreichbar sind ... Das Wesentliche und Unentbehrliche bleibt die Meditation, die spirituelle »Realisierung« ... wobei man auch nicht vergessen darf, daß (die *yogins*) ihre Experimente mit dem »Feinleib« vornahmen, das heißt unter Benützung von Empfindungen, Spannungen und unbewußten Zuständen, die den profanen Menschen unzugänglich sind; daß sie einen Bereich beherrschten, der unendlich weiter reichte als der »normale« psychische Bereich ...

wärtigen, wenn wir die rätselhafte Aussage verstehen wollen, wonach (vgl. S. 99) der Unsterbliche *nirvāṇa* mit dem Körper »berühren« kann. So lesen wir in der *Kaṭha Upaniṣad*:[27] »Es gibt 101 Arterien (*nāḍī*) des Herzens. Eine führt zum Scheitel des Kopfes. Folgt man ihr aufwärts, so gelangt man zur Unsterblichkeit.« Hinter allen Theorien steht eine *yoga*-Praktik, die auf die Verklärung des Körpers in einen »diamantenen«, unverweslichen und »göttlichen« (*divya*) Leib abzielte, welcher allein zur Erlösung führte[a] als zuverlässigstes und wirksamstes Instrument, das dem Menschen zur »Bezwingung des Todes« zu Gebote steht.[28] Zugleich sucht *yoga* den Leib in einen Mikrokosmos umzuwandeln, in welchem irgendwie das gesamte Universum gespiegelt und enthalten ist,[29] so daß er »weit« und »dem Kosmos verwandt« wird.[b]

a Vom Standpunkt der Cartesianer und Platoniker aus könnte der Buddhismus als »materialistische« Philosophie gelten. So schreibt Stanislas Schayer (OLZ 1935, S. 405): »In diesem Zusammenhang muß mit Nachdruck betont werden, daß der Begriff eines nicht raumhaften Seins, namentlich die der abendländischen Philosophie seit Descartes geläufige Hypostase einer psychischen, nicht ausgedehnten Wirklichkeit, den indischen Systemen fremd geblieben ist.« Mir scheint der buddhistische »Materialismus« dem der Stoiker zu gleichen, die sich ebenfalls weigerten, Leib und Seele in einer absoluten Dichotomie zu trennen, dennoch aber weder geistlichen Übungen noch religiösen Auffassungen feindselig gegenüberstanden. Das stoische *pneuma* ist sowohl Feuer, also materielle Substanz, als auch Verstand (*logos spermatikos*), nämlich das göttliche Prinzip, welches das gesamte Universum durchdringt und beseelt. Der mühelos und ohne jeden Zweifel vollzogene Übergang von *ardor* zu *calor*, zu *sensus atque ratio* und zu *sapientia*, *ratio* und *natura divina* ist nachzulesen bei Cicero, De nat. deor. II, ix-xii. Offenbar gehen auch die Buddhisten davon aus, daß es keine wirklich immateriellen Zustände gibt, sondern lediglich groben und feinen Stoff, was zugleich erklärt, warum der Geist (als feinstofflich) mit den übrigen (grobstofflichen) Sinnesorganen auf gleicher Ebene behandelt werden kann. Immerhin muß man zugeben, daß das Ganze äußerst schwierig ist. So scheint beispielsweise AK viii 137-43 meine Interpretation der buddhistischen Position nicht zu bestätigen.

b Eliade (S. 106ff.) spricht von einem Umwandlungsprozeß des menschlichen Körpers in einen kosmischen Leib, in welchem die Venen, Arterien und realen Organe im Vergleich zu den »Zentren« und »Adern« eine entschieden untergeordnete Rolle spielen, zumal in diesen kosmische oder göttliche Kräfte erfahren oder »geweckt« werden können.

3. Die Stadien der bewußten Wahrnehmung

Die acht Stadien der Apperzeption oder bewußten Wahrnehmung wurden nur von den *theravādins* klar ausgearbeitet. Andere Schulen erkannten das Problem womöglich auch, hinterließen aber keine Dokumente, die – außer in Andeutungen – eine diesbezügliche Theorie formulieren. Der *abhidhamma* der *theravādins* beruft sich auf eine Stelle in den *sūtras*,[1] die aus den Praktiken zur »Unterdrückung der Sinne« (vgl. S. 83 f.) abgeleitet wurde, und in der es heißt: »Sicht-Bewußtsein (3) entsteht aufgrund des Auges (1) und Sichtobjekts (2); das Zusammentreffen der drei entspricht Kontakt (4); Gefühle (5) beruhen auf Kontakt; was man fühlt, nimmt man wahr (6); was man wahrnimmt, darüber denkt man nach (*vitakketi*) (8); worüber man nachdenkt, das plagt einen (*papañceti*) (7); was einen plagt, die Ursprung einer Reihe von Vorstellungen und fixen Ideen, die hinsichtlich der durch das Auge erkennbaren Sichtobjekte auf den Menschen einstürmen – vergangen, künftig und gegenwärtig.« Der *abhidhamma* behauptet, daß ein voll ausgereifter Gedanke[a] acht aufeinanderfolgende Apperzeptionsebenen durchlaufen hat.[2] Ihrer tabellarischen Aufzählung folgen zwei Gleichnisse, denen sich eine kurze Erläuterung anschließt. Zunächst die Aufzählung:

1. Erschütterung oder Störung durch einen Stimulus (der auf die Sinnesorgane wirkt)
2. Hinwendung (zum Sinnesobjekt)
3. Sechs Bewußtseinsarten (Sinnes-Bewußtsein entsteht durch 1. und 2.)
4. »Rezeption« oder »Annahme« (Kontakte)
5. »Prüfung« oder »Einschätzung« (Gefühle)
6. »Bestimmung« (Wahrnehmungen)

a Von diesem wird angenommen, daß er einen gewissen sinnlichen Kontakt besitzt. Für eine reine »Verstandeswahrnehmung« wären weniger Stadien zu zählen.

7. »Volle, bewußte Wahrnehmung« oder »Antriebe« (willentliche Reaktionen)
8. »Kenntnisnahme« oder »Reflexion über das Objekt«: praktische und logisch folgernde Reflexionen.

Nun zu den Gleichnissen. 1. Der Wind bewegt die Zweige eines Baumes; eine Frucht fällt herab und streift das Ohr eines Menschen. 1 a. Ein Sichtobjekt usw. kreuzt die Blickrichtung des Auges usw. und erregt Augenempfindung usw. 1 b. Die Erregung überträgt sich auf das unterbewußte Kontinuum (vgl. S. 186), welches unterbrochen oder zum Stillstand gebracht wird. 2. Der Mensch erwacht. Er bemerkt, daß es etwas zu sehen usw. gibt; ein Stimulus ist vorhanden, man ist stimuliert. 3. Er öffnet die Augen und schaut. Er begreift, daß er etwas sieht, hört usw.; etwas wird gesehen; das Sehen setzt ein. 4. Die Frucht wird aufgelesen. Man ist bereit, sich dem Stimulus zu widmen. 5. Man untersucht die Frucht, drückt sie. Man stellt fest, ob ein Gegenstand den Wünschen entspricht oder nicht, man untersucht ihn, um herauszufinden, ob er als angenehm, unangenehm oder neutral zu gelten hat. 6. Man bestimmt die Frucht und ihre Eigenschaften, indem man an ihr riecht. Volle Wahrnehmung. 7. Man ißt die Frucht, erfährt ihren Geschmack. Man reagiert auf zuträgliche (heilskräftige) oder unzuträgliche (unheilbringende) Weise auf ein Ding, in einem bestimmten Kontext mit bestimmtem Sinn, bestimmter Bedeutung. 8. Nachgeschmack, nachdem man die letzten Stücke hinuntergeschluckt hat. Hier vergegenwärtigt man sich den Gegenstand der siebenten Stufe noch einmal, man ist sich bewußt, daß ein Ding von der-und-der Art wahrgenommen wurde. Ebenso wird Wasser zerteilt und folgt einem Boot, wenn es einen reißenden Fluß durchquert, eine Strecke lang, um danach wieder mit der Strömung zu fließen.[a]

a Ich habe ein weiteres Gleichnis immer recht hübsch, wenn auch weniger überzeugend gefunden. Viele Knaben sitzen mitten auf einer Straße und

Wir müssen nun die acht Stadien im einzelnen betrachten, damit wir diese wesentliche Folgeerscheinung der buddhistischen Haltung gegenüber Zeichen und dem Zeichenlosen (vgl. S. 82f.) verstehen können.

1. Wenn von einer Stimulierung der *Sinnesorgane* die Rede ist, müssen wir folgende Faktoren auseinanderhalten: (1) den Sitz des Körperorgans und seine physische Beschaffenheit; (2) den Teil des Organs, der als End-Empfänger wirkt, sowie dessen neutrale Verbindungen; (3) die rezeptive, reaktive Sensibilität, um die es hier ausschließlich geht.

2. Wenn wir von einer »Hinwendung« zu den sechs *Sinnesobjekten* sprechen, müssen wir sowohl »Sinnesobjekt« als auch »hinwenden« definieren. Hier muß (1) das Objekt als *Stimulus*,[a] das heißt als das, was von der Objektseite her die Wahrnehmung durch seine Wirkung auf das Sinnesorgan bestimmt, unterschieden werden von (2), dem voll entwickelten *Objekt*, wie es der Wahrnehmung erscheint; hier ist (1) gemeint. Ein eigenes, isoliertes Sinnesobjekt als solches gibt es nicht. Wir haben es stets mit einem Sinnesobjekt auf einer bestimmten Apperzeptions- und Präsentationsebene zu tun, das sich zudem unseren vermeintlichen Bedürfnissen in ge-

spielen mit Sand (dies entspricht den Vorgängen im unterbewußten Kontinuum). 1. Eine Münze stößt an die Hand eines Knaben; er fragt: »Was ist da an meine Hand gestoßen?«; 3. darauf sagt ein anderer: »Das ist ein weißes Ding«; 4. ein weiterer packt die Münze und hält sie zusammen mit Sand fest in der Hand; 5. ein anderer sagt: »es ist breit und viereckig«; 6. ein anderer sagt: »Das ist eine *kahāpana*-Münze«; 7. darauf nimmt er sie und gibt sie seiner Mutter, die sie zu einem Geschmeide verwendet.

a Die »Stimuli«, die hier gemeint sind, dürfen nicht mit denen der behavioristischen Psychologie verwechselt werden. Diese beschreibt ihre »Stimuli« entweder im physikalisch-chemikalischen Sinn als Strahlen, Luftvibrationen, chemische, in Luft oder Flüssigkeit lösliche Substanzen, usw., oder physiologisch hinsichtlich des Empfangsorgans als photochemischen Vorgang, Vibrationen der Gewebsflüssigkeit, Hautdeformationen und dergleichen. Diese behavioristischen »Stimuli« sind Objekte der Verstandes-Wahrnehmung (wenn auch bis zu einem gewissen Grad visualisiert) und unterscheiden sich von dem hier zur Debatte stehenden jeweiligen Sinnesobjekt.

wissem Ausmaß anpaßt. Wenn alle späteren Hinzufügungen entfallen, läßt sich über das Objekt an sich lediglich aussagen: »Es gibt etwas, was man sieht, hört usw. ...« Doch was genau gesehen wird, kann man nicht beschreiben. Dies wird erst auf der sechsten Stufe bestimmt, oder besser, konstruiert.

Die »Hinwendung«, die auf dieser Stufe erfolgt, darf nicht mit »Aufmerksamkeit« verwechselt werden. Wir haben sogar dreierlei allerdings verwandte Aktivitäten zu unterscheiden: (1) *Hinwenden*, Zuwendung zu einem Objekt, was dem Verstand und Verstandes-Bewußtsein, nicht jedoch einer der Komponenten des vierten *skandha* zugeschrieben wird. (2) *Beachten*, der selektive Akt, mit dem man sich einem Objekt widmet, zählt zu den Auswirkungen der »Konzentration«, die ihrerseits zum vierten *skandha* gehört.[a] (3) *Aufmerksamkeit* (*manasi-kāra*, wörtlich: Verstandesarbeit), ein weiterer zum vierten *skandha* gehörender *dharma*, bedeutet die verschiedenen auf ein Objekt oder Ziel gerichteten Arten der Beachtung und betrifft die geistigen Verlagerungen, die sich ergeben, wenn man einen Gegenstand von allen Seiten betrachtet. Durch Aufmerksamkeit oder in ihr wird der Verstand von sich selbst differenziert, das heißt, der vorherige Verstand ist vom jetzigen verschieden, da er sich zuvor mit einem leicht abweichenden Aspekt desselben Gegenstandes

a Wir müssen zwischen der Tugend der »Versenkung« (oder Sammlung, engl. *concentration*; d. Übers.) (vgl. S. 70f.) und der »Konzentration« als allem Denken eigenem Faktor unterscheiden. Die Ausrichtung des Geistes auf einen Punkt ist ihr wesentliches Merkmal. Sie wird unter sechs Eigenschaften definiert (vgl. S. 154): a) Stabilität; sie steht fest im oder auf dem Gegenstand, wie eine Flamme an einem windstillen Ort; b) Zusammenkneten der im Objekt zugleich wirksamen Zustände; sie verbindet die mit dem Objekt aufkommenden geistigen Zustände, wie Wasser den Seifenschaum zusammenhält; c) in das Objekt vertieft oder versunken; d) keine womöglich auf Erregung oder Zweifeln beruhende Ablenkung (*avisāro*) und Verwirrung (*vikkhepo*); e) unbeirrt, ungestört, ungestört; f) Ruhe, als Begleiterscheinung. In einigen Formen des Denkens erscheint die Konzentration nicht in ihrer vollen Kraft, sondern besteht nur im Sinne von a), da derart schwache Denkvorgänge lediglich fähig sind, abzulaufen oder stattzufinden.

beschäftigt hat. »Aufmerksamkeit« veranlaßt den Verstand, ein Ding über eine beträchtliche Zeitspanne hinweg zu betrachten, sich mit ihm zu konfrontieren, und wird, insofern sie die wiederholten Denkansätze regelt, mit einem Wagenlenker verglichen. »Hinwendung« stellt eine vergleichsweise höchst simple, rudimentäre Haltung dar.

3. Die sechs Zustände des *Sinnes-Bewußtseins* sind auf einen Stimulus des Gesichts usw. hingewandte Wahrnehmungsvorgänge und gelten, als nackte, ungeschminkte Wahrnehmungen des jeweiligen Stimulus,[3] als schwach und undeutlich.

4. Das Wort *Kontakt* kann drei Bedeutungen haben: (1) Hinsichtlich der fünf Sinne, nicht jedoch des Verstandes, steht es für das physische Aufeinanderprallen eines physischen Gegenstandes auf ein physisches Organ, wie wenn man zwei Zimbeln schlägt oder wenn zwei Ziegen einander mit den Hörnern stoßen. Ein Organ wird durch den Anstoß eines Objekts getroffen und reagiert darauf. Dies geht dem dritten Stadium *voraus* und interessiert hier nicht. (2) Eine Übereinstimmung, ein Zusammentreffen, eine Begegnung, Verbindung, Zusammenstellung – von Organ, Objekt und Bewußtsein. (3) Jene zum vierten *skandha* gehörenden Willenszustände, die Organ, Objekt und Bewußtsein miteinander in Berührung bringen, wobei Nr. 2 beabsichtigt ist. Nach Ansicht der *sarvāstivādins* bedingt das Objekt »Kontakt« über das »Objekt«, das Sinnesorgan über die vorherrschende Bedingung und das Sinnes-Bewußtsein über den »unmittelbaren Vorläufer« (vgl. S. 72).[4]

5. Sodann kommen die *Gefühle*, also angenehm, unangenehm, neutral. In den meisten Fällen müssen wir uns etwas anstrengen, wenn wir erkennen wollen, daß die Gefühlsreaktion dem Wahrnehmungsvorgang tatsächlich vorausgeht. Es wird nämlich von uns erwartet, zunächst zu empfinden: »Es gibt einen unangenehmen Anblick«, um danach erst zu fragen: »Was ist es?« Bei Geräuschen ist das ja meist ganz einfach. »Was ist das für ein gräßlicher Lärm?« »Ist es ein

Lastwagen?« »Nein, ein Düsenjäger.« Auch bei Gerüchen können wir häufig diese Sequenz beobachten. Geräusche und Gerüche hängen vermutlich *per se* eng mit der angenehmen oder unangenehmen Beschaffenheit einer Gesamterfahrung zusammen. Um es etwas unfein auszudrücken: auf dieser Stufe findet erst einmal ein vorbereitendes »Beschnüffeln« des Objekts statt. Sehr viel deutlicher als diese einleitenden Gefühlsreaktionen auf einen Stimulus sind oft die späteren Gefühle,[a] die mit den Willensreaktionen auf Stufe 7 und den Überlegungen auf Stufe 8 einhergehen, während Gedanken um die Idee des Gegenstandes kreisen. Auf Stufe 7 finden wir das Gefühl an einen klaren Wertungsvorgang gebunden, und man reagiert, indem man entweder Lust bekommt auf das Objekt und die Freuden, die es spendet, oder indem man es ablehnt und haßt. Auf der achten Stufe blickt man auf die Erfahrung der siebenten Stufe zurück und schätzt sie ein. Handelte es sich um die Erfahrung eines willkommenen Gegenstandes, so bleibt ein angenehmes Gefühl zurück. War sie jedoch unwillkommen, so führt sie auf der achten Stufe zu einer gleichgültigen, neutralen Gefühlslage. Hat man sich nun aber heftig am Unerwünschten gestoßen, so führt die Emotion des Hasses zu unangenehmen oder traurigen Gefühlen.

6. Es folgt die Stufe der *Wahrnehmung*, bei welcher es sich um die subjektive Entsprechung der Welt des gesunden Menschenverstandes handelt. Hier finden nicht weniger als neun Umgestaltungen der ursprünglichen Gegebenheit statt. I. Man (1) bemerkt und (2) erkennt *sinnliche Eigenschaften* und (3) bestimmt, unterscheidet und klassifiziert diese mittels Wörtern (zum Beispiel »es gibt grün«). II. Man (1) betrachtet sinnliche Eigenschaften als Zeichen für Sinnes- oder Verstandes-*Objekte*, (2) erkennt solche Objekte an ihnen wieder, wie

a Gefühle kommen jedoch bereits auf der früheren Stufe 3 auf, wo sich eine physisch schmerzliche oder angenehme Erregung des Körpers einstellen kann, allerdings ohne klare Wahrnehmung der Ursache. Streng genommen gibt es daher auf vier Stufen, nämlich 3, 5, 7 und 8, »Gefühle«.

ein Zimmermann ein Stück Holz wiedererkennt, das er vorher markiert hat, wobei das Wiedererkennen für ihn durch das Zeichen hinreichend begründet wird, ähnlich den Holzfällern bei Baumstämmen; (3) man unterscheidet ein Objekt und seine Eigenschaften von seiner Umgebung; (4) und all dies hauptsächlich mit Hilfe von Wörtern. (5) Man formt den sensorischen Anlaß durch phantasievolle Interpretationen um, ähnlich wie junge Rehe die Wahrnehmung »Mensch« entwickeln, wenn sie eine Vogelscheuche sehen. (6) Man nimmt das Zeichen an, bemächtigt sich seiner, erzeugt in sich selbst einen Hang, ja, eine Neigung zu ihm, hält an ihm fest und gelangt bezüglich des Sinnesfaktors zu einer falschen Überzeugung, zu einer einseitigen Interpretation, wie im Fall des Blinden und des Elefanten.[5] Der Gegenstand der Wahrnehmung und das Wahrgenommene zeigen Unterschiede (1) zum sensorischen Stimulus (auf Stufe 2) und (2) zu dem, was wirklich vorhanden ist. Anders als Weisheit kann Wahrnehmung nicht zur wahren Realität vordringen.
7. Die *Willensakte* sind der wichtigste Teil des gesamten Ablaufs, da sie allein für *karma* und künftiges Glück Bedeutung besitzen. Es heißt von dieser Stufe auch, daß sie länger anhält als andere. Sie nimmt sieben Augenblicke ein, Stufe 1 dagegen nur drei, die Stufen 2 bis 6 je einen, Stufe 8 zwei.

Der Wille (*cetanā*) zählt als einer der *dharmas*. Wollen, absichtsvolle Reaktion, ist ein Prozeß des Handelns, der Mühe und Anstrengung, welcher koordiniert, befiehlt, Richtung weist, vorantreibt und uns emsig und energisch macht. Man vergleicht ihn mit einem tüchtigen Bauern, der geschäftig unter seinen Arbeitsleuten umherläuft, um die Ernte einzubringen; mit einem Obergesellen in einer Zimmerei, der selbst arbeitet und anderen Aufgaben zuweist und sie anleitet; mit dem Anführer einer Kriegertruppe, der selbst kämpft und zum Kampf anspornt.

Es ist von großer praktischer Bedeutung, Gedankenbündel in Willensakte, Wahrnehmungen und Gefühle zu unterteilen, besonders wenn sie in nachdrücklichem Bezug zum individuellen Selbst zu stehen scheinen. Um einige Beispiele zu nennen: »Vielleicht gibt es diesen Winter keinen Brennstoff; mein Zahn wird wohl gezogen werden müssen; ich werde vermutlich entlassen; ich habe mein Taschenmesser verloren; was tut er, um auf seine Kosten zu kommen?« Derartige Gedanken können das Denken von *dharma* ablenken, aber es ist offensichtlich, daß ihr willensbestimmter Gehalt (Furcht, Haß, Gier usw.) den sensorischen weit überwiegt und daß Sinnes-Wahrnehmung nicht nur auf unserem Wollen beruht, sondern von ihm erstickt wird und hinsichtlich all dieser Leiden gewöhnlich wenig ins Gewicht fällt.

8. Diese Stufe wird nur erreicht, wenn man auf Stufe 7 auf ein starkes, besonders lohnendes Objekt reagiert hat. Sie ist gekennzeichnet durch »praktische und logisch folgernde Reflexionen« (*vitakka*, *vicāra*). Für diese beiden Begriffe haben sich bisher keine befriedigenden Entsprechungen in unseren Sprachen gefunden. Es ist jedoch völlig klar, was sie meinen. Läßt man seinem Verstand freien Lauf oder versucht man, ihn auf ein so unergiebiges Thema wie etwa *nirvāṇa* zu fixieren, so wird man erleben, daß er sich bald dem einen oder anderen »interessanten« Thema zuwendet, wie ein Vogel sich auf einem Baum niederläßt, und beginnt, darüber nachzudenken. Das ist *vitakka. Vicāra* wäre demnach ein vertieftes Nachdenken über denselben Bereich, wo man das Thema umkreist, überschaut, ringsum abtastet, darüber spricht, länger darüber nachdenkt. Interessanterweise gilt diese Art »Denken« als retrospektiv, und ihm wird jeder Erkenntniswert abgesprochen. Und wirklich muß man von derartigen Grübeleien ablassen, bevor man sich der Trance auch nur nähern kann.

DRITTER TEIL
Das *mahāyāna*

1. Gemeinsame Lehren aller *mahāyāna*-Anhänger

1. Die *mahāsaṅghikas* und das *mahāyāna*

In Teil II haben wir uns mit den *sthaviras* befaßt, die sich etwa 140 Jahre nach Buddhas *nirvāṇa* von den *mahāsaṅghikas* trennten, während diese ihrerseits zu Beginn der christlichen Ära den Anstoß für das *mahāyāna* lieferten. Die *mahāsaṅghikas*, »jene, die die Große Gemeinschaft vertraten«,[a] hatten ihren Namen entweder aus dem Grund erhalten, weil sie auf dem Konzil von Pāṭaliputra die Mehrheit stellten, oder, wohl wahrscheinlicher, weil sie den Standpunkt der Laien gegen die Mönchspartei vertraten. Sie spalteten sich in folgende Sekten:

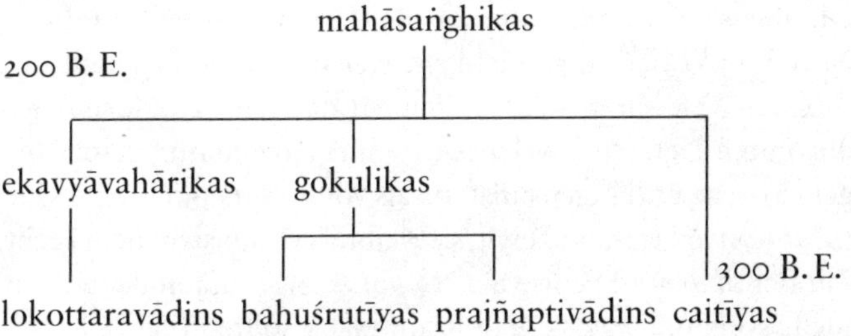

Es ist zwar mehr als wahrscheinlich, daß viele der Leitgedanken des *mahāyāna* bereits Jahrhunderte vor seinem Auftritt als eigene Richtung vorhanden waren, doch über das Proto-*mahāyāna* besitzen wir wenig direkten Aufschluß. Was uns

a Ein Begriff, der *bolševiki* (gegenüber *menševiki*) ähnelt. Die Herleitung der Namen der Sekten ist nicht immer evident, und ich muß auf Bareau verweisen.

vorliegt, sind (I) Schlußfolgerungen aus dem Kanon der *sthaviras* und (II) kurze Andeutungen über manche *mahāsaṅghika*-Positionen in den Abhandlungen über die Sekten (alle später als 300 n. Chr.)

I. Der Kanon der *sthaviras* bringt mitunter Gedanken, die im Widerspruch zu ihrer eigenen Orthodoxie stehen. Einige polnische Gelehrte meinten,[1] daß sie einer sehr alten, »präkanonischen« Überlieferung angehören, zu geheiligt, um von den Bearbeitern des Kanons aufgegeben zu werden. Wie sonst ließen sich die zahlreichen Anspielungen auf eine »Person« erklären?[2] Auch wird dem »Bewußtsein« eine besondere Rolle zugewiesen. Das *Ṣaḍdhātu-sūtra* geht von einem ewigen Bewußtsein aus, und das Absolute oder *nirvāṇa* wird gleichgesetzt mit einem »unsichtbaren, unendlichen Bewußtsein, welches überall leuchtet«.[3] Seite an Seite neben der oft wiederholten Verneinung eines *ātman* finden sich Spuren eines Glaubens an ein Bewußtsein als dem nicht-unbeständigen Mittelpunkt der Persönlichkeit, welches in dieser zufallsbedingten Welt ein absolutes Element darstellt. Die Idee eines absoluten Denkens, welches in seiner Eigennatur, seiner Eigenexistenz und Eigensubstanz als vollkommen rein und klar (*prabhāsvara*) gilt und ewig so bleibt, verträgt sich nicht recht mit der *dharma*-Theorie der *sthaviras*. Sie wußten denn auch nicht so ganz, was sie damit anfangen sollten (vgl. S. 185), während die *mahāsaṅghikas* und das *mahāyāna* ihr in ihrem Ansatz eine zentrale Rolle zuwiesen. Obwohl *nirvāṇa* gewöhnlich in transzendentale Ferne gerückt und nur mittels Negationen definiert wird, finden sich eindeutige Spuren eines positiveren Konzepts und einer unorthodoxen Ontologie, die *nirvāṇa* als einen Ort (*pada*) oder eine Einheit (und nicht nur als einen Zustand) betrachten, als mit der ewigen und absoluten Realität (*dharma*) und dem klaren Denken oder Bewußtsein identisch. Erlösung wird demnach aufgefaßt als allmähliche Läuterung dieses Bewußtseins, welches am Ende den Gipfel des »Reichs des *dharma*« (*dharmadhātu*) erklimmt, von wo es nie mehr zurückfallen (*acyuta*) kann. Die Behandlung des Buddha zeigt ähnliche Widersprüche. Normalerweise wird er als ein Mensch gesehen, der die Wahrheit fand, manchmal auch als ein übernatürliches Wesen, als der mystische vorbuddhistische *tathāgata*, die irdische Verkörperung des absoluten Prinzips (*dharma*). Die Gläubigen sind aufgerufen, ihr Vertrauen in Seine geistliche Macht zu setzen, gewährleistet durch das strahlende Leuchten Seines übernatürlichen Leibes, während die Schriften der *sthaviras* im allgemeinen die Rolle des Glaubens herunterspielen und lehren, daß niemand einen anderen erlösen kann und jeder für sich selbst zu entscheiden hat.

Für das Thema dieses Buches kommt es nicht wirklich darauf an, ob diese »abweichenden« Lehren eine »präkanonische« Schicht des Buddhismus darstellen oder ob sie Zugeständnisse an volkstümliche Forderungen waren, so wie etwa im Lauf der Zeit das mindere Ziel einer himmlischen Wiedergeburt (*svarga*) neben dem *nirvāṇa* anerkannt wurde.[4] Zu welchem Zeitpunkt diese »abweichenden« Lehren nun auch immer eingeführt wurden – es gab sie, die *sthaviras* erwähnten sie gelegentlich, und die *mahāsaṅghikas* hoben sie nicht nur hervor, sondern haben sie vermutlich auch weiterentwikkelt.

II. Den Abhandlungen über die Sekten zufolge leisteten die *mahāsaṅghikas* zumindest vier philosophisch bedeutsame Beiträge:

1. Die *sthaviras* hatten den historischen Buddha dem Buddha als metaphysischem Prinzip untergeordnet (S. 244 ff.). Die *mahāsaṅghikas* gingen darüber hinaus und betrachteten[5] alle persönlichen, irdischen, zeitlich begrenzten und historischen Faktoren als dem wahren Buddha fremd. Er galt als transzendental, vollkommen überweltlich, ohne alle Unvollkommenheiten, allwissend, allmächtig, unendlich und

ewig, für alle Zeit in Trance versunken, niemals abgelenkt, niemals schlafend. Der historische Buddha war nichts weiter als ein magisches Geschöpf des transzendentalen Buddha, eine fiktive Gestalt, von Ihm gesandt, um in der Welt zu erscheinen, ihr Wesen anzunehmen und ihre Bewohner zu lehren. Mit Seinem *nirvāṇa* ist Er nicht endgültig verschwunden, sondern Er wird aus Seinem Erbarmen heraus, welches so unendlich wie Sein Leben ist, bis ans Ende der Zeiten allerlei Botschafter heraufbeschwören, die den verschiedenen Wesen auf allerlei Weise helfen. Im übrigen finden sich Buddhas nicht nur auf dieser Erde, sondern sie erfüllen das gesamte Universum, leben und weben überall und in allen Welten.

2. Das Schisma zwischen *sthaviras* und *mahāsaṅghikas* entstand ursprünglich über der Frage nach der Stellung eines *arhat*. Die *mahāsaṅghikas* vertraten den Standpunkt, daß der *arhat* in verschiedener Hinsicht dem gottähnlichen Status, den ihm die *sthaviras* zuschrieben, nicht entspräche. *Arhats*, so meinten sie, sind noch nicht völlig frei, da sie unter anderem nach wie vor von Dämonen heimgesucht werden, Zweifel nähren können und vieles nicht wissen. Diese Betonung der Unvollkommenheit eines *arhat* war der erste Schritt in einer langwierigen Entwicklung, in deren Verlauf der Idealtypus, dem der *dharma*-Schüler nacheifern sollte, allmählich neu bestimmt wurde. Mit dem *mahāyāna* wurden die *arhats* zu ehrwürdigen, aber griesgrämigen und selbstsüchtigen Leuten, und philosophische Aussagen wurzelten nicht mehr in ihren Erfahrungen, sondern in denen der »*bodhisattvas*«, die sich in langen Äonen aufopferungsvollen Ringens auf die Buddhaschaft vorbereiteten.

3. Empirisches Wissen begann jeden objektiven Wert zu verlieren. Einige *mahāsaṅghikas* lehrten, daß der bloße Glaube an die Realität irgendeines weltlichen Dinges eine »verkehrte Sichtweise« (vgl. S. 291 f.) darstellte und nur »Leere« real wäre, eine Leere, die alle weltlichen Dinge transzendiert und in der kein einziges von ihnen wirklich existiert. Andere be-

fanden, daß alle Behauptungen gleichermaßen ungültig wären, weil sie aus Wörtern bestehen, denen in der Realität nichts entspricht, da es sich bei ihnen um bloße, auf willkürlichen gesellschaftlichen Konventionen beruhende Bezeichnungen (*prajñapti*) handelt. Allen verbalen Aussagen mangelt es *ipso facto* an Bezug zu dem, was tatsächlich besteht. Sie betreffen keine wirklich existierenden *dharmas*, ob nun bedingt oder nicht-bedingt, sondern von uns selbst fabrizierte, fiktive, abstrakte Denkkonstrukte. Die absolute, nicht-abhängige Welt des »*nirvāṇa*«, wie sie die Überlieferung beschreibt, ist demnach ebenso fiktiv wie die relative Welt des *saṃsāra*. Das *mahāyāna* nahm diese radikale Kritik an, und seine Ontologie bildete sich weitgehend als Maßnahme gegen diese Herausforderung heraus.

4. Der Begriff »Leere« war unter den *mahāsaṅghikas* nicht nur äußerst beliebt, sondern nahm auch eine Bedeutung an, die weitgespannter war als das, was die *sthaviras* ihm zubilligten. Für sie galt er als Leugnung eines personalen »Selbst« in Personen, zumal diese durch die *abhidharma*-Analyse in ein Konglomerat impersonaler *dharmas* aufgelöst worden waren. Die *mahāsaṅghikas* behaupteten im Gegenteil, ein *dharma* könne nichts für oder an »sich« sein, separate *dharmas* (*dharma-nairātmya*) wären ebenso unreal wie separate Selbstheiten (*pudgala-nairātmya*), und Personen wie *dharmas* wären gleich »leer«.[6] Diese erweiterte Bedeutung von »Leere« durchdrang später die gesamte *mahāyāna*-Lehre. Der Begriff »Eigensein-leer« (*svabhāva-śūnya*) hieß für die *sthaviras*, daß aufgrund ihres Eigenseins die *dharmas* oder alle tatsächlich existierenden Konstituenten des Universums »von einem Selbst entleert« sind, wie es Personen zu besitzen glauben. Wie wir oben (S. 80) gesehen haben, kann »Leere« jedoch entweder Mangel oder Erfüllung bedeuten. Im ersten Sinn bietet sich das Wort einer rationalen Analyse an, im zweiten mystischer Inbrunst. Die *mahāsaṅghikas* und *mahāyāna*-Anhänger, denen es um ein vollkommeneres und

tieferes Verständnis der gewaltigen, uns befreienden Leere zu tun war, fühlten sich durch die Gegenwart derart vieler tatsächlich existierender *dharmas* eingeengt und behaupteten, daß jene unpersönlichen dharmischen Ereignisse selbst als leer zu sehen wären und daß letztlich, an der höchsten Realität gemessen, auch sie nicht als eigene Einheiten existierten. Der *Kāśyapaparivarta* vergleicht ihre Leere mit dem unendlichen Raum, während die *sthaviras* sie mit einem Termitenbau vergleichen: Termiten bohren Löcher in ein Stück Holz (Nichtvorhandensein eines Selbst in Personen), lassen aber außen herum dünne Wände stehen (dharmische Vorgänge). Einige *mahāsaṅghikas*[7] gingen sogar noch weiter und setzten Leere mit der Buddhanatur gleich. Für sie galt, daß »alle Wesen, sowohl die weltlichen als auch die überweltlichen, das Nichts zur Grundlage haben.[8] Das Nichts ist die Buddhanatur[9] und das große letzte *nirvāṇa*. Die Buddhanatur muß daher zwangsläufig in allen Wesen existieren« (vgl. S. 330ff.).

2. Die schriftlichen Quellen

Das langsame Heranreifen des *mahāyāna* in den *mahasāṅghika*-Schulen liegt immer noch im Dunkeln. Wir glauben zu wissen, daß in der Zeit zwischen 100 v. Chr. und 100 n. Chr. das *mahāyāna* als eigene Denkrichtung aufkam und sich zunehmend von den »Jüngern und *pratyekabuddhas*« abwandte, die jene Richtung vertraten, die man heute unbeholfen »das *hīnayāna*« nennt. Die *mahāyāna*-Anhänger waren äußerst produktive Schriftsteller, sie hinterließen eine umfangreiche Literatur, und wir befinden uns nach wie vor im Anfangsstadium, das heißt wir sammeln, was an Material zur Verfügung steht. Unser Bild vom *mahāyāna* sieht noch immer wie die Landkarten von Afrika aus dem neunzehnten Jahrhundert aus: hier und da am Rand ein paar farbige Stellen, doch das weite Gebiet im Innern leer und weiß, höchstens mit

Vorschlagen und Mutmaßungen gefüllt. Die besten und überzeugendsten Texte sind anonym, in Form von *sūtras*, die Buddha der Herr gepredigt haben soll. Bei den uns vorliegenden *sūtras* handelt es sich jedoch um spätere Ausarbeitungen früher, sehr kurzer »Ur«-*sūtras*, die heute selten – wenn überhaupt – isoliert bestehen und meist in die späteren, erweiterten Texte eingingen. Umfangreiche vergleichende Studien und großer kritischer Scharfblick sind nötig, bis wir sie einmal herauslösen können.[1] Bevor wir diese »Ur«-*sūtras* besser kennen, wissen wir nicht wirklich, wie das *mahāyāna* zu seiner Entstehungszeit aussah, und noch weniger, wie es begann und sich entwickelte oder in welcher Beziehung es zu den Frühformen des Buddhismus stand.

Die uns heute vorliegenden *sūtras* sind entweder umfassende (*vaipulya*), über viele Generationen hinweg geschaffene Arbeiten oder relativ kurze Abhandlungen. Wegen ihrer großen philosophischen Bedeutung müssen wir allen voran die zahlreichen *Prajñāpāramitā-sūtras*[2] erwähnen. Wenn man Philosophie im antiken Sinn als eine auf dem Verständnis der wahren Natur der Realität beruhende Lebensform interpretiert, dann sind die *Prajñāpāramitā-sūtras* erfüllt von ihr. Nicht daß sie philosophische Abhandlungen im europäischen Sinn des Wortes wären. Sie entwickeln ihre Lehrsätze nicht primär mittels Vernunftgründen, sondern beruhen auf einfachen dogmatischen Erklärungen.[a] Als *sūtras* waren es Lehren des Buddha selbst, und Seine Autorität schien ihre Glaubwürdigkeit und Wahrhaftigkeit hinreichend zu bestäti-

a Zimmer (zit. in Stace, S. 84) vermittelt einen guten Eindruck von ihrem Stil: »Die Erleuchteten verhalten sich auf eine Art und Weise, die jeden ernsthaften Denker einigermaßen vor den Kopf stoßen dürfte, da er aus Gewohnheit und Prinzip fest entschlossen ist, mit den Füßen auf dem Boden zu bleiben. In einer Art Scherzgespräch amüsieren diese Buddhas und Bodhisattvas einander mit rätselhaften Aussagen über die nicht aussagbare Wahrheit ... Sodann weichen sie allemal äußerst geschickt den klug plazierten Risiken und verborgenen Fallstricken aus und geben sich siegreichem, trans-olympischem Gelächter hin.«

gen. Zum andern wollen sie keine neue philosophische Theorie über die Beschaffenheit der Wirklichkeit oder die Natur des Universums darlegen, sondern wurden geschrieben, um religiöse Befreiung oder Erlösung zu fördern. Weite Teile ihres Inhalts sind daher religiösen oder »theologischen« Problemen gewidmet. Und schließlich unterscheiden sich diese Arbeiten von den meisten europäischen Werken zur Philosophie darin, daß sie häufig eher dazu neigen, den Leser in die Mystik einzuführen, als die Probleme, die sie behandeln, zu erklären. Neben den *Prajñāpāramitā-sūtras* ist der »Lotus vom Guten Gesetz«[3] zu erwähnen, ein Werk von atemberaubender Würde, und das *Avatamsaka*, eine wahrhaft kolossale Arbeit, die noch detaillierterer Studien bedarf.[4] Von philosophischer Bedeutung sind ferner der *Samādhirāj*,[5] (»Der König der Versenkungen«), und, bei den kürzeren Werken, die »Erläuterungen des Vimalakīrti«[6] und die »Erzählung von Bhadra dem Gaukler«.[7] Manch beiläufigen Aufschluß liefern ferner das »Goldglanz-sūtra«[8] und verschiedene, in Übersetzungen vorliegende kleinere Arbeiten.[9] Der Großteil der *mahāyāna-sūtras* wurde offenbar während der ersten drei Jahrhunderte der christlichen Ära verfaßt. Viele sind heute verschollen. Der *Śikṣāsamuccaya* (»Handbuch der Übungen«) von Śāntideva[10] stellt eine wertvolle Sammlung von Auszügen aus den *mahāyāna-sūtras* dar, die vor 1200 Jahren noch erhalten waren. Im Sinne einer Arbeitsteilung überließen die Buddhisten die vernunftbetonte Argumentation einer anderen Schriftenkategorie, den sogenannten *śāstras*. Ohne die Gedanken der *sūtras* im geringsten zu verändern, liefern von Nāgārjuna an diese Abhandlungen der *mādhyamika*-Schule die ihrer Botschaft zugrundeliegenden philosophischen Argumente.

Rein numerisch gesprochen wurden bisher vielleicht fünf Prozent der *mahāyāna-sūtras* zuverlässig bearbeitet, und etwa zwei Prozent wurden verständlich übersetzt. Es liegt auf der Hand, daß alle Schlußfolgerungen, die wir aus dem uns zur Verfügung stehenden spärlichen Material ziehen, bislang als reichlich unsicher gelten müssen. Auch blieb, trotz des ausgezeichneten Wörterbuchs von Franklin Edgerton (s. Literaturverzeichnis), umfangreiches Fachvokabular bisher unerforscht, und häufig haben wir zu erraten, was wir nicht wissen. In einer Zeit, da Gelehrte aus aller Welt über die obskursten Schriften anderer Kulturüberlieferungen wahre Tintenströme vergießen, erscheint die Vernachlässigung des *mahāyāna* recht merkwürdig. Da jede Anregung zu derartigen Studien ausbleibt, steht doch wohl zu vermuten, daß sie keinerlei Bezug zu irgendeinem bedeutsamen Aspekt der gegenwärtigen Gesellschaft aufweisen. So kommt es, daß das Studium der *mahāyāna-sūtras* entweder Außenseitern überlassen bleibt, die bedenklich irgendwo am Rand der Gesellschaft angesiedelt sind, oder daß es aus Gründen erfolgt, die mit der eigentlichen Botschaft der *sūtras* nichts zu schaffen haben – etwa aus Interesse an linguistischen Problemen oder aus dem Wunsch heraus, das in der gegenwärtigen Generation so schwache indische Nationalbewußtsein zu stärken. Nun darf ja die tiefsitzende Abneigung unserer industriellen Zivilisation gegen das *mahāyāna* an sich nicht überraschen. Das Problem liegt anderswo. Fast täglich begegnen wir Menschen, die fast verzweifelt nach einer Art Schlaraffenland, Shangri-La, verlangen, wohin sie sich vor den zunehmenden Schrecken dieser Zivilisation flüchten können – nach einer Insel, die ihnen gibt, was Tahiti Paul Gauguin gab. Nichts wäre geeigneter, ihre Sehnsucht zu stillen, als die stille Würde des *mahāyāna*, und doch scheint das niemand erkennen zu können. Eine Analyse dieser paradoxen Situation würde mindestens ebensoviel über die Zeitbürger unserer Zivilisation aussagen wie über die Eigennatur des *mahāyāna*, und ich bedaure, aus Platzgründen außerstande zu sein, dieses Problem eingehender zu verfolgen.

3. Unstimmigkeiten

In gewissem Sinn waren die *mahāsaṅghikas* und *mahāyāna*-Anhänger »Mystiker« und standen im Widerspruch zum »Rationalismus« der *sthaviras*. Wenn wir nun aber die Begriffe »Rationalisten« und »Mystiker« verwenden, haben wir uns natürlich davor zu hüten, sie in ihrer europäischen Bedeutung zu verstehen. Kein buddhistischer »Rationalist« wandte sich je mit jener erbitterten Feindseligkeit gegen die Religion, mit welcher Edward Gibbon, David Hume oder Lady Wootton und die *Rationalist Press Association* sich gegen diese als entwürdigenden Aberglauben verwahrten. Kein buddhistischer »Mystiker« focht je mit dem gleichen heiligen Eifer gegen rationales Denken wie Petrus Damiani, William Blake oder die »Obskurantisten« des französischen, spanischen oder irischen Katholizismus.

Der wirkliche Unterschied ergab sich zwischen dem *rationalen Mystizismus* des *mahāyāna* und dem *mystisch gefärbten Rationalismus* der *theravādins* oder *sarvāstivādins*. In der Mitte des Weges, wo der Asket auf recht rationale und geschäftstüchtige Weise nach Erlösung strebte, hatten sie vieles gemeinsam. Keine der beiden Seiten bestritt, daß unterhalb dieses Bereichs die relativ irrationale Volksreligion angesiedelt war, oberhalb dagegen die Über-Rationalität der höheren Stufen des Pfades und der Oberschichten von *samādhi* und *prajñā*. Sie unterschieden sich lediglich darin voneinander, daß sie diesen Phänomenen unterschiedlichen Stellenwert zumaßen. Die Anhänger des Proto-*mahāyāna* und die *mahāyāna*-Buddhisten selbst blickten mit gütigerem Verständnis auf die religiösen Bedürfnisse der Durchschnittsmenschen;[1] außerdem hatten sie zu den höheren Stufen des Pfades erheblich mehr zu sagen, insbesondere zur transzendentalen Kenntnis oder Intuition des Absoluten oder Unbedingten.

Der Autor eines interessanten und wertvollen Buches[2] über

den im wesentlichen rationalen Buddhismus in Burma erkennt das spezifisch religiöse Moment in der Annahme eines »dem Denken widerstehenden letzten Ziels«, das heißt im Axiom vom »Unsterblichen« oder *nirvāṇa*, »gekennzeichnet durch das Paradox von Bejahung und Verneinung, von Glaubensstärke und Sprachversagen«. Sprachen die *mahāyāna*-Anhänger auch sehr viel freizügiger als die *sthaviras* über das Absolute und den unmittelbaren Zugang zu ihm, so dürfen wir doch nicht unbedingt daraus folgern, daß sie mit diesen Dingen besser vertraut waren. Höchstwahrscheinlich gaben sich die *sthaviras* einfach damit zufrieden, nur das zu formulieren, was sich einigermaßen ungezwungen formulieren ließ, und alles übrige sich selbst zu überlassen. Die Schüler des *mahāyāna* dagegen hielten es für sinnvoll, alle möglicherweise irrigen Formulierungen der höchsten und überweltlichsten Sphären geistlicher Erfahrung zu bekämpfen. Ich kann mich des Eindrucks nicht erwehren, daß dies, nachdem die ersten fünfhundert Jahre vergangen waren, mit einem gewissen Verlust an Sachverstand innerhalb des *saṅgha* zusammenhing.

Die Schriften des *mahāyāna* und insbesondere die *Prajñāpāramitā-sūtras* behandeln fast ausschließlich das Problem des Unbedingten – nichts als das Absolute, wieder und wieder. Oberflächlich gesehen gibt es wohl kaum etwas Langweiligeres und Uninteressanteres als das »Unbedingte« – ein grauer Fleck, eine farblose Abstraktion, ein schwer faßbares Irrlicht. Doch die Beobachtung hat gezeigt, daß Menschen im Verlauf ihres geistlichen Ringens tatsächlich eine Stufe erreichen, auf welcher diese Abstraktion wie durch ein Wunder lebendig wird, Gestalt annimmt, die Seele erfüllt, kräftigt und erheitert. Erst dann erscheinen diese Schriften interessant und sinnvoll.

Wes das Herz voll ist, des geht der Mund über. Die umfangreichen Schriften über vollkommene Weisheit gleichen einer einzigen langen Lobeshymne auf das Absolute. Dies hatte die *sthaviras* gereizt, darüber zu schweigen oder doch fast zu schweigen. Die *mahāyāna*-Buddhisten dagegen diskutieren alles, was irgend Vernünftiges darüber gesagt werden *könnte*, und weisen es als unwahr und inadäquat zurück. In jedem Fall sind sie stets vorsichtig darauf bedacht, jede Aussage durch eine ihr widersprechende Gegenaussage aufzuheben. Was man auch immer über das Absolute aussagt – es ergibt keinen Sinn, die Leute fühlen sich aber mitunter gedrängt, es dennoch zu äußern. Was wir über geliebte Menschen denken und sagen, ist streng genommen ebenfalls nie ganz wahr. Aber es wäre unnatürlich, es nicht zu sagen oder zu denken. Das gilt gleichermaßen für das Absolute. Die Metaphysik der *mahāyāna*-Anhänger zeigt, daß sie wie vom Unbedingten berauscht sind und doch zugleich versuchen, damit fertig zu werden und es nüchtern zu sehen.

Diese *mahāyāna*-Schriften sollten nie als grundlegende Texte mißverstanden werden, die unabhängig von den Überlieferungen, welche zu ihnen geführt haben, erfaßt werden können. Um sie zu verstehen, sollte man mit dem *tripiṭaka* der *sthaviras* hinreichend vertraut sein, denn seine Aussagen stehen stets im Hintergrund der Diskussion. Insbesondere die Terminologie des *abhidharma*, seine Methoden und die Ergebnisse, die aus seiner mehr oder weniger langfristigen Anwendung zu erwarten sind, sollten einem geläufig sein. Das *mahāyāna* bemüht sich in jeder Hinsicht, Fehleinschätzungen zu korrigieren, welche möglicherweise durch die Praktiken des *abhidharma* genährt worden waren. Der *abhidharma* hatte uns davon überzeugt, daß es keine »Wesen« oder »Personen« gibt, sondern nur *dharma*-Bündel. Dennoch soll man die Wesen, obwohl es sie nicht gibt, aus Mitleid nicht links liegenlassen, sondern ihr Wohl, das streng genommen nicht existiert, durch Anwendung der »rechten Mittel« fördern. Der *abhidharma* hatte alles Bedingte als gefährlich abgelehnt. Nun wird wieder und wieder hervorgehoben, welche Gefahr droht, wenn man sie vom Nicht-Bedingten trennt. Der *abhidharma* hatte Weisheit als jene Tugend herausgebildet, die uns Einsicht in das »So-Sein« der *dharmas* vermittelt. Die *vollkommene* Weisheit ihrerseits betrachtet nun die Abgetrenntheit solcher *dharmas* als bloß provisorisches Konstrukt, hält uns dazu an, überall nur die eine Leere zu erkennen und verurteilt alle Formen der Vielfalt als Erzfeinde höchster geistlicher Einsicht und Erkenntnis. Spürt man den Dualismus in allen seinen Verstecken auf, so dürfte das zu ziemlich aufregenden Ergebnissen führen. Nicht nur werden die mannigfaltigen Objekte des Denkens mit der einen geheimnisvollen Leere identifiziert, sondern die Denkorgane selbst nehmen einen radikal neuen Charakter an, wenn man Bejahung und Verneinung als nicht unterschieden, als ein und dasselbe behandelt. Wenn wir erst aus unseren intellektuellen Gewohnheiten ausgebrochen sind, offenbart sich die Leere als konkrete Fülle; nicht mehr fern, sondern ganz nah; kein totes, jenseitiges Nichts mehr, sondern der lebenspendende Keim des *tathāgata* in uns.

Es wäre unergiebig, wollte man das *mahāyāna* auf die *theravādins* zurückführen, denn in Professor Murtis Worten[3] hatten sie »wenig oder gar keinen Einfluß auf die Entwicklung buddhistischer Schulen in Indien«. In den späteren Stadien scholastischer Ausarbeitung entstanden einige der Glaubensaussagen des *mahāyāna* aus seinen Kontroversen mit den *sarvāstivādins* und *sautrāntikas*, aber praktisch nie mit den *theravādins*. Falls das *mahāyāna* überhaupt »abgeleitet« war, dann aus den Lehren der *mahāsaṅghikas*. Selbst dies stimmt aber nur zum Teil, und es scheint, als habe das *mahāyāna* zu Beginn, weit entfernt davon, irgendwelche Neuerungen einzuführen, lediglich gewisse Aspekte des allgemein anerkannten, überlieferten Materials neu hervorgehoben.[4] In einer kaum merklichen Entwicklung führte diese neue Betonung zu dem, was sich dann tatsächlich nahezu als neue Religion ausnahm, fast so verschieden von den *sthaviras* wie das Christentum vom Judentum.

In der buddhistischen Theorie scheint eine Tendenz zu bestehen, nach der sich die Mittel und Ziele der Erlösung alle fünf Jahrhunderte[5] mit neuen Zielvorstellungen und Ausrichtungen des Verlangens verbinden. Errungenschaften verhärten sich womöglich zu persönlichem Eigentum, geistliche Siege und Fortschritte können Überheblichkeit nähren, Verdienst wird als unveräußerliches Guthaben im Himmel gehortet, Erleuchtung und das Absolute werden zu Gegenständen, die man dort oben zu erringen vermag. Mit anderen Worten, die alten bösen Neigungen bleiben im neuen geistlichen Umfeld wirksam . Das *mahāyāna* wurde als ein Gegenmittel gegen jene subtileren Formen der Selbstsuche aufgesetzt, welche an die Stelle handfesterer Ansätze getreten waren, nachdem das geistliche Leben mit dem *abhidharma* zu einer gewissen Reife gelangt war.

Im übrigen werden in diesem Teil III noch einmal fast alle Probleme diskutiert, die im Teil I vom Standpunkt des archaischen Buddhismus und in Teil II vom Standpunkt der *sthaviras* aus behandelt wurden. Indem wir die grundlegende Bedeutung der »Unwissenheit« vor Augen behalten, werden wir zunächst die neue Interpretation der »verkehrten Sichtweisen« und ihre revolutionären Auswirkungen behandeln (Abschnitt 4 entspricht Teil I, Kapitel 3 und Teil II, Kapitel 2, 1-2). Es folgen die sechs »Vollkommenheiten« (Abschnitt 5), welche die Stelle der »Kardinaltugenden« des früheren Buddhismus einnehmen (Teil I, Kapitel 4). Danach (Abschnitt 6) schließen wir ein paar Worte über die Hochblüte sozialer Gefühle an (in Entsprechung zu Teil I, Kapitel 6). Die *dharma*-Theorie (Teil I, Kapitel 7 und 8) und die Lehren des *abhidharma* (Teil II, Kapitel 2 und 4) laufen nun in eine Ontologie aus (Abschnitt 7), welche hinsichtlich ihrer Tiefe und Folgerichtigkeit in der Geschichte des menschlichen Denkens nur von Platon und Aristoteles erreicht wird. Diese neuen Entwicklungen nahmen unausweichlich auf die Interpretation des Absoluten, des Buddha und des Pfades Einfluß, und diese werden denn auch in den

Abschnitten 8 und 9 betrachtet (in Entsprechung zu Teil I, Kapitel 5 und Teil II, Kapitel 3).

4. Die verkehrten Sichtweisen

Legen wir die traditionelle Aufzählung der vier verkehrten Sichtweisen zugrunde (vgl. Teil I, Kapitel 3),[1] so führt das *mahāyāna* sechs Neuerungen ein: (1) es fügt einen fünften *viparyāsa* hinzu, nämlich den »Irrtum des Realismus«, den es für grundlegender als die übrigen vier hält; (2) es tritt also dafür ein, daß jede Art der Differenzierung einem intellektuellen Fehler gleichkommt; (3) es behauptet, daß auch die verkehrten Sichtweisen selbst, ebenso wie ihre Objekte und alles andere, nicht existieren, (4) verwirft die Unterscheidung zwischen bedingten und nicht-bedingten *dharmas*, auf der die *hīnayāna*-Theorie von den *viparyāsas* beruhte, (5) unterscheidet verschiedene Stadien der Ablehnung der verkehrten Sichtweisen und (6) glaubt, daß nur ein in die vollkommene Weisheit versunkener *bodhisattva* sie gänzlich überwinden kann.

1. Der Glaube, daß *dharmas* objektive Realität besitzen, obwohl sie unwirklich, nicht existent, ohne Eigen-Sein, bloße Einbildung sind, kam auf (*samutthita*) durch eine neue »verkehrte Sichtweise«,[2] die häufig *asad-viparyāsa*[3] genannt wird und darin besteht, daß man die Realität mit einer Vision oder einem Traum verwechselt, daß man Dinge irrtümlich für etwas hält, was sie nicht sind, daß man »hinsichtlich eines unwirklichen Gegenstandes die Vorstellung entwickelt, er sei wirklich«.[4] »Zu sagen, daß ›es etwas gibt‹, ist Narrengestammel, nicht die Sprache der Heiligen.«[5] Oder, wie es ein anderes *sūtra*[6] ausdrückt: Wenn sich jemand in das Bild einer durch einen Zauberer heraufbeschworenen Frau »verliebt«, mag er sich sehr wohl darum mühen, seinen Verstand von

Gier zu läutern, indem er sich jene nicht vorhandene Frau als unrein, unbeständig usw. vergegenwärtigt. Dennoch wirken seine Bemühungen ziemlich überflüssig. Das gleiche gilt für die *sthaviras*, die so angestrengt über die Unbeständigkeit usw. der *dharmas* nachdenken, obwohl diese doch in Wirklichkeit ungeschaffen und ungeboren sind. Sie mühen sich zweifellos aufgrund eines Wahns. Der fragliche Mann »macht sich hinsichtlich dessen, was keine Frau ist, ein Bild von einer Frau und stellt sich etwas vor, was nicht real existiert«. Er überträgt in Wirklichkeit eine Einbildung auf etwas nicht Vorhandenes.[7]

2. Im übrigen wird jede Art der *Unterscheidung* oder Differenzierung als verkehrte Sicht gewertet, ebenso jede Bejahung oder Verneinung,[8] jede Annahme einer separaten Realität. Allein die Derartigkeit liegt außerhalb des verkehrten Wissens.[9] Jedes Erfassen von Dingen als existent oder inexistent, jedes Erfassen einer Mannigfaltigkeit (*vicitrita*) ist »verkehrt«; tatsächlich mündet die Annahme jedweder Vielfalt automatisch in »Verkehrtheit«.[10] Der bloße Glaube an separate *dharmas* beruht auf »verkehrter Wahrnehmung«.[11] Jeglicher Dualismus ist als solcher verderblich und ein Zeichen für den Fall aus dem Stand der Gnade.

3. Da der Grundfehler im Unterscheiden besteht, kann die Erkenntnis der Verkehrtheit der »verkehrten Sichtweisen« nicht als wahres oder letztgültiges Wissen gelten; denn selbst der Verzicht auf sie macht zwischen Beständigkeit und Unbeständigkeit, Wohl und Wehe, Selbst und Nicht-Selbst, dem Liebenswerten und dem Verabscheuungswürdigen einen *ipso facto* unhaltbaren Unterschied.[12]

4. Auch kann man nicht länger behaupten, die bedingten *dharmas* seien tatsächlich unbeständig, leidvoll usw. sowie eindeutig vom Unbedingten unterschieden, welches seinerseits tatsächlich beständig usw. sei, denn die Leere verschluckt den Unterschied zwischen dem Bedingten und dem Unbedingten. Nāgārjuna weist darauf hin, daß offensichtlich

»das Unbeständige im Leeren nicht existiert«,[13] und Candrakīrti[14] folgert, daß, »wenn Unbeständigkeit keine Existenz besitzt, wie kann dann Beständigkeit oder die Annahme einer Beständigkeit, welche jener widerspricht, eine Verkehrtheit darstellen?« Nāgārjuna widmet dem Thema ein ganzes Kapitel,[15] und seine Argumente lassen sich aufgrund der Interpretation von Candrakīrti wie folgt zusammenfassen: Gier, Haß und Wahn, die grundlegenden *kleśas*, beruhen auf Einbildung.[16] Aus Gier werden wir fälschlich und durch bloße Übertragung vom Angenehmen angezogen; aus Haß werden wir von dem, was unangenehm erscheint, ohne hinreichenden Grund, willkürlich und durch bloße Übertragung abgestoßen; der Wahn (oder die Täuschung) beruht auf den vier verkehrten Sichtweisen, durch welche wir die Erfahrungswerte Dauer, Wohlbefinden, Selbst und Attraktivität übertragen, obwohl sie eigentlich nicht darin enthalten sind. Da es offensichtlich falsch ist, das Unbeständige für beständig zu halten, dürfte man doch wohl meinen, daß es richtig sei, das Unbeständige als unbeständig zu betrachten. Im *hīnayāna* war denn auch eben diese Schlußfolgerung beabsichtigt gewesen. Aber, so führt das *mahāyāna* an, es wäre eindeutig unwahr, der Leere Unbeständigkeit, Leid usw. zuzuschreiben – oder auch *dharmas*, die von Eigen-Sein entleert sind, oder *dharmas*, für die nie ein Eigen-Sein geschaffen wurde. Es handelt sich bei Beständigkeit wie bei Unbeständigkeit um Mißverständnisse, die auf Verkehrtheit hinweisen.[17] »Da es nun also nichts gibt, was keine verkehrte Sichtweise wäre, woraufhin könnte es Verkehrtheit geben?« Hier wird impliziert, daß Entsprechungsaussagen nur im wechselseitigen Bezug einen Sinn ergeben und daß ein Teil des Paares allein und isoliert weder existieren noch gedacht werden kann. Anders ausgedrückt, in einem Universum, wo *nur* Verkehrtheit besteht, kann es nichts Verkehrtes geben, zumindest nicht als erwiesene Tatsache. Einige der Argumente, die Nāgārjuna oder vielleicht eher Candrakīrti zugunsten dieser ziemlich paradoxen Behauptung vorbringt, scheinen durch Zweideutigkeiten und verbale Verdrehungen geschwächt. Die *viparyāsas* werden mitunter wie psychologische Verhaltensweisen behandelt, mitunter wie logische Behauptungen, manchmal sogar wie eine ontologische Bedingung, so daß man sich des Verdachts nicht erwehren kann, hier sei eine gewisse sophistische Spitzfindigkeit im Spiel.

Dennoch ergibt sich, ganz gleich auf welchem Weg, ein absolut zwingender Schluß, wie wir erkennen werden, wenn wir die vier Gegensatzpaare, die durch die verkehrten Sichtweisen thematisiert werden, im einzelnen betrachten.

Im Falle des vierten *viparyāsa* liegt die fiktive Natur des Gegensatzes zwischen dem *Liebenswerten* und dem *Abstoßenden* klar auf der Hand. Die ausgefeilten, oft empfohlenen Meditationen über *aśubha* sind eindeutig nichts anderes als Selbstschutz zölibatärer Mönche, die dem Druck der Libido widerstehen. Sie verweisen jedoch keineswegs auf ein tatsächliches Vorhandensein der Dinge, auf deren »Eigen-Sein« oder dharmische Verfassung. Die Scheußlichkeit von Eingeweiden darf ebensowenig für eine letztgültige Tatsache gehalten werden wie die Verlockung durch im Sonnenlicht unter einem Stück Seide erkennbare schwellende Brüste.

Was die Unterscheidung zwischen *Beständigkeit* und *Unbeständigkeit* betrifft, so bemerkt der *Mahāyānasaṃgaha*,[18] daß der Buddha bei manchen Gelegenheiten die *dharmas* als beständig,[19] bei anderen als unbeständig[20] und wieder bei anderen als weder das eine noch das andere verkündet habe. Zur Erklärung dieser Ungereimtheiten bemüht Asaṅga die speziellen Kategorien der *yogācārins*, die uns hier aber nicht weiter interessieren sollen. Die umfassendste *mahāyāna*-Untersuchung der hinsichtlich des Verhältnisses von Beständigkeit und Unbeständigkeit auftretenden Fragen findet sich im *Laṅkāvatārasūtra*, obwohl deren Bedeutung nicht immer völlig einleuchtet. Auf Seite 204-210 wird die Frage diskutiert, ob der Buddha allen weltlichen Dingen Unbeständigkeit zuschrieb, als er lehrte: »Unbeständig fürwahr sind alle vermischten Dinge, verurteilt, dahinzuschwinden, kaum daß sie geschaffen wurden.« Der Buddha schließt seine Erklärung mit den Worten,[21] er sei »weder für Beständigkeit noch für Unbeständigkeit«. Es wäre wirklich müßig, die Dinge als entweder beständig oder unbeständig zu beschreiben, weil es keine äußerlichen Existenzen gibt, sondern nur jeweils den eigenen Verstand; weil eine Reihe von Merkmalen unannehmbar sind; weil aller Dualismus auf jener falschen Unterscheidung beruht, die *karma* und all seine schlimmen Folgen erzeugt und nährt; und weil die drei Merkmale (das heißt Unbeständigkeit, Leid und Nicht-Selbst) auf nichts als bloß verbale Differenzierungen zurückgehen.

Dem *Laṅkāvatāra* liegt viel daran zu zeigen, daß die höchste Realität weder beständig noch unbeständig sei, nicht nur insofern, als diese beiden Merkmale schlichtweg abwesend und unanwendbar sind, sondern auch, insofern sie transzendiert werden. »Das Beständige und Undenkbare«, nämlich höchste Realität, und die »Derartigkeit«, welche die *tathāgatas* in sich selbst durch ihr heiliges (*ārya*) Nachdenken erlangt haben, wird ausdrücklich »beständig« genannt, »denn es gleicht dem Raum, *nirvāṇa* und dem Innehalten«.[22] Allerdings kann »beständig« hier durchaus »nicht unbeständig« bedeuten, wie die etwas dunklen Bemerkungen auf Seite 60,13-61,2 und 61,9-12 andeuten. Denn wirklich gilt der *tathāgata*, »der über alle müßigen Beweisführungen (*sarvaprapañca-atīta*) hinausgelangt ist«, als weder beständig noch unbeständig.[23] Auf Seite 217-219 wird erläutert, warum es sich so verhält und warum der *tathāgata* sich tatsächlich in einer Verfassung befindet, die ihn entschieden nicht-unbeständig macht, obwohl er doch nicht beständig in der allgemein anerkannten Bedeutung des Wortes genannt werden kann. »Im Gegensatz zu den *tathāgatas* nahm die dreifache Welt ihren Anfang mit der Unterscheidung von Unwirklichkeiten. Wo Dualismus besteht, gibt es Dauer und Unbeständigkeit, doch aus Nicht-Dualismus (können diese beiden) nicht (entstehen). Das Isolierte ist fürwahr nicht-dualistisch, weil alle *dharmas* das Merkmal des Nicht-Dualismus und Nicht-Erschaffenseins tragen. Aus diesem Grund sind die *tathāgatas* weder beständig noch unbeständig. Solange es verbale Unterscheidungen gibt, gibt es auch die verfehlten Vorstellungen von Dauer und Unbeständigkeit. Die Narren stürzen sich auf derartige Vorstellungen, die durch Tilgung aller geistigen [oder intellektuellen] Prozesse beschränkt sind, welche auf Unterscheidung beruhen; sie greifen dagegen nicht nach solchen, die auf der Einsicht in die (absolute) Einsamkeit [oder Vereinzelung] beruhen.«

> Jene, die die Buddhas stets erkennen
> Als die ohne Bestand oder Unbeständigkeit,
> Gleichwohl hervorgegangen (*prabhāvita*) aus diesen beiden,
> Sie werden nicht von falschen Ansichten verführt.
> Ob in Beständigkeit oder Unbeständigkeit,
> Alle Mühen um Erleuchtung müssen scheitern.
> Auf Unterscheidung beruhendes Wissen ist wertlos;
> Möge also alles beständige und unbeständige Denken getilgt werden!

Wohl und *Wehe* sind ebenfalls beide unwirklich. Nāgārjuna widmet sein zwölftes Kapitel dem Nachweis, daß »Leid« nicht real ist, teils weil seine Entstehung nicht erklärt werden kann, teils weil jene, die es zu erfahren glauben, ebenso unwirklich sind wie die objektiven Faktoren, die es zu bewirken scheinen. Da Leid etwa die gleiche Realität besitzt wie »der Duft von am Himmel blühenden Blumen (*khapuṣpa*)«, ist seine scheinbare Realität wirklich nichts anderes als ein Wahn, ein Ergebnis der *viparyāsa*. Die Unwirklichkeit des *sukha* scheint demgegenüber kaum zu Kommentaren angeregt zu haben, hauptsächlich, weil sie für denkende und sensible Menschen nur zu augenfällig ist.

Ebenso sind sowohl *Selbst* als auch *Nicht-Selbst* wahrer Realität fremd. Nāgārjuna[24] führt aus, daß die Buddhas an manchen Stellen von einem »Selbst« sprachen,[25] während sie an anderen ein »Nicht-Selbst« lehrten,[26] um überdies zu verkünden, daß es weder ein Selbst noch ein Nicht-Selbst gibt.[27] Candrakīrti[28] erklärt diesen Aphorismus überzeugend, wenn er darauf hinweist, daß die Buddhas eher Heiler denn Lehrer sind und stets die Mentalität und geistliche Reife ihrer Gesprächspartner berücksichtigen und ihre Lehren entsprechend abwandeln. Leute aus besonders grobem Holz wie die *cārvākas*, denen in Europa in etwa die mechanistischen Materialisten oder David Hume entsprechen, bestreiten das Vorhandensein eines Selbst dermaßen radikal, daß sie dem geistlichen Leben jeden Sinn nehmen. Um sie zu bekehren, sprachen die Buddhas von einem »Selbst«. Andere, geläuterter als jene, neigen dennoch weiterhin zum Egoismus, und ihr Glaube an die Existenz eines Selbst bestätigt sie in ihrer Selbstsuche. Ihnen verkünden die Buddhas dessen Nicht-Existenz, »um ihre Bindung an die falsche Sicht der Persönlichkeit zu schwächen und in ihnen ein Verlangen nach *nirvāṇa* zu wecken.« Wieder andere schließlich, »von aller Selbstliebe frei und fähig, die wahren Worte des Buddha wirklich zu verstehen, stehen *nirvāṇa* nahe.« Diese lehrt man, daß es weder ein Selbst noch ein Nicht-Selbst gibt. In Wirklichkeit ist nämlich die Auffassung von einem Nicht-Selbst keineswegs wahrer als die von einem Selbst, zu welchem sie das Gegenmittel bildet. »Wie Menschen ohne grauen Star jene Haare, Fliegen und dergleichen nicht wahrnehmen, die der an diesem Augenleiden Erkrankte sieht, so vermögen die Buddhas ein von Narren erdachtes Selbst oder Nicht-Selbst nicht als wirklich zu erkennen.« Ähnlich sagt Nāgārjuna in seiner *Ratnāvalī*:[29]

> In Wirklichkeit kann niemand ein Selbst oder Nicht-Selbst finden.

Der Große Weise hieß uns alle Meinungen darüber verwerfen.
Was man sieht oder hört, nannte Er nicht wahr noch falsch.
Jede Meinung muß zu einer Gegenmeinung führen. Weder die eine noch die andere trifft zu (*arthataḥ*).

Diese Theorie ist nicht auf die *mādhyamikas* beschränkt. Sie war bereits im *Kāśyapaparivarta*[30] geäußert worden: »An ein Selbst glauben ist eine extreme Ansicht; an ein Nicht-Selbst glauben ist eine extreme Ansicht.« Zwischen beiden liegt der Mittlere Weg, die »Betrachtung der *dharmas*, wie sie wirklich sind«.[31]

5. Auf der Grundlage dieser neuen Einsichten unterschied man drei Stufen zur Beseitigung der verkehrten Sichtweisen. (I) Auf der ersten erkennen wir sie als das, was sie sind, beginnen zu glauben, daß sie vermutlich falsch sind, und halten vom intellektuellen Standpunkt aus die Dinge nicht länger für beständiger, freudespendender und zugehöriger, als sie wirklich sind. Wir verstehen nun auch, daß uns niemals ein wirkliches Ereignis bestürzt und beunruhigt, sondern daß die Störung allemal auf unserer Sicht des Ereignisses beruht und daß, sobald man die verkehrten Sichtweisen aus der Situation ausklammert, alle Aufregungen auf gewisse in Unordnung geratene Leidenschaften in uns selbst zurückgeführt werden können, denen die äußerlichen Vorgänge lediglich als Vorwand dienen.

(II) Auf der zweiten Stufe lehnen wir die verkehrten Sichtweisen auch willentlich und emotional ab. Wir suchen nicht länger im Unbeständigen nach Dauer, lassen alle Hoffnung auf ein aus irgendwelchen weltlichen Dingen zu schöpfendes Glück fahren, und es würde uns nun nicht mehr einfallen, irgend etwas als uns zugehörig zu bezeichnen. Für die erste Stufe genügt Intelligenz, für die zweite jedoch ist eine überdurchschnittliche Fähigkeit zu Gleichmut und Selbstaufgabe erforderlich. Tatsächlich werden wir auf dieser Stufe durch Herausbildung zweier Kardinaltugenden zunehmend unangreifbar und gegen die Plagen des Lebens gewappnet, da uns nämlich Trance (*samādhi*) zu unerschütterlicher innerer Ruhe führt, während uns Weisheit (*prajñā*) das störende Ereignis als gänzlich unbedeutend offenbart.

(III) Die ersten beiden Stufen können auch von den *sthaviras* erreicht werden, während die dritte nur demjenigen zugänglich ist, der die Methoden des *mahāyāna* anwendet und mit deren Hilfe die verkehrten Sichtweisen völlig verneint[32] und überwindet.[33] Wir haben verkehrte Sichtweisen überwunden oder transzendiert, wenn wir (1) zwischen Unbeständigkeit und Dauer keinen Unterschied mehr sehen, usw., und wenn wir (2) auf keinen Gegenstand treffen, dem wir entweder die drei Merkmale oder deren jeweiliges Gegenteil zuordnen könnten.[34] Damit sind alle Unterschiede zwischen Vergänglichkeit und Dauer, Leid und Wohlbehagen, Selbst und Nicht-Selbst, Entzücken und Abscheu aufgehoben, und der *yogin* steht wahrhaft über allem, was bestürzen kann.

Aus dem *Samādhirāja*[35] geht klar hervor, daß das *mahāyāna* sich das Ziel setzt, das Universum so zu beschreiben, wie es auf der höchsten geistlichen Stufe der Mühelosigkeit und vollendeten Selbstaufgabe erscheint. Dieses *sūtra* vergleicht den Mann, der ans andere Ufer hinübergelangt ist, mit einem, der »frei von verkehrten Sichtweisen« wurde (*aviparyasta-cittaḥ*), und definiert anschließend seine Freiheit von den *viparyās* als den Zustand, in welchem er auf keinen *dharma* zurückblickt, keinen *dharma* wahrnimmt, der Gier, Haß oder Wahn verursachen könnte. Nach Candrakīrti[36] wirkt die Einsicht in das Paradox der Abwesenheit aller Verkehrtheiten (vgl. S. 293) sich deswegen so segensreich aus, weil sie die Unwissenheit und alle ihre Folgen beseitigt. Das tiefere Verständnis der Unwissenheit, das nun übrigens all das enthält, was die *sthaviras* als »Weisheit« gepriesen hatten, beseitigt sie automatisch, indem es zeigt, daß sie nicht vorhanden ist.

Nicht dadurch, daß er gegen die verkehrten Sichtweisen ankämpft, sondern einfach indem er sie nicht zur Kenntnis nimmt, beseitigt der *yogin* die Unwissenheit. Und die *Suvikrāntavikrāmiparipṛcchā*[37] fügt hinzu: »Hat man Nicht-Verkehrtheit verstanden (in dem Sinn, daß verkehrte Sichtweisen unwirklich sind, vgl. S. 292), bleibt keine verkehrte Sichtweise übrig, und es besteht auch kein Anlaß zu Übungen (*caryā*) mehr.« Wenn jemand bei seinen Handlungen keine Unterscheidungen mehr trifft, Übungen nicht mehr gegeneinander abhebt, darf man sie wohl als »Nicht-Handlungen« bezeichnen.

6. Im Buddhismus gehen ontologische und soteriologische Auffassungen stets Hand in Hand, und das vollere und tiefere Verständnis der verkehrten Sichtweisen hängt eng mit den bezeichnenden Zügen des Lebens eines *bodhisattva* zusammen.

Man kann davon sprechen, daß Menschen *Dauer* und *Unbeständigkeit* voneinander unterscheiden, wenn sie aus dieser unbeständigen Welt hinausstreben und in die Beständigkeit des *nirvāṇa* eingehen. Man kann aber auch sagen, daß sie diesen Unterschied ignorieren, wenn sie ihren Eingang ins immerwährende *nirvāṇa* aufschieben, nichts dagegen haben, weiter in der Unbeständigkeit von »Geburt und Tod« zu leben, und sich nicht darum scheren, wie lange es bis zur Erlangung ihrer persönlichen Freiheit noch dauert – womit sie die Zeit als so unbedeutend behandeln, wie es ihr zukommt. »Allwissen zu suchen, ohne vor der festgesetzten Zeit danach zu streben – das ist die Weise des *bodhisattva*.«[38]

Leuten, die um jeden Preis alles Leid vermeiden möchten, erschließt sich die Gleichheit von *Wohl* und *Übel* nicht. Jene von großem Erbarmen erfüllten Helden aber, die Schmerz und Leid freudig begrüßen, vorausgesetzt sie helfen damit anderen Geschöpfen, können diese Gleichsetzung erfahren, denn für sie gilt: »Leid, das um anderer willen erduldet wurde, bringt Freude.«[39] Der Mensch hat oft versucht, die Angst vor dem Leid mit verschiedenen geistlichen Argumenten zu bannen: man sah es als Teil des Heilsplanes des Absoluten; man fand kosmische und karmische Gründe dafür; brachte vor, es diene der Harmonie des Ganzen; versah es mit einer »sakramentalen« Bedeutung, die unser Leben heiligt; bewies, daß das Übel in Wirklichkeit nichts, nur das Gute »etwas« sei; und so weiter. Dem Leidenden bringt all dies nur schwachen Trost, und alles in allem fand Candide mehr Nachfolger als Pangloss. Das *mahāyāna* gab sich nicht einfach damit zufrieden, daß es die Leute dahin brachte, sich in ihre Leiden zu schicken. Es unternahm vielmehr den ehrgeizigen Versuch, das Leid durch seine Gleichsetzung mit dem Gegenteil zu transzendieren. Der Empfänger dieser Lehre wird sich allerdings kaum wohler fühlen als zuvor, wenn ihm die Großherzigkeit fehlt, die man von ihm erwartet.

Die Gleichheit von *Selbst* und *Nicht-Selbst* kann von Menschen, die im praktischen Leben den eigenen Vorteil gegen den der anderen stellen, nicht voll verstanden werden. Wenn sich ein Mensch darum müht, für sich selbst Heil und Befreiung zu erlangen, und wenn er dann in die Freiheit des *nirvāṇa* eingeht und damit von den übrigen leidenden Kreaturen, die er zurückließ, abgeschnitten wird, kann man von ihm sagen, daß er zwischen sich und anderen unterscheidet. Nicht jedoch der *bodhisattva*.[40]

Diese Lehren zielen also klar darauf ab, einen bestimmten Menschentyp zu schaffen. Die Theorie der »verkehrten Sichtweisen« zeigt große Ähnlichkeit mit der Philosophie des Epiktet, wonach der Ursprung all unserer Schwierigkeiten darauf beruht, daß wir Dinge, die sich in unserer Macht befinden, mit solchen verwechseln, die außerhalb ihrer Reichweite liegen. Infolgedessen veranlassen wir die Dinge, zu tun, was sie nicht in sich haben, statt einfach der »Natur der Dinge« zu folgen. Der Unterschied zwischen der Stoa und dem *mahāyāna* besteht darin, daß die Stoiker um jeden Preis gegen den Unverstand am *nous*, am Verstand festhielten, während für den Buddhisten Sinn und Unsinn ein und dasselbe sind. Da sie meinen, etwas Bestimmtes wahren zu müssen, wirken die stoischen Weisen leicht ein wenig steif, schwerfällig, humorlos, sauertöpfisch und krittelig, während die *bodhisattvas*, die nichts zu verteidigen haben, froh, frei und unbeschwert und auch ein wenig naiv erscheinen. Logik und Folgerichtigkeit, von den Stoikern so hoch geschätzt, mögen ja soweit ihren Wert besitzen. Doch das *mahāyāna* gibt sie zugunsten der Rhythmen eines geistlichen Lebens auf, das sein eigenes Gesetz bildet, und läßt sie weit hinter sich.

5. Die sechs Vollkommenheiten

Die Ethik des *mahāyāna* wurde in der Lehre von den ursprünglich sechs[a] »Vollkommenheiten« (*pāramitā*) festgelegt, nämlich Vollkommenheit im Geben, in der Moral, Geduld, Ausdauer, Versenkung und Weisheit.[b] Es ist überflüssig, hier auch nur in den wesentlichen Punkten zu wiederholen, was über sie gesagt wurde.[1] Ich werde lediglich einen Aspekt der moralischen Vollkommenheit näher besprechen, welcher den »Ton« buddhistischen Philosophierens entscheidend beeinflußt hat. Im übrigen werde ich mich darauf beschränken, kurz auf die ontologische Seite der *pāramitā*-Lehren und die mit ihrer Ausübung verbundene allgemeine Haltung einzugehen.

»Moralität« betrifft natürlich die fünf Gebote, deren erstes uns befiehlt, nicht zu töten. Dies entspricht dem alten indischen Ideal der *ahiṃsā*, und ich darf mich kaum der Hoff-

a Später, als das Interesse am Wirken der »himmlischen *bodhisattvas*« wuchs, erhöhte man ihre Zahl auf zehn.

b Sie treten an die Stelle der fünf Kardinaltugenden des archaischen Buddhismus. »Wachsamkeit« gilt nun lediglich als Grundstufe der Versenkung. »Glaube« erscheint recht überraschend unter dem Begriff »Geduld«, welche als moralische und zugleich intellektuelle Tugend gilt, und umschließt auch die intellektuelle Hinnahme, den Glauben an die Aussagen der höheren Lehrsätze über *dharma*, bevor diese voll verstanden werden.

nung hingeben, es hier in wenigen Worten erschöpfend erläutern zu können. Es wurde nicht aus einem abstrakten Prinzip wie »Heiligkeit« oder »Einheit allen Lebens« abgeleitet. Der folgende wohlbekannte Ausspruch des Buddha kommt der Formulierung eines allgemeinen »Prinzips« am nächsten: »Mein Denken hat die Welt in alle Richtungen durchwandert; und doch fand ich nichts, was einem jeglichen teurer gewesen wäre als er selbst. Da nun den anderen, jedem für sich, ihr Selbst teuer ist; so soll derjenige, der seinen eigenen Gewinn erstrebt, keinen anderen verletzen.«[2] Dies ist jedoch nicht sehr überzeugend. Der besondere Hinweis auf ihren »eigenen Gewinn« wird bei all jenen auf taube Ohren stoßen, die sich selbst für mehr oder weniger einmalig halten und andere Wesen nicht mit sich selbst auf gleiche Stufe stellen. Auch ist *ahiṃsā* insofern kein universales Prinzip, als wohl kaum jemand erwarten darf, nie im Leben einem anderen ein Leid zuzufügen.[3]

Man beschreibt *ahiṃsā* am treffendsten als Gemütszustand, als Herzensverfassung. Er soll durch zwei kleine Beispiele veranschaulicht werden. Ein Reisender wird von tibetischen Mönchen zum Tee eingeladen; eine Fliege fällt in seinen Becher; man macht große Umstände, fischt die Fliege heraus, setzt sie an eine trockene Stelle und bläst sie sanft an, damit ihre Flügel rasch trocknen; worauf der Becher dem Gast höflich zurückgereicht wird. Auch gab es jenen chinesischen Abt, den man wegen eines Projekts zur Bekämpfung der Malaria um seine Meinung bat; der Plan sah unter anderem die Trockenlegung eines Teiches vor. Er verwarf ihn am Ende mit den Worten: »Aber was wird aus den Drachen und Fischen?« Hier haben wir Paradebeispiele für *ahiṃsā*, »Gewaltlosigkeit«, »Verzicht auf Verletzung anderer«, »Nicht-Eingreifen«. Den Durchschnittseuropäer dürfte das allerdings kaum beeindrucken, teils weil er glaubt, daß es das gute Recht der Menschen sei, die Wünsche von »Drachen und Fischen« zu mißachten, von Fliegen und Mücken ganz zu schweigen, teils auch, weil er in seinem unersättlichen Verlangen, anderen Gutes zu tun, nicht begreift, wieso die Buddhisten sich davor scheuen, in den durch das *karma* der beteiligten Geschöpfe festgelegten Lauf der Dinge einzugreifen.[4]

Was uns hier interessiert, ist die philosophische Anwendung des Begriffs *ahiṃsā*. Tatsächlich besitzt die intellektuelle »Friedfertigkeit« im Buddhismus eine sehr alte Tradition. Der Buddha selbst sprach: »Ich ringe nicht mit der Welt, sondern die Welt ringt mit mir; denn wer um den *dharma* weiß, der ringt niemals mit der Welt.«[5] Im *Sutta Nipāta*[6] spricht der Buddha:

> Wer einseitig Partei ergreift, verehrt
> die Lehr' allein, die er am höchsten schätzt,
>
> Verdammt des andern Glauben als »Geschwätz«.
> Drum folgt auf Schritt und Tritt ihm Streben nach.
>
> Von vorgefaßter Meinung frei und ledig,
> nicht auf gelehrte Wissenschaft gestützt,
>
> Auf Sekte nicht noch Schule sich berufend
> und keinen Theorien sich verpflichtend;
>
> Wenn all die Dinge, die sich sinnlich zeigen,
> bewußtes Denken nicht erwecken können –
>
> Wie nennt man diesen wahrsten der Brahmanen,
> der keinen Theorien sich verpflichtet?

So heißt es auch: »Der *mādhyamika* besitzt kein eigenes Postulat«,[7] und dem Āryadeva gilt der *dharma* selbst als mit *ahiṃsā* identisch.[7a] Die Schriften[8] erwähnen besonders die Höflichkeit des *tathāgata*, denn »er spricht kein unwahres Wort, nichts Unziemliches, nichts, was dem Wohl der Menschen nicht förderlich, irgendwem lästig oder unangenehm wäre«. »Angemessene Rede« bleibt stets freundlich und verletzt nie, sondern wird von anderen begrüßt.[9] Subhūti, nach Buddha der mächtigste Exeget der *Prajñāpāramitā*-Lehre, heißt ausdrücklich »der Vornehmste unter den im Frieden Wandelnden» (*araṇā-vihārin*),[10] welche kampflos weilen und, da sie selbst im Frieden leben, anderen Frieden spenden können.

Derartige Beispiele lassen sich fast bis ins Unendliche fortsetzen. Es wird von einem Buddhisten erwartet, anderen nicht dadurch Gewalt anzutun, daß er ihnen seine Ansichten aufzwingt.[a] Das Prinzip, die Würde des anderen nicht anzutasten, wird damit zu einem entscheidenden Gesichtspunkt der Verkündigung einer Lehre. Fällt es auch schwer – man muß lernen, das Vorhandensein Andersdenkender zu ertragen und sich davor zu hüten, sie, sei es auch nur durch Argumente, zu nötigen oder sie, sei es auch bloß, indem man sie »Narren« schimpft, zu verleumden. Bevor Weisheit letzte Gewißheit erlangt hat, kann wohl keine noch so breit angelegte Argumentation sämtliche Einwände zerstreuen, die sich gegen vorwiegend auf Glauben beruhende Meinungen vorbringen lassen. Der buddhistische Weise unterscheidet sich eben gerade darin vom »Philosophen« des modernen Verständnisses, daß er Probleme nicht durch Argumente zu klären sucht.

Freilich entsprachen die Buddhisten selbst auch nicht immer ihren eigenen Idealen. Doch an diesem Punkt wird die buddhistische Philosophie für moderne Europäer fast unverständlich. Denn, wie Lin Yutang einmal sagte: »Seit ein paar Jahrhunderten bereits scheinen europäische Intellektuelle mit dem Messer im Kopf geboren zu sein«. Arthur Koestler, ein typischer Intellektueller des zwanzigsten Jahrhunderts, glich

a Wie auch Pyrrhus »beschloß, keinen geistigen Druck auf andere auszuüben«. Siehe B 142. Cicero, Acad. II, iii non possumus quin alii a nobis dissentiant recusare; ... qui verum invenire sine ulla contentione volumus. II, xx nihil opinari.

in einem gewissen Abschnitt seines Lebens eher einem Maschinengewehr als einem Menschen.[11] Daher war er natürlich angesichts des Ethos der Asiaten, denen er begegnete, völlig perplex, da sich dieser ja so grundlegend von den rücksichtslosen Keilereien europäischer Disputanten unterschied. Sowohl in Indien als auch in Japan beobachtete er eine Abneigung gegen klare affirmative Aussagen. »Nichts könnte für einen Japaner schockierender sein als das Gebot: ›Eure Rede sei Ja Ja, Nein Nein.‹ Er würde es für eine unbeschreibliche Grobheit halten.«[12] Koestler, dessen Logomachie man jede Nahrung entzog, mußte zu seiner äußersten Enttäuschung wieder und wieder die Erfahrung machen, daß man sich, wenn man angegriffen wurde, zu kämpfen weigerte. Obwohl er also reichlich Gelegenheit hatte, *ahiṃsā* an Ort und Stelle zu studieren, lehrte es ihn nichts weiter als Widerwillen gegen den »logischen Wirrwarr«[13] derer, die es praktizierten.

Um nicht den Eindruck zu erwecken, in diesem entscheidenden Punkt meine eigenen Vorurteile vorzutragen, möchte ich das, was ich zu sagen habe, in den Worten des ausgezeichneten Artikels von Professor Edwin A. Burtt ausdrücken.[14] Burtt spricht von der »argumentativen Rechthaberei« der zeitgenössischen westlichen Philosophie, von ihrer »aggressiven Streitsucht« und von der »kampflustigen Atmosphäre der philosophischen Diskussion«. »Abendländische Philosophie verdankt normalerweise jeden ihrer Fortschritte dem Mittel feindseliger Argumentation.« »Dies führt zu saftigen Debatten und ausgelassenem Argumentieren; wenn sich zwei gefürchtete Kämpfer in ein derartiges intellektuelles Sparring begeben, dann drängen wir übrigen uns in den Rängen der philosophischen Fachzeitschriften und beobachten mit erregter Spannung, gefesselt und versunken, deren Rauferei«, denn es befriedigt unsere »Kampfinstinkte«. Nichtsdestotrotz erscheint all das »im Vergleich mit solchen Denkern, welche zur höheren Wahrheit finden können, ohne einander durch diese widrigen Konflikte hindurchzuprügeln, als schwerwiegender Nachteil«.[a]

Viele moderne Historiker haben die Buddhisten so behandelt, als wären sie europäische Philosophen, mit dem Ergebnis, daß sie ein schwer entstelltes Bild gewannen. Sie gehen, an die Feindseligkeiten im modernen Europa gewöhnt, ganz selbstverständlich davon aus, daß es buddhistische Philosophen deshalb zur Formulierung ihrer spezifischen Lehren drängte, weil sie einen anderen im Irrtum glaubten. In diesem Sinn will man uns denn auch weismachen, daß Nāgārjuna, nachdem er den *sarvāstivādin*-Lehrsatz von der Vielfalt substantieller und separater *dharmas* als falsch erkannt hatte, in Opposition dazu einen Monismus einführte, der auf der Annahme beruht, daß alle *dharmas* gleich leer seien. Man wird jedoch einer Lehre, welche jeden Dualismus zu umgehen sucht, kaum gerecht, wenn man ihr vorwirft, zwischen dem Einen und der Vielfalt einen Dualismus zu errichten. Auf ähnliche Weise werden die Theorien der *yogācārins* oft so dargestellt, als wären sie aus einer Unzufriedenheit mit den Ergebnissen der *mādhyamikas* heraus entstanden. Ein Lehrbuch nach dem anderen teilt uns mit, daß die *yogācārins* die Behandlung des Absoluten durch die *mādhyamikas* für zu »negativ« hielten und ihrerseits eine »positivere« Darstellung lieferten. Dies läßt sich nach einem Studium der Texte nicht aufrechterhalten. Auf alle Fälle besitzen Wörter wie »positiv« und »negativ« in diesem Zusammenhang kaum einen erkennbaren Sinn (vgl. S. 104). Beide Systeme halten am Grundmuster der buddhistischen Ontologie fest, welches Bejahung und Verneinung gleichermaßen verurteilt (vgl. S. 313 ff.).

In meiner Darstellung des Buddhismus habe ich sorgfältig vermieden, diese Lehre als eine Art Pingpongspiel hinzustel-

a Burtt stellt die »atmosphärischen« Unterschiede zwischen dem Buddhismus und der modernen Philosophie in Zusammenhang mit ihrer unterschiedlichen Haltung gegenüber dem Satz vom Widerspruch. Dazu siehe unten S. 376ff.

len, und nirgends unterstelle ich, daß neue Lehrsätze als Kritik an anderen Positionen aufkamen. Buddhistische Denker gründeten ihre Schlußfolgerungen auf eine ganz konkrete Erfahrung im geistlichen Bereich, welche nach einer positiven Würdigung zu verlangen schien. In diesem Sinn beruht das System der *mādhyamikas* auf den Implikationen einer Vision des Absoluten, das der *yogācārins* auf denen der aus Trance-Meditation gewonnenen Erfahrung. Nur höchst selten werfen buddhistische Philosophen einen Seitenblick auf ihre Rivalen. Jede Schule beschränkt sich auf die Grenzen ihres eigenen »Interessenbereichs«[15] sowie darauf, ihr System auf der Grundlage ihrer eigenen Materialien und Voraussetzungen zu errichten. Gegenseitige Kritik kommt äußerst selten vor und zeigt die Kirchenväter nicht immer von ihrer besten Seite.[16] Ich gehe, mit anderen Worten, im Unterschied zu den meisten meiner Vorgänger davon aus, daß die Buddhisten allem Streben und Streiten wirklich so ablehnend gegenüberstanden, wie sie behaupteten, und nie die Grundtatsache aus den Augen verloren, daß sie wie der Blinde über den Elefanten nur einen Bruchteil der ganzen Wahrheit zum Ausdruck brachten – in sich wahr, aber an sich unzureichend.

So viel zu den recht schwer greifbaren Tugenden der Gutartigkeit, Sanftmut und grenzenlosen Toleranz.

Die sechs Tugenden des *mahāyāna* werden erst dann zu »Vollkommenheiten«, wenn man sie im Geist vollkommener Weisheit übt. Dann freilich tragen sie das Merkmal dessen, was man im Buddhismus die »dreifache Reinheit« nennt. Wenn man zum Beispiel schenkt, tut man es, ohne sich über die Gabe, den Empfänger oder die einem selbst womöglich zufallende Belohnung bestimmte Gedanken zu machen. Auf gleiche Weise übt man Geduld, ohne von Geduld, von sich selbst als geduldig oder von demjenigen, der Gelegenheit zum Geduldigsein gibt, eine konkrete Vorstellung zu entwickeln. Diese Haltung vollkommener innerer Freiheit kann auf andere Handlungen erweitert werden, etwa wenn die Gläubigen ein Bildnis des Buddha verehren. Hier soll man das, was man sieht und berührt, was man fühlt und denkt, als bloßes Sprungbrett, als Rohmaterial betrachten, das man zu leugnen hat, sobald es erscheint – in der Hoffnung, daß die unablässige Verneinung am Ende zu einer Bestätigung der Buddhanatur selbst führt, welche ja nichts anderes als Leere ist.

Die Übung der »Vollkommenheiten« setzt vier psychologische Verhaltensweisen voraus:

1. *Nicht-Gewahren.* Wenn es keine eigenen *dharmas* gibt, verlieren alle auf sie gerichteten kognitiven Handlungen ihre faktische Grundlage. Es wäre daher falsch, derartige kognitive Aktivitäten für einen möglichen Zugang zur Realität zu halten. Das Gewahrwerden (*upalabdhi*) einer Vielzahl eigener, isolierter Einheiten entfernt uns in Wirklichkeit von der wahren Realität oder Leere. Es sollte daher gemieden werden. Selbst die Leere sollte man nicht gewahren.[17]
2. Die emotionalen Begleiterscheinungen des Nicht-Gewahrens werden unter dem Begriff *anabhiniveśa* zusammengefaßt, was man etwa mit »*sich nicht niederlassen*« übertragen könnte. Er trägt folgende drei Bedeutungen: (a) Es sollte keine Überzeugung von den *dharmas* als wirklich herrschen. (b) Es sollte keine Neigung oder Hinwendung zu den *dharmas* entstehen (entsprechend *anābhoga*, vgl. S. 84, 340). (c) Man sollte nicht an ihnen hängen (entsprechend *asaṅga*). Es wäre nämlich absolut hoffnungslos, eine Beziehung zum grundsätzlich Beziehungslosen herstellen zu wollen.[18]
3. Vollendete Weisheit nimmt in der Tugend des *Nicht-Vertrauens* Gestalt an. Man lehrt sie »mittels einer fast unendlichen Zahl unterschiedlicher Ausdrücke«.[19] »Da den *dharmas* entweder vereinzelt oder vielfach jedes Eigen-Sein mangelt, verdienen sie kein Vertrauen.«[20] Folglich stützt der *tathāgata* seinen Verstand auf nichts,[21] und wer ihm nacheifern will, sollte »ein durch nichts getragenes Denken entwickeln«,[22] welches sich auf ein »nicht dauerhaft fixiertes« *nirvāṇa*[23] aus-

richtet – oder eleganter ausgedrückt, auf ein »nicht-exklusives *nirvāṇa*«.[a] Erst unter der Übung der sechs Vollkommenheiten lernt der *bodhisattva*, sich auf gar nichts zu stützen, da er sie im Geist völligen Desinteresses und innerer Freiheit ausgeführt hat.

4. Schließlich kann die Haltung eines vollkommenen Weisen als *Nicht-Geltendmachung* bezeichnet werden. Sein individuelles Selbst ist erloschen, weshalb er sich auch in keiner Weise selbst zur Geltung bringt. Und da er nicht an die Existenz isolierter Dinge glaubt, wird er kein einziges irgendwie bestätigen. Diese zwiefache Nicht-Geltendmachung muß zu logischen Gesetzen führen, welche sich von den gemeinhin akzeptierten radikal unterscheiden (vgl. S. 376 ff.).

6. Die neue Rolle der sozialen Gefühle

Es ist bekannt, daß das *mahāyāna* den sozialen Gefühlen neues Gewicht zumißt (vgl. Teil I, Kapitel 6). Dem zeitgenössischen Verstand liegt die Übung der Nächstenliebe dermaßen viel näher als eine tiefe Einsicht in die höchste Wirklichkeit, daß über diesen Aspekt des *mahāyāna* umfangreich geschrieben wurde und ich hier nicht zu wiederholen brauche, was man andernorts bereits ausführlich gesagt hat. Wie

a Dies ist eine Folge jener Lehre, welche *saṃsāra* und *nirvāṇa* gleichsetzte. Die Unlauterkeiten werden preisgegeben, doch *saṃsāra* wird nicht verlassen (Ms IX I). Gewöhnliche Menschen verstricken sich in diese Welt, die Jünger und *pratyekabuddhas* wünschen ins nirvāṇa zu entfliehen. »Höchste Weisheit besitzt der *bodhisattva* aus Eigeninteresse, und daher haben die Unlauterkeiten keine Macht über ihn; aus Interesse an anderen dagegen besitzt er das ›große Mitleid‹ und verweilt unter den Wesen, die ihn brauchen« (Ms S. 59). Hat man erkannt, daß *saṃsāra* und *nirvāṇa*, beide gleich leer, ein und dasselbe sind, dann sieht man keinen Grund mehr dafür, entweder *saṃsāra* zu verlassen oder ein von ihm unterschiedenes *nirvāṇa* zu erstreben. Man verweilt nicht in *saṃsāra*, denn es hat seine samsārische Natur verloren, und man bedarf des *nirvāṇa* nicht, weil man es in *saṃsāra* bereits selbst erlangt hat (Ms S. 265).

weit all diese Werbung für Freundlichkeit und Mitleid die praktische Lebenshaltung der *mahāyāna*-Anhänger beeinflußt hat, ist schwer zu bestimmen. Dazu müßte man den realen Stellenwert vergleichen, den die Haltung mitfühlender Güte in *mahāyāna*-Ländern (beispielsweise Japan) und in *hīnayāna*-Ländern (wie etwa Burma) einnimmt. Ich glaube jedoch, daß dieser Versuch nie angestellt wurde, und kann mir im übrigen nicht vorstellen, daß man auf allzu große Unterschiede stoßen dürfte. Was uns hier allein interessiert, ist die Auswirkung der neuen Lehre hinsichtlich sozialer Gefühle auf das buddhistische Denken. Diese neue Lehre trägt folgende bezeichnende Züge:

1. Freundlichkeit und Mitleid, vordem untergeordnet, werden nun zu Kardinaltugenden höchster Ordnung. Insbesondere Mitleid motiviert den *bodhisattva* ebenso stark wie die Weisheit, und hier liegt auch der Antrieb, der Grund, warum er sich nicht mit seiner persönlichen Erlösung zufriedengibt, sondern darüber hinaus nach der vollen Buddhaschaft strebt (vgl. S. 239). Die Tradition des *abhidharma* hatte zwischen Freundlichkeit und Mitleid auf der einen und Weisheit als höchster Tugend auf der anderen Seite eines Gegensatzes errichtet.[a] Wenn man sich nun aber nur gegenüber einer Person, nicht gegenüber einem *dharma* freundlich und mitfühlend verhalten kann, scheinen Freundlichkeit und Mitleid angesichts der Tatsache, daß Personen nichts als Einbildung sind, jeder realen Grundlage zu entbehren und sich lediglich auf illusorische Erscheinungen zu beziehen (vgl. S. 108f.). Das *mahāyāna* versucht, diesen offenkundigen Widerspruch zwischen Weisheit und sozialen Gefühlen dadurch zu beseitigen, daß es zwischen drei Stadien der Freundlichkeit und des Mitleids unterscheidet:[1] »Bei *bodhisattvas*, welche erst begonnen haben, ihre Herzen zur Erleuchtung zu erheben,

a Dieser Gegensatz war dem ursprünglichen Buddhismus vermutlich fremd, da dort die *prajñā* des *abhidharma* nicht einmal eine der Stufen des achtfachen Pfades bildete, geschweige denn die höchste.

haben [Freundlichkeit und Mitleid] die Wesen zum Gegenstand. Bei den auf dem Wege fortschreitenden *bodhisattvas* sind es die *dharmas.*« Nach der achten Stufe »besitzen sie gar keinen Gegenstand mehr«. Diese Unterscheidung ist alles andere als unvernünftig. So wird zum Beispiel Ärger mitunter durch einen anstoßerregenden Gegenstand ausgelöst, doch in den meisten Fällen steigt er aus einem verärgerten Gemüt auf, dessen Ärger auf längst vergangenen Frustrationen beruht, auf inneren Spannungen, welche durch keinen klar erkennbaren, objektiven Faktor verursacht wurden; einem Geist, der nach etwas oder jemandem sucht, an dem er seinen Zorn auslassen kann. Das gleiche gilt für alle, deren Herzen vor nach außen strahlender Freundlichkeit und Barmherzigkeit überfließen, und die etwas oder jemanden suchen, um der in ihnen angestauten »Liebe« Ausdruck zu geben. Ihre »Liebe« gründet sich demnach nicht auf die »Personen«, denen sie sich zuwenden, sondern beruht auf einer inneren Herzensverfassung, welche zu den Manifestationen geistlicher Reife gehört.

2. Mitfreude wird nun durch eine neue altruistische Komponente bereichert, die man in buddhistischer Diktion als »Übertragung des Verdienstes« kennt.[2] Es handelt sich hier um eine logische Folge des unendlichen Erbarmens eines *bodhisattva.* Selbst nachdem er seine eigenen persönlichen Probleme gelöst hat, fährt ein *bodhisattva* fort, über Äonen hinweg Gutes zu tun. Das Verdienst an diesen Taten trägt für ihn keinerlei Nutzen, und so kann er es auf andere übertragen und damit deren endgültige Erleuchtung fördern.

3. »Gleichmut« wird klar und unmißverständlich dahingehend interpretiert, daß diese Haltung Freundlichkeit und Mitleid einschließt,[3] während sie diese doch vormals auszuklammern schien.[4] Weit entfernt davon, das Mitgefühl auszuschließen, bedeutet Gleichmut nunmehr, daß der Buddha sich aller Wesen gleichermaßen erbarmt, »als wären sie sein einziger Sohn«; er gilt als »das aus sich selbst heraus entstan-

dene Verlangen, allen Wesen Gutes zu tun, ohne im geringsten um ihre Gegenliebe zu werben«. Mancher mag es schwer finden, dies zu akzeptieren. Eine allzu intensive Beschäftigung mit den offensichtlichen Ungereimtheiten im transzendentalen Bereich der Selbstaufgabe wäre nun allerdings weitgehend Zeitverschwendung. Man erweist den Mysterien der geistlichen Welt keinen guten Dienst, wenn man versucht, sie auf die Erscheinungen des Alltags zurechtzustutzen. Paradox und Widerspruch gehören untrennbar zu allen irgend möglichen Aussagen über selbstloses Verhalten. Die *bodhisattvas* »üben Erbarmen, sind aber nicht zu geringfügigen Nettigkeiten geneigt; sie üben liebevolle Freundlichkeit, geben sich aber keiner Anhänglichkeit hin; sie tragen Freude im Herzen, doch auch steten Kummer angesichts der leidenden Wesen; sie üben Gleichmut, stehen jedoch niemals davon ab, anderen zu nützen«. Derartige Paradoxa lassen sich auf keinen Fall in die gewöhnliche Logik des Alltagsverstandes übertragen, denn diese beruht auf selbstbezogenen Erfahrungen, welche hier ja für null und nichtig erklärt werden.

7. Die neue Ontologie

In der aristotelischen Metaphysik herrscht über alles Seiende (*to on*) der Satz vom Widerspruch.[1] Ganz anders verhält es sich mit dem erhabenen, unangefochtenen, von allen Schulen geteilten Prinzip der buddhistischen Ontologie, welches bei zahlreichen Gelegenheiten formuliert wurde.[2] Es sagt aus, daß die Wahrheit »in der Mitte« zwischen »es ist« und »es ist nicht« liegt. »Ohne sich einem dieser ausweglosen Extreme[a]

a *anta* (Ende), nämlich »es ist« und »es ist nicht«. Das erste wird auch als »Eternalismus« bezeichnet, also als die Theorie, daß »alle Dinge waren, was sie sind, und auf ewig so bleiben«. Das zweite wird mit einem »Annihilismus« gleichgesetzt, mit der Theorie also, daß »nichts Reales in der Welt existiert, nichts ewig Bleibendes, nichts, was seine Eigenart auf ewig

zu nähern, erreicht der Wahrheitsfinder den *dharma* über den Mittelweg.«[3] Oder, poetischer ausgedrückt: »Wer die besondere Einsicht des Heiligen Wissens noch nicht besitzt, wie kann der seinen Geist auf den Zwischenraum zwischen Seiendem und Nichtseiendem richten?«[4] Das logische Verständnis findet hier sein als Grundhilfsmittel unterstelltes Muster im Prinzip der »Vier-Ecken-Negation«[5] oder dem »tetralemma« (*catuṣkoṭi*), welches vier Alternativen vorsieht: (1) × existiert, (2) × existiert nicht, (3) × besitzt weder Sein noch Nichtsein, (4) × besitzt sowohl Sein als auch Nichtsein. Nachdem die Buddhisten diese Möglichkeiten überdacht haben, verwerfen sie alle vier als bloße Formen der Affinität, etwa was die Definition des Seinsmodus eines *arhat* oder *tathāgata* nach dessen Tod betrifft.[6] Vor allem die zweite Alternative erschien ihnen stets besonders schädlich, und oft hören wir,[7] daß diejenigen, welche den Lehrsatz von der Leere als Glauben an die Nicht-Existenz aller Dinge mißverstehen, sich geistlich gesprochen in größerer Gefahr befinden als jene, die blind an deren Existenz glauben. Die dritte und vierte Behauptung des Tetralemmas kommen uns vielleicht reichlich widersprüchlich und absurd vor und scheinen das grundlegende Gesetz der Logik zu übertreten. Ihre Interpretation bedarf weiterer Forschung.[a] Eines ist jedoch gewiß: Alle Buddhisten folgten dem »Mittleren Weg«, bemühten sich, die

behält«. »Der Buddhismus wählt den Mittelweg zwischen den beiden Extremen; denn seiner Lehre zufolge gilt das Sein weder als vorübergehend und allzeit flüchtig noch als ewig und allzeit bleibend.« (Suzuki St. 123.)

a Robinson (85-6) meint beispielsweise: »Die vier Lemma unterscheiden sich quantitativ hinsichtlich ihrer konstituierenden Begriffe.« Danach erhalten wir folgende Aussage: (1) alles × ist A, (2) kein × ist A, (3) manches × ist A und manches × ist nicht A, (4) kein × ist A und kein × ist nicht A. Es ist jedoch durchaus möglich, daß ihn die Kanons der europäischen Formalen Logik über Gebühr verschreckten. Der Leser möge sich mit Gewinn an Burtt (vgl. III, 1,5 Anm. 14) wenden, der in diesem Zusammenhang zu Recht nicht nur auf den »Blinden und den Elefanten« verweist, sondern auch auf die buddhistische Überzeugung, daß es außerhalb des durch den Behauptenden gegebenen Kontexts sowie der Situation, aus der heraus,

beiden extremen Positionen von »Sein« und »Nichtsein« zu meiden, und suchten nach einem irgendwo zwischen »es ist« und »es ist nicht« angesiedelten Standort. Viele europäische Kommentatoren waren davon überzeugt, daß der aristotelische Satz vom Widerspruch überall als gleichbleibendes Gesetz allen gültigen Denkens gelte und fehlinterpretierten daher die buddhistische Ontologie aufgrund ihrer schieren Unfähigkeit, deren Grundsatz zu erfassen. Stets und überall lehnt dieser nämlich zugunsten einer »nicht-dualistischen« Wirklichkeit ohne Sein und Nichtsein jede einseitige Bejahung oder Verneinung als Irrtum ab.

Was die ontologische Stellung der *dharmas* betrifft, so können wir uns vor allem auf die *Prajñāpāramitā-sūtras* stützen, die diese unter sieben Gesichtspunkten definieren:

1. Hinsichtlich ihres »Eigen-Seins« (vgl. S. 344 ff.) sind alle *dharmas leer*. In Sanskrit lautet der Begriff *svabhāvaśūnya*. Dies ist ein *tatpuruṣa*-Kompositum,[a] worin *svabhāva* die Bedeutung eines beliebigen abhängigen Falls ausdrücken kann.[b] Das *mahāyāna*[c] interpretiert es dahingehend, daß *dharmas* leer *von* jedem Eigen-Sein sind, nämlich keine letztgültigen Fakten an sich, sondern lediglich eingebildet und falsch eingeschätzt. Jeder beliebige *dharma* ist von etwas außerhalb seiner selbst abhängig. Von einem etwas anderen Standpunkt aus gesehen heißt dies, daß *dharmas*, unter dem Blickwinkel vollkommener Gnosis betrachtet, eine Eigenexistenz offenbaren, die mit Leere identisch ist, was bedeutet, daß sie *in* ihrem eigenen Sein leer sind. Dieser Grundgedanke kann auf verschiedene Weise ausgedrückt werden: Allen iso-

und des Zwecks, zu welchem eine Behauptung aufgestellt wird, keine isolierte Behauptung gibt.

a In diesen wird der letzte Bestandteil durch den ersten modifiziert, ohne seine grammatische Unabhängigkeit zu verlieren.

b Da die *sūtras* so oft von *svabhāvena śūnyaḥ* sprechen, liegt nahe, daß hier der Instrumental in Frage kommt.

c Im Unterschied zu den *sthaviras*; vgl. S. 281.

lierten separaten *dharmas* fehlt eine Eigenexistenz (sie sind *niḥ-svabhāva*), und in diesem Sinn bezeichnet man sie als leer. Alle Vielfalt wird auf eine niedrigere Ebene verwiesen, ihr wird jede Letztgültigkeit abgesprochen. Oder man kann sagen, jede isolierte Einheit ist leer von sich selbst.[a] Auf gleiche Art und mit derselben Begründung ist Leere umgekehrt das »Eigenmerkmal« aller *dharmas*. Die Eigenexistenz der *dharmas* besteht tatsächlich aus Leere und aus dem Mangel an Eigenexistenz.

2. *Dharmas* sind *letztlich nicht-existent.* »Was kein Eigen-Sein besitzt, das ist nicht-existent.«[8] In Candrakīrtis Worten: »Dieses Eigen-Sein der Einheiten nun, welches dasselbe ist wie Nicht-Entstehen (siehe Nr. 6), ist zugleich reines Nichtsein, und zwar in dem Sinne, daß es nichts bestimmtes ist. Daher verneint das (absolute) Eigen-Sein das (pluralistische) Eigen-Sein, und in diesem Sinn soll man unsere These verstehen, daß das Eigen-Sein der Einheiten unwirklich ist.«[9]

3. *Dharmas* besitzen rein *nominale Existenz.* Es sind bloße Wörter,[10] nichts als Erzeugnisse konventioneller Ausdrucksformen (*vyavahāra*). »Die *dharmas*, in welchen die Wesen falschen Rückhalt suchen, sind Namen und Zeichen; es gibt sie nicht, sie sind eingebildete, künstliche Zufallsbezeichnungen, welche dem, was wirklich vorhanden ist, angeheftet werden.«[11] Oder wie eine andere Passage ausdrückt:[12] es sind »bloße Wörter«, und »Wörter sind nichts als künstliche Konstrukte, die keinen *dharma* verkörpern«, also »Zufallsbezeichnungen, eingebildet und unwirklich«. Ein *bodhisattva* »hofft nicht, hinter diesen Wörtern irgendwelche Realitäten zu finden und gibt sich deshalb auch nicht mit ihnen zufrieden. Die *dharmas* selbst lassen sich nicht ausdrücken«.[13] Ebensowenig kann die Leere aller *dharmas* hinreichend in Worte gefaßt werden,[14] und »der Buddha gleicht wortlosem Schweigen«.[15]

4. *Dharmas* sind *»ohne Merkmale*, sie tragen nur das eine

a zum Beispiel: »Form soll man als ohne Form erkennen«, oder »Name ist namenlos, Zeichen ist zeichenlos«, usw.

Merkmal, nämlich kein Merkmal zu besitzen«.[16] Ein »Merkmal« wird als bezeichnende Eigenschaft definiert, welche die *dharmas* voneinander unterscheidet. Das grundlegendste Merkmal eines *dharma* besteht jedoch darin, daß er leer ist, und dieses Merkmal absorbiert alle anderen, so daß alle *dharmas* ein und dasselbe Merkmal aufweisen, nämlich ihr Leersein.[17] In einer typischen Passage[18] fragt Śāriputra: »Was ist denn nun das Eigen-Sein der Form usw.?« Subhūti antwortet: »Nicht-Existenz ist das Eigen-Sein der Form usw. In diesem Sinn läßt sich auch sagen, daß es der Form am Eigen-Sein der Form mangelt. Das gleiche gilt für die anderen *skandhas*. Darüber hinaus fehlt der Form das für Form charakteristische Merkmal. Das Merkmal wiederum besitzt kein Eigen-Sein eines Merkmals. Dem Eigen-Sein seinerseits fehlt das Merkmal des Eigen-Seins.« Das Fehlen der Merkmale wird oft durch die folgende Standardformulierung ausgedrückt:[19] »*Dharmas* sind weder miteinander verbunden noch voneinander getrennt, sie sind immateriell, undefinierbar (oder unsichtbar), widerstehen nicht und haben nur ein Merkmal, nämlich das Fehlen eines Merkmals.« Diese Formulierung greift auf die Aussagen über das Selbst, den Raum und den *tathāgata* in den älteren Schriften zurück. Das Selbst und der *tathāgata* waren dort »immateriell«[20] genannt worden, der Raum »sowohl immateriell als auch unsichtbar«.[21] *Anidarśana* bedeutet genau genommen »ohne Eigenschaften«,[22] nicht zu charakterisieren und daher nicht als etwas Bestimmtes aufzuzeigen.[23] »Nicht Widerstand leisten« (*a-pratigha*) bedeutet, daß *dharmas* nicht aufeinander reagieren, einander nicht in die Quere kommen, einander weder ausweichen noch behindern.

5. *Dharmas* sind *isoliert* (*vivikta*),[24] absolut (*atyanta*) isoliert. Die *sūtras* behandeln diesen Ausdruck als ein allgemein bekanntes Synonym für »leer« und erläutern ihn nirgendwo. Ein *dharma* wird »leer« genannt, wenn man daran denkt, daß er keine Eigenschaften besitzt, »isoliert«, wenn man sich

vor Augen hält, daß ihm jede Beziehung zu anderen *dharmas* fehlt. Weil sie isoliert sind, können *dharmas* nicht aufeinander wirken und gelten daher als weder geschaffen noch erzeugt.

6. *Dharmas* wurden nie erzeugt, traten nie ins Sein ein; sie werden niemals wirklich hervorgebracht; sie sind ungeboren; sie haben die ursprüngliche Leere nie verlassen. Um zu verstehen, warum der Aspekt des *Nicht-Entstehens* in den *sūtras* so stark betont wird, muß man berücksichtigen, in welcher Tradition diese stehen. Die Betrachtung von Aufstieg und Fall der *dharmas* war eine der zentralen Übungen im *abhidharma*. Auf derartige *abhidharma*-Meditationen geht nun die *Prajñāpāramitā* ein und stellt fest, daß die darin gewonnenen Erfahrungen zwar vermutlich wohl heilskräftig, dennoch aber auf nichts als eine Illusion bezogen sind. Im übrigen gelangte der *arhat* herkömmlicherweise durch eine »Erkenntnis des Verlöschens«, gefolgt von einer »Erkenntnis der Nicht-Erzeugung«, zur vollen Freiheit (vgl. S. 238). Das *mahāyāna* übernimmt diesen Begriff und unterlegt ihm die ontologische Bedeutung, daß es für den Erleuchteten überhaupt keine Erzeugung von *dharmas* gibt.[26] Und selbst vor seiner Erleuchtung gehört zu den hervorragendsten Tugenden des *mahāyāna*-Heiligen die »geduldige Hinnahme von *dharmas*, welche nicht erzeugt werden«.[27] Anders als gewöhnliche Menschenkinder staunt der geborene Metaphysiker darüber, daß es überhaupt irgend etwas gibt. Er fragt sich, warum dem so ist, und sucht nach einer Erklärung. Die semitische Tradition lehrt ihn, daß die Dinge bestehen, weil Gott sie erschaffen hat. Hier lautet dagegen die Antwort, daß sie unerschaffen, absolut unerschaffen sind[25] und nur in diesem Sinne existieren.

7. Eine Reihe von *Gleichnissen* trägt die Funktion, »über Nicht-Erzeugung zu unterrichten«.[28] Wenn *dharmas* nicht existieren, kein Eigen-Sein besitzen, nie erzeugt wurden, dürfte sich die Frage stellen, wie sie denn als etwas dermaßen

von sich selbst Verschiedenes erscheinen können. Die Antwort lautet, daß, wie auch im Traum Dinge, obwohl illusorisch, während des Schlafs vorhanden zu sein scheinen, ebenso alle *dharmas* zu existieren scheinen, obwohl sie es nicht tun. Die *Aṣṭasāhasrikā* kennt nur sechs solche Vergleiche, nämlich Träume, magische Täuschungen, Echos,[29] Spiegelbilder,[30] Fata Morganen[31] und Raum. In einer häufig zitierten Standardaufzählung[32] erhöht die *Śatasāhasrikā* diese Zahl auf zehn, indem es die folgenden hinzufügt: Die Spiegelung des Mondes im Wasser, ein *gandharva*-Dorf, einen Schatten und eine magische Schöpfung (*nirmāṇa*). Das *Diamanten-Sūtra* wiederum nennt in ihrem Schlußvers[33] neun Vergleiche für alle »abhängigen Dinge«. In anderen *sūtras*[34] finden sich zahlreiche weitere.

Es wäre falsch, diese Vergleiche als unmodifizierte Bestätigungen der Nichtexistenz aller Dinge zu deuten, welche wir um uns erkennen. Es wäre einfach lächerlich, etwa von dem Stuhl, auf dem ich sitze, zu behaupten, er »existiere nicht«, da er es doch offenkundig tut, denn sonst könnte ich ja nicht auf ihm sitzen. Die Buddhisten haben kein Interesse daran, sinnlose Streitpunkte vorzubringen. Diese von ihnen angestellten Vergleiche besitzen vielmehr zwei klar umrissene Funktionen. (1) Sie versuchen zu erläutern, daß Dinge oder *dharmas* »nicht dermaßen existieren, wie es der närrische Durchschnittsmensch gern annimmt. Aber insofern sie in der Alltagserfahrung nicht vorkommen, existieren sie. Da sie also nicht (als das, was sie scheinen) existieren außer in der Unwissenheit, sind sie Ergebnis der Unwissenheit.«[35] Mit anderen Worten: der Wahrheitsgehalt der *dharmas* an sich ist fragwürdig, da die Unwissenheit nebst den mit ihr einhergehenden kognitiven Fehlleistungen ihre Erscheinung weitgehend bedingt.[a] (2) Als ein Zweig der »ewigen Philosophie« befaßt sich das buddhistische Denken mit einer »Realität«, welche

a Für die *sthaviras* gilt daher die Welt, da bedingt, im Vergleich zu *nirvāṇa*, dem Maßstab der vollen Wahrheit, als Illusion; für das *māhāyana* gelten

graduelle Stufungen zuläßt, und weniger mit einer »Existenz«, für die dies nicht gilt (vgl. S. 27-29). Wenn daher ein Ding als »unwirklich« bezeichnet wird, handelt es sich dabei nicht um eine absolute, sondern um eine vergleichende Aussage, die andeuten will, daß der Gegenstand auf einer höheren Erfahrungsebene unwirklich ist, obwohl er auf einer niedereren Stufe als wirklich gesehen wird. So fesseln uns beispielsweise im Traum die Erscheinungen und Vorstellungen von Gegenständen, die darin erscheinen; tatsächlich sind aber gar keine wirklichen Gegenstände vorhanden, und nach dem Erwachen erkennt man dies. Auf die gleiche Weise glauben jene, die im Traum dieses Lebens versunken liegen, an die Wirklichkeit der sie umgebenden Gegenstände, doch jene, die zum Wissen um die Wirklichkeit erwacht sind, erkennen in der Rückschau, daß es bloß Vorstellungen waren und unmöglich reale Einheiten gewesen sein können.[36] Mit anderen Worten: Diese Vergleiche sollen nicht die Existenz der Gegenstände leugnen, auf welche sie angewandt werden, sondern sie sollen diese Gegenstände lediglich abwerten und ihre Unbeständigkeit, relative Bedeutungslosigkeit, Schwäche, Wertlosigkeit, trügerische Natur und Nicht-Stofflichkeit hervorheben. Wenn wir einen Menschen als eine »Null« bezeichnen, wollen wir damit ja auch nicht sagen, daß er nicht existiert, sondern bloß, daß es sich bei ihm um eine »vernachlässigbare Größe« handelt. In eben diesem Sinn nennen Buddhisten diese Welt eine »Illusion«, wenn es auch in diesem Punkt zwischen *sthaviras*, *mādhyamikas* und *yogācārins* geringfügige Abweichungen gibt.

I. Die *sthaviras* stellen (1) der relativen Unwirklichkeit bedingter *dharmas* oder Dinge die höchste Wirklichkeit des *nirvāṇa* gegenüber und (2) halten die Realität von »Dingen« für geringer als die von »*dharmas*«.

aus dem gleichen Grund sowohl diese Welt als auch *nirvāṇa* als gleich falsch und wahr.

Zu (1) nennen sie[37] insgesamt fünf Vergleiche, einen für jeden *skandha*. Formen oder Körper gleichen einem *Schaumgebilde*, weil sie leicht zerfallen. »Wie der Tau auf dem Berge, wie der Schaum auf dem Flusse, wie der Sprudel an der Quelle, weg bist Du und für immer.« Das Gefühl wird mit einer *Luftblase* verglichen, da es so bald zerstäubt. Wahrnehmung gleicht einer *Fata Morgana*, weil sie uns irreführt und sich uns aufdrängt. Eine Fata Morgana täuscht vor, deutet an und verspricht, eine Quelle der Befriedigung, der Stillung unsres Dürstens und unserer Sehnsüchte zu sein. Doch es gibt in ihr keine wirklichen Brunnen. Ebenso stammt das, was wir wahrnehmen, aus Durst und Verlangen und wird uns mit Sicherheit enttäuschen. Impulse gleichen dem *Rumpf eines Pisangbaumes*, weil sie weder Wesen noch Substanz, Kern oder Mark besitzen. Auch die Bananenstaude (*Musa sapientium*) als Symbol der Schwäche wird häufig verwendet. Ihre schalengleichen Blätter bilden eine Art falschen Stamm, und wenn man alle Blätter abschält, bleibt nichts übrig. Bewußtsein schließlich gleicht der *Vorführung eines Zauberkünstlers*, denn es täuscht und führt uns hinters Licht.

Bedingte *dharmas* gelten nicht als irreal; tatsächlich sind sie real, wenn auch nicht sehr. Sie sind weniger fest, als sie scheinen, lose gefügt und voller Sprünge und Löcher.[38] In gewisser Weise gleichen sie Eddingtons Atomen, deren feste Materie mit sieben Wespen verglichen wird, die im Londoner Waterloo-Bahnhof umhersurren. Schwach, kurzlebig und flüchtig, besitzen sie gegenüber Veränderungen keine Widerstandskraft, und ihrem Eigen-Sein fehlen Stärke, Breite und Tiefe. An diesen bedingten *dharmas* ist weit weniger »dran« als wir gemeinhin annehmen, sie ertragen nicht viel und sind der Gnade überwältigender äußerer Umstände ausgeliefert. Der Realitätsgrad eines Gegenstandes entspricht, wie wir gesehen haben (S. 27), seiner Bedeutung und seinem Wert, und hat man erst begonnen, bedingte *dharmas* als letztlich nichtig zu betrachten, so ist es nicht mehr schwer zu begreifen, daß man sie preisgeben sollte. So also stellt sich für die *sthaviras* die relative Unwirklichkeit der bedingten Welt im Vergleich zum Unbedingten dar.

2. Ebenso gilt die gewöhnliche Alltagswelt, wie man sie wahrnimmt, im Vergleich zu den *dharmas* als irreal. Denn (a) beruht ihre Erscheinung nachweislich eher auf den Bedingungen der Wahrnehmung als auf dem am jeweiligen Gegenstand tatsächlich Wahrnehmbaren; (b) lenkt sie uns von der heilskräftigeren Beschäftigung mit den *dharmas* ab (vgl. S. 146); (c) beruht nachweislich der Unterschied zwischen der sinnlichen Erscheinung (dem »Zeichen«) und den *dharmas* auf dem Einfluß einer durch Durst und Verlangen motivierten Verblendung, die nach falscher Befriedigung strebt; (d) sind »Dinge« weniger real als »*dharmas*, weil sie über keine innere Einheit verfügen; jedes »Ding« stellt ein Zufallskonglomerat aus *dharmas* dar, und wo man glaubt, *ein* Ding vor sich zu haben, bestehen tatsächlich mindestens fünf, in Wirklichkeit sogar noch viel mehr. Der Buddhist muß, während er an der Betrachtung der »*dharmas*« festhält, die »Dinge« mehr und mehr als irreführend und trügerisch erkennen, als weit abgerückt und wie im Traum, und in dem Maß, als er sein Interesse von ihnen abkehrt (vgl. S. 142), vermag er sie immer weniger von Geistererscheinungen zu unterscheiden.

II. Auch bei den *mādhyamikas* sollen die Gleichnisse nicht einfach die Nicht-Existenz der Dinge oder *dharmas* behaupten, sondern nur deren letztgültige Realität leugnen, indem es nämlich heißt, sie seien ebenso real wie »scheinbare Menschen, welche durch andere scheinbare Menschen ins Leben gerufen wurden«.[39] Man streitet deren Realität nicht ab, sondern definiert sie und zeigt, auf welche Weise sie überhaupt erscheinen können. Wenn man die Welt mit *māyā*, mit einer Fata Morgana und dergleichen vergleicht, will man keineswegs ihr absolutes Nichtvorhandensein verkünden, sondern ihre trügerische Natur. Eine magische Illusion scheint wirklich und ist eine greif- oder sichtbare Tatsache. Die Täuschung beruht darauf, daß man sie irrtümlich für etwas hält, was sie nicht ist.[40] Auch die im Traum gesehenen Gegenstände existieren, sind aber nicht »gegeben«, sondern durch unsere eigene kreative Phantasie willkürlich erstellt; sie sind zwar »da«, doch keineswegs echt, und wir sollten sie nicht ernst nehmen. Ob die Geisterstadt der *gandharvas* nun wirklich existiert oder nicht – niemand käme auf den Gedanken, sich in ihr häuslich niederzulassen. »Sein« kann aus dem Grund nicht gelten, weil pluralistische *dharmas*, im Gegensatz zu ihren Bedingungen, welche ihnen fremd sind, kein eigenes Sein besitzen; »Nichtsein« gilt nicht, weil sie nicht vollständig inexistent sind. Terministische (oder »annihilistische«) Ansichten gehen fehl, weil *dharmas* nicht inexistent sind, eternalistische, weil sie nicht existieren.

III. Nāgārjuna hielt isolierte *dharmas* für illusorisch, weil sie ihm logisch unmöglich erschienen. Die *yogācārins* vertraten denselben Standpunkt, weil ihnen solche *dharmas* als bloße Ideen oder Vorstellungen galten. Für sie ist die Außenwelt in Wirklichkeit mit dem Verstand selbst identisch, und die Illusion besteht darin, daß man die Objektivierung des eigenen Verstandes als eine Welt sieht, welche von jenem Verstand unabhängig ist, der tatsächlich ihren Ursprung bildet. Die Dinge existieren insofern nicht, als sie so, wie wir sie uns vorstellen, irreal sind. Andererseits läßt sich nicht in jedem Fall sagen, daß sie nicht existieren, da ihre unfaßbare Grundlage, die man »die bloße Einheit« (*vastumātram*) nennt, das »Ding an sich« also, real ist. Die *yogācārins* waren sich darüber im klaren, zu welchen Mißverständnissen die Theorie vom illusorischen Charakter aller *dharmas* und Dinge führen mußte und entwickelten daraufhin ihre Theorie von den »Drei Arten des Eigen-Seins«, denen wir uns auf S. 372-375 widmen wollen.

8. Das Absolute und der Buddha

a) Das Absolute

Zunächst müssen über die Benennungen oder Synonyme für das Absolute ein paar Worte gesagt werden.[1] Als »Derartigkeit« ist es unveränderlich, ohne Modifikation, durch nichts beeinflußt und ein Merkmal aller *dharmas*. »Leere« bedeutet Abwesenheit aller Einbildung. Die »Grenze der Realität« reicht an den Gipfel der Wahrheit, an die äußerste Grenze dessen, was verstanden werden kann, und ermangelt jeglichen Irrtums, jedweder Verkehrtheit. Das »Zeichenlose« bedeutet Abwesenheit aller Merkmale wie Form und dergleichen. Das Absolute gilt ferner als »letztgültig wahr« und als »höchstes Objekt« (*parama-artha*), da es durch die höchste (*agra*) Erkenntnis der Heiligen erreicht wird. Es steht für das »*dharma*-Element« als Grundursache (*hetu*) der reinen *dharmas* der Heiligen, so wie eine Goldmine als Goldquelle gesehen wird, »weil die *dharmas* der Heiligen in Abhängigkeit von ihm hervorgebracht werden«. Weitere Synonyme sind »Nicht-Dualismus«, »der Bereich der Nicht-Unterscheidung«, »Nicht-Erzeugung«, »die wahre Natur des *dharma*«, »das Unsagbare«, »das Unbedingte«, »das Unbehinderte« (*niṣprapañca*), »die wirkliche Tatsache« (*tattva*), »das wirklich Seiende« (*yathābhūta*), »die Wahrheit« (*satya*), »die wahre Wirklichkeit« (*bhūtatā*), »*nirvāṇa*«, »Loslösung«, »Buddhaschaft« und auch »Weisheit«, »Erleuchtung«, »die Erkenntnis, welche man aus sich selbst heraus gewinnen muß«, der *dharma*-Leib, der Buddha, usw.

Die *sthaviras* unterschieden die Erlösung des *arhat* von der des Buddha (vgl. S. 236ff.). Dies wird nun zu einer Unterscheidung zwischen zwei Arten des *nirvāṇa* ausgeweitet – dem vorläufigen *nirvāṇa* des *arhat*, also nur einem »vorübergehenden Ruhepunkt«, und dem »endgültigen« *nirvāṇa* des Buddha. Ihr Unterschied wurde im *Lotus vom Guten Gesetz*[2] klar dargestellt. Auch im *mahāyāna* gilt Allwissenheit[3] oder das »Verständnis aller *dharmas*« als das besondere Charakteristikum des *nirvāṇa* eines Buddha. Doch das *mahāyāna* geht insofern über die Aussagen der *sthaviras* hinaus, als es hinzufügt, daß vor Erscheinung des endgültigen *nirvāṇa* zwei Hindernisse (*āvaraṇa*) zu überwinden sind.[4] Das erste heißt »Hindernis der Unlauterkeiten« (*kleśa*), welche der *arhat* ein für allemal abgelegt hat, weswegen ihn keine Fehlhandlungen mehr in neue Wiedergeburten treiben können. Das zweite wird als »Hindernis des Verstehbaren« (*jñeya*) bezeichnet. Um endgültige Freiheit zu gewinnen, muß der *arhat* durch die ihn immer noch umgebenden dicken Mauern »nicht-strafwürdiger« Unwissenheit brechen und allmählich ein Wissen um alles, was »man wissen sollte« (*jñeya*), erwerben. Der *Lotus vom Guten Gesetz* kritisiert den *arhat*, wenn er sagt: »Wenn ihr euch, von Wänden eingeschlossen, in einem Raum befindet, wißt ihr nicht, was draußen vorgeht, denn so gering ist eure Geisteskraft.« Alle durch das reine Denken gesetzten Barrieren müssen gesprengt werden, ehe man die Buddhaschaft erreichen kann. Die *arhats* haben nur mehr die Ichlosigkeit der Personen verstanden, welche ihnen ja als bloße Gruppierungen von *skandhas* oder *dharmas* bekannt sind. Darüber hinaus sollen sie jedoch auch verstehen, daß diese *dharmas* selbst ein Hindernis bilden, und sie sollen fortschreiten zu jener »höchsten Derartigkeit, welche die äußerste Grenze des Erkennbaren bildet«.[5]

Die erstaunlichste Neuerung des *mahāyāna* liegt jedoch in seiner Gleichsetzung des Unbedingten mit dem Bedingten.[6] Allem religiösen Denken der mystischen Richtung gelten Aussagen über das Absolute als ebenso unvermeidlich wie unmöglich. Auf der einen Seite kann die wahre Natur der Dinge nur in deren Beziehung zu einem unaussprechlichen Absoluten gefunden werden. Auf der anderen wird klar erkannt, daß all dies Gerede über die Beziehung des Menschen zum Absoluten auf einem fundamentalen Irrtum beruht, da die Definition des Absoluten (als nicht-bezogen) selbst die Möglichkeit einer solchen Beziehung ausschließt. Jede Beziehung, die wir zwischen dem Endlichen und dem Unendlichen postulieren mögen, muß eine provisorische Fabrikation zu irgend einem praktischen Zweck bleiben, und jede Aussage darüber besitzt objektiv keinen größeren Wahrheitsgehalt als ihr Widerspruch. Entweder betont man ihre Unterschiedlichkeit und preist dabei die Transzendenz des Absoluten, oder man hebt ihre Gleichheit hervor, wobei man seine Immanenz rühmt. Die *sthaviras* verglichen alle Dinge dieser Welt unvorteilhaft mit dem Absoluten, strebten also eine totale Weltverleugnung an, einen vollständigen Verzicht auf alles Nicht-Absolute als uns vom Wesen her fremd. Das *mahāyāna* betont, daß ein Mensch, sobald er erst einmal alles für das Absolute aufgegeben hat, schlichtweg das Absolute *ist* und nichts in ihm sich mehr davon unterscheidet.

Ob Transzendenz oder Immanenz betont wird, hängt vom praktischen Kontext ab. Wann immer das Absolute zum Gegenstand der Verehrung erhoben oder moralisches Streben und Entsagung der uns an die Welt fesselnden Bande geübt wird, steht höchstwahrscheinlich im Vordergrund eine Unterscheidung zwischen dem Schöpfer und der Schöpfung, dem Vollkommenen und Unvollkommenen, dem Sündelosen und Sündhaften, dem Reinen und Unreinen. Diese Ausrichtung scheint die Tradition sowohl des orthodoxen Christentums als auch des *hīnayāna*-Buddhismus wesentlich bestimmt zu haben. »Den theistischen Religionen zufolgte gibt es einen ›tiefen Abgrund‹ zwischen Gott und Mensch, Schöpfer und Geschöpf. Nichts kann diesen Abgrund je aufheben oder überbrücken.«[7] Im christlichen Denken ist »Allmacht« ein Vorrecht des Schöpfers, und die Behauptung, ihm gleich zu sein, muß blaspehmisch erscheinen. Ein kümmerliches Individuum, welches behauptet, mit dem Absoluten eins zu sein, oder doch zumindest hofft, es eines Tages zu werden, muß sich der ungeheuerlichsten Anmaßung und lächerlichsten Hybris schuldig machen. Wie kann es, da es doch so offensichtlich allseits auf Bedingungen prallt und von ihnen beengt wird, auch nur annehmen, es »sei« das Unbedingte? Eine bloße Reflexion über seine Stellung im Vergleich zur Gottheit müßte es eigentlich dahin führen, sich selbst zu verachten und als hoffnungslos unwürdig zu erkennen, und es dürfte, wenn es sich für Gott selbst hält, wohl ausgesprochen wahnsinnig sein. Soweit die theistischen Religionen.

Andere dagegen betonen die in obigen Überlegungen nicht enthaltene Immanenz der Gottheit. Was trennt mich eigentlich vom Absoluten? Nur die Handlung, mit der ich mir einen Teil des Universums angeeignet habe. Wird diese Handlung preisgegeben, so besteht keine Barriere mehr. Haben wir erst alles für das Absolute aufgegeben, wo liegt dann der Unterschied zwischen uns selbst und ihm? In den Zuständen mystischer Verzückung, wenn man diese vollständige Einswerdung als erreicht erlebt und weltliche, von Gott entfernende Dinge einfach als unbedeutend, leer und illusorisch erscheinen, gewinnt die Gleichsetzung des Meditierenden mit dem Absoluten, wie es scheint, den Wert einer einleuchtenden, unmittelbaren Erfahrungstatsache. Selbst im römischen Katholizismus geraten die kontemplativen Mystiker ständig in die Gefahr, dem zu verfallen, was die Kirchenführer als »Pantheismus« verurteilen. »Es liegt in der Natur des Mystizismus selbst, über allen Dualismus hinauszugehen und sich nur mit einer einzigen absoluten Einheit zufriedenzugeben.«[8] Einen Zustand zu erreichen, in welchem es keinerlei Teilung mehr gibt, diese Erfahrung suchen alle Mystiker zu gewinnen. Die Orthodoxie der monotheistischen Religionen jedoch verlangte, daß die Trennung zwischen Gott und einer erschaffenen Seele nie aufgehoben werden dürfe. Um die Orthodoxen zufriedenzustellen, mußten die Mystiker daher in die »Einheit« zwischen Gott und Seele eine Art Teilung einbringen und sie zwangsläufig irgendwie getrennt halten.[9] Sie erlebten einen ständigen Konflikt zwischen mystischer Erfahrung und

Kirchenlehre. Die jüdische Mystik interpretiert die »Einswerdung« lediglich als ein »Anhängen« (*devekuth*), während wir am anderen Ende bei den Sufis und *Vedānta*-Anhängern zahlreiche Abwandlungen des Themas »Ich bin Gott« finden. Ihre »immanentistische« Position kommt der des *mahāyāna* sehr nah.

Gewöhnliche Menschen verwechseln Bedingtes und Unbedingtes miteinander, halten das eine irrtümlicherweise für das andere und hoffen gegen alle Vernunft, ihr wahres und absolutes Selbst dadurch zu verwirklichen, daß sie sich mit den Dingen dieser Welt identifizieren, welche doch in jeder Hinsicht die Umkehrung des Absoluten darstellen (vgl. S. 57); die Heiligen der *sthaviras* dagegen halten Bedingtes und Unbedingtes klar getrennt und vertreten die Ansicht, daß die Leute deshalb so bestürzt sind, weil sie diese Trennung nicht vollziehen können; die *mahāyāna*-Anhänger wiederum verkünden die *Gleichheit* beider Faktoren und betrachten sie ausdrücklich als identisch. Wenn alle *dharmas* nicht-verschieden sind, macht sie eben diese Tatsache alle gleich (*sama*). Buddhistische Schriften geben im allgemeinen negativen Begriffen den Vorzug, und der positive Begriff »Gleichheit« wird höchst spärlich verwendet.[10] Mitunter verknüpft man ihn mit »Derartigkeit«, welche gewonnen wird, wenn man von den Unterschieden zwischen den *dharmas* abstrahiert und lediglich zur Kenntnis nimmt, was in allen gleich ist.

In einem *ontologischen* Sinn bedeutet der Begriff vor allem die Einheit von *nirvāṇa* und *saṃsāra*. »Nichts in *saṃsāra* unterscheidet sich von *nirvāṇa*; nichts in *nirvāṇa* unterscheidet sich von *saṃsāra*. *Nirvāṇas* Grenze ist *saṃsāras* Grenze; kein noch so kleinstes bißchen trennt die beiden.«[11] »Jene Einheit, die, wenn sie sich im Zustand der Zugehörigkeit oder Abhängigkeit befindet, hin und her wandert, wird dann zu *nirvāṇa* erklärt, wenn sie nicht-abhängig und nicht-zugehörig wurde.«[12] Das *Avatamsaka-sūtra* widmet sich den Implikationen dieses »Gleichheits«-Gedankens sehr ausführlich und wandelt ihn aus einem ontologischen in ein kosmisches Konzept um. Die Gleichheit oder Identität aller Dinge gilt als »gegenseitige Durchdringung« jedes einzelnen Elements in der Welt mit allen anderen. Das eine Prinzip des Kosmos waltet überall, und auf diese Weise harmonieren alle Dinge mit allen anderen. Jedes Staubkorn enthält in sich sämtliche Buddhafelder und den ganzen Bereich des *dharma*-Elements; jeder Einzelgedanke bezieht sich auf alles, was war, ist und sein wird; und der ewige, mystische geheimnisvolle *dharma* läßt sich überall erkennen, da er sich in allen Teilen dieses Universums gleichermaßen widerspiegelt. Auch vermag jedes Staubkorn alle denkbaren Tugenden zu bewirken, weshalb denn auch ein einziger Gegenstand zur Entfaltung aller Geheimnisse des gesamten Universums führen kann. Einen bestimmten Gegenstand verstehen heißt sie alle verstehen. Der »Spiegel der Gleichheit« faßt die Abbilder aller Dinge in sich, und es gibt zwischen keinen zwei Dingen irgendwelche Hindernisse.

Drittens dient das Konzept der »Gleichheit« dazu, die *Immanenz* des Unbedingten hervorzuheben. »So wie alle materiellen *dharmas* ein Element des Raums enthalten, so umschließen auch alle *dharmas* eine *nirvāṇa*-Natur. Diese nennt man ›das Element des *dharma*‹«.[13] Die wohl eindringlichste Aussage zugunsten der Immanenz des Absoluten finden wir in Sāramatis *Ratnagotravibhāga* (»Abhandlung über die Abstammung der *tathāgatas*«).[14] Um seine Gedankengänge würdigen zu können, müssen wir uns daran erinnern, daß für die Buddhisten jener Zeit nicht nur die Grundgedanken der »Gleichheit« und der »Derartigkeit«, sondern auch die der »Derartigkeit« (*tathatā*) und des »*tathāgata*« eng miteinander zusammenhingen.[15] Eben weil Derartigkeit in allen *dharmas* gleich ist, nennt man alle Wesen keimende *tathāgatas*. In diesem System wird das Absolute als unbefleckter, lichter Geist (*spirit*) definiert, welcher auch Derartigkeit darstellt und gewöhnlich als das »Element« (*dhātu*) bezeichnet wird, das heißt das letztgültig reale Element, das *dharma*-Element oder das Buddha-Element. Dieser reine und ewige Faktor gilt als Grundlage der gesamten Welt der Erscheinungen und, da ihm alle Beschränkungen fehlen, als allgegenwärtiger Keim[16] der Buddhaschaft, welcher allen Wesen innewohnt.

> Wenn nicht (in jedem Einzelnen) das Element des Buddha bestünde,
> Gäbe es keinen Widerwillen gegen das Leid,
> Noch könnte ein Wunsch nach *nirvāṇa* aufkommen,
> Noch Trachten danach, noch der Entschluß, es zu gewinnen.[17]
> So wie Raum, vom Wesen her unterschiedslos, überall waltet,
> So ist auch das makellose Element, welches von seiner wesenhaften Natur her Denken ist, in allem gegenwärtig.[18]

Daher ist es der *tathāgata* in uns, der uns Sehnsucht nach *nirvāṇa* empfinden läßt und uns freisetzt. »Der Geist (*spirit*) kennt, wie das Element des Raums, keine Begründung, keine Ursache, kein volles Komplement der Bedingungen, kein Aufkommen oder Hinschwinden und kein Verweilen, keine Dauer.«[19] Diese Theorie beantwortet die schwierige Frage, wie denn, wenn *nirvāṇa* in jeder Hinsicht das Gegenteil dieser Welt darstellt, eine weltliche Person sich jemals so vollständig zu wandeln vermag, daß sie *nirvāṇa* erringen kann. Eine mögliche Antwort könnte hier eben lauten, daß sie *nirvāṇa* schon immer in sich trug und daß Erleuchtung nichts weiter bedeutet, als daß die das Absolute verbergende Dunkelheit entschieden und endgültig weggefallen ist.[a] Das »Element des *tathāgata*« gilt als Ursache – und tatsächlich als

a Die *yogācārins* verbanden die Vorstellung des *tathāgatagarbha* (die man nicht mit einem *ātman* verwechseln sollte, Suzuki St 388) mit dem *sautrāntika*-Konzept einer »Grundlage« (*āśraya*) und beschrieben Erlösung als die »Umwandlung oder Revolution der Grundlage (*āśraya-parāvṛtti*)«.[21] Das Individuum besteht nach ihrer Sicht aus reinen und unrei-

einzig mögliche Ursache – der Buddhaschaft.[a][20] Wir können zu *tathāgatas* werden, weil wir potentiell bereits *tathāgatas* sind; wenn dem nicht so wäre, müßte eine derartige Wandlung des Unreinen in Reines ein Ding völliger Unmöglichkeit bleiben (vgl. S. 227).

Eine besonders verwirrende Konsequenz der Lehre von der »Gleichheit« ergibt sich daraus, daß Heilige und gewöhnliche Menschen als »identisch« bezeichnet werden. Dieser Punkt gehört zu den widerspenstigsten Problemen des ganzen vertrackten *mahāyāna*-Studiums. Um auf die verkehrten Sichtweisen zurückzukommen: Gewöhnliche Menschen vertreten sie, *sthaviras* leugnen sie, die *mahāyāna*-Anhänger negieren diese Negation. Nun läßt sich die Negation der Negation freilich leicht als Affirmation mißdeuten, und es mag den Anschein haben, als sei der Heilige des *mahāyāna* einfach wieder zu einem gewöhnlichen Menschen geworden. Doch was sie auch äußern, die vervollkommneten Heiligen kehren nicht wirklich in die Verfassung gewöhnlicher Menschen zurück. Wenn sie auch verächtliche Bettler ohne jede gesellschaftliche Stellung sein mögen – ihr Charisma bleibt erhalten. Sie mögen sich als Prostituierte ausgeben, doch Samantabhadra als Kurtisane oder die Ma-Langfu Guan-yin[22] gleichen denn doch nicht ganz den billigen Flittchen, die früher um den Picadilly-Circus herum das Pflaster traten. Jenen Weisen kann man vielleicht nachsagen, daß sie passiv dahintreiben, doch trotz allem ringen sie ausdauernd weiter. Anders ausgedrückt: Was die vervollkommneten Heiligen tun,

nen Komponenten, und während es fortschreitet, verlagert sich das »Fundament« seines Tuns allmählich von den letzteren auf die ersteren. Dieser Vorgang kann entweder so beschrieben werden, wie er sich im physischen Bereich abspielt, oder aber als etwas, das sich rein geistlich ereignet. Im ersten Fall erreichen die Erläuterungen einen extremen Schwierigkeitsgrad (F 332, 342ff., 348-9), ohne den herkömmlichen Lehrsätzen über den Pfad etwas Wesentliches hinzuzufügen.

a Dies zeigt große Ähnlichkeit mit Meister Eckarts Lehre vom »Göttlichen Funken« in uns, übrigens einem der Hauptgründe dafür, daß er kritisiert und des »Pantheismus« beschuldigt wurde.

kann zwar wirklich getan, aber nicht gedacht werden. Neun Zehntel der paradoxen und obskuren Passagen in den *mahāyāna*-Schriften beruhen auf der Unfähigkeit der gewöhnlichen Sprache, den vielfältigen Konnotationen der beiden simplen Wörter »nicht«[23] und »doch« gerecht zu werden. Es ist möglich, wenn auch nicht sehr wahrscheinlich, daß die vielgerühmten Methoden der modernen Logik diesen Punkt eines Tages klären.[24] Bis dahin bleibt allerdings Mißverständnissen Tür und Tor geöffnet.[a]

Es dürfte sich von selbst verstehen, daß niemand das dritte Stadium ereichen kann, ohne zuvor das zweite durchlaufen und sich unterdessen vollständig gewandelt zu haben. Sonst würde man nämlich den Grundsatz, daß alles gleich ist und man nichts bestimmtes heftiger als alles andere begehren soll, lediglich als Nivellierung aller Werte verstehen, als die Behauptung, eins sei so gut wie das andere, Shakespeare sei nicht besser als ein Groschenheft. Tatsächlich haben wir es jedoch mit einer konkreten Bestimmung aller Werte zu tun, welche eine Unterscheidung zwischen ihnen durchaus bestehen läßt. Für die Abgrenzung des transzendentalen Zustandes gegen den gewöhnlicher Durchschnittsmenschen finden sich nur schwer die passenden Worte. Der Fehler liegt jedoch allein in der Sprache, welche wir verwenden. Der wohlbekannte Ausdruck, daß einem »hier nichts heilig ist«, mag zugunsten der Profanierung einer Welt zitiert werden, welche für unantastbar heilige Dinge keinen Raum mehr findet. Eine Passage im *Laṅkāvatāra*[25] zeigt, daß etwas sehr viel Subtileres beabsichtigt ist. Dort lesen wir, daß diese Welt, dieser Wirbel aus Irrungen und Wirrungen (*bhrānti*),[26] auch den Heiligen (*ārya*) erscheint, wenngleich sie, solange sie vom Gedanken einer Existenz oder Nicht-Existenz frei bleiben, ohne intellektuelle Verkehrtheiten oder Nicht-Verkehrthei-

a In gewissem Ausmaß stellt das europäische »Zen« die Religion von Leuten dar, welche glauben, sie könnten das Höchste erringen, ohne sich zuvor selbst im geringsten zu ändern oder zu bessern.

ten wandeln. Unterscheidet jedoch irgendein Außenstehender zwischen einer verkehrten und einer nicht-verkehrten Haltung gegenüber dieser *bhrānti*, so muß er zu einem Dualismus zwischen Heiligen und gewöhnlichen närrischen Leuten kommen, was ihre Abstammung betrifft.

Man könnte in Versuchung geraten, den Unterschied zwischen Weisen und Narren, zwischen *āryas* und gewöhnlichen Leuten darin zu sehen, daß erstere *nirvāṇa* erreicht haben oder sich doch zumindest auf dem Weg dorthin befinden, während die anderen blind für *nirvāṇa* und weit von ihm entfernt sind. Doch das geht nicht an, denn in diesem System gilt ja jedes Erringen (*prāpti*) des *nirvāṇa* als unmöglich. Niemand kann irgendeinen *dharma* »haben«, »besitzen«, »sich aneignen« oder »erwerben«. Es fehlt an einer Person, welche irgend etwas bekommen, erreichen, erzielen oder verwirklichen könnte. Dies ergibt sich als einfache Folgerung aus der *anattā*-Lehre. Auch existiert keine Einheit, die man erlangen oder »haben« könnte. Dies wiederum folgt aus dem Lehrsatz vom Nicht-Entstehen. Aneignung, also die mehr oder weniger dauerhafte Verbindung zwischen einem *dharma* und einem personalen Kontinuum, wird nicht nur als *Tatsache* für unmöglich gehalten, sondern die Selbstlosen haben überdies keinerlei *Motiv* für ein derartiges Verlangen. Subhūti sagt: »Ich verlange nicht (*icchāmi*) nach der Aneignung eines unerzeugten *dharma*, noch nach der Wiedervereinigung (*abhisamaya*) mit einem solchen.«[27] Nunmehr erkennen wir klar, daß die Dialektik des *mahāyāna* mit allen Mitteln danach strebt, uns alles, aber auch alles zu nehmen und uns sogar davon abzuhalten, den geringsten Lohn für unsere zahlreichen Entsagungen und Opfer zu erwarten. Und wirklich erscheint die Lehre nun, wenn wir sie als ontologisches Pendant einer vollständig selbst- und interesselosen Haltung betrachten, ganz und gar logisch und unausweichlich.

b) Der Buddha

Die Originalität der Buddhologie des *mahāyāna* wurde oft überbewertet. Die *sarvāstivādins* hatten bereits recht früh zwischen den drei »Leibern« des Buddha unterschieden (vgl. S. 245-247). Es gibt nur drei wirkliche Neuerungen:

1. Das *mahāyāna* übernimmt den Doketismus der *mahāsaṅghikas* (vgl. S. 279f.) und lehrt, daß sowohl der »sichtbare körperliche Leib« (*rūpakāya*) der *mādhyamikas* als auch das, was die Yogācārins als »Wandlungsleib« (*nirmāṇakāya*) des Buddha bezeichnen,[a] unwirklich und erfunden sei. Dem historischen Buddha als einem lediglich durch den *dharma*-Leib vorgetäuschten Scheinleib wird geringe Bedeutung zugemessen. Anders als im offiziellen Christentum handelt es sich beim Buddhismus um keine historische Religion, und seine Botschaft gilt unabhängig von der Historizität eines beliebigen Ereignisses im Leben seines »Stifters«, der überhaupt nichts stiftete, sondern lediglich einen *dharma* übermittelte, welcher vor ihm schon seit Ewigkeiten bestanden hatte.

2. Als metaphysisches Prinzip wurde der Buddha mit dem absoluten *dharma* selbst identifiziert, und sein »*dharma*-Leib« entspricht diesem Aspekt. Das Wort »Leib« wird hier in einem besonderen Sinn verstanden und bedeutet »Grund-

a Suzuki, St. 145: »Wenn er will, kann sich der Buddha in Erwiderung des ernsten Wunsches seiner Anhänger oder auch zur Durchführung eigener Pläne als ein *nirmāṇakāya* manifestieren.« 347 spricht von einem »geistlichen Leib, welcher vielerlei Formen annehmen kann, so wie sie von uns selbst oder von anderen gewünscht werden«. 355: »In Wirklichkeit teilt sich der *tathāgata* keineswegs; falls es so scheint, liegt dies an den Unterscheidungen seiner Gläubigen. Der Wandlungsleib ist also ein Geschöpf dieser Gläubigen, keine Ausstrahlung des *tathāgata*.« 310: »Das Wesen der Buddhaschaft liegt im *dharmakāya*, doch solange der Buddha darin verharrt, besteht für die Welt der Erscheinungen noch keine Aussicht auf Erlösung. Der Buddha muß seine ursprüngliche Wohnung verlassen und für die Bewohner dieser Erde verständliche und annehmbare Formen annehmen. Der Heilige Geist geht sozusagen aus der absoluten Buddhaschaft hervor und wird durch all die erkannt, welche durch ihr früheres *karma* darauf gefaßt sind, ihn zu sehen.«

lage« (*āśraya*), das heißt Hilfe zur Meisterung aller *dharmas*.[28] Dieser »*dharma*-Leib« wird nun im Licht der neuen ontologischen Konzeptionen des *mahāyāna* analysiert. Es genügt, einige wenige Worte über seinen »Nicht-Dualismus« zu sagen. Wie wir gesehen haben, ist dem *dharma* jede Form der Unterteilung fremd.[29] Ebenso heißt es: »Die dharmische Natur des *tathāgata* ging nicht aus der Zweiheit hervor.[30] Daher ist das Streben derer, die in der Zweiheit wandeln, nicht recht, sondern ganz falsch.«[31] *Dharmakāya* kann in zumindest dreifacher Hinsicht als nicht-dualistisch erkannt werden:[32] (a) es ist nicht inexistent, da das durch Leere gegebene Eigen-Sein wirklich existiert; und es ist inexistent, weil alle *dharmas* imaginär und nicht vorhanden sind; (b) es ist unbedingt, da nicht durch *karma* und Leidenschaften bedingt; es ist nicht unbedingt, da es die souveräne Macht besitzt, sich als Bedingtes zu manifestieren, und dies auch häufig tut; (c) es ist grundsätzlich Eins, da nur der Glaube an ein Selbst Unterteilungen wie das »Selbst« und »die Anderen« oder »dieses« und »jenes« hervorbringt; es ist jedoch auch vielfältig, weil man nach weltlicher Konvention durchaus behaupten kann, es gäbe viele Buddhas, da ja zahlreiche Personen nacheinander den *dharma*-Leib annehmen. »Da die *dharma*-Leiber alle Ebenen der Vernunft durchdringen, vermag man an ihnen nur durch entschlossenen Glauben festzuhalten, nicht aber sie auszudenken.«

Der *dharma*-Leib ist ewig, unwandelbar und allgegenwärtig, er waltet überall ohne Unterbrechung, und sein Wirken endet niemals, solange es noch auf Erlösung harrende Wesen gibt. Als Derartigkeit entfernt sich das Absolute von allem scheinbaren Sein, und als Buddhaschaft erstreckt es sich über das gesamte Universum.[33] Dies scheint einigen Theorien des Nikolaus von Kues nicht unähnlich. Zwar dürfte der *dharma*-Leib im Licht philosophischer Reflexion als reichlich abstraktes Konzept erscheinen, doch dem *yogin* stellt er sich als konkreter Erfahrungswert dar. »Man erfährt *dharma*-

kāya, beseligend, dem Himmelszelte gleich, nur einen Augenblick lang: Im Moment (1) des Sterbens, (2) einer Ohnmacht, (3) beim Einschlafen, (4) beim Gähnen und (5) beim Koitus.«[34] Natürlich liegen keinerlei Informationen über die Einzelheiten dieser und ähnlicher Erfahrungen vor.

Zwischen dem *dharma*-Leib und dem physischen Körper gibt es weitere »zwischengeschaltete« Körper. Der Buddha, als *dharma*-Leib verstanden, wird von den Heiligen als das, was er selbst ist, erkannt, gegenüber dem *dharma*, der ihn zu einem Buddha macht. Bei jenen Anlässen, wenn er in die Welt kommt, um von allen gesehen zu werden, bildet sein körperlicher Leib die Erscheinung, in welcher er sich vor Göttern, Menschen, Tieren und Geistern zeigt. Drittens gibt es die den Gläubigen offenbarte Erscheinung. Der Glaube vermag die Augen für Aspekte der Wirklichkeit zu öffnen, die jenen, welche diese Tugend nicht besitzen, verborgen bleiben, und er offenbart die verschiedenen »übernatürlichen« Leiber des Buddha. Die diesbezüglichen Überlieferungen gehören eher der esoterischen Seite des Buddhismus an, und die uns vorliegenden verstreuten Aussagen über Dutzende solcher »Zwischen«-Leiber[35] können heute noch nicht mit hinreichender Gewißheit interpretiert oder analysiert werden. Die einzige systematische Aussage, die wir besitzen, stammt von den *yogā cārins*. Sie halten die *bodhisattvas* für den vornehmsten Teil der gläubigen Schar und sprechen von einem *sambhogakāya*, was man entweder als den »Leib des Genusses« oder als »Gemeinsamen Leib« übersetzen kann.[36] Wie andere Buddhisten vor ihnen leiten sie das Wort *kāya* etwas unetymologisch vom Stammwort *ci*, »aufschichten«, ab und vertreten die These, der »Leib des Genusses« sei derjenige Körper, welcher »von einer Versammlung (*caya*) zahlreicher bedeutender *bodhisattvas* wie Sukhāvatī und anderen im reinen Buddhafeld[37] gesehen« werde. Dieser Leib erscheint in solchen reinen Buddhafeldern, worin sowohl der Buddha als auch die *bodhisattvas* gemeinsam über den *dharma* des Großen Fahrzeugs frohlocken.

Er trägt und stützt die unbefleckte und ungehinderte Erkenntnis dieser *bodhisattvas*. Hier handelt es sich um eine durchaus verständliche und vernünftige Erklärung, doch es besteht kein Grund zu der Annahme, daß sie auf alle »Zwischen«-Leiber zutrifft, die in den verschiedenen *mahāyāna*-Texten der ersten Jahrhunderte unserer Ära Erwähnung finden.

9. Der neue Plan des Pfades

Der offenkundigste Unterschied zwischen dem *hīnayāna* (vgl. S. 246 ff.) und dem *mahāyāna* liegt darin, daß das erste die zum Zustand des *arhat* führenden Stufen aufzeigt, das zweite die Stadien, welche den *bodhisattva* zur Buddhawürde führen. Das *mahāyāna* entwickelte ein Schema von zunächst sieben, später zehn Stadien (*bhūmi*). So wie das *mahāyāna* das Wort *bhūmi* verwendet, kann es entweder »Ebene, Niveau« oder »Stadium« bedeuten. Im ersten Sinn gibt es die drei »Ebenen« der Jünger, *pratyekabuddhas* und Buddhas an. Diese Ebenen liegen parallel zueinander, und jede führt zu einer eigenen Art der Erleuchtung (vgl. S. 236 ff.). In der Bedeutung von »Stadium« bezeichnet es entweder (a) die sieben aufeinanderfolgenden Stadien des *hīnayāna*, die mit der Arhatschaft enden,[1] oder (b) die zehn aufeinanderfolgenden Stadien des *mahāyāna*, die zur Buddhaschaft führen,[a] oder schließlich (c) gewisse besonders bedeutsame Abschnitte im Werdegang eines *bodhisattva*, etwa das »unwiderrufliche Stadium«, den Zustand eines »Beginners« oder eines Kronprinzen (*kumāra*) (das heißt die letzte Geburt eines *bodhisattva*), das »Stadium«, in welchem meditative Stille und weise Einsicht zu

a Die späteren Scholastiker des *mahāyāna* versuchten, Entsprechungen zwischen dem *hīnayāna* und dem *mahāyāna* herauszuarbeiten, und auf S. 107-110 meines *The Prajñāpāramitā Literature*, 's-Gravenhage 1960 (Tokyo ²1978, S. 108-111), zeige ich, zu welchen Ergebnissen sie kamen. Solche klaren Anordnungen beruhten auf dem Wunsch, die Einheit aller Formen des Buddhismus zu wahren.

vollständigem Gleichklang gelangen, und dergleichen mehr. Hier wollen wir es im Sinne von (b) betrachten.

Literatur zu diesem Thema liegt recht reichhaltig vor. Die beiden wichtigsten maßgebenden Quellen sind das *Daśabhūmika-sūtra*[2] und Candrakīrtis *Madhyamakāvatāra*.[3] In allen wesentlichen Fragen besteht Übereinstimmung. Setzte man zehn *bhūmis* voraus, so ergab sich ihre tatsächliche Anordnung gleichsam von selbst. Das *Mahāvastu*[4] stellte ausdrücklich fest, daß die »zehn *bhūmis* erklärt werden, indem man den vollkommenen Buddha Śākyamuni als Typus betrachtet«. Aus den *Jātakas* und anderen biographischen Dokumenten über die Lebenszeiten des *bodhisattva*, aus welchem später der Buddha Śākyamuni wurde, lassen sich vier besonders herausragende Fixpunkte seines Lebenslaufs ausmachen: (1) Dīpaṅkaras Weissagung, (2) das Stadium, in welchem er unwiderruflich wurde, (3) der Aufenthalt in den himmlischen Gefilden Tuṣitas, und (4) selbstverständlich die Erringung der Buddhawürde. Das zehnte Stadium wäre demnach das des voll entwickelten *tathāgata*, das heißt des Buddha nach seiner Erleuchtung unter dem *bodhi*-Baum. Das neunte bezeichnete das letzte Leben des *bodhisattva* vor seiner Erleuchtung und entspricht damit der Zeitspanne zwischen seiner Niederfahrt aus dem Tuṣita-Himmel und seiner Bezwingung *māras* und der anschließend unter dem *bodhi*-Baum gewonnenen Einsichten. Das erste Stadium würde die Anfänge seines Werdegangs als *bodhisattva* zur Zeit Dīpaṅkaras umfassen, als er beschloß, für sich und alle Wesen Erleuchtung zu gewinnen, das heißt mit anderen Worten, als er den ersten »Gedanken an Erleuchtung« (*cittotpāda*) faßte. Die ersten sechs *bhūmis* ließen sich insofern, als die Praxis einer dieser Sufen dem nächsten Stadium jeweils vorausgeht, durchaus mit den sechs Vollkommenheiten koordinieren. Es bleibt hier nur noch ein weiterer Punkt hinzuzufügen, nämlich die Frage der Bestimmung jenes Augenblicks, da ein *bodhisattva* »unwiderruflich« (*avaivartika*) wird. Um die Zeitenwende erregte dieses Thema der »Unwiderruflichkeit« außergewöhnliches Interesse. Wie andere buddhistische Schlüsselbegriffe besitzt das Wort »unwiderruflich« eine gewisse Vieldeutigkeit. Es bezeichnet (1) eine Bedingung, unter der ein Mensch nicht mehr in den »Zustand des Jammers«, also in eine der Höllen oder unter Tiere und Geister, wiedergeboren werden kann. Er ist nämlich so geläutert, daß ihn mit derartigen Lebensformen nichts mehr verbindet, er von ihnen nicht mehr angezogen wird und ihnen nicht mehr verfallen kann. (2) Es bedeutet, daß man von keinem der einmal erreichten *bhūmis* zurückfallen kann, daß man kein einziges Verdienst, keine Gabe geistlicher Art je wieder verliert. Wie alle anderen scheinen auch die Buddhisten nach einer endgültigen, unverlierbaren Errungenschaft verlangt zu haben, und sie mühten sich um die Definition von Praktiken, welche den *yogin* gegen einen künftigen Verlust des einmal Erreichten absichern konnten. (3) Es bezeichnet einen Zustand, worin der *bodhisattva* unausweichlich zu einem Buddha werden muß, entweder (*a*) weil er durch einen ihm vorausgegangenen Buddha geweissagt wurde (wie Śākyamuni durch Dīpaṅkara) oder (*b*) weil er außerstande ist, zu den Erlösungspraktiken der *arhats* und *pratyekabuddhas* überzugehen, und infolgedessen auf keinen Fall seine Suche nach vollkommener Erleuchtung aufgeben kann. In der äußerst umfangreichen Literatur zu den Kennzeichen eines unwiderruflichen *bodhisattva* finden wir diese vier Bedeutungen nicht immer klar gegeneinander abgegrenzt. Das *bhūmi*-Konzept widmet sich der Bedeutung (3 *b*) und setzt dieses Ereignis normalerweise im siebenten oder achten Stadium an.[5] Hat der *bodhisattva* erst unwiderruflich die volle Erleuchtung erfahren, dann besitzt er tatsächlich die Eigenschaften eines Buddha. Es steht nun absolut fest (*niyāma*), daß er die Buddhawürde erringt, er kann auf keinen Fall mehr von seinem Ziel abweichen, und auch äußere Umstände vermögen nicht mehr, ihn davon abzubringen.

Im sechsten Stadium hat der *bodhisattva* die Weisheitslehre, welche allenthalben die eine einzige »Leere« aufzeigt, vollends verstanden. An diesem Punkt gleicht seine Stellung insofern der des *arhat*, als er hier nichts mehr zu »tun« findet und sich eigentlich von allem Geschehen zurückziehen und ins *nirvāṇa* eingehen könnte. Doch sein Mitleid, welches seiner Weisheit entspricht (vgl. S. 310f.), hält ihn davon ab, unmittelbar diesen Schritt zu tun, und veranlaßt ihn, seinen Eintritt ins *nirvāṇa* aufzuschieben. Die übrigen *bhūmis* verbringt er unter Ausübung der »Kunst der Praktiken«, gänzlich dem Wohl anderer hingegeben. Besonders im achten und neunten Stadium wird er zu einem jener »himmlischen« *bodhisattvas*, die in der Volksfrömmigkeit des *mahāyāna* eine so bedeutende Rolle spielten.[a] Diese »Erlöser« kamen als Neuerung im 1. Jahrhundert unserer Ära auf. Die drei zusätzlichen *bhūmis* wurden den ursprünglichen hinzugefügt, um innerhalb der Anlage des Pfades einen Ort für die Erlöser zu finden, und die in alle Einzelheiten gehende Beschreibung der Mentalität[6] der »himmlischen« *bodhisattvas* lieferte die philosophische Grundlage für den Volkskult.

Der *bodhisattva* scheint, während er eine Zeitlang auf der Schwelle zum *nirvāṇa* innehält, sozusagen innerhalb der »Tore zur Erlösung« zu verweilen. Seine Vorstellung wird ganz von der altbekannten Dreiheit Leere, Zeichenlosigkeit und Wunschlosigkeit (vgl. S. 78-94) beherrscht. Mit der siebenten *bhūmi* beschließt er sein tätiges Leben, welches bis dahin durch Mühe (*ābhoga*) und aktives Geistesleben (*abhisaṃskāra*) gekennzeichnet war. Von nun an nimmt er an keinem bestimmten Ereignis (*nimitta*) mehr das geringste Interesse und verharrt für immer in der Trance der Loslösung (*nirodha*) (vgl. S. 158). Er sieht nun weder die Wesen noch den *dharma* und ist unwiderruflich überzeugt (*kshānti*),

a E. Lamotte vertritt allerdings die Ansicht, daß Mañjuśrī, Avalokiteśvara, Maitreya usw. *bodhisattvas* des *zehnten* Stadiums sind. *T'oung Pao* XLVIII, 10-11, 13.

daß absolut nichts jemals erzeugt wurde. Sowohl seine Weisheit als auch sein Mitleid sind unendlich geworden – die Weisheit, weil sie aus Leere besteht, das Mitleid, weil es ohne Gegenstand oder Mühe geübt wird, vielmehr ganz automatisch (*anabhisaṃskāra*), ohne jede Vorstellung von »ich«, »mein« und so weiter. Man mag einwenden, daß eine Person, die den Sinnesobjekten nicht die geringste Aufmerksamkeit widmet, keinesfalls lange leben kann. Für den himmlischen *bodhisattva* stellt sich hier jedoch kein Problem, da er nicht mit einem festen, verweslichen, sterblichen, aus dem *dharmadhātu* (vgl. S. 129) hervorgegangenen Leib ausgestattet ist und die Fähigkeit besitzt, fiktive physische Körper (*nirmita*) anzunehmen, welche in alle Welt ausgehen.[a] Mit diesem dharmischen Leib und einem gänzlich von Weisheit und Mitleid beherrschten Geist versehen, gewinnt der *bodhisattva* nun »Herrschaft« über das Universum. Er »wirkt ohne Mühe, wie der Mond, die Sonne, ein Wunschring oder die vier Grundelemente«.[7] Das *Daśabhūmikaśāstra*[8] erläutert diese Mühelosigkeit und vergleicht sie mit »einem großen, seetüchtigen Boot. Bevor das Boot auf See gelangt, ist schwere Arbeit erforderlich, damit es von der Stelle kommt, doch kaum hat es den Ozean erreicht, ist keine Menschenkraft mehr vonnöten; überläßt man es sich selbst, so treibt der Wind es voran. Daher entspricht die Seefahrt eines Tages, derart auf hoher See sich selbst überlassen, zweifellos etwa hundert Jahren menschlicher Arbeit an Land. Wenn der *bodhisattva* die reiche Fracht guter Taten anhäuft und in den gewaltigen Ozean der Bodhisattvaschaft ausfährt, führt ein Augenblick mühelosen Wirkens ihn weit über Taten bewußten Strebens hinaus.«

a Sie begeben sich sogar in den Zustand des Jammers, denn im weiterentwickelten *mahāyāna* führte die Betonung der Güte eines *bodhisattva* zu einer Modifikation der »Unwiderruflichkeit« im erstgenannten Sinn (vgl. S. 338). Allein weil er in den höheren Stadien so lauter ist, kann er freiwillig und nach eigenem Belieben den Anschein erwecken, er sei unter all jene Wesen geboren, um sie zu trösten.

Es ist unnötig, weiter über die Eigenschaften des himmlischen *bodhisattva* zu handeln. Nur dies eine sei noch gesagt: Formuliert man diese Eigenschaften, so scheinen sie mitunter recht paradox und voller Widersprüche in sich selbst.[a] Der *bodhisattva* gilt sowohl als aktiv (insofern durch ihn Ergebnisse hervorgebracht werden) als auch als inaktiv (insofern er selbst nichts tut); er ist zugleich gewöhnlichen Menschen gleich (vgl. S. 331) und doch ganz anders als sie; er ist allgütig und allmächtig und dennoch außerstande, viele unter denen, die er erlösen möchte, zu retten (wegen ihrer unbesiegbaren Unwissenheit), und so fort.

a Eine interessante Parallele findet sich in der christlichen Lehre von der *communicatio idiomatum*, welche der Person Christi absichtlich unvereinbare Eigenschaften zuschreibt. Einzelheiten hierzu siehe SW 373.

2. Die *mādhyamikas*

1. Die schriftlichen Quellen

Alle *mādhyamika*-Theorien sind reichlich dokumentiert. Sie entstanden um 650 BE mit Nāgārjuna und Āryadeva, beide aus Südindien.[1] Nāgārjuna werden etwa fünfundzwanzig Arbeiten zugeschrieben. Als die wichtigsten gelten die *Mādhyamikakārikā*,[2] die *Vigraha-vyāvartanī* (Tadel der Streitigkeiten),[3] die *Ratnāvalī*[4] und vielleicht das *Mahāyānaviṃśaka*.[5] Ein äußerst umfangreicher Kommentar zur Großen *Prajñāpāramitā*[6] wird ebenfalls einem Nāgārjuna zugeschrieben, der möglicherweise mit dem Autor der »Verse zur *mādhyamika*-Lehre« identisch ist. Niemand zweifelt jedoch daran, daß diese Schrift die Auffassungen seiner Schule, wie sie sich in Nordwestindien entwickelte, maßgebend darlegt. In diesem wahrhaft enzyklopädischen Werk, das zu einer Zeit zusammengestellt wurde, als die Vitalität des buddhistischen Denkens ihren Höhepunkt erreicht hatte, wird eine schier unglaubliche Menge an Informationen vor uns ausgebreitet. Von Āryadeva besitzen wir vor allem das *Catuḥśataka*[7] (400 Verse). Die Kommentare zu den *Mādhyamikākarikā* sind von großer Bedeutung. Der brauchbarste ist die *Prasannapadā*[8] (»Das in klare Worte Gefaßte«) des Candrakīrti (1150 BE). Professor Murtis *The Central Philosophy of Buddhism* (vgl. Literaturverzeichnis) bringt im wesentlichen Erläuterungen der Ansichten von Candrakīrti und verbindet fundierte intellektuelle Arbeit und Klarheit mit gewissenhafter Gelehrsamkeit und metaphysischer Leidenschaft. Unter den wichtigsten Arbeiten des späteren *mādhyamika* sind zu nennen: das *Bodhicaryāvatāra*[9] (»Eingang in die Übung zur Erleuchtung«) des »Śāntideva (ca. 700 v. Chr.), der *Tattvasaṃgraha*[10] (»Handbuch der Wirklichkeit«) des Śāntirakṣita (ca. 760) und die drei Arbeiten des Kamalaśīla (793) über *Bhāvanākrama.*[11]

Die Literatur der *mādhyamikas* ist dermaßen umfangreich, daß bis heute zahlreiche Materialien so gut wie unerforscht blieben. Ein Großteil ihrer religiösen Lehren liegt nach wie vor in den unübersetzten Seiten des gigantischen Kommentars von Nāgārjuna verborgen. Āryadeva hat bislang fast überhaupt keine Beachtung gefunden. Wir besitzen immer noch keine klare Vorstellung über das *svatāntrika*-System des Bhāvaviveka,[12] das nur in tibetischen Übersetzungen erforscht werden kann; immerhin scheint es die nahezu unglaubliche These zu vertreten, daß innerhalb der Logik des *mādhyamika* gültige positive Aussagen möglich sind. Und schließlich stehen wir weiterhin vor einem Rätsel, was die Lehren und Querverbindungen der *yogācāra-mādhyamikas* betrifft, die für die endgültige Ausformung des *mahāyāna* in Indien verantwortlich waren.

2. Darstellung der Dialektik des *mādhyamika*

Die *mādhyamikas* waren nur an einem einzigen Problem interessiert – nämlich an den Bedingungen, welche die transzendentale Schau des Absoluten bestimmen. Sie wandten erheblichen Scharfsinn auf für die Unterscheidung absoluten Wissens von bloß empirischem, welches *ipso facto* als falsch angesehen wurde. *Dharmas* als das zu erkennen, was sie wirklich an sich sind, heißt ihr Eigen-Sein (*svabhāva*) erkennen. Laut Candrakīrti[1] verwendete die buddhistische Überlieferung den Begriff »Eigen-Sein« in mindestens dreifacher Hinsicht:

1. Er kann das Wesen oder die besondere Beschaffenheit eines *Dinges* bedeuten. Ein konkretes Feuer ist ein »Ding«, Hitze sein »Eigen-Sein«. Diese Art »Eigen-Sein« wird als diejenige Eigenschaft definiert, welche das Objekt stets begleitet, da sie an nichts anderes gebunden ist«.[2]

2. Es kann sich ferner um den wesentlichen Zug eines *dharma* handeln.[a] Als »Eigen-Sein« gilt, was ein Eigenmerkmal trägt.[3] Jeder *dharma* als isolierte Einheit (*pṛthagdharma*) trägt ein einziges Merkmal, nicht mehr als eins. In diesem Sinn sind daher »Eigen-Sein« und »Eigenmerkmal« ein und dasselbe.[b]

3. Schließlich kann man »Eigen-Sein« als Gegensatz zu »Anders-Sein« bestimmen.[4] Dann ist es das, was sich nur auf sich selbst, auf nichts außerhalb seiner selbst bezieht.[5] Es handelt sich also um das, was wir das »Absolute« nennen; im Vergleich zu ihm sind alle separaten *dharmas parabhāva* (relativ). Das Merkmal (*lakṣaṇa*) dieses »Eigen-Seins« besteht darin, daß es weder abhängig noch bedingt und auf nichts als sich selbst bezogen ist.[6] Es drückt daher volle und restlose Eigentumsgewalt und Kontrolle aus.[c]

Die *mādhyamikas* lehnen die ersten beiden Varianten des »Eigen-Seins« als bloße provisorische Konstrukte ab. Allein die dritte gilt ihnen als absolut real und als einziger Maßstab der Wahrheit. Offensichtlich ist das Eigen-Sein aller separaten Dinge oder *dharmas* abhängig und an Bedingungen gebunden. Hitze als wesentliches Charakteristikum des Feuers beispielsweise hängt vom Zusammenwirken so unterschiedlicher Faktoren wie einem Streichholz (oder Brennglas und Sonne), von Brennmaterial, Sauerstoff und dergleichen ab. Von einem jeden derartigen »Eigen-Sein« kann man sagen, daß es, »das zuvor nicht bestand, im folgenden erzeugt wurde«. Wandel ist mit wahrem »Eigen-Sein« unvereinbar,

a In Candrakīrtis Worten werden die Erfahrungsdaten hier nicht als »Keime« usw. gesehen, sondern als *saṃskāras*.

b Die *Śatasāhasrikā*, 1410-11, bringt eine Studie der »Eigenmerkmale«, die dreißig grundlegende *dharmas* bestimmen. Die vier *skandhas* des Verstandes tragen jeweils die folgenden Merkmale: »erfahren, ergreifen, zusammen-tun, gewärtig sein«.

c Pras., S. 263, *svabhāva* entspricht *svo-bhāva* (*Sein an sich*). Es gilt als *ātmīya*, was rechtmäßigen Besitz andeutet (etwa die eigenen Sklaven betreffend), im Gegensatz zum Eigentum anderer oder zu dem, was einem nur vorübergehend verliehen wurde, zu einem geborgten Gegenstand.

da es unabhängig von Bedingungen sein und auf immer und jederzeit zugehören muß.[a] Hat man »Eigen-Sein« erst einmal auf diese Weise definiert, so läßt sich für separate Einheiten (*bhāva*) kein separates Eigen-Sein mehr finden. Aufgrund der Entstehung in Abhängigkeit gibt es kein in kausalem Zusammenhang stehendes Eigen-Sein.[7] »Eigen-Sein ist die Unversehrtheit der Grundnatur«,[8] doch »es gibt keine zwei Grundnaturen des (der) *dharma*(*s*), sondern alle *dharmas* haben nur eine einzige Grundnatur«,[9] und *dharma* ist tatsächlich »die ungebrochene Einheit aller *dharmas*«.[10]

Diese Definition des »Eigen-Seins« steht am Ausgangspunkt des *mādhyamika*-Systems. Sie wird nicht als spekulative Annahme dargeboten, sondern als Ergebnis ausgedehnter Meditationen über »Entstehung in Abhängigkeit«. Logische Folgerung mag nahelegen, daß die *dharmas* überhaupt kein Eigen-Sein besitzen, doch höchste Gewißheit wird durch meditative Erfahrung erlangt. Betrachtet man die verschiedenen Arten der Bedingtheit (vgl. S. 212ff.) in allen Einzelheiten und wendet sie auf jedes beliebige gegebene Ereignis an, so wird man sie als mit der Summe ihrer Bedingungen identisch erkennen, ob nun positiv oder negativ, vorausgehend oder präsent, unmittelbar oder entrückt, kontributiv oder permissiv (vgl. S. 212ff.), und als vollständig abhängig vom Zusammenwirken anderer Ereignisse, die als Stützen oder Träger seines Fortbestehens oder als Hilfen für sein Aufkommen wirken. Das Eigen-Sein des Gegenstandes löst sich damit in die Bedingungen seines Stattfindens auf. Der ge-

a »Ein ins Auge fallendes Merkmal der *Stanzen* liegt darin, daß sämtliche Prädikate stets für das ganze Subjekt gelten. Existentielle Gewichtungen werden gemieden, da sich die Diskussion nicht um Leugnung oder Annahme von gemeinverständlichen Auffassungen wie ›mancher Brennstoff brennt, anderer nicht‹ dreht, sondern um die Konzepte des Eigen-Seins und der Grundnatur. Eine bezeichnende Eigenschaft ist entweder wesentlich oder unwesentlich. Wenn sie unwesentlich ist, handelt es sich nicht wirklich um eine bezeichnende Eigenschaft einer Grundnatur. Ist sie wesentlich, so entbehrt die Grundnatur niemals der Eigenschaft.« Robinson, 79-80.

samte konkrete Gehalt beruht auf dem Zusammenspiel zahlloser Bedingungen. Jedes »Eigen-Sein«, welches im Gegensatz dazu etwas Eigenes darstellen wollte, müßte als eine bloße Abstraktion, ein leerer, durch ein bloßes Wort bezeichneter Fleck erscheinen. Durch sich selbst weder erzeugt noch erhalten, gilt das Ding an sich als absolut nichts. Und dies entspricht der Einsicht in die Leere aller *dharmas*. Was nun diese Leere und den freien Weisheitsstrom, der ihrer Betrachtung gilt, auch immer stören mag – es ist freilich tatsächlich da, doch nur aufgrund von Bedingungen, nicht an sich, lediglich als unbefriedigende Erscheinung, ausgesprochen unreal und keiner ernsten Betrachtung wert. Auf diese Weise führt das Verständnis des Bedingten, wenn man lange genug darin fortfährt, automatisch zur Erkenntnis des Unbedingten.

Nāgārjuna und seine Schule verließen sich jedoch nicht ausschließlich auf Meditation. Sie appellierten überdies auch an den Intellekt solcher Gegner, die womöglich ihre Vorstellung vom Einen nicht teilten, und sie entwickelten zu diesem Zweck die Methode des *prasaṅga*, eine »Argumentation, welche alle denkbaren Alternativen ausschaltet« und auf eine *reductio ad absurdum* allen Glaubens abzielt. »Indem das *mādhyamika* die Implikationen jeder beliebigen Anschauung erläutert, zeigt es deren widersprüchlichen Charakter.« Nāgārjuna »widerlegt die These des Gegners, ohne irgendwelche eigenen Thesen zu beweisen«.[11] »Die *reductio ad absurdum* dient einzig dem Verfechter der These, und sie wird mit einer eigenen Logik, mittels Prinzipien und Verfahrensweisen durchgeführt, welche er voll bejahen kann.«[12] Das berühmte Motto in Nāgārjunas Hauptwerk lautet:

Nicht durch sich selbst, noch durch ein anderes,
noch durch beide, noch auch ohne Ursache
Kommt positiv Seiendes in welcher Weise auch immer auf.

Jede der vier Thesen wird zunächst hypothetisch akzeptiert und sodann als in sich widersprüchlich zurückgewiesen[13] mit dem Ergebnis, daß »Nicht-Entstehen« zuletzt den Sieg behält.

3. Die Motive hinter der *mādhyamika*-Dialektik

Zugegeben – eine derartige Philosophie hat dem gesunden Menschenverstand wenig Tröstliches zu bieten und muß den Durchschnittsmenschen in atemberaubende Verwirrung stürzen. Als Denkweise ist sie jedoch in sich absolut konsistent. Die Schwierigkeit ergibt sich daraus, daß sie ihre Ideen nicht aus den Interessen und Problemen des Mannes von der Straße ableitet, sondern aus den religiösen Erwartungen desjenigen, den wir hier des Kontrastes wegen den »Mann im Wald« nennen wollen. Obgleich Nāgārjuna seine Diskurse in eine intellektuelle Diktion einbettet, gilt er von alters her als ein »Mystiker von hohen Gnaden«,[1] von welchem man glaubte, er habe die erste *bhūmi* erreicht und sich nach seinem Tod in das Reine Land Sukhāvatī begeben. Ohne jede Frage lag der Ausgestaltung der Hauptpositionen des *mādhyamika* eine tiefe Sorge um die religiösen Werte und ein heiliges Leben zugrunde. In Übereinstimmung mit der *Prajñāpāramitā* beschreiben die *mādhyamikas* die Welt so, wie sie auf der höchsten geistlichen Ebene der Mühelosigkeit und vollständigen Selbstaufgabe erscheint. Damit rechtfertigen sie sich, und hier liegt die Quelle sowohl ihrer Kraft als auch ihrer Grenzen.

Wenn selbstlose Entsagung als Wesen allen religiösen Lebens gilt, dann erreichen diese Lehren den höchstmöglichen Gipfel der Überweltlichkeit. Wenn Interesselosigkeit als Tugend zählt, erscheint die Negation der Vielfalt aller *dharmas* als Parallele zum Verlangen, »alle Punkte aufzugeben, an welche Interesse sich binden könnte«.[2] Wenn wir unsere

Grundangst lediglich fixieren, indem wir uns an etwas halten, und sie erst dann abwerfen, wenn wir die Suche nach einem festen Halt aufgeben, was wäre dann besser geeignet, uns jeden zuverlässigen Halts zu berauben als eine unablässige Versenkung in die widersprüchliche Natur all unserer Erfahrungen? Und wenn eine friedfertige Haltung anderen gegenüber der Prüfstein religiösen Strebens ist, muß eine Lehre, die uns gebietet, auf nichts zu beharren und nichts zu behaupten (vgl. S. 302 ff.), eine solche Haltung entscheidend fördern. Wo eine derartige Ontologie wirklich geglaubt wird, muß sie zu Stille und Gelassenheit führen. Keine Stille gleicht der des Einen, denn es entzieht sich allem, was stören könnte. »Das *dharma*-Element könnte beunruhigt (*vikopita*) werden, wenn es außer ihm andere *dharmas* gäbe. Doch außer ihm läßt sich kein von ihm verschiedener *dharma* ausmachen. Ließe sich jedoch einer erkennen, so käme es allerdings zu einer Beunruhigung des *dharma*-Elements.«[3] Die Lehre von der Gleichheit aller Dinge muß zwangsläufig die Tugend des Gleichmuts stärken. »Ein in vollendeter Weisheit wandelnder *bodhisattva* entwickelt allen Wesen gegenüber eine gelassene Geisteshaltung. Infolgedessen gewinnt er Einsicht in die Gleichheit aller *dharmas* und lernt, die Wesen in diese Einsicht einzufügen.«[4] Der vollkommen Gleichmütige muß sogar den Unterschied zwischen *nirvāṇa* und dieser Welt übersehen. Dem *nirvāṇa* schon in diesem Leben nahe, halten die Erlösten sich von dieser Welt nicht fern, sondern werden zu ihren Erlösern. Schließlich durchdringt das Ideal geistlicher Freiheit[5] das gesamte System des *mādhyamika*, und es sucht dieses Ideal zu verwirklichen, indem es die Unwirklichkeit aller Dinge zeigt, welche nicht absoluter Geist sind, und unermüdlich die »Leere« aller vorhandenen oder künftigen Dinge verkündet.

4. Leere und Nihilismus

Die These von der Leere hat mehr als einen Suchenden vor den Kopf gestoßen. Als theoretischer Ansatz ergibt sie wenig Sinn und scheint auf puren Nihilismus hinauszulaufen. Doch dieser Lehrsatz besteht keineswegs darauf, daß nichts als das Nichts existiere. Es wäre völlig sinnlos, zu postulieren, daß »alles in Wirklichkeit Leere ist«. Es wäre sogar falsch, weil die Gesetze dieser besonderen Logik ja verlangen, daß auch die Leere selbst ebenso verneint wie bejaht zu werden hat. Das Große *sūtra* der Vollkommenen Weisheit erwähnt als vierte ihrer achtzehn verschiedenen Arten der Leere das »Leersein von Leere« und definiert sie wie folgt: »Die Leere aller *dharmas* ist von jener Leere leer.«[1] Wenn sich die Wahrheit nicht in »es ist« oder »es ist nicht«, sondern in der Mitte zwischen beiden finden läßt, was nützen dann alle Bejahungen oder Verneinungen? Wie kann man überhaupt auf irgendetwas bestehen oder behaupten, daß man etwas Bestimmtes weiß? Die Zerstörung aller Meinungen enthält ihrerseits eine Meinung, welche die Leere aller Dinge verkündet.

Wie Salz die Speisen würzt, so sollte *śūnyatā* oder Leere das religiöse Leben durchziehen und ihm Würze geben. Isoliert genommen, sind weder Salz noch Leere besonders schmackhaft oder sättigend. »Leere« als philosophisches Konzept, wenn ein ungeübter Verstand ohne Weisheit sich mit ihr befaßt, verursacht manche Verwirrung und vermag keine geistlichen Früchte zu tragen. Es ist dann nur noch dazu gut, nutzlose Behauptungen von der Art hervorzubringen wie »Leere ist nicht das Nichts« und dergleichen. Sobald man jedoch die geistliche Absicht hinter diesem Grundsatz betrachtet, wird alles vollkommen klar. Er zielt darauf ab, das, was das Unendliche verbirgt, zu beseitigen, um so den Blick dafür freizugeben. Die zeitlich begrenzte, einseitige, parteiische Natur affirmativer Auffassungen wird nicht geleugnet, damit man sie einfach durch eine andere (in ihrer Auswirkung affirmative, jedoch in ihrer grammatischen Form negative) Auffassung ersetzt, sondern im Hinblick auf eine Transzendierung und Überwindung aller Affirmation, die doch nur eine verborgene Form der Selbst-Behauptung ist. Das Nichts wird nicht um seiner selbst willen eingebracht, sondern als eine zum Durchbruch in die wahre Realität führende Methode. Es ebnet einen direkten Zugang zur wahren Natur der Dinge (*dharmatā*), indem es jede Bindung an Wörter löst, welche, statt die Wirklichkeit zu offenbaren, unablässig von ihr ablenken oder abstrahieren. Leere ist keine Theorie, sondern eine ans Unendliche reichende Leiter, die man erklettern, nicht diskutieren soll. Man lehrt sie nicht zugunsten einer Theorie, sondern um ein für allemal mit sämtlichen Theorien aufzuräumen. Traditionellerweise findet sie immer dann Anwendung, wenn Weisheit diese Welt leugnet. Sie beabsichtigt einzig die vollständige Emanzipation von der Welt unserer Umgebung in allen ihren Aspekten. Als ausgesprochen praktisches Konzept beschreibt sie das Verfahren der »Nicht-Geltendmachung«, welches allein dauernden Frieden gewährleistet. Sie verkörpert also eine Hoffnung, nicht jedoch eine Ansicht. Ihr einziger Nutzen besteht darin, daß sie uns hilft, uns von dieser Welt und der Unwissenheit, die uns an sie bindet, zu befreien. Als Arznei dient sie uns nur, solange wir krank sind, aber nicht mehr, wenn es uns wieder gut geht.

Die Hauptaufgabe der buddhistischen Weisheit besteht im Ausloten der Leere. Nur systematische Meditation kann ihre Tiefe ermessen. Leere ist im wesentlichen ein Gegenstand entrückter Kontemplation, und alles vage Geschwätz darüber, ob sie nun »Nichts« sei oder nicht, verdient nur Verachtung. Es wäre falsch, die Ansichten der *mādhyamikas* so zu behandeln, als wären sie Ergebnis philosophischen Folgerns, da sie doch in Wirklichkeit auf uralten meditativen Prozessen beruhen, durch welche tatsächlich eine Schau des Absoluten gelingt.

Es liegt im Wesen dieser Meditationen, daß sie auf verschiedenen Ebenen existieren, je nachdem a) welchen Reifegrad die Gabe der Weisheit errungen hat, und b) welcher Aspekt des *dharma* ins Blickfeld tritt. Das Wort »Leere« gewinnt nur im Zusammenhang mit einer entschieden geistlichen Haltung (vgl. S. 81) Bedeutung. Außerhalb davon besitzt es keine. Die verschiedenen Bedeutungen von »Leere« erschließen sich wirklich in den sukzessiven Stadien des aktuellen Vorgangs einer Transzendierung der Welt durch Weisheit. Eine kurze Skizze dieser Stadien befähigt uns nicht nur dazu, den unantastbaren Kern der »Leere«-These bloßzulegen, sondern auch dazu, das, was wir bisher aus diesem Buch gelernt haben, zu rekapitulieren und jede Facette dieser These im richtigen Licht zu betrachten. Eine eingehende Untersuchung der Tradition zeigt, daß man probaterweise zwischen zweidunddreißig Arten der »Leere« unterscheidet, welche den fünf Ebenen der Einsicht entsprechen, auf die das *Sūtra vom Herzen* in seinem *mantra*[a] anspielt. Die ersten drei Ebenen sind mit den Verfahren identisch, die in den Kapiteln 14 bis 23 des *Visuddhimagga* (vgl. S. 246 ff.) dargelegt werden; das vierte stellt einen eigenen Beitrag des *mahāyāna* dar; das fünfte wird wiederum von allen Buddhisten geteilt. Dem Leser wird empfohlen, zunächst einen Blick auf die Übersicht zu werfen, bevor er zu den Einzelerläuterungen fortschreitet, welche jede der fünf Ebenen im Sinne des relevanten *dharma*, der genauen Bedeutung von »Leere« und der Natur der jeweils erworbenen Weisheit definieren.

a »Fortgegangen« (*gate*) – von den Werten der Dingwelt hin zu den *dharmas* und ihrer Leere. »Fortgegangen« von unserer Vorliebe für bedingte *dharmas* hin zum Verzicht auf sie, aufgrund ihrer Leere. »Hinausgegangen« (*pāragate*) – zum Unbedingten und seiner Leere. »Gänzlich hinausgegangen« (*pārasaṃgate*) – selbst über den Unterschied zwischen der Welt und *nirvāṇa*, hin zu einer transzendenten Nicht-Dualität, worin Bejahung und Verneinung in einer einzigen Leere gleichgesetzt werden. »Oh welch ein Erwachen!« (*bodhi svāhā*) als letztes Stadium transzendentaler Leere, wenn der lange Schlaf [endet.]

1. *Dharmische Leere.* Zunächst hat man sich der Leere des *dharma* zu widmen, das heißt, man muß verstehen, was ein *dharma* im Gegensatz zu einem Ding oder einer Person eigentlich ist, muß die Lehren des *abhidharma* in allen ihren zahlreichen Einzelheiten studieren und sich darin üben, Alltagserfahrungen hinsichtlich der *dharmas* zu untersuchen. Wer diesen ersten Schritt versäumt, wird bei seiner Suche nach »Leere« nicht weiterkommen, denn er entwickelt nicht einmal die »Grundlage« zu jener »Weisheit«, welche das subjektive Gegenstück zur »Leere« bildet.[2] Als erster Schritt zur Leere gilt daher Vertrautheit mit der die *dharmas* betreffenden Überlieferung, da diese *dharmas* erklärtermaßen von jedem Selbst leer sind.

Aspekte des zu betrachtenden *dharma*: charakteristische Züge, die *dharma* als *dharma* und jeden *dharma* als ihn selbst definieren.[3] »*Leer*« bedeutet, daß durch Weisheit erkannte *dharmas* keinen jener Züge tragen, welche bei der Erscheinung allgemeinverständlicher Dinge und Personen der Illusion entstammen, es liege wirklich ein individuelles Selbst-Sein vor. *Weisheit* wird insofern entwickelt, als sie zur Beseitigung jener Illusion nötig ist, welche die *dharmas* daran hindern, als *dharmas* hervorzutreten.[4]

1.1. *Dharmas* wie *skandhas*, Sinnesfelder und Elemente werden in ihrem Eigen-Sein sichtbar. 1.1 *a*) *Unbeständigkeit. Dharmas* dauern nur einen Augenblick und ermangeln der scheinbaren Stabilität von Dingen und Personen. 1.1 *b*) *Leid.* Alle unter die fünf besitzergreifenden *skandhas* fallenden *dharmas* müssen zwangsläufig in den Zustand der Beunruhigung und Ratlosigkeit geraten, und jede aus ihnen gewonnene Befriedigung trügt. 1.1 *c*) *Nicht-Selbst.* In der Welt dharmischer Fakten entspricht nicht eine einzige Einheit Wörtern wie »Selbst«, »ich«, »mein« oder deren Derivaten wie »Seele«, »Substanz«, »Eigentum«, »inneres Wesen«, »zugehören«, »besitzen«, »Lebewesen«, »Personen« und dergleichen mehr. In diesem Stadium erstickt die nüchterne intellek-

Übersicht

1. DHARMISCHE LEERE

1.1. *Dharmas* erscheinen in ihrem Eigen-Sein.
Sie sind: (*a*) unbeständig, (*b*) leidvoll, (*c*) nicht-selbst.

1.2. Sie sind an Bedingungen gebunden.
Man betrachtet (*a*)-(*c*) hinsichtlich der Bedingungen.

1.3. Relative Realität
(der *dharmas* im Vergleich zu allgemeinverständlichen Dingen).

1.4. Relativer Wert
(der *dharmas* im Vergleich zu allgemeinverständlichen Dingen).

GATE

2. BEDINGTE LEERE

2.1. Die drei Merkmale:
- a) Unbeständigkeit
- b) Leid
- c) Nicht-Selbst

2.2. Ohne Nicht-Bedingtheit
- a) Nicht beständig
- b) Nicht besänftigend
- c) Nicht verläßlich

2.3. Relative Realität
(illusorisch)

2.4. Relativer Wert
(preiszugeben)

GATE

3. NICHT-BEDINGTE LEERE

3.1. Die Tore zur Freiheit:
- a) Das Zeichenlose
- b) Das Wunschlose
- c) Das Leere

3.2. Freiheit von Bedingungen
- a) Todlosigkeit
- b) Im Frieden
- c) Sicher

3.3. Die wirkliche Wahrheit

3.4. Ihr Wert: der höchste Wert

PĀRAGATE

4. DIE LEERE TRANSZENDIEREN

4.1. Jenseits der drei Merkmale (*a*), (*b*), (*c*)

4.2. Un-bedingte Nicht-Dualität
- a) Ungeboren
- b) Untätig
- c) Ohne Eigen-Sein

4.3. Wahre Derartigkeit

4.4. Nicht-Erringen

PĀRASAṂGATE

5. TRANSZENDENTALE LEERE

BODHI SVĀHĀ

tuelle Überzeugung, daß *dharmas* tatsächlich kein Selbst besitzen, noch nicht alle Handlungen der Selbstsuche.

1.2. *Bedingungen*. Ein *dharma* besitzt keine Unabhängigkeit oder Selbständigkeit. Er ist an Bedingungen gebunden, das heißt (*a*) abhängig von einer Vielzahl anderer Ereignisse, die ihn umgeben und dadurch bedingen, daß sie ihm zur Seite stehen, ihn stützen, herbeiführen oder ihm den Weg ebnen (vgl. S. 203 ff.), (*b*) mit Leid und Unwissenheit verknüpft durch die zwölf Bindungen der Entstehung in Abhängigkeit. 1.2*a*) *Unbeständigkeit und Bedingungen*. Aufstieg und Fall eines jeden *dharma* hängen von Bedingungen außer seiner selbst ab.[5] 1.2*b*) *Leid und Bedingungen. Dharmas* nehmen einfach »tatenlos« (*nirīhakato*) ihren Lauf; wenn sie sich verbinden und »im Lauf der Ereignisse« Resultate zeitigen, werden sie dennoch nicht vom geschäftigen Streben, von den Mühen und Befangenheiten unseres imaginären Selbst oder von unserer hektischen Sorge um Ergebnisse in Anspruch genommen (*avyāpāra*).[6] 1.2*c*) *Nicht-Selbst und Bedingungen*. In sich schwach, fehlt allen *dharmas* innere Kraft,[7] und sie müssen sich zu ihrer Erzeugung und Erhaltung auf andere stützen.

1.3. *Relative Realität*. I. Die Interpretation der Erfahrung als Folge aufeinander bezogener *dharmas* wird dem, was wirklich vorhanden ist, *eher gerecht* als die gewöhnliche Auffassung, nach der Erfahrungswerte in Dinge und ihre Eigenschaften oder in Personen und ihr Tun geordnet werden.[8] II. Wer sich in der kontemplativen Betrachtung der *dharmas* übt, sieht die sie umgebenden Gegenstände der Dingwelt automatisch als immer weniger fest und verläßlich, als zunehmend *irreführend*, trügerisch, entrückt und traumhaft, jedenfalls weit mehr, als gewöhnlich angenommen.

1.4. *Relativer Wert. Dharmas* verdienen mehr Aufmerksamkeit als gewöhnliche Dinge.

2. *Bedingte Leere*. Im folgenden unterscheidet man zwischen bedingten und nicht-bedingten *dharmas* und richtet das Au-

genmerk auf jene Züge aller bedingten *dharmas*, welche sie von den nicht-bedingten unterscheiden. Da wir unter dem Einfluß der »verkehrten Sichtweisen« stehen, unterlegen wir normalerweise bedingten *dharmas* Eigenschaften, die sich in Wirklichkeit ausschließlich im Unbedingten finden lassen. Im übrigen gewinnt man in diesem Stadium eine klare Vorstellung von der wahren geistlichen Natur des Menschen, welche sich mit nichts geringerem als Ewigkeit, ungeteilter Seligkeit und Allmacht zufriedengibt. Das Unbedingte wird nun darüber hinaus zum Maßstab, an dem das Bedingte zunehmend gewogen und zu leicht befunden wird, was zu einem immer intensiveren Verlangen nach Rückgewinnung des Unbedingten führt. Diejenigen, die längere Zeit in solchen Meditationen fortfahren, erkennen klar, daß alle bedingten *dharmas* insofern »leer« sind, als ihnen ein wahres Selbst fehlt, kurz alles, was überhaupt wert wäre, als »Selbst« bezeichnet zu werden.

Aspekte des zu betrachtenden *dharmas*: allen bedingten *dharmas* (im Gegensatz zu den nicht-bedingten *dharmas*[9]) gemeinsame[10] Merkmale. »*Leer*« heißt, daß bedingten *dharmas* jene Züge fehlen, die ihnen aufgrund verkehrter Wahrnehmungen, Denkansätze und Sichtweisen fälschlich zugeschrieben werden, obwohl sie in Wirklichkeit ausschließlich dem nicht-bedingten *dharma* angehören. *Weisheit* wird in dem Maß entwickelt, als sie zur Beseitigung der Illusionen nötig ist, welche *nirvāṇa* daran hindern, sich in seiner wahren Natur zu offenbaren.[11]

2.1. *Die drei Merkmale*. Sie werden methodisch angewandt und als wesentlich für bedingte *dharmas* gesehen; man hält sie für gewichtiger als alle solchen *dharmas* vielleicht zuzuschreibenden Eigenschaften; man kontrastiert sie mit ihrem jeweiligen Gegenteil.[12] 2.1 *a*) *Unbeständigkeit*. Bedingte *dharmas* können nicht zu der Beständigkeit führen, nach welcher wir verlangen. 2.1 *b*) *Leid*. Sie können uns nicht jenes Wohlbehagen vermitteln, auf welches wir hoffen.[13] 2.1 *c*)

Nicht-Selbst. Sie besitzen auf keinen Fall das ihnen fälschlich zugesprochene Selbst. Gemessen am Maßstab einer vollkommenen Selbstkontrolle verdient kein einziges bedingtes Ereignis, als ein »Selbst« oder »einem Selbst zugehörig« bezeichnet zu werden.

2.2. *Ohne Nicht-Bedingtheit.* Die Tatsache, daß *dharmas* im Vergleich zu *nirvāṇa* bedingt sind, wird nun als ihr entscheidendstes Charakteristikum gesehen. Diese Einsicht beruht auf einer Beobachtung der Bedingungen (wie unter 1.2.), auf dem Verständnis der drei Merkmale und auf einem zu diesem Zeitpunkt noch kaum erwachten Verlangen nach *nirvāṇa.* Sie gibt sich nicht mit der Feststellung bloßer Fakten zufrieden, sondern befaßt sich ausdrücklich mit deren Nachteilen und strebt energisch nach Loslösung von den abhängigen Dingen.[14] 2.2*a*) *Nicht beständig.* Bedingte *dharmas* sind zum Untergang verurteilt.[15] 2.2*b*) *Nicht besänftigend.* Sie bergen unausweichliche Gefahren, und man soll sie fürchten.[16] 2.2*c*) *Nicht verläßlich.* Sie müssen uns zwangsläufig enttäuschen, da sie nichts enthalten, woran wir uns klammern könnten, keinen zuverlässigen Anhaltspunkt, keine Zuflucht oder Stütze, keine Heimat oder Sicherheit.

2.3. *Relative Realität.* Bedingte *dharmas* besitzen keine wahre Existenz und feste Realität. Ihre durch Unwissenheit bedingte Erscheinung ist unwahrhaftig (*vitatha*). Am Maßstab voller Wahrheit (*nirvāṇa*) gemessen sind sie illusorisch.[17]

2.4. *Relativer Wert.* Bedingte *dharmas* haben keinen Wert (*riktaka*, *tucchaka*); und können somit aufgegeben und mit einer gleichgültigen Indifferenz betrachtet werden.[18]

3. *Nicht-bedingte Leere.* Erst wenn man fühlt, daß es sich nicht lohnt, irgendwelche bedingten Ereignisse zu erlangen, daß man vielmehr auf sie verzichten sollte, kann *nirvāṇa* oder das Unbedingte schließlich zum Gegenstand des Strebens werden.[19]

Aspekte des zu betrachtenden *dharma*: *Nirvāṇa* im Gegensatz zu dieser Welt. »*Leere*« bedeutet Freiheit des nicht-bedingten *dharma* von dieser Welt.[20] *Weisheit* tritt in eine neue Phase ein, wenn das Erblicken (*darśana*)[21] des Pfades[22] und des *nirvāṇa*[23] das Leben des Jüngers revolutioniert. Die Weisheit, die bisher »weltlich« war, wird nun »überweltlich«; der Jünger, bislang ein »Kind der Welt«, wandelt sich zu einer »heiligen Person« (*āryapudgala*).

3.1. *Die drei Tore zur Erlösung* (vgl. S. 78ff.). 3.1*a*) *Das Zeichenlose*. I. Als Freiheit von jedem Zeichen bedingter (weltlicher) Dinge. II. Als das, was nicht als solches erkannt werden kann. 3.1*b*) *Das Wunschlose*. I. Als Freiheit von jeder (weltlichen) Reaktion auf abhängige Dinge. II. Als das, wonach man nicht verlangen kann. 3.1*c*. *Das Leere*. I. Als Freiheit von jeder Identifikation mit etwas Bedingtem, das sich neben oder außerhalb von unserem wahren Selbst befindet. II. Als das, was uns nicht im mindesten betrifft.

3.2. *Freiheit von Bedingungen* (vgl. S. 97). 3.2*a*) *Todlosigkeit*. Freiheit vom Tod oder jeglicher Unbeständigkeit. 3.2*b*) *Im Frieden*. Freiheit von jeder gewaltsamen Störung der friedlichen Stille oder von allem Leid. 3.2*c*) *Sicher*: Freiheit von jeder Bedrohung der Sicherheit durch ein äußeres Nicht-Selbst, ebenso von aller Selbstentfremdung.

3.3. *Die wirkliche Wahrheit*. Freiheit von der trügerischen Natur der illusorischen Welt und von allen aus falschen Erscheinungen abgeleiteten Eigenschaften oder Ideen, das heißt die wahre Wirklichkeit oder die wirkliche Wahrheit.[24]

3.4. *Ihr Wert*. Freiheit zum Lohnenden oder zum höchsten Wert.[25]

4. Nachdem diese drei sukzessiven Stadien der Meditation geduldig durchwandert wurden, ist man imstande, von der »Weisheit« zur »vollkommenen Weisheit« fortzuschreiten. Die zweite und dritte Stufe beruhen auf Unterscheidung und Kontrastierung des Bedingten und des Unbedingten. Nun jedoch müssen wir die Unterscheidung wieder aufgeben.

Thema des vierten Stadiums ist nämlich die Gleichheit von Welt und *nirvāṇa*, und es setzt sich das Ziel, sowohl deren Gleichheit als auch ihre Ungleichheit zu transzendieren. Leere wird nun als die Gleichheit von ja und nein gesehen, und damit öffnet sich vor uns ein weites Feld der Paradoxe.

Aspekte des zu betrachtenden *dharma*: das eine *nirvāṇa*, zugleich eins mit dieser Welt und ihr entgegengesetzt. »*Leere*« heißt, daß alle Unterscheidung durch eine Dharmahaftigkeit transzendiert wird, welche sowohl über die Gleichheit von, als auch über den Unterschied zwischen bedingten und nicht-bedingten *dharmas* hinausgeht. *Weisheit* als »Vollendung der Weisheit« erreicht nun im künftigen Buddha ihren Höhepunkt, während er über die Stadien seines Werdeganges aufwärts schreitet.

4.1. *Jenseits der Merkmale.* Gänzlich jenseits aller separaten Merkmale – sowohl der besonderen als auch der universalen,[26] wegen ihrer nicht-bedingten Gleichheit. 4.1*a*) Jenseits der Unterscheidung zwischen *Dauer und Unbeständigkeit*,[27] 4.1*b*) zwischen *Behagen und Leid*,[28] 4.1*c*) zwischen *Selbst und anderen*.[29]

4.2. *Nicht-bedingte Nicht-Dualität.* Jenseits aller Unterschiede und Charakteristika.[30] 4.2*a*) *Ungeboren.* Als unerzeugt jenseits aller vorstellbaren Veränderungen; doch selbst als hervorgebrachter *dharma* bleibt er mit dem ursprünglichen Nichts identisch.[31] 4.2*b*) *Untätig.* Da inaktiv, steht er jenseits allen möglichen Leidens; doch zwischen der friedlichen Stille des *nirvāṇa* und den geschäftigen, unreinen, aus sich selbst heraus aktiven Mühen besteht kein Unterschied.[32] 4.2*c*) *Ohne Eigen-Sein.* Daher jenseits aller Möglichkeit zu Wachstum oder Abnahme, Gewinn und Verlust durch Selbstidentifikation; doch die Fülle der Realität wird von den separaten, ausschließlichen, unzulänglichen Selbstheiten nicht unterschieden.[33]

4.3. *Wahre Derartigkeit.* Als Gleichsetzung von Subjekt und Objekt liegt sie jenseits aller Möglichkeiten zu Mißverständnissen, jenseits aller Denkkategorien einschließlich der des »Seins« oder »Nichtseins«. Wer zwischen Subjekt und Objekt unterscheidet, verrennt sich in eine irreale Illusion, obwohl er sich dennoch nie von dem Einen entfernt.[34]

4.4. *Nicht-Erringen.* Jenseits aller Möglichkeit zu Errungenschaften – weder am Leib noch in Wort oder Denken; und doch werden alle bewahrt.

5. *Transzendentale Leere.* Wenn die Paradoxe des vierten Stadiums mit Erfolg dazu geführt haben, alle Bindungen an eine logische Denkweise zu lösen, hat man sie wiederum hinter sich zu lassen. Auf der höchsten Ebene herrscht beredtes Schweigen. Das Wort versagt, und die geistliche Realität kommuniziert direkt mit sich selbst.

3. Die *yogācārins*

1. Die schriftlichen Quellen

Die *yogācārins*[a] bildeten sich als zweite große Schule der *mahāyāna*-Philosophie seit dem 2. nachchristlichen Jahrhundert langsam heraus, erreichten im 4. Jahrhundert mit einer großen Zahl Vasubandhu und Asaṅga zugeschriebener Werke den Gipfel ihrer Produktivität und entwickelten danach über einige Jahrhunderte hinweg einen weiteren großen Ideenreichtum. Während des 4. Jahrhunderts waren die *yogācārins* bedeutende Systematiker, und in einer Übersicht über ihre literarischen Leistungen dürfen ihre enzyklopädischen Projekte nicht fehlen. Viele ihrer Schriften erbrachten vor allem eine »Aufarbeitung« überlieferter Wissensgebiete wie den *Abhidharma*[1] oder die *Prajñāpāramitā*,[2] oder sie gaben traditionellen Konzepten wie den zehn »Stufen« oder den drei »Leibern« des Buddha (vgl. S. 334 ff.) eine definitive Form. Viele der ihnen gewöhnlich zugeschriebenen Arbeiten enthalten *sautrāntika*- oder *mahīśāsaka*-Lehren mit leichter *mahāyāna*-Tendenz. In diesem Kapitel befassen wir uns jedoch nicht mit solchen *yogācārin*-Werken, die lediglich überlieferte Ansichten aufnehmen und nur hie und da einen leicht sektiererischen Tupfer hinzufügen,[3] sondern ausschließlich mit den charakteristischen Grundgedanken dieser Schule.

a Das Wort *yogācārin* heißt genaugenommen »Einer, der sich im *yoga* übt« und trägt an sich keine sektiererische Bedeutung. Es wurde dieser Schule vor allem deshalb beigelegt, weil das Wort *yogācāra* im Titel des Hauptwerks von Asaṅga (vgl. S. 262) erscheint; doch dasselbe gilt auch für das *mādhyamika-Catuḥśataka* des Āryadeva, welches *bodhisattva-yogācāra* genannt wird. Wenn es ausschließlich um Präzision ginge, wäre es wohl besser, von einer Schule der *vijñānavāda*-Richtung zu sprechen.

Die Literatur der *yogācārin* ist derart umfangreich und derart viel blieb nur in tibetischen oder chinesischen Übersetzungen erhalten, daß es bis heute niemandem gelungen ist, ihre verschiedenen Zweige klar zu trennen. Ich muß mich daher auf zwei ihrer bezeichnenderen philosophischen Ansätze beschränken, um sie, so deutlich ich kann, zu erläutern. Gleichzeitig darf nicht vergessen werden, daß die *yogācārins*, auch wenn sie von manchen europäischen Gelehrten für die »wichtigste Schule des *mahāyāna*«[4] gehalten wurden, mit ihren Ansichten den Osten niemals in gleicher Weise erschütterten wie die These von der Lehre. Die Betrachtung des Nichts befreit ganz offenkundig den Geist, während Spekulationen über das »Speicher-Bewußtsein« (vgl. S. 186) ihm lediglich ein paar weitere Rätsel aufgeben. Sieht man von den Thesen, die ich ausgewählt habe, einmal ab, so besteht schließlich die Originalität der *yogācārins* vor allem darin, daß sie alten Konzepten neue Namen unterlegen. Solche terminologischen Neuerungen gehören zwar zu den Wonnen mancher Historiker, doch in einem Buch, das sich der Erläuterung des buddhistischen Denkens widmet, dürfen sie wohl vernachlässigt werden.

Vom philosophischen Standpunkt aus müssen folgende Werke der *yogācārins* als die wichtigsten angesehen werden: Zwei *sūtras*, nämlich *Sandhinirmocana*[5] und *Lankāvatāra*,[6] ein Werk von außergewöhnlicher Tiefe. Zwei kurze Arbeiten von Vasubandhu, nämlich die »Zwanzig Verse«[7] mit seinem eigenen Kommentar und die »Dreißig Verse«[8] mit einem Kommentar von Sthiramati. Asaṅgas *Mahāyāna-saṃgraha*[9] nebst einigen ausgezeichneten Kommentaren. Und zwei Maitreyanātha zugeschriebene Werke,[10] nämlich der *Mahāyāna-sūtrālaṃkāra*[11] und der *Madhyāntavibhāga*.[12] Schließlich die *Vijñaptimātratāsiddhi*[13] von Yuan-cang, welche vor allem die Auffassungen von Dharmapāla spiegeln, einem Lehrer des 6. Jahrhunderts in Nālandā. Die große *summa* der Schule, das gigantische *Yogācārabhūmiśāstra*, müht sich vergebens um eine Synthese allen buddhistischen Wissens, da es an übermäßiger Weitschweifigkeit und Ungenauigkeit krankt.[14]

2. Der absolute Idealismus

Die bezeichnendste Lehre der *yogācārins* ist ihr sogenannter »Idealismus«, der sich hinsichtlich des empirischen Subjekts »subjektiv« gibt, hinsichtlich des transzendentalen »absolut«. Was den ersten Punkt betrifft, so leugnen sie die unabhängige Realität eines Objekts der Außenwelt und wiederholen lediglich die herkömmlichen Gedanken bezüglich des Primats des »Denkens« über alle Objekte (vgl. S. 155), wenngleich sie sie vielleicht etwas schärfer herauskonturieren und ihnen einen ausgeprägteren erkenntnistheoretischen Inhalt geben, als es zuvor der Fall war. Das Denken und seine Begleitumstände erhalten nun in jedem geistigen Vorgang einen entscheidenden Stellenwert, und das »Objekt« wird zu einer vagen Erscheinung, welche weitgehend durch das Denken gestaltet und sogar in gewissem Maß erfunden wurde.[1]

Bei dieser Betonung der Nichtexistenz von Objekten handelt es sich jedoch um einen soteriologischen Entwurf, dessen Hauptfunktion darin besteht, erster Schritt in einer Meditation über verkehrte Sichtweisen zu sein. Die grundlegende verkehrte Sichtweise (vgl. S. 291) wird nun erneut dahingehend umdefiniert, daß sie in der Fehlinterpretation eines Gedankens als Objekt bestehen soll.[2] »Zunächst durchbricht der *yogin* das Außenobjekt und sodann auch das sich darauf richtende Denken. Da das Objekt nicht existiert, gilt das gleiche auch für das nach ihm greifende Bewußtsein; in Abwesenheit eines erkennbaren Objekts kann es auch keinen Erkennenden geben.«[3] Beabsichtigt ist also eine Abkehr sowohl vom empirischen Objekt als auch vom empirischen Subjekt. Dies führt zu keinem weiteren, im Gegensatz zu einem Objekt stehenden Subjekt, sondern zu etwas, was in der gewöhnlichen Erfahrung nie vorkommt, nämlich zu einem transzendentalen Subjekt, welches mit seinem Objekt identifiziert wird und dem »absoluten Denken« gleicht, von dem wir schon gehört haben (S. 186 und 278). Die *yogācārins* stellen wieder einmal die buddhistische Leidenschaft für sprachliche Vieldeutigkeit unter Beweis, wenn sie ihren Ansatz häufig als »Denken allein« (*citta-mātra*) bezeichnen,[4] worin *citta* sowohl für den »empirischen Gedanken« als auch für »transzendentales Denken« stehen kann. Diese Vieldeutigkeit erschwert es, ihre Theorie zu erklären, ohne daß man durcheinandergerät. Philosophen seien davor gewarnt, den enormen Umfang geistiger Übungen zu unterschätzen, welche dem Übergang von der empirischen zur transzendentalen Aussage vorausgehen müssen.

Als letztgültiges Faktum gilt die undifferenzierte Gleichheit von Subjekt und Objekt, die man »reines Denken« oder »reinen Geist« nennt. Wenn Subjekt und Objekt wirklich eins sind, kann freilich kein von einem Subjekt unabhängiges Objekt existieren, und das, worauf wir uns bei einem Objekt (*grāhya*) beziehen, muß in letzter Konsequenz als unreal gelten. Die bloße Aussage, welche das Vorhandensein von Außenobjekten leugnet, gehört in ein recht niedriges und vorläufiges Erkenntnisstadium, und wenngleich sie in den philosophischen Diskussionen mit rivalisierenden Schulen großen Raum einnehmen kann,[5] ist sie doch nur eine Vorstufe zu Besserem. Der wahre Zweck, zu dem man die Unwirklichkeit eines Objekts *qua* Objekt betont, liegt in der Förderung des Verzichts auf alle objektiven Stützen der Außenwelt (*ālambana*), welcher sowohl durch zunehmende Verinnerlichung meditativer Trance geleistet wird als auch durch ein Voranschreiten zu den höheren Stadien im Werdegang eines *bodhisattva*, in denen er, wie wir sahen (vgl. S. 340-341), keinem Objekt mehr verbunden ist und in freier Spontaneität sein inneres Wesen auslebt. Über lange Zeit hinweg, das heißt bis er die letzten Spuren eines Objekts getilgt hat, muß das Subjekt (*grāhaka*) dem *bodhisattva* realer erscheinen als das Objekt. Doch im allerletzten Stadium seiner Wanderung erkennt er, daß mit dem endgültigen Zusammenbruch des Objekts zugleich auch das separate Subjekt zu bestehen aufhört und daß auch das Denken und seine Begleitumstände, insofern sie ein Objekt annehmen, kein letztgültiges Faktum mehr darstellen.

Wie Asaṅga klar erkannte,[6] gibt es für diesen transzendentalen Idealismus nur drei entscheidende Argumente, nämlich (1) die direkte Intuition der Wirklichkeit (*tattva*) bei all denen, die zu ihr erwacht sind; (2) den Erfahrungsbericht der Buddhas in den Heiligen Schriften.[a] Nichts geringeres als das »undifferenzierte Erkennen« (*nirvikalpa-jñāna*)[7] der vollends Emanzipierten vermag sämtliche Zweifel über dieses Thema zu beseitigen.[b] (3) Asaṅga beruft sich auf die Erfahrung der Meditationstrance. Unsere empirischen geistigen Vorgänge spielen sich nicht alle auf derselben Ebene ab, und manche liegen der höchsten Wahrheit weniger fern als andere. In der gewöhnlichen sinnlichen Wahrnehmung wurde ein erheblicher Entfremdungsgrad erreicht, doch das gilt nicht für die Meditationstrance, denn »die (in Trance) Versenkten sehen die Dinge so, wie sie wirklich sind« (vgl. S. 70).

a das heißt jeweils ein einziges Zitat aus dem *Daśabhūmika* und dem *Sandhinirmocana*. Mehr nicht!

b Das »nicht-unterschiedene Erkennen« weiß zunächst um die Unwirklichkeit aller Objekte, erkennt sodann, daß ohne sie auch das Wissen selbst in sich zusammenfällt, und erblickt schließlich intuitiv die höchste Realität. Man müht sich sehr um die Aufrechterhaltung des paradoxen Charakters dieser Gnosis. Obwohl ohne Konzepte, Urteile und Unterscheidungen, kann sie dennoch nicht als bloße Gedankenlosigkeit gelten. Sie ist weder ein Erkennen noch ein Nicht-Erkennen; sie hat weder Denken noch Nicht-Denken zur Grundlage, denn obwohl sie nicht denkt oder reflektiert, geht sie von weiser Hinwendung aus. Sie wählt sich die unaussprechliche Dharmahaftigkeit der *dharmas* zum Objekt; diese besteht in deren Selbstlosigkeit (*nairātmya*). Es gibt hier keinen Dualismus von Subjekt und Objekt. Das Erkennen ist vom Erkannten nicht verschieden, sondern völlig identisch mit ihm. »Wenn das nicht-unterschiedene Erkennen beginnt, erscheint kein Objekt mehr. Man weiß nun, daß es kein Objekt gibt und ohne es auch keine Idee (*vijñapti*).«

Leider gehört die buddhistische Theorie der in Trance gewonnenen Erfahrungen zu den am wenigsten erforschten Bereichen des Buddhismus, und vieles darin verstehen wir einfach nicht.

Asaṅgas drittes Argument stellt sich folgendermaßen dar: Angenommen, daß ein in Trance versenkter Mensch der Realität näher steht als ein Abgelenkter – welchen Stellenwert besitzen dann die Bilder,[8] die er »im Bereich« seiner Trance erblickt? Offenbar gibt es dort keine wirklich sichtbaren blauen Gegenstände, Skelette und dergleichen. Auch handelt es sich bei seinen Visionen nicht, wie manche meinen, um erinnerte Bilder von blauen Gegenständen oder Skeletten, die er früher einmal gesehen hat. Denn diese Bilder sind keine schwachen Erinnerungen, sondern stehen ihm mit ganzer sensorischer Vitalität sichtbar vor Augen. Logischerweise muß das Denken sich selbst wahrnehmen, denn in diesem Zustand gibt es nichts außer dem Denken.[a] Die in Trance-Versenkung gesehenen Bilder gleichen in allem den Spiegelbildern. Auf den ersten Blick mag man meinen, daß es zwei verschiedene Gegenstände gibt, nämlich einen Körper im Raum und denselben Körper im Spiegel; jeder weiß jedoch, daß einer von beiden, nämlich der Körper im Spiegel, nicht existiert. Ebenso gibt es in Trance nur einen einzigen Gedankenstrom, der sich als in einen doppelten Strom gespalten darstellt, das heißt ein sehender und ein gesehener Gedanke. Tatsächlich jedoch sind diese beiden nicht verschieden, sondern ein und dasselbe, nämlich Denken. »Die in Trance gesehenen Bilder entstehen durch Erinnerung, Vorstellungskraft und dergleichen bedingt, und obwohl vom Denken nicht verschieden, scheinen sie doch so zu sein.«

Dies mag als reichlich verquälte Argumentationsweise erscheinen. Sie würde vermutlich weniger unbefriedigend wir-

a Selbst wenn der *yogin* mit Bildern der Erinnerung konfrontiert würde, hätten diese die Vergangenheit zum Objekt, und er würde, da die Vergangenheit nicht real ist, lediglich Gedanken wahrnehmen.

ken, wenn wir besser wüßten, was die Buddhisten über das Schicksal des Gegenstandes der Wahrnehmung (*nimitta*) nach seiner Umwandlung unter Trance dachten. Dem Argument Asaṅgas liegt natürlich die Annahme zugrunde, daß wir, wenn wir uns in Trance auf vorgeschriebene, disziplinierte Weise und in geistlicher Absicht[9] von der empirischen Realität eines gegebenen Stimulus entfernen, uns damit keineswegs in einen reinen Phantasiebereich begeben, sondern mit etwas »Idealerem« in der »Zwischenwelt« Kontakt aufnehmen, das aus Meditation (*bhāvanāmaya*) hervorgeht und daher dem, was real vorhanden ist, gerechter wird als das, was wir in der Sinnenwelt vorfinden.

Die *theravādin*-Quellen liefern umfangreiches Informationsmaterial zu diesem Thema,[10] obwohl wir in Ermangelung direkter Erfahrungen nicht immer sicher sein können, wie wir sie zu interpretieren haben. Wir müssen offenbar zwischen drei Stadien[11] der Darlegung eines Objekts unterscheiden: (1) Zunächst finden wir das »vorbereitende Zeichen« vor,[12] das heißt die Sinneswahrnehmung des Meditationsobjekts. Es kann sich um eines der *kasinas* handeln, etwa um eine Tonscheibe in der Farbe der Dämmerung, oder um einen Korb mit blauen Blumen, und so weiter. Oder es handelt sich um eines der zehn »abstoßenden Dinge«, angefangen bei der »aufgedunsenen Leiche« bis hin zum »Skelett«.[13] Dieses »Zeichen« müssen wir hunderttausend Male betrachten, bis dann (2) das »aufgenommene Zeichen«[14] aufkommt. In diesem Stadium beharrt das Bild, wenn auch nicht mehr vor unseren Augen. Der *yogin* hat sich, mit anderen Worten, ein erinnertes Bild von gleicher Lebendigkeit wie die ursprüngliche Sinneserfahrung erschaffen. (3) Schließlich gibt es das »sublimierte Zeichen«,[15] eine idealisierte Kopie des Originals. Es wird wie folgt definiert:[16] »Im ›angenommenen Zeichen‹ zeigen sich noch alle Unvollkommenheiten der Meditationsvorlage (*kasiṇa*). Doch das ›sublimierte Zeichen‹ tritt auf, als sei es aus dem ›angenommenen Zeichen‹ hervorgebrochen, und es ist hundertmal, tausendmal geläuterter (*suparisuddham*, klarer), wie die aus ihrer Schatulle genommene Scheibe eines Spiegels, wie eine sorgsam polierte Schale aus Perlmutt, wie der hinter Wolken hervortretende Vollmond, wie Kraniche vor einer Gewitterwolke.[17] Aber es hat weder Farbe noch Gestalt; denn hätte es sie, könnte man es mit dem Auge wahrnehmen, und es wäre häßlich, greifbar (*sammasanūpaga*) und von den drei Merkmalen gezeichnet. Doch diesem gleicht es nicht. Als bloße Aussageform der Wahrnehmung ist es allein aus der Wahrnehmung[18] desjenigen geboren, der in die Versenkung fand. Kaum kam es auf, als auch die Behinderungen gänzlich unterdrückt wurden, die Unlauterkeiten abfielen, der Geist sich in zusätzlicher Versenkung sammelte.« Obwohl manche[19] dieses Zeichen für nichts als eine Halluzination hielten, schätzten die Orthodoxen diesen gewandelten, nun von seiner sinnlichen Grundlage völlig getrennten »Reflex« des ursprünglich wahrgenommenen Objekts als etwas außerordentlich Kostbares, das man »sorgsam hüten sollte, als sei es ein ungeborener Weltenkönig«.[20] Es hat sich so weit aus den Schranken gewöhnlicher Wahrnehmung befreit, daß man es nach Belieben erweitern kann, bis es das gesamte Universum erfüllt.[21]

Die exakte Natur dieser Erfahrung hängt dermaßen mit den *yoga*-Praktiken zusammen, daß sich schwer eine europäische Parallele finden läßt. Denn was genau ist hier eigentlich gemeint? Handelt es sich um Halluzinationen, also um ohne äußeren Stimulus gewonnene geistige Eindrücke von sinnlicher Lebendigkeit? Um subjektive Impressionen eines nicht existierenden Objekts, etwa nach Art jenes Fischkopfes, den Theoderich für den Kopf des Symmachus hielt, den getötet zu haben er bereute? Gleichen sie den Bildern, die man im Delirium oder im Rausch, infolge eines Hirntumors oder aufgrund von Störungen im Großhirn, unter Einfluß von Äther, Haschisch, Opium, Meskalin oder Schizophrenie sieht?[22] Oder sind es Pseudohalluzinationen, in denen ein Mensch konkrete Sinneserfahrungen durchlebt, sich aber der Tatsache bewußt bleibt, daß sie keine äußere Grundlage besitzen? Sind es »Illusionen«, das heißt Wahrnehmungen der Art, daß man sinnliche Stimuli der Außenwelt mit Bildern, die nicht mit ihr zusammenhängen, kombiniert, bis beide sich nicht mehr trennen lassen – wie wenn man ein Seil für eine Schlange, einen Baumstumpf für einen Mann im Dunkeln hält? Sind es vielleicht Täuschungen, das heißt anhaltende und mehr oder minder wohlgefügte Halluzinationen von der Art, daß es »überall von Schlangen wimmelt«? Sind es »eidetische Bilder« oder »Visionen«, wie man sie in einem Kristall erblickt, gleichen sie den »Photismen«, die aus der Quelle des Lebens selbst hervorzugehen scheinen,[23] oder vielleicht der Erfahrung des Jakob Böhme, dem es, als er auf die blankpolierte Oberfläche eines Zinngeschirrs starrte, schien, als betrachte er die innersten Eigenschaften aller Dinge der Natur offen vor sich ausgebreitet? Wir wissen wirklich nicht, was wir davon halten sollen.

In der heutigen Zeit hat die Überzeugung, daß Bilder der Wahrnehmung etwas reflektieren, was sich außerhalb unserer selbst befindet, ein derartiges Gewicht gewonnen, daß niemand mehr Bilder untersucht, welche sich von den äußeren Sinnesstimuli mehr oder weniger gelöst haben. Daher müssen wir für den Augenblick die Erfahrungen der buddhistischen *yogins* ohne Bezug zu verwandten Phänomenen auf sich beruhen lassen. Dennoch können wir deren Anspruch nicht völlig von der Hand weisen, daß nämlich diese »reflektierten Bilder«[24] dem, was wirklich existiert, näher kommen als die »Wahrnehmungen« gewöhnlicher Leute. In ihren Köpfen herrscht eine solche geistige Wirrnis, daß es sich für denkfähige Menschen nicht lohnt, ihr Weltbild wirklich ernst zu nehmen.

Zusätzlich zu diesen drei entscheidenden Argumenten zugunsten ihres eigenen »Idealismus« arbeiteten die *yogācārins* natürlich zahlreiche Gegenargumente aus, mit welchen sie den Einwänden begegneten, die der instinktive Realismus des gesunden Menschenverstandes zwangsläufig gegen sie vorbringen mußte. Man stellte sie weniger zur Darlegung der Wahrheit selbst, als vielmehr zur Verteidigung der Plausibilität dieser Schulmeinung auf. Damit werden sie zu bloßen Diskussionsbeiträgen ohne besonderes Interesse. Vier »Erkenntnisse« besitzen dagegen einigen Wert, zumal sie nicht als Argumente vorgebracht wurden, sondern als »Einsichten«, nach denen ein Bodhisattva trachten und über die er meditieren sollte.[25] Es sind folgende: (1) Ein und dasselbe Objekt, etwa ein Fluß, löst bei hungrigen Geistern, Tieren, Menschen und Göttern vollkommen verschiedene Vorstellungen aus. Dies legt nahe, daß es sich bei dem wahrgenommenen Objekt (*nimitta*) um die Transformation eines inneren Gedankens handelt, um reine »Phantasie«, wie man sagen könnte, und daß das Außenobjekt in praktischer Hinsicht überhaupt nicht existiert. In Vergeltung zurückliegender Taten sehen die hungrigen Geister nichts als Eiter, Urin und Exkremente; Fische finden hier eine Heimat; der Mensch sieht frisches, reines Wasser, das zum Waschen und Trinken taugt; und die Götter im ewigen Raum sehen nichts als Raum.[a] (2) Gebührendes Gewicht soll jenen Fällen beigemessen werden, da Vorstellungen ohne vorgegebenes Objekt aufkommen – etwa wenn wir über Vergangenheit oder Zukunft nachdenken, oder im Traum usw. (vgl. S. 195f). (3) Würden Objekte an sich wahrgenommen, so wüßten die Menschen automatisch um die Wahrheit und könnten sich mühelos emanzipieren. Alle Buddhisten vertreten einstimmig die Ansicht, daß allgemeinverständliche Objekte falsche Erscheinungen darstellen; nur die *yogācārins* glauben zudem, die Falschheit beruhe auf dem Umstand, daß es Objekte sind. (4) Schließlich gibt es den Hinweis auf Beweise für höhere

a Lamotte zitiert ein Pendant: Asket, Liebhaber und Hund nehmen ein und dieselbe Frau auf dreierlei Weise wahr: als Kadaver, Geliebte oder Mahlzeit.

magische und geistliche Seinsformen, die eine bemerkenswerte Freiheit von Objekten erreichen: (*a*) Denjenigen, die souveränes Denken erlangt haben,[a] erscheinen Objekte in Trance wann und wie immer sie wünschen, durch pure Einbildungskraft; (*b*) den *yogins*, die in tiefer Trance Einsicht in die *dharmas* üben, erscheinen Objekte genau in dem Augenblick, da sie ihre Aufmerksamkeit darauf richten; (*c*) den Buddhas, die das »nicht-unterschiedene Erkennen« gewonnen haben, erscheint überhaupt kein einziges Objekt mehr, und dennoch sehen sie die Dinge an sich (vgl. S. 365).

Die Lehre vom »Denken allein« führte zu einer neuen Definition der Erlösung.[26] Keiner, der noch ein Objekt und ein Subjekt wahrnimmt, findet Erlösung. Sollte er bei einem »bloßen, vom Außenobjekt leeren Gedanken« seine Zuflucht suchen, bliebe er dennoch seinem eigenen Bewußtsein verhaftet und würde damit der »wahren Natur des Denkens« nicht gerecht. Vasubandhu war sich darüber im klaren, daß alle Konzeptionen notgedrungen dazu neigen, ausschließliche und widersprüchliche Züge anzunehmen, und er unternahm den kühnen Versuch, durch folgende Aussage alle Mißverständnisse aus der Welt zu schaffen: »Wenn Erkenntnis nicht mehr auf ein Objekt zurückgreift, dann steht sie fest im Bewußtsein allein; denn wo es nichts zu ergreifen gibt, da gibt es auch kein Ergreifen mehr.« Der fortgeschrittene *yogin* hält kein einziges Objekt außerhalb des Denkens mehr für real, »weil er sieht, was wirklich ist, und nicht dem Blindgeborenen gleicht«. »Zu diesem Zeitpunkt entsagt man dem Rückgriff auf das Bewußtsein, und der *yogin* verwirklicht sich in der wahren Natur seines eigenen Denkens.« »Das Nichtvorhandensein eines Objekts führt zugleich zum Fehlen eines Subjekts, nicht nur zum Fehlen des Ergreifens. Auf diese Weise entsteht jenes gleichförmige, objektfreie, unterscheidungslose und überweltliche Erkennen. Man begibt sich der Neigung, Objekt und Subjekt als getrennte und reale Einheiten

a Was ihnen erlaubt, Erde in Wasser zu verwandeln, usw.

zu werten, und das Denken entspricht genau der wahren Natur des eigenen Verstandes. Wenn nun das Denken dermaßen in der eigenen Darstellung verweilt, wie kann man es dann beschreiben? Es ist ohne Gedanken, ohne Grundlage, ein überweltliches Erkennen. Die Umkehrung der Grundlage (vgl. S. 330 Fn.) resultiert aus dem Verlust der zweifachen Verfälschung (vgl. S. 325, »Hindernisse«). Dies ist das Element ohne Ausflüsse, unvorstellbar, heilbringend und fest, der selige Leib der Freiheit, der *dharma*-Leib des großen Weisen.«

Nur die Lehren der Mystiker haben, anders als erkenntnistheoretische Spekulationen, Parallelen zu dieser Theorie zu bieten. Der mystische Ansatz scheint reichlich paradox,[27] denn Bewußtsein bleibt Bewußtsein, selbst ohne Objekte und sogar ohne Bewußtsein von irgendwelchen Dingen, nicht einmal vom Bewußtsein. Es ist »reines« Bewußtsein ohne jeden empirischen Gehalt und ohne sich aus der undifferenzierten Einheit zu entfernen. So gesehen ist es etwas Positives, denn es bleibt ja wirklich Bewußtsein mit positivem, bewegendem Beigeschmack, und es wird mit Frieden, Seligkeit, Freude und Glück gleichgesetzt. Zugleich ist es reine Leere, denn keines der Objekte und keiner der Inhalte des Verstandes bleiben erhalten und stören seinen Frieden.

3. Die drei Arten des Eigen-Seins

Dieser Aspekt der *yogācārin*-Lehre erweist sich als gut dokumentiert,[1] relativ leicht verständlich und anscheinend im Sinne einer Meditation über das »Fehlen eines Eigen-Seins« ausgestaltet. Hier wird gelehrt, daß alle Erfahrungswerte von drei Standpunkten aus betrachtet werden können: (1) als »eingebildet« (*parikalpita*, oder erfunden), (2) als »wechselseitig abhängig« (*paratantra*) und (3) als »absolut« (*parinișpanna*, wörtl. »vervollkommnet«). Wir können unsere Darstellung mit einem einfachen Beispiel beginnen:[2] Das Wasser in einer Fata Morgana, welches mit der Fata Morgana als seiner Ursache erzeugt worden ist, ist als Erscheinung real; hier liegt sein abhängiger Aspekt. Diese Erscheinung zeigt sich dem wahnsinnig gewordenen Reisenden als wirkliches Wasser; hier liegt der imaginäre Aspekt. Auf keine Weise besitzt das Wasser in einer Fata Morgana die Merkmale echten Wassers; hier liegt der absolute Aspekt. Die drei Standpunkte gelten entweder als »Aspekte« (*lakṣaṇa*) der Erfahrung oder als Formen des Eigen-Seins (*svabhāva*) oder schließlich als Varianten der Nicht-Existenz des Eigen-Seins (*niḥsvabhāvatā*), wobei das Hauptanliegen dieser Differenzierung in einer vernünftigen und analytischen Herausstellung des dritten Standpunkts besteht.[3] Das imaginär »Eingebildete« besitzt kein Eigen-Sein, weil es keine Merkmale trägt, weswegen jedes ihm zugesprochene Eigen-Sein auf bloßer Einbildung beruht,[4] so wie ja auch die Merkmale auf bloßen Bezeichnungen und Konventionen beruhen;[5] das »wechselseitig Abhängige« besitzt kein eigenes Sein (*svayam-bhāva*), da sein Ursprung (*utpatti*) nicht in ihm selbst, sondern in äußeren Bedingungen liegt; und das »Absolute« ist ohne Eigen-Sein, weil es die wahre Realität der *dharmas*, die kein eigenes Sein besitzen, darstellt. Stets erweist sich die Derartigkeit all dieser *dharmas* sowohl als »einfach da« als auch als bloße Idee.[6] Der erste Aspekt läßt sich mit einer fiktiven Blume vergleichen, welche am Himmel blüht (*khapuṣpa*), der zweite mit einer magischen Täuschung, der dritte mit Raum.[7] Den ersten sollte man preisgeben, den zweiten erkennen, den dritten verwirklichen. Einsicht in den ersten läßt *dharmas* als zeichenlos und ohne Merkmale erkennen, Einsicht in den zweiten offenbart ihre Unlauterkeit, und der dritte zeigt sie in ihrer ursprünglichen Reinheit.[8] Hier werden drei Realitätsgrade unterschieden – vom absolut Phantastischen über das relativ Reale bis hin zum absolut Realen.[9]

1. Zunächst wird die Dingwelt genau so betrachtet, wie sie gewöhnlichen Menschen erscheint, nämlich aus mancherlei Dingen nebst deren eigenen Eigenschaften und Bezeichnungen zusammengesetzt. Stets hatte man die trügerische Natur der wahrgenommenen Welt gelehrt. Die *yogācārins* fügen nun hinzu, diese trügerische Natur beruhe auf dem Umstand, daß »einem etwas als Objekt erscheint, wo es in Wirklichkeit kein Objekt, sondern nur einen Gedanken gibt«.[10] Die Dingwelt beruht auf reiner Einbildung oder Erfindung,[a] doch statt sie als solche zu erkennen, interpretiert man sie als Zweiheit von Objekt und Subjekt, und der Irrtum »umschließt nicht nur einen rationalen Fehlansatz, sondern auch verschiedene affektive Funktionen, welche mit dem Fehlurteil zugleich wirksam werden«.[11] Für die Ausformung dieser Einbildung spielt die Sprache eine wichtige Rolle,[12] da sie ja »aus der Verbindung von Zeichen und Bezeichnung geboren wurde«.[13] Diese vollständige Abhängigkeit unserer gewöhnlichen Wahrnehmung der Dinge vom Wort versteht man jedoch nicht auf Anhieb, sondern erst, »nachdem der *bodhisattva* in gewaltigem Umfang Wissen und Verdienst angehäuft, lange über die *dharma*-Lehren nachgedacht und sich ein klares geistiges Bild von ihnen geschaffen hat; nun erfährt er, daß die Wahrnehmung der Objekte von der Sprache abhängt«.[14] Alle derartigen Einbildungen entstehen aufgrund des »Zeichens« (vgl. S. 83), man »bestimmt« (*abhiniveśa*) sie nach Einheiten aufgrund ihrer Zeichen und Merkmale sowie nach inneren und äußeren *dharmas* nebst deren besonderen und allgemeinen Merkmalen,[15] und gruppiert sie in Aufzählungen von zwei bis zwölf.[16]

2. Was das »wechselseitig Abhängige« betrifft, so betrachten wir die verschiedenen Objekte, wie sie einander verursachen, bedingen und im Sinne der Aussage »Wo dies ist,

a Die Unwissenheit, die eine fiktive Welt erschafft und die wahre Realität (*dharmatā* oder *dharmadhātu*) verbirgt, heißt in dieser Schule »Einbildung eines in Wirklichkeit Unwirklichen« (*abhūta parikalpa*).

entsteht jenes» kausal voneinander abhängen. Das interdependente Aufkommen von *dharmas* »dient der Manifestation nicht existierender und fiktiver Objekte als Grundlage«.[17] Obwohl es nicht so existiert, wie es erscheint, gilt das »abhängige Eigen-Sein« im Gegensatz zum »imaginären Eigen-Sein« als nicht völlig inexistent.[a] Es besitzt vielmehr den Realitätscharakter einer Illusion,[18] ist innerhalb seiner Grenzen, wenn auch nicht darüber hinaus, gültig und für die Unlauterkeiten verantwortlich, so wie der absolute Aspekt die Tatsache der Läuterung begründet.[19] Darüber hinaus bezeichnet man die wechselseitig abhängige Natur als teils imaginär, teils absolut,[20] womit man die *mahāyāna*-Lehre von der Nicht-Verschiedenheit des *saṃsāra* und *nirvāṇa* erklärt: in ihrem imaginären Teil ist sie *saṃsāra*, im absoluten *nirvāṇa*.[21]

3. Schließlich dringen wir über das reine Denken zum absoluten Aspekt der Erfahrungswerte vor. Absolutes Wissen oder »rechtes Erkennen« wählt sich die unwandelbare Derartigkeit[22] zum Objekt, und empirische Objekte existieren so, wie man sie sich einbildet, für dieses Wissen überhaupt nicht mehr.[23] Es ist von allen Unterscheidungen der Zeichen, Bezeichnungen, Einheiten und Merkmale frei und wird durch »innere Schau edler Weisheit« erworben.[24] Auf dieser Ebene vermag man auszusagen, daß entweder nichts existiert oder daß das Seiende sowohl von Sein als auch Nichtsein frei ist.[25] Wir werden sehen, daß keine dieser Aussagen an irgendeiner Stelle von den überlieferten Lehren abweicht, welche nur hie und da leicht umformuliert wurden.

a »Das Wesensmerkmal dieses Wissens besteht darin, daß es sich um keine ganz und gar subjektive, aus dem puren Nichts heraus erzeugte Schöpfung handelt, sondern um ein Konstrukt von gewisser objektiver Realität, aus welcher es seinen Stoff bezieht. Daher lautet seine Definition: ›Das, was in Abhängigkeit von einer Stütze oder Grundlage (*āśraya*) aufkommt‹ (LS 67).« Suzuki St. 158.

4. Buddhistische Logik

1. Die dialektische Logik des frühen *mahāyāna*

Als »Dialektik« bezeichnet man jene Form der Logik, die, ohne dem Satz vom Widerspruch seinen Wert abzusprechen,[a] behauptet, daß alle Wahrheit in Form widersprüchlicher Aussagen ausgedrückt werden müsse. Obwohl der Satz vom Widerspruch als erklärter Maßstab aller wahren Aussagen über das Seiende gilt, läßt er sich in Sätzen über die wahre Realität selbst nie konkret beobachten (im Gegensatz zur Welt, die wir uns als eine Art Umwelt für unsere biologischen und gesellschaftlichen Bedürfnisse geschaffen haben). Das Vorhandensein von Widersprüchen verweist auf eine drastische Schadstelle im sie enthaltenden Gegenstand. Sie offenbaren, daß es etwas gibt, das entweder als völlig irreal und falsch gelten muß (wie Bewegung, wenn man sie den Paradoxen des Zenon von Elea unterwirft), oder aber als nur teilweise wahr (wie in Hegels Dialektik), oder das im Begriff steht, sich selbst aufzulösen (wie im Marxismus, wenn man ihn auf die »Widersprüche« im Kapitalismus anwendet). Im *mahāyāna*, dem ja alles außer das Absolute als falsch und zur Selbsterhaltung unfähig gilt, werden alle nicht-absoluten Ereignisse als von Widersprüchen erfüllt gesehen, durch die ihre letztgültige Unwirklichkeit zutage tritt. Das Absolute selbst muß sodann in widersprüchlichen Begriffen

a Zweimal beruft sich Nāgārjuna ausdrücklich auf den Satz vom Widerspruch (MMK 7.30 und 8.7) und das Gesetz vom Ausschluß der Mitte (MMK 2.8 und 2.15). So erweist sich denn auch seine Behandlung des Gleichheitsprinzips nicht als »Absage an das Konzept der Gleichheit, sondern lediglich als Ablehnung jenen Ansatzes, demzufolge irgendeinem existentiellen Ding Gleichheit unter Aussschluß der Verschiedenartigkeit zugeschrieben werden kann, und umgekehrt« (Robinson 76).

definiert werden, denn nur eine »Überlogik«[a] kann ihm gerecht werden.

Wenn *mahāyāna*-Buddhisten vom Absoluten sprechen, so gleichen sie nicht den Männern, die »voll des jungen Weins« reden, im ekstatischen Rauschzustand, worin man die Vernunft vergißt. Ihr »antirationaler Intuitionismus« bevorzugt klare Paradoxe, die stets im Rahmen der Logik bleiben, welche sie ja absichtlich herausfordern. Es macht ihnen nämlich nichts aus, sogar sich selbst zu widersprechen.[b] An diesem Punkt stehen denn auch Europäer mit ihrer »Mischung aus kindlicher Unschuld und pubertärer Arroganz«[1] ihren orientalischen Kollegen mit größten Verständnisschwierigkeiten gegenüber. Konfrontiert mit einer radikalen Kritik der Gesetze des Denkens, »fühlten sich die meisten Philosophen unbehaglich, bis sich zeigte, daß diese Ansätze sich dahingehend

a Nach Suzuki. »Man könnte fragen: Warum diese Widersprüche? Die Antwort lautet: Sie sind so wegen *tathatā*. Sie sind so, eben weil sie so sind, aus keinem anderen Grund. Daher weder Logik noch Analyse noch Widersprüche. Die Dinge, einschließlich aller vorstellbaren Widersprüche, stammen auf ewig aus *tathatā*. ›A‹ kann nicht es selbst sein, wenn es nicht dem, was nicht ›A‹ ist, gegenübersteht; ›nicht-A‹ ist nötig, um ›A‹ zu schaffen, was bedeutet, daß ›nicht-A‹ in ›A‹ enthalten ist. Wenn ›A‹ es selbst sein will, steht es bereits außer seiner selbst, nämlich im ›nicht-A‹. Enthielte ›A‹ nichts, was nicht es selbst ist, so würde ›nicht-A‹ nicht von ›A‹ ausgehen, um ›A‹ zu dem zu machen, was es ist. ›A‹ ist ›A‹ aufgrund dieses Widerspruchs, und dieser Widerspruch erscheint nur, wenn wir einen Ort bestimmen. Solange wir in *tathatā* weilen, gibt es keinerlei Widerspruch. Zen kennt keine Widersprüche; nur der Logiker begegnet ihnen und vergißt dabei, daß er sie selbst geschaffen hat.« *Existentialism, Pragmatism and Zen*, 268-9.

b Rudolf Otto, *West-östliche Mystik*, Gütersloh 1979, spricht (S. 51) von der »sonderbare(n) ›Logik‹ der Mystik, die zwei Grundgesetze der natürlichen Logik ausschaltet: den Satz des Widerspruches und des ausgeschlossenen Dritten. Wie die nichteuklidische Logik das Parallelenaxiom ausschaltet, so schaltet die mystische Logik die genannten zwei Axiome aus und von da wandern die ›coincidentia oppositorum‹, die ›Identität der Gegensätze‹ und die ›dialektischen Begriffe‹ in die Wissenschaft hinüber.« Die vollständigste und am besten dokumentierte Studie des dialektischen Systems ist immer noch mein *Der Satz vom Widerspruch*, Hamburg 1932, Frankfurt 1976.

interpretieren lassen, daß die alten Gesetze der Logik – oder zumindest der Grundsatz vom Nicht-Widerspruch – schließlich eben doch nicht übertreten werden«.[a][2] »In der buddhistischen Philosophie liegt der Fall anders. Ihre Denker zeigten sich durchaus imstande, diese Gesetze jeweils dann zu respektieren, wenn es im Interesse der Klarheit und Folgerichtigkeit nötig war. Tatsächlich haben wir im Buddhismus die eine große Weltreligion, die auf einer schlüssigen, systematischen logischen Analyse der Lebensproblematik beruht.«[3] Doch sobald das Transzendentale eingebracht wird, ersetzt man die formale Logik durch Dialektik.

Jede Einzelaussage als solche ist grundsätzlich falsch, da sie den *dharma* verletzt, indem sie Dualismus und Differenzierung impliziert. Infolgedessen ist die logische Struktur solcher Aussagen dialektisch. Unterscheidung (*vikalpa*) gilt als Kern der Unwissenheit, welche ja ihrerseits diese ganze Welt der Leiden erzeugt. Die empirische Welt mit all ihren Übeln ist ein aus falscher Unterscheidung abgeleitetes Denkkonstrukt. Der *tathāgata* hat jedoch »sämtliche Denkkonstrukte und Unterscheidungen hinter sich gelassen«.[4] Ein *bodhisattva* sollte den *tathāgata* nachahmen und daher »in Nicht-Zweiheit wandeln«.[5] Doch wenn die bloße Annahme irgendwelcher Dinge außerhalb des nicht-dualistischen *dharma* das *dharma*-Element »umstürzt«,[6] wie läßt sich da überhaupt noch je eine wahre Behauptung aufstellen?

Man soll Bejahung und Verneinung, Sein und Nichtsein nicht auseinanderhalten, als wäre es zweierlei. Denn Sein ist dasselbe wie Nicht-Sein. Setzt man Existenz und Nicht-Existenz gleich, identifiziert man Ja und Nein miteinander, dann, so heißt es, schwindet die geistige Wirrsal. Dieser Schritt tilgt

a Zur Stützung seiner Behauptung zitiert Burtt die folgende Bemerkung vom C. I. Lewis: »Alles, was man korrekterweise als eine ›Welt‹ bezeichnen könnte, muß dermaßen beschaffen sein, daß jeweils der eine oder andere Konstituent einer widersprüchlichen Doppelaussage darauf anwendbar wäre oder zutreffen würde, und zwar so, daß alle betreffenden Behauptungen einander bestätigen.«

den Satz vom Widerspruch insofern, als man ihn durch Leere aufhebt. Denn wo es um die wahre Realität geht, sind logisches Behaupten oder Bestreiten keine letztgültigen Ereignisse. Eine Aussage wie »A ist vom Eigen-Sein des A leer« läuft eindeutig darauf hinaus, einen *dharma* mit seiner eigenen Negation gleichzusetzen. Auf kühne, direkte Weise verkünden die *Prajñāpāramitā-sūtras* ausdrücklich die Gleichheit einander widersprechender Gegensätze und unternehmen nicht den geringsten Versuch, ihre Paradoxe abzuschwächen. Die Grundnatur ist keine Grundnatur,[7] Übung ist keine Übung,[8] und so fort. In einer berühmten Passage[9] wird das absolute Denken, welches »ohne Modifikation oder Unterscheidung« ist und nach dem man streben soll, mit Nicht-Denken identifiziert. Doch »jenes Denken, welches Nicht-Denken ist, bildet kein Seiendes, denn man findet darin weder ein ›es gibt‹ noch ein ›es gibt nicht‹«. Das »Selbst«, also der Inbegriff alles Unwirklichen und Falschen, Trügerischen und Unerwünschten, wird mit vollkommener Weisheit und mit dem *tathāgata* gleichgesetzt.[10] Der große Ruhm des *Diamanten-sūtra* beruht zum Teil auf der Tatsache, daß sich durch den gesamten Text die ausdrückliche Behauptung zieht, jedes der buddhistischen Hauptkonzepte entspreche einem im Widerspruch zu ihm stehenden Gegenteil. Um diesem Gedanken Ausdruck zu geben, verwendet das *sūtra* die folgende besondere Formulierung: »Eine Menge Verdienst, eine Menge Verdienst, als eine Nicht-Menge war dies vom *tathāgata* gelehrt worden. In solchem Sinne sprach er von ihr als einer ›Menge Verdienst‹«.[11] Oder wie Seng-chao formuliert:[12] »›Erlangthaben‹ ist eine falsche Bezeichnung von ›nicht-Erlangthaben‹; ›nicht-Erlangthaben‹ ist die absolute Bezeichnung von ›Erlangthaben‹.«

Wie im Fall anderer dialektischer Systeme auch bringt die Einführung des Absoluten die Regeln der formalen Logik natürlich hoffnungslos durcheinander. Das Absolute übt auf logisches Argumentieren etwa die gleiche Wirkung aus wie ein riesiges unterirdisches Eisenvorkommen auf die Magnetnadel eines Kompasses. In seiner scheinbar unlogischen Art strebt das *mahāyāna* nach Herausarbeitung einer Logik des Absoluten. Unsere herkömmliche Logik entspricht einer Welt des Relativen. Sie muß angesichts der Beziehungen zwischen dem Relativen und dem Absoluten, dem Bedingten und dem Unbedingten, der Welt des Werdens und *nirvāṇa* die Orientierung verlieren. Jede durch das Absolute eingegangene Beziehung muß *ipso facto* zu einer »absoluten Beziehung« werden, was einen begrifflichen Widerspruch darstellt, etwas nicht leicht Erkennbares, in seinem Verhalten von dem, was man gewöhnlich eine »Beziehung« nennt, völlig Verschiedenes. Der Bereich dieser »absoluten Beziehungen« läßt manche Überraschungen zu. Das *mahāyāna* lehrt, das *nirvāṇa* sei dasselbe wie diese Welt aus Geburt und Tod, und »die Unlauterkeiten selbst sind *nirvāṇa*«. Das Unbedingte wird dem Bedingten gleichgesetzt, das ewig Unwandelbare dem ewig sich Wandelnden, das Reine dem Unreinen, das Vollendete dem Unvollendeten. Doch, und dies möge man bedenken, die dermaßen postulierte Gleichheit ist eine *absolute* Gleichheit, welche einen absoluten Unterschied nicht ausklammert. In einer Logik, die Ja und Nein gleichsetzt, scheint es nur logisch, wenn die Gleichheit von Welt und Leere zu ihrer völligen Trennung führt, und umgekehrt. Warum nun ein absoluter Unterschied einer absoluten Gleichheit entsprechen soll, läßt sich recht leicht wie folgt verstehen: *nirvāṇa* und ich sind absolut verschieden. Ich kann es nicht bekommen, und es kann mich nicht bekommen. Ich kann es niemals finden, weil ich, sobald es gefunden ist, nicht mehr bin. Es kann mich nicht finden, denn ich bin nicht vorhanden, um gefunden werden zu können. *Nirvāṇa* aber, das ewige, ist ewig da. »Überall herrscht die gleiche Derartigkeit, da alle *dharmas nirvāṇa* bereits erreicht haben.«[13] Was in mir hält mich also von ihm fern? Nichts wirklich Reales, da das Selbst eine bloße Erfindung ist. Daher besteht in Wirklichkeit selbst im gegenwärtigen Augenblick kein wirklicher Unterschied zwischen mir und *nirvāṇa*. Die beiden sind identisch.

Das *Sūtra vom Herzen* verkündet die gleiche Botschaft, wenn es die Leere zunächst mit dem Nicht-Seienden identifiziert, nämlich den fünf *skandhas*, um dann zu postulieren, es sei von dem, was es ausschließt, nicht entleert, sondern schließe es ein, sei mit ihm identisch und von ihm erfüllt; unmittelbar darauf versichert sie dann, daß Leere ohne alle *skandhas* sei. Dies braucht uns keineswegs zu erstaunen, wenn wir uns vergegenwärtigen, daß Leere eine aus Ja und Nein bestehende widersprüchliche Einheit darstellt und daß immer, wenn man sie zum Thema einer Behauptung macht, das »ist« gleichzeitig zum »ist nicht« und das »ist nicht« zum »ist« wird.[14]

2. Die späteren Logiker

Sowohl um ihrer historischen Bedeutung willen als auch aufgrund des Interesses, welches die Logik gegenwärtig findet, müssen wir uns kurz jenen Grundsätzen buddhistischer Logik[1] zuwenden, die seit 450 n. Chr. (930 BE) in umfangreichen Werken der Schulen des Dignāga, Dharmakīrti und Dharmottara entwickelt wurden.[2] Die buddhistischen Logiker befaßten sich mit vier recht verschiedenen, wenn auch verwandten Themen: (1) Im Bereich der »Logik« im engeren Sinn versuchten sie, Regeln für die Diskussion herauszuarbeiten und zwischen gültigen und ungültigen Folgerungen zu unterscheiden;[3] (2) sie handelten ferner von »erkenntnistheoretischen« Problemen, vor allem was die Quellen gültigen Wissens, die »Beweismittel« und Wortbedeutungen betrifft; (3) zugunsten buddhistischer Lehrinhalte, vor allem der im ontologischen Zusammenhang stehenden, entwickelten sie Argumente, die allein der Beweisführung verpflichtet waren; und (4) widerlegten sie durch logische Beweise und Folgerungen die Ansichten ihrer Gegner, etwa den Glauben an die Existenz Gottes, beständiger Einheiten, eines außerhalb des Verstandes bestehenden Kontinuums und dergleichen, sowie deren Einwände gegen buddhistische Positionen.

Nur ein kleiner Teil der *yogācārins* befaßte sich mit buddhistischer Logik, die in anderen Kreisen kaum Zustimmung fand und bei vielen sogar auf Ablehnung stieß und Mißfallen erregte, da man sie als eine äußerst profane Wissenschaft verurteilte.[a] Sie weicht tatsächlich vom Geist des Buddhismus ab und kann allenfalls als Darlegung der »geschickten Anwendung der Mittel« toleriert werden. Logik studierte man, »um die Gegner im Streitgespräch zu besiegen«[4] und damit die finanziellen Rücklagen des Ordens zu sanieren.[5] Ihre Methoden bedeuten eine radikale Abkehr vom Geist der *ahiṃsā* und der für den Buddhismus zu seiner Blütezeit so bezeichnenden Toleranz (vgl. S. 302f.). Buston[6] zitiert zwei Passagen,[7] die eine gerechte Einschätzung des Verhältnisses dieser »Logik« zum traditionellen buddhistischen Denken enthalten. Die Logiker neigen zu unablässigen Streitereien, verzichten damit auf die Verwirklichung oder Schau der absoluten Wahrheit, wie sie allein den Heiligen gewährt wird, und geben sich mit dem Erbteil gewöhnlicher Weltkinder zufrieden. Das *Pramāṇasamuccaya* des Dignāga gibt zu, daß »der *dharma* kein Gegenstand logischen Folgerns« sei, und fügt hinzu: »Wer über logisches Denken zur absoluten Wahrheit führt, wird sich von den Lehren des Buddha sehr weit entfernen und scheitern.« Überdies gilt Logik als »unsicher« (*aniyata*), rein empirisch und in den Grenzen konventioneller Wahrheit (*sāṃvṛta*) befangen, nur für närrische Leute (*bālāśrayo*) von Interesse, »ermüdend« und »lästig« (*khedavān*). Nicht allein erweist sich der Stil logischer Abhandlungen als langweilig, trocken und scho-

a Dieses Mißfallen dürfte noch gewachsen sein, als man angesichts des Betragens von Leuten wie Dharmakīrti (BL I 36, Gnoli xxxvi) bemerken mußte, daß aus diesem Zweig der Gelehrsamkeit prahlerische Menschen hervorgingen, die dazu neigten, sich selbst in den Vordergrund zu spielen.

lastisch, sondern ihre Argumente bestehen häufig[8] in nichts anderem als der blanken Behauptung, daß das zweite Glied (*hetu*) eines Syllogismus falsch angewandt wurde, wodurch man den Anschein eines zwingenden Schlusses zu erwecken suchte, was allerdings die Gegner, an welche diese Argumente gerichtet waren, nicht immer so empfanden. Zwar waren die Abhandlungen zum *abhidharma* ebenfalls langweilig, trocken und scholastisch gewesen, doch sie hatten zumindest die Erkenntnis der Wahrheit durch stille Meditation gefördert. Hier dagegen wird alle Energie im Ringen mit anderen verausgabt, das heißt also in Handlungen, die durch die älteren Schriften häufig als besonders verderblich verurteilt worden waren.

Die Logiker akzeptierten nur zwei der vier möglichen Quellen des Wissens (vgl. S. 32 ff.) oder »Beweismittel«, und zwar Wahrnehmung und Schlußfolgerung. Sie bezogen sich nicht auf die Schriften und scheinen aufgrund des Kontextes ihres eigenen Wirkens die Erkenntnisse der Heiligen verworfen zu haben. Denn wenn man den *dharma* mit Außenseitern diskutiert, muß man ihn aus seinem geistlichen Umfeld und den Meditationspraktiken, die ihm Leben und Sinn geben, herauslösen und auf eine Folge bloßer Behauptungen reduzieren. Diese wiederum gehen auf Vermutungen zurück, welche man mit den Außenseitern teilt,[9] obwohl ihnen in den buddhistischen Schriften und den Einsichten buddhistischer Heiliger kein eindeutiger Wert beigemessen wird. In ihrem Wunsch, allen Menschen alles zu sein, variieren die *mahāyāna*-Anhänger natürlich ihre Auslegung des *dharma* je nach der jeweils angesprochenen Zuhörerschaft. Drei Auslegungsebenen lassen sich ohne Mühe unterscheiden:

(1) Die erste wendet sich an die Gläubigen des *mahāyāna*, etwa in den *Prajñāpāramitā-sūtras*. Sie beruft sich ausschließlich auf direkte geistliche Schau; Beweisführungen und Zitate aus den Schriften sind selten, und es herrscht ein auffallender Mangel an sinnlichen Erfahrungswerten. Hier erscheint die Lehre überhaupt nicht verzerrt oder irgendwel-

chen Zwängen unterworfen, und jedermann scheint völlig entspannt. Wendet man sich jedoch (2) vor allem an *hīnayāna*-Buddhisten, wie laut Seng-rui[10] in der *Mādhyamakakārikā* des Nāgārjuna, so finden sich zwar zahlreiche Verweise auf Textstellen, die beide Richtungen teilen, doch im übrigen greifen die Abhandlungen überwiegend auf logische Argumente zurück. Ein Vergleich zwischen dem »Vollkommenen Wissen in 8000 Zeilen« und den »Mittleren Stanzen« »zeigt, daß Nāgārjuna und das *sūtra* in allen gemeinsamen Themen grundsätzlich übereinstimmten«.[11] Doch »im Stil unterscheiden sie sich radikal, obwohl jede Schrift auf ihre Weise systematisch angelegt ist«. Auch ihr Vokabular zeigt einige deutliche Unterschiede.[12] Das *sūtra* verwendet beispielsweise nie die »logischen Operateure«, die in den *Stanzen* eine so bedeutende Rolle spielen und Begriffe heranziehen wie *yujyate* (ist zulässig), *upapadyate* (erscheint, kommt vor) oder *sidhyate* (ist erwiesen). Auf der anderen Seite – und mit einem Seitenblick auf seine *sthavira*-Zuhörer – versagt sich Nāgārjuna in seinen *Stanzen* die Anwendung von Begriffen wie »der Gedanke an Erleuchtung«, »Mitleid«, »geschickte Anwendung der Mittel«, »Derartigkeit«, »das Reich des *dharma*«, »*dharma*-Leib« und so fort, die alle ihre konkrete *mahāyāna*-Konnotation besitzen, und selbst das Wort »*bodhisattva*« erscheint nur ein einziges Mal,[13] noch dazu in einer auch für das *hīnayāna* akzeptablen Bedeutung. Die in den *Stanzen* vorgelegte Interpretation kann weniger Faktoren als selbstverständlich voraussetzen und muß daher manche Themen auslassen, die der *mahāyāna*-Schule besonders am Herzen liegen.

(3) Schließlich wendet man sich möglicherweise auch an Außenseiter (*bāhya* oder *tīrthika*), die in der Tradition der indischen Philosophie stehen und deren überlieferte Konzepte verwenden. Ein gutes Beispiel gibt Śāntarakṣitas *Tattvasaṃgraha* mit dem Kommentar von Kamalaśīla, das in einer verläßlichen Übersetzung vorliegt.[14] Die Gemeinsamkei-

ten bestehen hier nur noch in der Art der Wahrnehmung und Schlußfolgerung sowie in den von den *yogins* als selbstverständlich vorausgesetzten, aber selten ausdrücklich formulierten Annahmen. Natürlich hatte es immer Kontakt mit Außenseitern gegeben, und im ersten Jahrtausend nach Buddhas *nirvāṇa* hatten die Buddhisten gelegentlich Außenstehende widerlegt oder wohl auch lächerlich gemacht, ihre eigene Position im Hinblick auf sie definiert, deren Lehren in gewissem Umfang übernommen, ohne die entsprechenden Quellen anzuerkennen oder auch nur den flüchtigsten Versuch einer Auseinandersetzung mit ihnen zu unternehmen, und sowohl das *Kathāvatthu* als auch Nāgārjuna zeigten einiges Interesse an den Gesetzen formallogischen Argumentierens. Von diesen Außenseitern wurde aber stets erwartet, daß sie sich zum *dharma* bekehrten, sobald sie erkannt haben würden, welche geistlichen Früchte von ihm, nicht aber von logischem Gezänk oder öffentlichen Debatten, zu erwarten waren, zumal dort die *bhikṣus* wie eine Schar aufgeputzter Pfauen einherstolzierten. Als die gesellschaftliche Grundlage des Buddhismus zerfiel, unternahm man verschiedene Versuche, Außenstehende durch Argumente unter Druck zu setzen, und dies wirkte in den Augen der meisten Buddhisten natürlich ausgesprochen widerwärtig. Sinn, Gültigkeit und Nutzen der buddhistischen Logik wird durch ihren gesellschaftlichen Zweck bestimmt, und so können die Werke der Logiker die heilige Lehre zwangsläufig nur in verstümmelter Form darstellen.

Auf den ersten Blick könnte es fast so scheinen, als müßte die These von sinnlicher Wahrnehmung und Schlußfolgerung als einzigen Quellen gültigen Wissens diese späteren Logiker bei unserer heutigen Philosophengeneration beliebt machen, sich aber auf alle geistlichen Lehren absolut vernichtend auswirken. Doch tatsächlich erweist sich die Offenherzigkeit eines Dharmakīrti oder Dharmottara als bloßer Schein, und sie können die Schau der Heiligen oder die Offenbarungen des Buddha schließlich doch noch hereinschmuggeln.

Was bedeutet in diesem Kontext zunächst einmal »sinnliche Wahrnehmung« (*pratyakṣa*)? Die Grunddefinition zeigt sie als von der gewöhnlichen Wahrnehmung denkbar verschieden. Sie gilt als[15] (1) direkt, im Gegensatz zu allem indirekten Wissen, einschließlich Gedankengebäuden, Begriffen, Urteilen und Schlußfolgerungen. Sie ist reine Sensibilität, der allererste Moment im Apperzeptionsvorgang (vgl. S. 267), der das Vorhandensein eines konkreten, besonderen und völlig einmaligen Gegenstandes anzeigt. Sie ist reine Empfindung, welche später durch das Gedächtnis und das produktive Vorstellungsvermögen zu einer Wahrnehmung ausgebaut wird. Sie bildet die unerläßliche Voraussetzung für alles reale und konsequente Wissen, kann aber nicht isoliert erfaßt werden.

Zusätzlich werden drei weitere Arten »direkten Wissens« unterschieden: (2) »Mentale Empfindung«, (*mānasa-pratyakṣa*),[16] die sich als unreflektierende mentale (gegenüber sensorischer) Reaktion auf den selben Gegenstand direkt der »reinen Empfindung« anschließt und sehr entfernt der dritten Apperzeptionsebene entspricht (vgl. S. 270). (3) »Selbstbetrachtung« (*sva-saṃvedana*), jener Vorgang der Selbstbeobachtung, welcher der Logikschule zufolge alles Bewußtsein begleitet. Es heißt nämlich, daß jedes Gewahrwerden eines äußeren Gegenstandes zugleich ein Gewahrwerden des Gewahrseins einschließt.[17] Und als Punkt (4) haben wir schließlich die »Schau des Yogin« (*yogi-pratyakṣa*).[18] Die intuitive Erkenntnis eines Heiligen wird nun also doch als eigene Wissensquelle anerkannt, nur daß man sie unter direkter Wahrnehmung verbucht. »Mystische Schau ist jene Gabe des buddhistischen Heiligen (*ārya*), durch welche er alle alltäglichen Denkgewohnheiten vollständig verändern und direkt, in lebendigen Bildern, jene Verfassung des Universums betrachten kann, die durch die abstrakten Konstruktionen der Philosophen aufgestellt wurde.« Diese Schau ist mental, keinesfalls sensorisch. Doch als direktes Wissen erweist sie sich als nichtkonstruktiv, nicht-illusorisch, in keinem Widerspruch zur Erfahrung des transzendentalen Objekts und sehr viel lebendiger, als es abstrakte Denkgebäude sein können. »Das Objekt wird so deutlich erkannt, als sei es ein kleines Korn auf der Handfläche.« So werden die vier Heiligen Wahrheiten ebenso wie Leere und die Einheit von *saṃsāra* und *nirvāṇa* zu Gegenständen direkten Wissens. Diese »yogische Schau« kann ein Mensch gewinnen, wenn er sich gänzlich in einen *ārya* (vgl. S. 75) verwandelt hat, und sie muß daher als »überweltliche« Fähigkeit gelten. Man nennt sie die »unverkehrte Sicht einer grenzenlosen Zahl von Einheiten«,[19] die im höchsten der *yogins*, welcher Buddha ist, zur Vollendung gelangt, denn seine Schau des nicht differenzierten Absoluten setzt ein Wissen um alle überhaupt denkbaren Dinge voraus.

Zweitens kann das Vorhandensein eines Allwissenden, das heißt des Buddha, auch durch »Schlußfolgerung« bewiesen werden, und ist dies erst einmal geschehen, so gewinnen alle Seine Worte automatisch volle Gültigkeit. Die grundlegende Abhandlung der buddhistischen Logiker, nämlich das zweite Kapitel des *Pramāṇavarttika* des Dharmakīrti, behandelt den Buddha als »Verkörperung gültigen Wissens« (*pramāṇabhūta*) und zeigt ihn als absolutes und allwissendes Wesen.[20] Auch das letzte Kapitel von Śāntarakṣitas *Tattvasaṃgraha* widmet sich dem Nachweis der Allwissenheit des Buddha. So meinte man denn auch in der Schule des Prajñākaragupta[21] ebenso wie in den späteren Traditionen in Tibet,[22] daß die kritischen, logischen und erkenntnistheoretischen Teile in Dharmakīrtis System kein anderes Ziel gehabt hätten, als einer Rechtfertigung der religiösen und metaphysischen Lehren des Buddha den Weg zu ebnen. Hier finden wir tatsächlich den wahren Kontext dieser Arbeiten; die Autoren nach dem Verständnis des 20. Jahrhunderts als Agnostiker, Rationalisten und Empiriker hinzustellen, muß zu einer ständigen Verzerrung ihrer Absichten führen.

Die strenge Unterscheidung zwischen direktem und indirektem Wissen führte zu einer interessanten Theorie über das Gewicht des Wortes. Direkte Wahrnehmung orientiert sich am einmalig Besonderen. Alles formulierte, begriffliche Wissen dagegen betrifft das Allgemeine. Doch in dieser Theorie[23] bezeichnen Wörter weder einen Wesensgehalt noch ein Allgemeines noch irgendein Positivum, sondern den bloßen Ausschluß (*apoha*) aller anderen Dinge, die Negation alles jeweils anderen. »Jedes Wort, jeder Begriff steht zu seinem Gegenstück in Wechselbeziehung, und das ist die einzige Definition, die man geben kann. Daher handelt es sich bei allen unseren Definitionen um versteckte, von einem bestimmten Standpunkt aus aufgestellte Klassifizierungen. Man definiert negativ. So können wir beispielsweise nicht sagen, was die Farbe ›Blau‹ wirklich ist, aber wir können immerhin alle Farben in blau und nicht-blau unterteilen. Die Definition von blau liefe dann darauf hinaus, daß es nicht nicht-blau ist, und umgekehrt lautet die Definition des Nicht-Blau, daß es nicht das Blau ist.«[24] Oder, wie Dignāga[25] formuliert, »ein Wort kann seine eigene Bedeutung nur ausdrücken, indem es sein Gegenteil ausschließt«. »Sprache ist an sich keine Wissensquelle, und Bezeichnungen können die Realität nicht direkt oder adäquat beschreiben. Bezeichnungen entsprechen Bildern oder Begriffen, sie drücken lediglich Universalien aus. Als solche können sie niemals direkt die Realität reflektieren, da diese aus Besonderheiten, nicht aus Universalien besteht.«[26] Direktes Wissen ist reine Affirmation eines Dinges, »so wie es ist«, doch indirektes Wissen kann ein Ding nur im Verhältnis zu seiner eigenen Negation erkennen. So geben die Logiker auf ihre Art der zuerst von den *mahāsaṅghikas* vertretenen Lehre neuen Ausdruck, wonach verbales Wissen in keinem direkten Verhältnis zu dem steht, was wirklich existiert, sondern im Grunde in die Irre führt.

5. Dic *tantras*

Wir kommen nun ans Ende unserer Geschichte. Im Lauf eines Jahrtausends wurden die vielen im *dharma* des Buddha angelegten Möglichkeiten eine nach der anderen aktualisiert. Um 500 oder 600 n. Chr. hatte der Lotus dieses *dharma* all seine Blütenblätter entfaltet. Wenn der Leser auf das in den letzten 389 Seiten Gesagte zurückblickt, wird er bemerken, daß wir es immer mit ein und derselben Lehre zu tun hatten und daß die Differenzen nichts anderes waren als Facetten eines Diamanten, die, je nachdem wie man ihn wendet, einzeln aufleuchten. Nach etwa 1000 BE lassen sich keine neuen Facetten mehr entdecken, und die folgende – tantrische – Phase des Buddhismus stellt keine direkte Fortsetzung der philosophischen Lehren dar, welche wir hier untersucht haben. Ihre Anfänge liegen anderswo.

Von Anfang an hatte es zwei Arten von »Buddhismus« gegeben. Da war einmal der Buddhismus der Mönche, die über die vier Wahrheiten, drei Merkmale, verkehrten Sichtweisen und derartige Themen meditierten und durch yogische Übungen nach mystischer Einswerdung und endgültiger Erlösung trachteten. Und da gab es den Buddhismus der Laien und Könige, die nach einer günstigeren Wiedergeburt strebten und sich an die Befolgung der Moralvorschriften hielten, an Großmut und einen »Glauben«, der sich in Ritualen äußerte. Diese Riten kreisten um die Reliquien des *tathāgata* und um *stūpa*-Verehrung.[1] Im Lauf der Zeit nahmen die Laien einen immer vorherrschenderen Platz ein, und obwohl die Grundbegriffe und -positionen der monastischen philosophischen Tradition häufig zur Ausschmückung der Aussagen der *tantras* herangezogen wurden, entstammt das tantrische Denken selbst[2] direkt dem sich jahrhundertelang neben dem monastischen Buddhismus entwickelnden Laienbuddhismus.

Aus zumindest vier Gründen fällt dieser, wie ich zu meinem Bedauern sagen muß, nicht in den Bereich dieses Buches:

Zunächst handelt es sich bei dem in diesem Buch dargestellten Buddhismus um die Rationalisierung von Erfahrungen, welche im Verlauf relativ rationaler Meditationen gewonnen wurden. Ich konnte diese Übungen ziemlich adäquat auf den weniger als 200 Seiten meines Buches *Buddhist Meditation* beschreiben. Mit den *tantras* kommen nun jedoch völlig neue Meditationen ins Spiel, die bisher noch von niemandem in verständlichen Begriffen dargestellt wurden. Ihr rationaler Gehalt hat keinerlei Gewicht, und sie betreffen fast ausschließlich Ansätze, die auf die magischen Überlieferungen der Menschheit zurückgehen. Es ist denkbar, wenn auch nicht sehr wahrscheinlich, daß eines Tages jemand ein Handbuch über diese Meditationen verfaßt, das uns mitteilt, was genau sie eigentlich besagen. Erst dann würden wir einen Anhaltspunkt für Rückschlüsse auf die diesen Praktiken später angehefteten rationalen Begriffe besitzen.

Zum anderen wurden die Originaldokumente, auf denen jede Untersuchung des tantrischen Denkens zu beruhen hat, in einer Art kodierter Sprache verfaßt, die bisher noch niemand zu entschlüsseln vermochte. Nicht nur bedienten sie sich einer dunklen und geheimnisvollen Sprache, die ihre Bedeutung eher verbirgt als offenbart; sie wurden auch ganz bewußt so gestaltet, damit sie in Abwesenheit des heiligen *guru* unverständlich blieben, denn der mündliche Unterricht gilt für die Auslegung dieser Texte als absolut unerläßlich.[a]

a Das einzige *tantra*, das bisher in vollem Umfang Gegenstand einer wissenschaftlichen Untersuchung durch einen wirklich kompetenten Gelehrten wurde, ist das *Hevajra* (hrsg. und übers. von D.L. Snellgrove, London 1959). Obwohl ich jede Zeile gelesen und auch die Kommentare eifrig studiert habe, hat es mich wenig gelehrt. Wie berühmt dieses *tantra* auch immer sein mag, es erweist sich als ein Werk von geringem literarischem Wert, von Angehörigen der Unterklassen verfaßt, die das Sanskrit nur mangelhaft beherrschten. Sein Aufbau ist ausgesprochen chaotisch, und jedes Thema wird, kaum daß es angeschnitten wurde, auch schon wieder fallengelassen. Der in der englischen Fassung naturgemäß verlorengegan-

Als Mitglied einer tantrischen Bruderschaft leben, heißt etwas tun und sein. Jedes eventuell vorhandene »Denken« gilt als völlig zweitrangig und austauschbar.

Drittens handelt es sich weitgehend um esoterische oder geheime (*guhya*) Lehren. Das ist wörtlich gemeint. Esoterisches Wissen kann – und hier liegt eine völlig unüberwindliche Hürde – unter gar keinen Umständen an beliebig viele Menschen weitergegeben werden. Man wendet sich ja heute mit einem ungeheuren Literaturangebot an ein leichtgläubiges Publikum, welches erwartet, diese Geheimnisse für wenig Geld in einer Buchhandlung kaufen zu können. Ein Klempner aus Plymouth gab sich als tibetischer Arzt aus und schrieb einen regelrechten Bestseller, und alle Arbeiten solcher Verfasser, die angeblich aus der Innenwelt heraus sprechen, tragen einen Beigeschmack von Betrügerei und Täuschung. In diesem Bereich gilt ganz sicher, daß der Wissende nicht redet und der Redende nicht weiß. Es gibt nämlich zwei – und nur zwei – Möglichkeiten: Entweder wurde der Autor eines derartigen Buches *nicht* in ein *tantra* eingeführt; dann beruhen seine Aussagen nicht auf Wissen aus erster Hand. Oder er ist eingeweiht; wenn er aber unter diesen Umständen die Geheimnisse an alle und jeden ausplaudert, bloß um ein bißchen Geld zu verdienen oder sich einen Namen zu machen, dann hat er das in ihn gesetzte Vertrauen gebrochen und muß als dermaßen moralisch verkommen gelten, daß es sich nicht lohnt, ihm zuzuhören.

gene primitive Schwung, die Lebensfrische des Originals mag den modernen Leser oft rühren, doch der Inhalt dürfte kaum zu seiner Erbauung beitragen. Dieses *tantra* unternimmt allen Ernstes den Versuch, die erhabene Philosophie des *mādhyamika* und *yogācāra* mit den magischen und orgiastischen Riten zu verbinden, wie sie, auf der Ebene der Altsteinzeit, im indischen Dorfleben vorherrschten. Das war zur damaligen Zeit sicher ein lohnendes Unterfangen, doch für Menschen unserer eigenen künstlichen und urbanisierten gesellschaftlichen Umwelt läßt sich hier wohl kaum eine unmittelbare Botschaft übernehmen. Gewiß handelt es sich bei diesem Text um ein Dokument von großer historischer Bedeutung, doch er enthält wenig für uns Heutige ohne weiteres Annehmbares.

Auch die religiösen »Mysterien« des klassischen Altertums erwiesen sich für die wissenschaftliche Forschung als besonders undankbares Thema, was allen, die die Geheimnisse des *tantra* zu erkunden suchen, als Warnung dienen möge. Es genügt, eine einzige Veröffentlichung zu betrachten, nämlich *The Mysteries*, worin im Jahre 1955 dreizehn führende Fachgelehrte auf 476 Seiten ihr Wissen niederlegten. Wie allgemein bekannt, bestanden diese Religionen auf dem Grundsatz, daß die geistliche Wahrheit den dafür reifen Eingeweihten vorbehalten bleiben sollte, während man sie umgekehrt vor den Profanen zu verbergen hätte. Das hält nun freilich die Profanen nicht davon ab, herauszutüfteln, was sie eigentlich nichts angeht. Der oben erwähnte Band enthält denn auch die verschiedensten gelehrten Spekulationen über die griechischen Mysterien von Eleusis, über Orpheus und so weiter, über die »Mysterien« im Alten Ägypten, die es, wie sich herausstellt, nie gegeben hat, die Mysterien des Mithras und der Gnostiker und dergleichen mehr. Zum Glück erweisen sich die Vorsichtsmaßnahmen der antiken Mystiker gegen die Profanisierung der heiligen Dinge seit eh und je als recht wirksam, so daß die beflissenen Forscher unserer Tage einigermaßen ratlos davorstehen. Die Verfasser werden nicht müde zu klagen, daß die Texte »allzu kurz« sind, daß man »noch zahlreiche bedauerliche Lücken zu füllen hat«, daß »bei weitem die meisten der uns vorliegenden Informationen Dinge betreffen, die uns am wenigsten interessieren« und daß wir »niemals wissen werden«, was der Eingeweihte sah. In ihrem Wahrheitseifer beschuldigen sie überdies ihre Kollegen »völlig falscher Annahmen«, »wissenschaftlichen Unsinns«, »auf keinerlei Beweisen fußender Erfindungen« und dergleichen. Ihre Haltung trägt kaum zu geistlicher Wiedergeburt bei. Die öffentliche Diskussion des Esoterischen in allgemeinverständlichen Worten hat etwas zugleich Unwürdiges und Lächerliches an sich. Diese Untersuchungen wirken wie ein langer Striptease, allerdings mit dem entscheidenden Unterschied, daß sich am Ende nicht etwa ein Frauenkörper in all seiner Pracht zeigt, sondern bloß die abgerissenen Überreste einer antiken Stoffpuppe. Ganz wie manche Leute, die nicht recht wissen, was sie aus ihrem Leben machen sollen, auf Berge steigen, nur um »dagewesen« zu sein, müssen andere alles und jedes untersuchen, bloß weil es sich einmal ereignet hat. In der heutigen Zeit haben die Menschen verlernt, zwischen verbotenem und erlaubtem Wissen oder auch nur zwischen fruchtbarer und unfruchtbarer Information zu unterscheiden. Zumindest sollten sie sich aber darüber im klaren sein, daß manche Probleme lösbar sind, andere nicht. Die unersättliche Neugier jener gelehrten Ameisen, die über das verlassene Heiligtum hergefallen sind, kann doch nicht mehr bewirken, als daß sie am Ende ein paar Brocken mit sich forttragen. »Das Kind ist in die Milch gefallen!«

Schließlich läßt sich das monastische Denken des ersten Jahrtausends von der Mythologie des Hinduismus mühelos trennen, zumal letztere lediglich der Ausschmückung diente. Dies war das Werk der Mönche, die sich ja nicht nur von der Welt und ihrer gesellschaftlichen Umgebung[a] abwandten, sondern die zugleich die mythologischen Ansätze und magischen Praktiken jener Umwelt, ohne sie abzulehnen, ganz einfach als Aberglauben behandelten, der auf die Erlösungsproblematik so gut wie keinen Einfluß nehmen konnte. In den *tantras* machen sich die Stammesphantasien der Hindurasse erneut geltend, und ohne gründliche Kenntnis der *vedas* und *brāhmaṇas* ist es völlig unmöglich, die Bedeutung der meisten der überall auftauchenden mythologischen Gestalten zu verstehen.

Aus den genannten Gründen also muß der Versuch, das Denken der *tantras* zu beschreiben, nicht nur hunderte von Buchseiten einnehmen, sondern wohl am Ende als Verdre-

a Ils sont le fait de docteurs travaillant en cellule, loin des bruits de la foule incapable de saisir la portée des travaux exécutés et discutés entre clercs. Lamotte HBI 686.

hung der wirklichen Tatsachen scheitern. Obwohl ich nachdrücklich betone, daß die magischen Lehren der *tantras* sich unserem Zugriff ganz und gar entziehen, möchte ich im Sinne einer Schlußbemerkung doch kurz auf den psychologischen Gehalt einiger tantrischer Lehren eingehen. In gewissem Ausmaß betreffen sie buddhistische Praktiken hinsichtlich des nicht-bewußten Verstandes, den sie reizen und beunruhigen, und des Okkulten, das sie aktivieren. Auf lange Sicht kann unsere geistige Gesundheit von den buddhistischen Lebens- und Meditationspraktiken natürlich nur profitieren, doch auf kurze Sicht geschieht häufig genau das Gegenteil. Die Betonung einer bewußt unnatürlichen Lebensweise, mit welcher sämtliche Instinkte und naturgegebenen Neigungen durchkreuzt werden sollen, kann leicht gewisse, latent vorhandene neurotische Tendenzen zum Vorschein bringen. Für eine geistliche Vervollkommnung sind lange Zeiten der Einsamkeit nötig. Aus gesellschaftlicher Isolation heraus entsteht jedoch Angst, und zwar eine Furcht vor nichts Bestimmtem. Doch gerade weil man keinen greifbaren Anlaß dafür finden kann, äußert sich diese Angst um so intensiver, verzweifelter und aufwühlender. Die ständige Unterdrückung unserer egoistischen Neigungen und Wünsche muß ferner zu einem Gefühl der Frustration nebst allen sie begleitenden geistigen Störungen führen, zumal man die daraus folgenden Aggressionen nicht in Form von religiösem Fanatikertum oder eifernder Verfolgung Andersdenkender »sublimieren« darf und auch die entsprechenden Depressionen nicht in Drogen und Alkohol ersticken soll. Darüber hinaus muß Selbstverleugnung einen ernsten Konflikt zwischen Bewußtem und Unbewußtem mit sich bringen, da der bewußte Versuch, ein instinktives Verlangen zu unterdrücken, dieses Verlangen im Unbewußten steigert. Schließlich kommt hinzu, daß langsam oder plötzlich eine Reihe unerwarteter, sowohl okkulter als auch geistlicher Kräfte geweckt werden. Ohne die Hilfe eines wirklich kompetenten geistlichen Führers würden wir uns vermutlich ständig ratlos fragen, wie wir mit ihnen fertig werden sollen.

Diese psychischen Störungen waren den Kontemplativen des Mittelalters unter dem Begriff *accedia* wohlbekannt, das heißt als die Schwere und Säuernis eines durch und durch gelangweilten Verstandes, und Hakuin nannte sie die »Zen-Krankheit«.[3] Hier wird die Selbstzufriedenheit jener Menschen, die nie das geringste von sich selbst verlangen, aufgerüttelt, insgeheim aber auch wieder bestätigt angesichts der geistlichen, psychischen und körperlichen Störungen derer, die wirklich versuchen, etwas zu tun. Es handelt sich jedoch bei diesen Störungen, wie der »dunklen Nacht des Geistes«, keineswegs um Zeichen des Versagens, wie der unberatene Weltmensch gern annimmt, sondern um Zeichen des Wachstums – das Knirschen rheumatischer Gelenke, welches ihre abzusehende Beweglichkeit ankündigt. Nichtsdestoweniger würden wir manches Leid, manche Zeitverschwendung vermeiden können, wenn wir wüßten, wie sich solche Störungen vermeiden ließen. In den großen Tagen des *dharma* nahmen die Menschen diese Schwierigkeiten als selbstverständlich hin und wurden irgendwie, mit allerlei nonchalanten Methoden, damit fertig. Doch diese Verfahren sind uns heute nicht mehr zugänglich. Tausend Jahre nach dem *nirvāṇa* des Buddha wirken sich die gesellschaftlichen Verhältnisse zunehmend negativ auf das geistliche Leben aus und wurden damit zu einem realen Problem. Bis zu einem gewissen Grad kamen die *tantras* auf, um dieses Problem mittels bestimmter Methoden zu meistern und so denen, die in der Praxis des Buddhismus stehen, zu helfen, ihre innere Helle und Gelassenheit wiederzufinden.[4]

Anmerkungen und Quellennachweise

I I

1 Dieser Ausspruch aus der *Bhagavadgītā* II 58 darf durchaus als Schlüssel zur gesamten *yoga*-Lehre angesehen werden:

yadā saṃharate cāyaṃ kūrmo'ṅgānīva sarvaśaḥ
indriyāṇīndriyārthebhyas tasya prajñā pratiṣṭhitā.

»Wer nach allen Seiten die Sinne von den Sinnesobjekten abzieht, wie eine Schildkröte ihre Glieder (in den Panzer) einzieht, dessen Verstand ist fest gegründet (in Weisheit)« (Radhakrishnan). – 2 Das umfassendste und verläßlichste Fachbuch ist Mircea Eliade, *Yoga. Unsterblichkeit und Freiheit*, Frankfurt (Insel) 1977, [2]1988. – 3 Kathleen Nott, *The Emperor's Clothes*, Bloomington 1954, S. 203. – 4 Für weiteres Material über die *nāḍīs* siehe G. Tucci, *Tibetan Painted Scrolls*, Rom 1949, und Shashi Bhushan Dasgupta, *An Introduction to Tantric Buddhism*, Berkeley, London 1974. – 5 Für eine weitere Diskussion des schwierigen Problems, Belege über die »Zwischenwelt« ausfindig zu machen, vgl. meinen Aufsatz »The Triple World« in: *The Aryan Path*, XXV 5 (1954) S. 201-2. Sehr aufschlußreich ist auch TLS vom 28. 1. 1956 über »New Concepts of Healing«. – 6 Immanuel Kant, *Die Grundlegung zur Metaphysik der Sitten*, Werkausgabe in zwölf Bänden, hrsg. von Wilhelm Weischedel, Bd. VII, suhrkamp taschenbuch wissenschaft 57, Frankfurt a.M. 1981, S. 34. – 7 Weitere Einzelheiten s. SW, S. 205-66. – 8 MN I, S. 265; T. 26, k. 54, S. 769b. Charles Alexander Moore, »Buddhism and Science: Both Sides« in: *Buddhism and Culture*, Kyoto (1960) S. 94. – 9 Dies wurde von Moore (Anm. 8) überzeugend dargelegt. – 10 Zu diesem Thema vgl. Mircea Eliade, *Das Heilige und das Profane*, Frankfurt 1984. – 11 Meister Eckhart, *Expositio lib. Exodi*, in *Deutsche und Lateinische Werke II*, Stuttgart 1954. – 12 Vgl. BS 13-15. – 13 B. Russell zit. in *PhEW VIII*, S. 111. – 14 Für die Abhängigkeit buddhistischen Denkens vom buddhistischen Leben siehe Suzuki St. 163, 169 und 285. Auch F 61. – 15 VM 132, 485. – 16 Grimm, S. 30, 389-94. Ad. f. 222a. – 17 Etienne Lamotte, »La critique d'authenticité dans le Bouddhisme« in: *India Anitqua* (1947), S. 213-22.

I 2

1 Für eine detaillierte Erörterung vgl. meinen Aufsatz in: *Thirty Years of Buddhist Studies*, London 1967, S. 1-13 – 2 W. Pachow, *A Comparative Study of the Pratimoksa*, Santiniketan 1955, verglich zehn Kommentare der *prātimokṣa*-Regeln und konnte daraufhin zeigen, daß alle Sekten über die meisten dieser Regeln einer Meinung sind, weshalb sie innerhalb des ersten Jahrhunderts nach Buddhas *nirvāṇa* formuliert worden sein müssen. Erich Frauwallner, *The Earliest Vinaya and the Beginnings of Buddhist Literature*, 1955, wies fast überzeugend nach, daß vor Aśoka ein großes Werk, das *Skandhaka*, verfaßt wurde, in welchem das umfangreiche Material zu den Mönchsregeln nach einem wohldurchdachten Plan unterteilt und angeordnet war. – 3 Obgleich über diesen Punkt stets ein gewisser Zweifel herrschen muß. 4 In B und *Eine kurze Geschichte des Buddhismus*, Frankfurt/M. 1984.

I 3

1 AN IV, S. 137; I, S. 10; Lamotte HBI 665. – 1a BL I, 1932, S. 554. – 2 Unter den drei Merkmalen wog Unbeständigkeit in der buddhistischen Mentalität am schwersten. Viele Beispiele hierfür finden sich in BS. – Enc. Bu. 4-8. – 3 Für die Beziehung zwischen Unbeständigkeit und den anderen beiden Merkmalen vgl. N: S. 728 ff. – 4 *yad aniccaṃ taṃ nālam abhinanditum, nālam abhivāditum, nālam ajjhositum*, MN II 263. – 5 Die folgende Erörterung des Begriffs *duḥkha* beruht auf AK vi V. 3, Pras. xxiv 475-6, DN iii 216, MN i 138, VM xvi 34-5, AKP Anm. 9 und S. 110, IC 220-2. Wie so viele andere grundlegende Aussagen des Buddhismus wird auch die dreifache Unterteilung des *duḥkha* im *Yogasūtra* II 15 wiederholt. Deussen weist auch auf *Sāṃkhya-kārikā* 12 hin. – 6 z.B. B 39-45. – 7 N: S. 573 ff. – 8 *upādāna-skandha*. – 9 Dies wird im einzelnen erklärt in Saund. xi 32-62. – 10 SN v 454. – 11 AK vi 126-7, Prax. xxiv 476. – 12 Dhp. 203; vgl. 202. – 13 Es empfiehlt sich in diesem Zusammenhang, über die Furcht vor dem Nichtstun nachzudenken. – 14 Asl. 225. – 15 *Anattā-lakkhaṇa-sutta*, SN xxii 59. – 16 Die etymologische Ableitung dieses sehr archaischen Begriffs stellt uns vor große und fast unüberwindliche Schwierigkeiten. Vgl. z.B. AK v, S. 15-17. Für Literatur vgl. Traité, S. 737. – 17 Etwa AK v 15. – 18 Etwa Buddhaghosa. Die Darstellungen der *sarvāstivādins* sind schwieriger. Auch die Vergleiche variieren in anderen Quellen; z.B. Robinson D 28, nach Daichidoron: 1 bis 5 wie ein Herr, 6 bis 10 wie ein Sklavenknabe, 11 bis 15 wie ein Schmuck, 16 bis 20 wie ein Gefäß. – 19 AK iii 56-7. – 20 AK

iii 82. – **21** Es ist fast unmöglich, das Ausmaß der Unstimmigkeiten über diesen Punkt zu übertreiben. Manche leugnen jeden Kontakt zwischen dem frühen Buddhismus und *vedānta*, andere meinen, daß ein gewisser Kontakt bestand, wieder andere halten den Einfluß der *vedānta*-Lehre für entscheidend. Das Problem ist zu schwierig, als daß man es in einer Anmerkung abhandeln könnte. Die MMK halten dennoch die *sāṃkhyas* und *vaiśeṣikas* für die hauptsächlichen *tīrthikas*. Robinson 101-5. – **22** Rahula, S. 51. – **23**. AK v, S. 17. – **24** *Yogasūtra* II 5. Die Übersetzung von Wood enthält die brauchbaren Kommentare von Veda-Vyāsa und Vācaspatimiśra. – **25** xii 25-6. – **26** Netti 27. *sabba-dhamma-yāthāva-asaṃpaṭivedha-lakkhaṇā avijjā. tassā vipallāsā padaṭṭhānam.* Unwissenheit trägt das Merkmal des Unvermögens, zu den *dharmas* an sich vorzudringen. Ihre unmittelbare Ursache sind die verkehrten Sichtweisen. – **27** *anicce niccan ti, dukkhe sukhan ti, anattani attā ti, asubhe subhan ti.* In buddhistischen Schriften aller Schulen und Epochen werden die vier verkehrten Sichtweisen oft erwähnt. Eine ausgezeichnete Beschreibung des *hīnayāna*-Standpunkts in: Candrakīrti, Pras. xxiii 460, 7-461, 8, übersetzt in meinem Aufsatz »The Mahāyāna Treatment of the *viparyāsas*« in: *Lessing-Festschrift*. – **28** auch *viparyaya*; in Pāli: *vipallāsa* oder *vipariyesa, vipariyaya*; *viparīta*, und in Pāli: *vipallatta*, in Sanskrit: *viparyasta* sind die entsprechenden Verbalformen. Netti 85: *viparīta-gāhalakkhaṇo vipallāso.* – **29** *ayoniso manasikāro*, in Vibh. 373. – **30** SN I 91, VM 542. – **31** *caturbhir viparyāsair viparyasta-cittāḥ sattvā imam abhūtaṃ saṃsāraṃ na-atikrāmanti.* Ein *sūtra* zit. Pras. xvi 296. – **32** pañña-sampattiyā aviparītaṃ pājānati, Ud-A 222, 17. »Unverkehrt« ist ein Synonym für »Wahrheit« (*saccam, yāthāvam*), Nidd. I 291, Pv-A 231. – **33** Ud-A 20. In AK v S. 33 wird *viparīta-ālambana-prajñā*, eine irrige Vermutung, *satyam* gegenübergestellt, und in VM 496 wird der Begriff mit *māyā* (Illusion) gleichgesetzt. M-v-t., S. 50. *bhūtaṃ satyam aviparītam ity arthaḥ.* Denn »wirklich« heißt »unverkehrt« und »wahr«. – **34** Nidd. I 291. – **35** S. 198. *svabhāvo hi prakṛtir-aviparītatā.* – **36** *saṃjñā-viparyāsa, citta-v., dṛṣṭi-v.* AN ii 52, Pts ii 80-1, Vibh. 376. – **37** Petakopadesa 120-1. AAA, S. 333. – **38** Laut Nettipakaraṇa ist für unsere Haltung gegenüber Beständigkeit und dem Selbst eher die falsche Sicht (*diṭṭhi*) entscheidend, für unsere Haltung gegenüber Glück und dem Liebenswerten eher falsches Wünschen (*tanhā*). – **39** Für Einzelheiten vgl. B 41-44. – **40** VM 20-1. Der Mönch gewann Einsicht in die Fäulnis ihrer Zahnwurzeln, *tassa dantaṭṭhike asubhasaññam paṭilabhitvā*; er sah nur einen Knochenhaufen, *aṭṭhisanghāto*, nicht Mann oder Weib. – **41** MN i 138. – **42** Es kann auch unser »wahres« oder »reales« Selbst genannt werden. Dieser Ausdruck wird fast immer vermieden. – **43** *The Human Mind*, 130, S. 312-51. – **44** S. 351. – **45** S. 312. – **46** S. 344.

I 4

1 Vgl. z.B. VM xxi 128. – 2 Sn 76, 181. – 3 VM xiv 177. Ein weiterer Gegensatz ist das stumpfe Nicht-Erkennen jener Dinge, an die zu glauben sich lohnt. – 4 BT Nr. 161. AK ii 157 nennt nur die ersten drei. – 5 Vgl. N: S. 231 ff. – 6 *The Bhagavadgītā*, S. Radhakrishnan (L), London 1948, S. 343. – 7 BS 153. VM 464. – 8 VM 466. – 9 *prasāda*. Dies ist sein Wesen laut AK ii 156. Mil. in BS 152-3. VM 464. – 10 Die fünf Schrecken in Vibh. 379. – 11 AN iii 5. – 12 *buddhaputra*. – 13 Gandavyūha EZB iii 133-4. – 14 BS 116-21. – 15 VM iii 75. BS 116. – 16 Vgl. z.B. Chr. Humphreys, *Karma and Rebirth*, London 1942. – 17 BS 131-3. – 18 VM 150-1. – 19 Mehr hierüber in *The Middle Way* XXVIII 2 (1953) S. 58-9. – 20 VM iv 49. – 21 Mn I 57. – 22 Der Kommentar wurde übersetzt in Bhikkhu Soma, The way of mindfulness, 1949, S. 18-31. – 23 AK ii 154. VM xiv 141. – 24 BS 103-4. – 25 Für Einzelheiten vgl. B 100-1, BM 20-1, N: S. 163 ff, 372 ff. – 26 SN iii 13, VM 438. – 27 z.B. AK vi 142-4. – 28 Tri 26. – 29 16; Kommentar Asl. 147-9. – 30 Mil. BS 151-2. – 31 VM xiv 7. *dhammasabhāva-paṭivedhalakkhaṇā paññā; dhammānaṃ sabhāvapaṭicchādaka-mohandhakāra-viddhaṃsanarasā.*

I 5,1

1 Vgl. N: S. 753 ff. Für die »acht Erkenntnisse«, von denen dies die letzte ist. – 2 VM xxii 4. – 3 VM xxi 64. – 4 VM xxi 128. – 5 VM xxii 7-10. Asl. 354, 392: *attani anavajjā-dhamme nāmeti*. – 6 Vgl. VM, S. 138. *gotrabhū*. – 7 brustgeboren; vgl. SN ii 221. – 8 VM xxii 11. – 9 Vgl. BWB 38-9. – 10 Asl. 214. – 11 So etwas Ms 271-4 hinsichtlich des *dharmakāya*. – 12 *dassana*; VM xxii 127. – 13 VM xxi 18. – 14 VM auf der Stufe der vierten Erkenntnis: Der Verstand desjenigen, dem alle Aspekte des Werdens deutlich als erschreckend vor Augen stehen, wird dadurch ihren Gegensätzen zugeneigt; und damit *nirvāṇa* als dem Ziel des stillen Pfades. – 15 VM xxiii 9. – 16 VM xvi 76. *catu-sacca-paṭiveddhāya paṭipannassa yogino nibbānārammaṇam avijjānussaya-samugghātakam paññā-cakkhu*. – 17 VM 611.

I 5,2

1 Für Nachweise vgl. AK viii 184. PsP nennt 1 und 2, DN iii 219 alle drei. Auch LaIV 296, 1, 6. – 2 Die Quellen in Sankskrit und Chinesisch nennen sie gewöhnlich in der Reihenfolge 1, 3, 2. – 3 xxix 23 ff. Ebenso

Dhp. 92 3. – 4 AN i 72 = SN ii 267. T 99, K. 47, S. 345 b. – 5 z. B. MN i 297, ii 263, SN iv 54. Sn 1119 stellt *attanudiṭṭhi* »die Welt als *suñña* betrachten« gegenüber. – 6 N: S. 781 ff. – 7 II, S. 177. – 8 1, 11-13; vielleicht 14; 3 gibt *sabhāvena suññam*. – 9 122-45. – 10 SN iv 173-4. – 11 MN i 145, SN iii 167, iv 54, 296. – 12 MN i 683; Divy. 421: *nirānandā śūnyā mama*. – 13 375, 11. – 14 VM xvii 283. *paccayāvattavuttitā vasavattanabhūtena attabhāvena ca suññā*. – 15 MN 121, 122. – 16 SP x 2-4. – 17 Etwa LalV 414. – 18 Vgl. z. B. Coates und Ishizuka, *Honen the Buddhist Saint*, Tokyo 1930, x-xii; Suzuki ZJC 33. – 19 Für *indriyasamvara* vgl. N: S. 20 ff., BS 103-5, 184. – 20 N: S. 20 ff., auch SS Nr. 49. – 21 Plato, *Republik V*, 477; ebenso Mrs. Rhys Davids Dhs LVIII. – 22 BM 151. – 23 N: S. 20 ff. – 24 BM 83-5. – 25 N: S. 20 ff. – 26 N: S. 20 ff. – 27 Bc 102-3. – 28 Buch II in Ezech. homil. 17. – 29 Myst. theol. i, 1. 30 viii 143-4. – 31 Vgl. SK ii 198-202. – 32 AK viii 207. – 33 AK viii 208. – 34 x 49-50. – 35 xxiii 24. – 36 Das Argument von S. 90-93 wurde ausführlicher von Laurence Jay Rosán behandelt, der von »Begehrlosigkeit« spricht, in: PhEW v 1955, 57-60. – 37 DhS 254, Anm. 2. – 38 104. – 39 viii 184-90. – 40 BM 142-6. – 41 VM xxi 120-7; vgl. Asl. 221.

I 5,3

1 Mpps 323. – 2 VM 695. – 3 Für eine gute Sammlung der *theravādin*-Aussagen vgl. BT Nr. 84-99. Die nützlichsten Bücher sind Louis de la Vallée-Poussin, *Nirvāṇa*, 1925, und Stcherbatsky, *The Conception of Buddhist Nirvāṇa*, 1927. Für weitere Literatur vgl. Lamotte HBI 43; ferner Eliade 171-76. – 4 VM xv 42 *asaṅkhatā pana dhātu amatato santato khemato ca daṭṭhabbā. kasma? sabbānatthapaṭi-pakkhabhūtattā*. Da es allen unheilvollen Dingen entgegenwirkt. – 5 Eliade, *Yoga*. – 6 *Āryaśūra*, zit. IIJ iii, 1959, 61. – 7 Das folgende nach Asaṅga, IIJ iii, 1959, 112-18. – 8 Mv übers. iii 63. Siehe auch die Beschreibung des Buddha nach Erlangung des *nirvāṇa* in BS 53-4. – 9 Einige *theravādin*-Gelehrte bestreiten, daß *kāya* in diesem Kontext die Bedeutung von »Körper« hat, und glauben, daß es »Person« bedeutet; vgl. Isaline B. Horner (Übers.), *The Collection of Middle Length Sayings*, London 1954, II 151, 152. – 10 Oder: nicht werden, nicht entstehen. *ajātam abhūtam akatam asaṃkhatam*. It. 37. – M. Hrsg. Ernst Waldschmidt, Berlin 1951, S. 398; vgl. *saṅkhārupasamam sukham* Dhp. 368. – 12 VM, siehe N: S. 335 ff. – 13 vgl. auch VM 226 ff. – 14 Kap. 80. – 15 *a-vyāpajj(h)am*; siehe CPD 485, Edgerton 79-80. – 16 Oder *āyūhana* bedeutet vielmehr die Ansammlung von *karma*. *Nirvāṇa* ist nicht durch *karma* verursacht, und es sammelt sich im *arhat*, der in der Gegenwart

des *nirvāṇa* steht, nicht an. *Nirvāṇa* ist »nicht-tun« (*akaraṇa*), AN ii 332 = *anāyūhanena*. vgl. Pts-Kommentar i 92, 262. – **17** MN i 163. – **18** VM viii 236. – **19** AN v 9, SN ii 117. – **20** Dieser Begriff ist nahezu unübersetzbar; vgl. z.B. SN i 38. – **21** Vielleicht (die) Einheit, die Integration (?), wo man ganz und einheitlich ist, oder was ganz und einheitlich ist, »inselgleich«, ohne Aufstieg und Fall, Kommen und Gehen, dem nichts hinzuzufügen bleibt, wo es nichts zu zähmen oder zu unterdrükken gibt. – **22** SN i 61: »Wo man nicht geboren wird noch altert noch stirbt noch vergeht noch wiedergeboren wird; jenes Ende der Welt (*lokassa antam*), wahrlich, ihr vermögt nicht so weit zu wandern (*gamanena*), um es zu kennen, zu sehen oder zu erreichen.« – **23** vgl. VM 290. – **24** *prapañca* bedeutet (1) Hindernis, Verzögerung, (2) Weitschweifigkeit, (3) Mannigfaltigkeit durch (a) Verlangen, (b) Überheblichkeit und (c) falsche Ansichten. MN-Kommentar i 157, 183. *niṣprapañca* ist Mangel an Vielfalt, vollständige Integration, Zuträglichkeit. – **25** *ālaya* bedeutet, außer »Heim«, das, was man sich wünscht oder worauf man sich verläßt, und kann »Vertrauen, Zuversicht« bedeuten. *Anālaya* bedeutet demnach sich auf nichts verlassen, ohne Vertrauen. »Ohne Aufenthaltsort« heißt, daß man nicht bestimmen kann, ob es hier oder dort ist. – **26** Dhp. 218. – **27** z.B. SN i 15. – **28** BT 95. – **29** AN iii 378-9. – **30** Sn 1093 = BT 91. – **31** Siehe Stace, S. 134, der einige treffende Bemerkungen bezüglich der »negativen Theologie« des Dionysius bringt. Sind »Ruhe«, »Dunkelheit« oder »Stille« positive oder negative Begriffe? – **32** *Udāna* viii 3, S. 80, AN iii 378-9 = BT 9. – **33** Stace 77-78. – **34** Grimm 392-4. – **35** BS 50. – **36** Sn 1069-76.

I 6

1 *Brahma-vihāra*. Die gängige Erklärung in VM ix 105-6. Man wird auch in Brahmās Himmel wiedergeboren. – **2** Für Literatur siehe VM Kap. 9, Asl. 258-63, Har Dayal 226ff., AK viii 196 Anm., Freundlichkeit und Mitleid wurden weit ausführlicher behandelt in *The Middle Way*, 1954. – **3** I 33. – **4** V 342. – **5** Selbst Passagen wie Itiv. I, III 7 und Dhp. 368, die von manchen für proto-*mahāyāna* gehalten wurden, behaupten nicht ausdrücklich, daß *maitrī nirvāṇa* gewinnen kann. – **6** VM ix 92. *mitte vā bhāva, mittassa vā esā pavattī ti pi mettā*. – **7** VM ix 93. In meinem Aufsatz über das *mahāyāna* in Robert C. Zaehner (Hrsg.), Living Faiths, 1959, S. 300-1, habe ich die mit dem Wunsch, anderen tatkräftig Gutes zu tun, verbundene Problematik diskutiert. – **8** N: S. 338ff. bringt die elementare Erklärung aller vier »Unbegrenztheiten«. – **9** VM 297. – **10** VM 308. – **11** *Magna Moralia* 1211a. – **12** AN v

342. – 13 1 Kap. 15. – 14 Augustinus, in *ev. Jo. tract.* LXV, 2. – 15 Dies betrifft Tiere und Geister ebenso wie Menschen. – 16 BT (Nr. 128 fehlt in der deutschen Ausgabe!) Bev. Kap. 3. – 17 VM ix 96. – 18 VM iv 156-71, Asl. unterscheidet zehn Arten von *upekkhā*. Meine Aufzählung läßt vier aus. – 19 AK ii 159. – 20 AK viii 148. – 21 z.B. *Cariyāpiṭaka* III 15, 3. Hob. 272a übers. eine wunderschöne Beschreibung aus einem späten *prajñāpāramitā*-Text (T. 261). – 22 AK vii 76-7. In den *sūtras* beziehen sich die drei *smṛtyupasthāna* eines Buddha auf diese Art Gleichmut. Ms 287-8. – 23 VM ix 96, 101; AK iii 114. – 24 N: S. 317ff. – 25 AK viii 197. – 26 AK viii 197. – 27 *sama-bhāva*, VM ix 96. – 28 VM ix 123. – 29 AK viii 198. – 30 VM ix 108. – 31 VM ix 109.

I 7

1 *The Central Conception of Buddhismus and the Meaning of the Word »Dharma«*. 1923. Nachdruck 1956. Sehr wertvoll ist auch Helmuth von Glasenapp, »Zur Geschichte der buddhistischen Dharma-Theorie« in: ZDMG 1938, S. 383-420. – 2 Es gibt viele weitere. Die gründlichste philologische Untersuchung ist nach wie vor: Magdalena und Wilhelm Geiger, *Pali Dhamma*, Abhandlungen der bayerischen Akademie xxxi 1, 1920. Im populäreren Sprachgebrauch kann *dhamma* oft ungefähr als »Ding« oder »Phänomen« übertragen werden. Auf S. 4 geben M. und W. Geiger die drei kommentierenden Pāli-Passagen an, die *dhamma* definieren. vgl. auch Suzuki St. 154-5. – 3 Pras. xvii 304. vgl. xxvii 592: *Nirvāṇa* wird *»dharma«* genannt, weil es eine weitere Seelenwanderung unterbindet (*vidhāraṇa*). – 4 AK i 4, auch Geiger 12-13. – 5 AK iv 78. – 6 PDc 171. – 7 AN i 285. – 8 z.B. P 188. Für weitere Nachweise bezüglich dieses Lehrsatzes siehe Etienne Lamotte, *India Antiqua*, 1947, S. 214, Anm. 5. Robinson D 15, 19. – 9 Dhp. 5, *Udānavarga* iv 34. – 10 siehe AK vi 297. – 11 Pras. 48. – 12 Pras. xvii 304; vgl. Anm. 3. – 13 Dhp. 168-9. – 14 z.B. AK vi 293-4. – 15 AK viii 218-19. – 16 AK iv 240. – 17 BS 14-15. – 18 siehe BWB 34-6. – 19 Edgerton, S. 277, AK vi 77, 217, vii 79, 81. – 20 z.B. DN Kommentar i 237, P 79-82. – 21 Vibh. 293, AK vii 89ff. – 22 Geiger, S. 12. – 23 DN II 8-10, MN I 396. – 24 SN II 56. – 25 Edgerton, unter At Mv i 137, *dharmadhātu* ist der Name eines Buddha. – 26 MSL xi 44. – 27 P 24, 87, S. 1444, LS 290. – 28 Mpps 711-12. – 29 PDc 175, Edgerton 278. Geiger S. 28. »das, was üblich ist, der allgemeine Brauch, die Norm« *eṣā amhākaṃ dhammatā*, »dies ist bei uns Affen so üblich.« – 30 A ii 48. – 31 *aho* = *acchariya* Vv-A 103. vgl. JRAS 1911, 785f. *aho dharmaḥ* ist auch für Aśokas viertes Felsenedikt und für Mv. nachgewiesen. – 32 siehe auch V 26b. – 33 AK

v 65. – 34 AK iv 128. – 35 Th 1. 712. *uttamaṃ dhammatam patto.* – 36 *sudhammatā* in DN ii 272. – 37 Asl. 39, *attano sa-bhāvaṃ dhārenti.* – 38 *svalakṣaṇadhāraṇād.* Pras. xvii 304, xxiii 456, AK i 4. – 39 Asl. *dhāriyanti yathā sa-bhāvato.* – 40 Asl. *dhāriyanti paccayehi*; *dhamma* als *hetu*, als durch das Gesetz bedingt. – 41 PDc 171. – 42 VM 477. – 43 VM 594. – 44 VM 526. – 45 VM 484 für die Sinnesfelder, VM 489 für die Elemente, A xxx 494, 511 xxxi 512-16 für die *tathāgatas*. – 46 KSP 82. – 47 z.B. P 150. – 48 Asl. 46. VM 450. An diesem entscheidenden Punkt verhalten sich die Autoren, als säßen sie auf glühenden Kohlen, und greifen zu Umschreibungen ohne jede präzise Bedeutung. Asl. sagt: *attānam adhikāraṃ katvā.* Erläuterung 60 berichtigt *adhikaraṇam.* VM 450 gibt an: *attabhāvam adhikicca*, für dessen Übertragung siehe Nyanatiloka, S. 511, Ñāṇamoli, S. 503. Siehe auch HBI 619. – 49 138. – 50 135. – 51 173-4. – 52 Siehe AK i 106, ii 23 c. – 53 VM 479, 486, 526.

I 8

1 VM xiv 216, 218. – 2 VM 478, AK i 37. – 3 Es ist irreführend, mit »Empfindung« zu übersetzen, da manche Psychologen auch »rot, hart« und dergleichen als »sinnliche Empfindung« beschreiben. – 4 Die »neutralen« sind nicht leicht zu verstehen. Siehe z.B. K: S. 101 ff. AK ii 115, v 88. – 5 Eventuell hergeleitet aus *ā-YAM*, »ausbreiten, ausdehnen« oder *ā-YAT*, »eintreten« usw. Die *vibhāṣā* nennt elf Etymologien. AK i 37. VM xv 4-6. Asl. 140-1. – 6 AK i 37; vgl. VM xv 10. Sanskrit 1410, Pāli 516. – 7 AK i 37. – 8 VM xv 5. – 9 Edgerton 282-4. VM 85. AK i 37. – 10 SN ii 94-6. – 11 Asl. 63. – 12 KSP 89. – 13 Dhp. vv 1-2. *manopubbaṅgamā dhammā manoseṭṭhā manomayā.* Wenn er *dhammas* als »mentale Naturen« versteht, greift Radhakrishnan (S. 50-9) etwas daneben. – 14 Sn 1111. – 15 VM x 50. – 16 xxiii 18. – 17 xxiii 30. AK ii 204 Anm. 3. iv 123. Der *vibhāṣā* zufolge (Ak ii 207 Anm. 2) kann dies höchstens 7 Tage dauern. – 18 xxiii 43. – 19 xxiii 50. – 20 xxiii 52; oder »weil er in Wahrheit keine eigene Existenz besitzt«? vgl. die Diskussion in AK ii 214. – 21 Siehe AK vi 225 Anm. 3. – 22 AK ii 205. – 23 AK ii 208. – 24 AK viii 207-8, ii 211 Anm. 3, 212. Die erste These ist die der *vaibhāṣikas*, die zweite die des Vashubandhu, der *dārṣṭāntikas*, *sautrāntikas* und *vibhajyavādins.* vgl. Ms 71-8. – 25 AK ii 213. *mahābhūtasamatāpādanam.* – 26 *asaṃjñika.* Sie nehmen auf der Ebene der Form einen der Himmel ein, während *nirodhasamāpatti* im *bhavāgra*, auf dem »Gipfel der Existenz«, stattfindet, welcher als höchste Stufe der formlosen Welt gilt. AK ii 209-10. – 27 AK ii 201. Eine gute Diskussion der mystischen »Bewußtlosigkeit« siehe Stace 17-18. – 28 AK ii 199,

211. – 29 AK ii 200 Anm. 1. – 30 AK ii 202. – 31 Gemäß CPD. – 32 MMK 18.7 = Pras. 364; vgl. Kamalaśīla SOR IX 2, 211-4.

II 1

1 *Les sectes bouddhiques du petit véhicule*, Saigon 1955. Eine detailliertere Darstellung siehe HBI 571-606. – 2 Herbert V. Guenther, *Philosophy and Psychology in the Abhidharma*, 1957, gibt einen brauchbaren Überblick über den *abhidharma* der *theravādins*, *sarvāstivādins* und *yogācārins* in einem Band. – 3 *Vigrahavyāvartanī*, v. 7. eine Liste von 119 heilskräftigen *dharmas*, diskutiert in IHQ xiv (1938) 314-23. – 4 Hrsg. PTS 1897; Hrsg. P.V. Bapat und Vadekar 1942. Übers. P.M. Tin und C.A.F. Rhys Davids, *The Expositor*, 1920-1. – 5 Hrsg. PTS 1885; Hrsg. P.V. Bapat und Vadehar 1940. Englische Übers. von C.A.F. Rhys Davids 1900; französische Übers. von A. Bareau, 1951; deutsche Übers. von Nyanaponika, 1950. – 6 Hrsg. P. Pradhan, 1950.

II 2,1

1 z.B. C.A.F. Rhys Davids, *Gotama the Man*, 1928. A Manual of *Buddhism for Advanced Students*, 1932. *Outlines of Buddhism*, 1934. Jennings, *The Vedāntic Buddhism of the Buddha*, 1947, usw. usw. Die Fehler in diesem Ansatz wurden einleuchtend und schlüssig dargestellt in Helmuth v. Glasenapp, *Vedānta und Buddhismus*. Ak. d. Wiss. u.d. Lit., Jg. 1950, Nr. 11, S. 1013-28. – 2 siehe AK vi 228, 273. – 3 *antaścaratīrthika*, Bcv S. 455. – 4 vgl. HBI 673 Anm. Im *Kathāvatthu* wird ihnen das erste und bei weitem längste Kapitel gewidmet (*a*), und Vasubandhu rundete seinen *Abhidharmakośa* mit einem neunten Kapitel ab, das sich ausschließlich mit der Widerlegung dieser Häresie beschäftigt (*b*). Die Kirchenlehrer wie etwa die *sarvāstivādin*-Abhidharmisten (*c*), Nāgārjuna (*d*) Asaṅga (*e*), Candrakīrti (*f*), Śāntideva (*g*) und Kamalaśīla (*h*), wurden nie müde, sie zu tadeln: (*a*) *Points of Controversy*, übers. von S.Z. Aung und C.A.F. Rhys Davids, 1915. Auch *The Debates Commentary*, übers. von B.C. Law, 1939, (*b*) übers. AK ix 227-302. Auch Th. Stcherbatsky, *The Soul Theory of the Buddhists*, Bull. de l'acad. des sciences de Russie, 1919, S. 823-54, 937-58. Auszüge in BS 192-7. (*c*) z.B. *Vijñānakāya*, II, *Pudgalaskandhaka*, übers. *Etudes Asiatiques*, 1925, S. 358-76. (*d*) Mpps 735-50 (*e*) *Sūtrālaṃkāra* viii 92-103. (*f*) Pras. Kap. IX, X, XVIII. (*g*) Bcv ix 57ff. (*h*) Ts Kap. 7. Eine deutsche Übers. mit wertvollen Erläuterungen und Kommentaren von Stanislaus

Schayer in RO 1934, S. 68-93. – 5 AK ix 251. – 6 S. 121. – 7 Sanghatrāta, *Abhidharmasamuccayakārikā*. 26-27 Blätter. Ersch. in SOR. – 8 AK ix 259. AN i 22. – 9 Dies bezieht sich auf den in den Strom Eingetretenen. – 10 Das Vorige ist eine Zusammenfassung des *sūtra* wie zitiert in Yaśomitras *Vyākhyā* zu AK (AK ix 256). Die Parallelstelle in SN iii 25 differiert in einigen Details, stimmt jedoch im entscheidenden Satz am Ende Wort für Wort überein: *bhārahāraḥ katamaḥ? pudgala iti syād vacanīyam yo'sāv āyuṣmān evaṃ-nāma ... evaṃ-gotra ...* – 11 Nach orthodoxer Auffassung unterdrücken die vorausgegangenen *skandhas* die nachfolgenden; sie sind daher die Bürde, letztere die Träger der Bürde. AK ix 257, Kamalaśila RO viii 88-9. – 12 Im buddhistischen Sprachgebrauch ist dies die grundlegende Konnotatin des Wortes *pudgala*. Ein Individuum wird insofern als »Person« bezeichnet, als er nacheinander an verschiedenen Orten wiedergeboren wird. Siehe v, S. 10 Anm. – 13 *Nirvāṇa*, S. 31 Anm. 1. – 14 AK ix 271. – 15 AK ix 253. – 16 SN iv 60. AK ix 259-61. – 17 AK ix 271. – 18 *upapāduka sattva*. Kamalaśīla RO viii 87. AK ix 258 ff. T. 1649 Kap. 3. – 19 So die Personalisten nach AK ix 273. – 20 So selbst Cullaniddesa 234: *cakkhuno puriso ālokati rūpagatāni*. – 21 AK ix 254. – 22 *Viñjānakāya* EA 366-7. – 23 S. Radhakrishnan, *Indian Philosophy* II, 284. – 24 Ts-Kommentar 336. – 25 Es genügt, den Leser auf Radhakrishnans Darstellung des *Nyāya* zu verweisen, II, 144-52. – 26 *pratyutpanna-adhyātmika-upātta-skandhān upādāya pudgalaḥ prajñapyate*. AK ix 233. – 27 Siehe SN iv 399. – 28 Pras. x, RO viii 41. – 29 *anabhilāpya*, *anirvacanīya*, *avācya*, *avaktavya*. – 30 Vom europäischen Standpunkt aus muß es höchst unbefriedigend erscheinen, daß man uns nicht genau angibt, ob eine Mehrzahl von Personen oder eine Einzelperson gemeint war. Im Klima der indischen Philosophie jedoch, wo selbst die *sāṃkhyas* und *vaiśeṣikas* in diesem Punkt schwankten, liegen die Dinge anders; siehe Radhakrishnan II, 322 und 190. Möglicherweise hat sogar Stanislaus Schayer, *Kamalaśīlas Kritik des Pudgalavāda*, Lwóv 1934 (S. 71), recht, wenn er sagt (RO viii, S. 71), daß der *pudgala* das ›Überpersönliche‹ ist, das sich nur in Korrelation zu den psycho-physischen Elementen als ›Person‹ individualisiert.« Auch *Traité*, S. 738: *Mais vous parlez d'un ātman universel* (*vyāpin*), *qu'il faudrait aussi attribuer aux autres personnes*. – 31 AK ix 270. – 32 EA 360-9, was sich eindeutig auf SN v 43 bezieht. – 33 AK ix 270. – 34 *vidhi*, Kamalaśila RO viii, S. 91. ebd., S. 93: Die *Mīmāṃsā* unterschied *vidhi* von *anuvāda*, z.B. wird »Form ist nicht das Selbst« unter Hinweis auf eine bestimmte Häresie ausgesagt und drückt keineswegs eine die Existenz oder Nicht-Existenz eines *ātman* betreffende Auffassung aus. – 35 Pras. xviii 354-8. – 36 z.B. gegen die Materialisten, die die Kontinuität des *karman* und seiner Folgen leugneten und damit die philosophische Grundlage der Moralität beseitigten. – 37 SN iv 400. Samyukta 34, 15. vgl. AK ix 264-6. – 38 Siehe auch das fünffach Er kennbare in S. 1465, eine genaue Wiederholung der Aufzählung der Personalisten. – 39 *Vijñānakāya*, S. 369. In AK ix 238ff. wird jedoch über das siebente Bewußtsein nichts gesagt. *Pudgala* wird dort mittels der sechs Wahrnehmungsarten ausgemacht, allerdings in jedem Fall indirekt (*prativibhāyati*). Es ist weder die Wahrnehmung des Sicht-Objekts usw., noch etwas anderes als das. – 40 Die buddhistische Überlieferung sieht zumindest bei zwei Gelegenheiten solche Lücken vor: (1) während der »bewußtlosen Versenkung« und (2) im Verlauf des »Erreichens der Loslösung«. – 11 Ediriwira Sarachchandra, *The Buddhist Psychology of Perception*, Colombo 1958. – 42 IC 237. – 43 IC 243. – 44 zitiert in AK-Kommentar, S. 644. *mokṣa-bījam ahaṃ hy asya susūkṣmam upalakṣaye, dhātu-pāṣāṇa-vivare nilīnam iva kāñcanam.* Das Wort *dhātu* in diesem Vers kann durchaus mit »Ausströmen«, »Substanz« oder »Abstammung« identisch sein, wie *Vibhāṣāprabhāvṛtti*, v. 496. – 45 Jaini, S. 246-7. – 46 Siehe Jaini, S. 236. – 47 Etwa AN i 10, A i 5, P 121-2 usw.; Samādhirājā xxii. – 48 AN-Kommentar 1, S. 60. Für die *sarvāstivādins* Bareau 147. – 49 Jaini, S. 249. – 50 Quellen für *ālaya-vijñāna* Ms II 49-86, 3* ff. Hob. unter *araya*. – 51 IC 253-4. – 52 BL ii 329, Suzuki St. 257. – 53 Sandh. IIJ iii 1959, S. 67, Anm. 1.

II 2,2

1 AK iv 5-8. MCB v 1937, 148-59. – 2 VM 431, 473. – 3 VM 614-5. – 4 VM 472-3, 431-2. – 5 N: S. 229ff. – 6 Mahāvibhāṣā: 1 Tag = 86400 Sekunden = 6499099980 Augenblicke = 1/75 221 Sek. pro Augenblick. AK: 2880:216000 = 1/75 Sek. = 13 ms pro Augenblick. Andere Quellen nennen laut McGovern 60-4. 500 = 1/75 Sek. – 7 zahreiche Beobachtungen hierzu in Woodworth. Ein einzelner Pulsschlag der Aufmerksamkeit dauert normalerweise 1 Sek., doch er kann zwischen 0,1 und 5 Sek. variieren. Die auf einen Stimulus folgende Reaktionszeit liegt zwischen 100 und 150 ms. Während des Lesens variiert die Bestimmung von 100 ms nicht. Die unterste Grenze der unserer Wahrnehmung zugänglichen Unterteilung: der Intervall, welcher nötig ist, um die Diskontinuität oder Zweiheit zweier isolierter, aufeinanderfolgender Stimuli wahrzunehmen: zwei sukzessive Klänge, 10 ms (das Ticken der Uhr), 2 einzelne Funken (visuell), 2 Berührungen 25 ms. Eine Wahrnehmung benötigt zur Differenzierung der Grundformen 10 ms, der Kontur 11-14 ms. – 8 Asl. 60-1, AN i 10. – 9 AK v 52-4. – 10 Dies wird gut erläutert in BL, besonders I 78-118, 175, 179-80, II 14-46, 192. Stcherbatsky (I

109) hält dies zu recht oder zu unrecht für eine sehr späte Verfeinerung. – 11 BL i 95, gestützt auf Śāntirakṣita. – 12 Eine klare Darstellung der Standardeinwände, wie sie allgemein in Indien gegen die Flüchtigkeit aller Einheiten vorgebracht wurden, siehe Suri Sri Mallishena, *Syādvādamañjarī*, Kap. 18, übers. von Frederick W. Thomas, Berlin 1960. – 13 Vergangene und künftige *dharmas* existieren als Realitäten (*dravya*); da bedingt, sind sie jedoch nicht ewig, da sie die Merkmale des Bedingten tragen. – 14 AK v 50ff. HBI 667. – 15 AK v v. 25. HBI 666. – 16 Im Samyuktāgama III 14. – 17 F. 140-1. – 18 *pra-āpti*. *āp* = erreichen, erwerben, erringen; *ti* bezeichnet ein feminines Substantiv der Handlung. »Erringung, Aneignung, Erwerb.« – 19 AK ii 36. – 20 AK ii 55d. – 21 AK i 247. – 22 AK i 191, 197, 183. – 23 Jaini S. 244. – 24 AK ii 183-5. Eine brauchbare Darstellung siehe Padmanabh S. Jaini, »The Sautrāntika Theory of bīja«, BSOAS xxii (1959) S. 236-49. – 25 *āśraya*. AK ii 5 und 6, 44d. – 26 AK ii v. 35b, AK-Kommentar 147-8. – 27 Jaini, S. 239. Siehe ebd. 239-41 über *sarvāstivādin*- und *theravādin*-Ansätze zur Umgehung dieser Schlußfolgerung. – 28 Jaini, S. 242, gestützt auf AH-Kommentar, S. 444. – 29 Jaini, S. 242-3. Interessanterweise behaupteten auch die *vatsīputrīyas*, daß sich ihr *pudgala* weder von den *skandhas* unterscheide noch mit ihnen identisch sei; siehe S. 178f. – 30 AK iii 41. G.M. Nagao, »Connotations of the word *āśraya* (basis) in the Mahāyānasūtrālaṃkāra«, *Liebenthal-Festschrift*, Hrsg. Kshitis Roy, Santiniketan 1957, S. 147-55, unterscheidet neun Bedeutungen des Begriffs. – 31 *avasthā* AK i, S. 214. – 32 KSP, 88-9. – 33 KSP 81 Anm. – 34 KSP 86-7. Pras. 317-23. Lamotte KSP 86 führt einige christliche Parallelen an. – 35 HBI 674 Anm. – 36 z.B. AN iii 404-9, wo eine »heilskräftige Wurzel« verglichen wird mit einem »unverdorbenen Samen, der in ein beackertes Feld gesät wird und fähig ist, reiche Frucht zu tragen«. – 37 BL ii 261. – 38 vgl. BL ii 367-8. – 39 AK vi 168, vii 49. AK-Kommentar 583-4: *bījaṃ sāmarthyaṃ cetaso gotram iti*. – 40 AK ix 282-3. – 41 AK vi 252. – 42 AK vi 175. AO ix, 1931, 97ff. LS 63-5. AAA 77. – 43 AAA 76.

II 2,3

1 N: S. 335ff. – 2 N: S. 561. Ähnliche Formulierungen N: S. 567. – 3 AK ix 284, BL i 130. – 4 BL i 127. Ein Beweis, daß die Welt nicht aus einer einzigen Ursache, sei es Gott oder etwas anderes, hervorgeht, siehe AK ii 310-13. – 5 BL i 131. – 6 BL i 129. Auch Dhp. 286. *antarāyaṃ na bujjhati*. – 7 BL i 131. – 8 Für die Etymologie von *paccaya* siehe VM 532; für *patītya* VM 526, AK ii, S. 78. *Imasmiṃ sati idaṃ hoti* wird in

AK ii 81 erläutert. – **9** BL i 119-21, 125, 157-8. – **10** Für Indien siehe z.B. BL i 122, 123 Anm. 2 ii Index unter *cause*, usw.; für Europa BL i 141-5. – **11** Sie werden detailliert im *Paṭṭhāna* dargelegt, einem gewaltigen Werk von 3120 Seiten. Kürzer wurden sie in VM xvii 66-100 erklärt, und eine neuere Erläuterung siehe Ñyāṇatiloka, *Guide Through the Abhidamma Pitaka*, 1938, S. 97-109. Brauchbare Informationen finden sich ferner in Paṭṭhān Sayadow U Withuddha, *An Approach to Paṭṭhāna*, Rangun 1956. Damit der Leser meinen Übersetzungsversuch überprüfen kann, hier das Pāli-Original: (1) *hetu*, (2) *ārammaṇa*, (3) *adhipati*, (4) *anantara*, (5) *samanantara*, (6) *sahajāta*, (7) *aññamañña*, (8) *nissaya*, (9) *upanissaya*, (10) *purejāta*, (11) *pacchājāta*, (12) *āsevana*, (13) *kamma*, (14) *vipāka*, (15) *āhāra*, (16) *indriya*, (17) *jhāna*, (18) *magga*, (19) *sampayutta*, (20) *vippayutta*, (21) *atthi*, (22) *natthi*, (23) *vigata*, (24) *avigata*. – **12** Gemäß *Abhidhammathasangaha*. – **13** Außer, wenn sie bei der Geburt zum ersten Mal erscheinen; Sichtobjekt und Augen-Bewußtsein sind in diesem Fall gleichzeitig. – **14** Für Einzelheiten und Ausnahmen siehe VM xvii 91. – **15** Es sind angewandtes Denken, logisches Denken, Reiz, Freude, Traurigkeit, gelassenes Unbeteiligtsein, Versenkung. – **16** *saṇṭhāna* = *diasthēma* in Ar. Phys. 213a. Später scheint es jedoch Unsicherheiten über den exakten Unterschied zwischen (4) und (5) gegeben zu haben. VM xvii 74-6. – **17** Siehe William M. Mc Govern, *A Manual of Buddhist Philosophy*, Vol. 1. Cosmology, London 1923 164-7, 184-205. CPB 170-2. AK ii 244-331. BL i 130-1, 138-40. Es gibt andere Anordnungen, etwa die sechs Bedingungen in LS 83, AK ii 277 Anm. 1 (5). – **18** BL i 138 und 140 Anm. 13. – **19** AK ii 268-9. – **20** AK ii 177-8. – **21** AK ii 268-70. – **22** Divy. 300. – **23** N: S. 634ff. Für die von der Entstehung in Abhängigkeit handelnden *sūtras* siehe F 27-60. – **24** VM 582-3. – **25** z.B. Sn 727-53, 862ff., DN ii 62, MN i 48; für Einzelheiten vgl. IC 197-9, AK iii 70-2, usw., Paul Oltramare, *La formule bouddhique des douze causes*, Genf 1909, S. 27-36. – **26** III 24d. – **27** BL i 135-6.

II 3,1

1 Siehe Rhys Davids, S. 367-9. – **2** 268-71. BT Nr. 98. – **3** ii 257-8. – **4** AK ii 50a. – **5** AK ii 57d. – **6** AK ii 292. – **7** VM xvi 67-74 (= BT 99) wendet sich gegen die Ansicht des *sautrāntika*. Die Passage wird äußerst schlüssig durch Dutts Analyse, S. 172-6, geklärt. – **8** S. 271. – **9** AK ii 278-87. Die *sautrāntika*-Position kommt klar zum Ausdruck im Satyasiddhiśāstra, MCB v 1936-7, 208-10, F 136-9. – **10** F 138. – **11** AK ii 283, F 137. – **12** AK ii 284. – **13** AK ii 291ff. – **14** vgl. BT 108. – **15** F 139. –

16 Buddhacarita xiv 84. Auch BT 107. 17 AK ii 282. – 18 *Sarvāstivādins*, *mahāsaṅghikas*, *mahīśāsakas*, *uttarāpathakas*; *sautrāntikas*, *satyasiddhi*; auch *yogācārins*. – 19 *Theravādins*, *vatsīputrīya*, *śāriputrābhidharma*. – 20 AK i v. 28. – 21 Mil. 271. – 22 AK i v. 5. *ākāśam anāvṛtiḥ*. – 23 75. – 24 AK ii 279. – 25 McGovern i 110, Heiler 27, Hermann Oldenberg, *Vorwissenschaftliche Wissenschaft*, Göttingen 1919, S. 38 ff. – 26 AK iii 139; Keith, S. 186. – 27 AK i 8. – 28 Rgv. II 3. – 29 AK viii 143; allerdings scheint VM x 1, letzter Satz, dem zu widersprechen. – 30 VM x 16. – 31 VM x 20. – 32 VM x 23. Der Kommentar (PM 323) fügt hinzu: »Er besitzt weder Aufstieg noch Fall, da er ein *dhamma* ohne Eigen-Sein ist.« Nyānamoli, S. 360. – 33 z.B. Mil., S. 268, 271. Dieses Werk war ursprünglich vermutlich eine Arbeit der *sarvāstivādins*. Siehe auch P 234-6 für einen Vergleich des »Großen Fahrzeugs« mit »Raum«. – 34 vgl. *okāso*, Raum, Gelegenheit zu Leben und Bewegung; Rhys Davids DhS xlviii. Auch Hui-neng, *Sutra Spoken by the Sixth Patriarch*, 1930, S. 12. – 35 Wolf, 666. – 36 Ench. Met. viii 14. – 37 ebd. viii 7. – 38 z.B. A i 24, viii 196-7, xxix 479, Sa 27a, P 231, 234, Fn. 289, Ad. 219a, 254a.

II 3,2

1 V 98-9, BWB 38-9. – 2 Etwa der Kommentar zum *Mahāvaṃsa* (S. 29). *Śrāvaka* ist der im *mahāyāna* am häufigsten für den *arhat* verwendete Begriff. – 3 Traité 127, AK vi 230. – 4 Für diese siehe z.B. B 87-89. – 5 AK vi 282. – 6 AK vi 240. – 7 Für das Verhältnis der beiden Erkenntnisse zu den vier Wahrheiten siehe AK vii 9-10; zu den 16 Aspekten siehe AK vii 27-8. – 8 AK vii 62. – 9 AK iii 194-6, VM viii 22, Enc. Bu. 57-63. – 10 VM viii 22. – 10a Sn 35 ff., VM viii 22. Edgerton 202-3. – 11 AK iii 196. – 12 Bcv: Steinkellner S. 91 ff. 13 Für die Antwort des *mahāyāna* auf diese »Selbstbezogenheit« siehe Mpps, Traité, S. 984. – 13 Edgerton 375-6. – 14 SP Kap. 3, S. 80. BS, S. 209. – 15 z.B. Mv. iii 302 ff., BS 52. – 16 AAA 155-6. *aśabda-dharma-deśanā*. – 17 Sn 558. – 18 Die Sekten des *mahāyāna* kannten darüber hinaus eine weitere Gruppe von 18 speziellen *buddhadharmas*; siehe BT (145 fehlt in der deutschen Ausgabe!); AK vii 66-7. – 19 siehe BT 116. – 20 Siehe BT 117. In den älteren *sūtras* werden sie mitunter auch den *arhats* zugeschrieben. AK vii 74 Anm. – 21 AK vii 82. – 22 AK ii 303-5. – 23 Wie im *Ekottarāgama* 18, 16. – 24 siehe Mpps 146-61 über die Allwissenheit des Buddha. – 25 AK i 2. – 26 Weitere Überlegenheiten des Buddha siehe VM xiii 16, viii 23. – 27 AK vii 77-9. – 28 AK vii 83. – 29 siehe BS, S. 131. – 30 AK vii 83. – 31 z.B. BS 63-4. – 32 BT 120. VM xiii 31. – 33 AK vii 84. – 34 AK iii 145-6. –

35 S. 339. – 36 BT 103. – 37 AK iv 76-9. – 38 *Vibhāṣā* 34. – 39 BT 115, AK vii 179. – 40 HBI 689-90.

II 3,3

1 *paccaya-sannissita-sīla.* – 2 *ñāta-pariññā.* – 3 VM 606. – 4 VM 693. – 5 *yathāva* 587. – 6 597. – 7 598, 607. – 8 604. – 9 *tīrana-pariññā.* – 10 VM 607. – 11 VM 613-18. – 12 VM 618-28. – 13 N: S. 753 f. – 14 VM xx 89 ff., xxii 113-21. – 15 VM 640-5, N: S. 766 ff. – 16 VM 645-7, N: S. 771 ff. – 17 VM 647-50, N: S. 774 ff. – 18 VM 650-1, N: S. 777 ff. – 19 VM 651, N: S. 778 ff. – 20 VM 625-3, N: S. 779 f. – 21 VM 653-6, N: S. 781 ff., 730 ff. – 22 VM 656-7, N: S. 784 ff. Es folgen die »drei Tore zur Erlösung« (VM 657-60) und »Aufkommen« (VM 661-3. – 23 VM 669-70. – 24 VM xxii 1. – 25 VM xxii 5. – 26 Asl. 43. – 27 VM xxii 111-22, Asl. 351-2. – 28 HBI 678-86. – 29 Für Literatur siehe Lamotte, Somme II 34*. – 30 AAA 63 vertritt zu sehr die *yogācārin*-Position, um in die Absichten der *sarvāstivādins* einzuführen. HBI 680 Anm. – 31 AK vi 143-93. – 32 V 9. – 33 AK vi 61, 28, 65. – 34 *samyaktva-niyāma-avakrānti.* siehe AK vi 120. – 35 v 5. – 36 vii 35 c; siehe v 43. – 37 vi 34. – 38 vi 33. – 39 vi 44 d. – 40 v 61, vi 32, 65. – 41 AK vii 6 Anm. 3.

II 4,1

1 Die Aufzählung findet sich in Takakasu, P.S. Jaini BSOAS xxii, 1959, 533-5. HBI 658-60, 662-3. F 110-4. – 2 Zu den *citta-viprayukta-dharmas* vgl. Jaini, 531-47. Ich nenne die Aufzählung des *kośa*. Eine ältere Aufzählung von Ghoshaka nennt 17, die der *yogācārins* 23 Punkte; vgl. Jaini, 536. Zu ihrer Definition vgl. F 115, 117.

II 4,2

1 Jaini BSOAS xxii, 533-5. – 2 DhS 635, Jaini 539-42. – 3 Dargelegt in VM 544 im Gegensatz zu DhS 596. Auch Jaini, 533 Anm. 2. – 4 N: S. 390 ff. – 5 VM xi 27-117. – 6 Siehe N: S. 280 ff. – 7 VM xi 117. – 8 VM xi 117. – 9 VM xi 41. – 10 xi 81. – 11 xi 98, 100. – 12 *Science and Civilization in China*, II, London 1955, S. 417. – 13 ebd. S. 419. – 14 ebd. S. 430-1. – 15 Zum Suffix *-maya* vgl. AK iv 234. In A ii 41 entspricht *manomaya* dem Begriff *nirmita*. Eine Aufzählung der »Feinleiber« siehe Eliade 243 ff. – 16 LS 81. – 17 BS 129. – 18 AK iii 28. – 19 AK

ii 209. Suzuki St. 209-12. – 20 AK iii 204. – 21 S. 81, 136. – 22 St 209. Vgl. den gesamten Abschnitt 208-17. – 23 LS 137. – 24 Suzuki St. 337-8, vgl. 318. – 25 Svādhiṣṭhānakrama 19, 23. – 26 Vgl. Eliade 106ff., 236ff. – 27 II 3, 16, vgl. auch Eliade 128. – 28 Eliade 236. – 29 ebd. 242ff.

II 4,3

1 MN 18, übers. nach Isaline B. Horner. Sie übersetzt *papañca* mit »Besessenheit« (*obsession*), aber es könnte vielleicht auch »Unterscheidungsvermögen« (*differentiation*) heißen. – 2 Asl. 72, 140, 269. VM xiv 110-24, Ms. ii 8*-10*, HBI 661-2. – 3 AK i 14, 16. – 4 BL ii 311. – 5 Ud. vi 4.

III 1,1

1 Stanislas Schayer, Konstantin Regamey, *Der Buddhismus Indiens*, 1951, S. 248-64. »Le problème du Bouddhisme primitif et les derniers travaux de Stanislas Schayer«, RO xxi, 1957, S. 37-58. M. Falk, *Il mito psicologico nell'India Antica*, 1939. *Nāmarūpa and dharmarūpa*, 1943. – 2 Siehe BS 195-7 und 172ff. des vorliegenden Buches. – 3 *viññānam anidassanam anantam sabbato pabham*. DN xi 85. – 4 Eine Diskussion dieser Problematik vgl. *The Middle Way* xxxiv 1, 1959, S. 13. – 5 HBI 690-3. – 6 Nach Kimura 151 gilt dies evtl. für die im Kommentar zu Kathāvatthu, Kap. 17, 167 und 177 erwähnten *mahāsuññatāvādins*; ebenso die *ekavyavahārikas* laut Kimura 67, der *śūnyātma-śūnyadharma-vāda* laut Paramārthas Kommentar zum *Nikāya-avalambana-śāstra*. – 7 z.B. die *vibhavyavādins*, ein Zweig der *sthaviras*, welcher laut Vasubandhu, Hob. 185, stark durch die *mahāsaṅghikas* beeinflußt wurde (Bareau 167-80). – 8 *āśraya*, *upadhi*; Ursprung? – 9 *buddhatā*, *buddhasvabhāva*?

III 1,2

1 Im Moment besitzen wir lediglich ein paar Hinweise, nämlich de Jong, JAs, 1954, 545-6; Johannes Nobel, Einleitung zu dem von ihm hrsg. *Suvarnaprabhāsottamasūtra*, Leiden 1958; vgl. III 1, 3 Anm. 4. – 2 Eine volle Bibliographie vgl. mein PL 1960. – 3 *Saddharmapuṇḍarīka*, Sanskrit hrsg. in BB 1912. Wogihara 1933-35. N. Dutt, 1955. Die Übers.

von Hendrik Kern (1884) ist heute nicht mehr angemessen und oft in wesentlichen Punkten der Lehre ausgesprochen irreführend. Die durch William E. Soothill (1930) vorgelegte gekürzte Fassung aus dem Chinesischen konnte sich ebenfalls nicht behaupten. – 4 Nur in Chinesisch und Tibetisch; 2 Teile in Sanskrit: *Daśabhūmika*, vgl. III 1, 9 Anm. 2; und *Gaṇḍavyūha*, hrsg. von Suzuki und Idzumi 1934-36. – 5 Sanskrit: hrsg. von N. Dutt 1941-54. – 6 Englisch von Richard H. Robinson, 1953 (MS). – 7 Übers. von Konstantin Regamey, 1938. – 8 *Suvarṇaprabhāsasūtra*, hrsg. von J. Nobel, Leiden 1937, dtsch. von J. Nobel, Leiden 1958. – 9 z.B. *The Question of Rāshtrapāla*, hrsg. in BB 1901, engl. von Jacob Ensinck 1952. – 10 BB 1897-1902. Übers. (1922) nicht zuverlässig.

III 1,3

1 z.B. Rahula 8, 76ff. – 2 S.L. Slater, *Paradox and Nirvana*, Chicago 1951. – 3 S. 69. – 4 Ich versuche dies für die ersten beiden Kap. der *Ratnaguṇasaṃcayagāthā* nachzuweisen, die ich für die Ur-*Prajñāpāramitā* halte; im Gedenkband zum 90. Geburtstag von Suzuki. – 5 d.h. ungefähr im Jahre O und 500 n.Chr.; siehe mein *Eine kurze Geschichte des Buddhismus*, Frankfurt/M. 1984, S. 4 und 6; 31ff.

III 1,4

1 Für Quellennachweise vgl. meinen Artikel in der *Lessing-Festschrift*. Auch die *mahāyāna*-Schriften weisen wiederholt auf die entsprechenden drei Merkmale hin, unterziehen sie jedoch einer rigorosen Neuinterpretation. Im *Vimalakīrtinirdeśa*, Kap. 3 beispielsweise sagt Vimalakīrti zu Mahākātyāyana: »Letztendlich kommt keins der Elemente auf oder vergeht; dies ist die Bedeutung der Unbeständigkeit. Die fünf zugreifenden *skandhas* sind durch und durch leer und gehen aus nichts hervor; dies ist die Bedeutung des Leids. Es gibt keine Dualität des Selbst und Nicht-Selbst; dies ist die Bedeutung des Kein-Selbst« (S. 19 des Übers.-MS von Robinson, 1953); vgl. auch ebd. S. 35. – 2 Suv. 64b-65a Pras. xxiii 457-8. Kommentar zu Ms II 1, 1938, S. 90. – 3 Quellennachweise vgl. Jacques May, S. 166 Anm. 519. – 4 Suv. vii 98b-99a. Auch A vi 151. – 5 LS 106-7; ebenso A vi 139 und AAA 333-4. – 6 Zitiert in Pras. xxiii 463. – 7 *asatsamāropa*. Siehe J. May, S. 195 Anm. 645. – 8 M-v-t., S. 50. – 9 ebd. *tathatā*: *vikalpa-anālambanatvān na viparyāsavastu*. – 10 LS 279 V. 111; 280-81, V. 120-26. – 11 SP xiii 278. – 12 Suv. vii 98b; 66b.

– 13 MMK xxiii 13, *na-anityaṃ vidyate śūnye*. – 14 Pras. 461. – 15 d.h. Kap. xxiii. – 16 *saṃkalpa = vitarka*, »logisches Folgern« laut Candrakīrti. – 17 *vaiparītya*, Pras. xxiii 462. – 18 Lamotte, II 1, 126. – 19 z.B. LS, S. 116. Es scheint sich hier um eine verderbte Textstelle zu handeln, und Nanjios Ausgabe bietet nicht weniger als fünf Lesarten an. Nur der erste Teil scheint einigermaßen gesichert, »da die Entstehung ihrer Merkmale in Wirklichkeit Nicht-Entstehung ist«. Im zweiten heißt es entweder, daß alle *dharmas* aufgrund ihrer Beständigkeit beständig seien (die tibetische Fassung) oder aufgrund ihrer Vergänglichkeit (die übrigen Quellen). In anderen Passagen werden einige Gegenstände als »beständig« bezeichnet, doch nicht, wie es nach Suzukis Übers., S. 204, scheinen könnte, Gold, *vajra* und die Relikte des Buddha. Sie bleiben nicht »gleich bis ans Ende der Zeiten«, sondern nur ein *kalpa* lang. Sie werden als Ausnahmen der allgemeinen Regel der Augenblicklichkeit angeführt; letztere wird auf S. 234-36 behandelt. – 20 z.B. LS 115-16; »weil die Entstehung ihrer Merkmale Vergänglichkeit einschließt«. – 21 S. 208-9. BT Nr. 171. – 22 S. 59-61. Auf S. 218 wird dasselbe gesagt hinsichtlich der »Erkenntnis, welche sein Erringen der Wiedervereinigung (*abhisamaya*) kennzeichnet«. – 23 S. 189-90. – 24 xviii 6. – 25 Siehe die Zitate in Pras. xviii 354. Die *pudgalavādins* und ihre modernen Nachfolger halten viel von ihnen. – 26 Siehe die Zitate ebd. – 27 In diesem Zusammenhang erinnere man sich auch des kanonischen Berichts jener Begebenheit, als der Buddha sich weigerte, Vacchagotta dem Wanderer mitzuteilen, ob es das Selbst gibt oder nicht. Siehe Traité, S. 32-33, Hermann Oldenberg, *Buddha – Sein Leben, seine Lehre, seine Gemeinde*, München 1959, S. 287-8, 508. – 28 xviii 356-60. – 29 II 3-4. – 30 S. 87. – 31 Eine gute Erklärung dieses Begriffs vgl. S. Schayer, AKP, S. 70 Anm. 50. – 32 *parivarjayitavya*, Pāli 221 = Sanskrit 1465, in der Beschreibung der fünften *bhūmi*. Im Kommentar zum *Vibhaṅga* heißt es, daß auf dem Pfad des in den Strom Eingetretenen acht der *vipallāsā* preisgegeben werden; die verkehrten Wahrnehmungen und das verkehrte Denken, welches das Abstoßende für liebenswert hält, werden auf dem Pfad des einmal Wiederkehrenden abgebaut und auf dem Pfad des niemals Wiederkehrenden preisgegeben; die verkehrten Wahrnehmungen und Denkweisen, welche das Leid für angenehm halten, werden auf dem Pfad des *arhat* fallengelassen. Die Querverbindungen zwischen der Preisgabe der verkehrten Sichtweisen und den *bhūmis* des *mahāyāna* sind recht undurchsichtig und erfordern weitere Untersuchungen; vgl. Da-Bhu, S. 29, 12 und 63, 3. – 33 *atikrānto* im *Sūtra vom Herzen*. Siehe BWB S. 97. – 34 *sarva-vastūnām-anupalabdhitām upādāya*, Pāli 221. – 35 zit. in Pras. xxiii 472. – 36 Pras. xxiii 469. – 37 vi 67a; vgl. auch Sanskrit 1411 = Pāli 198, zit. in Anm. 35 zu I 3. – 38 *Vimalakīrti-*

nirdeśa, Kap. 5, S. 38 des Übers.-MS von Robinson (1953). – 39 Candragomin: *para-arthe duḥkhaṃ sukham*: zit. in Har Dayal, S. 159. – 40 Weitere Details siehe Har Dayal 16-18, 179-81.

III 1,5

1 BT 133-35, SS 35-50, Mpps 621-1113. – 2 B 57-62. – 3 Ud. V 1. – 4 Als besonders bezeichnendes Beispiel für die europäische Verwirrung beziehe ich mich auf die Kommentare eines wohlmeinenden Kommunisten zur *ahiṃsā*, wie sie in Tibet praktiziert wird, wo sie vermutlich das größte Hindernis einer Industrialisierung darstellt; vgl. Alan Winnington, *Tibet*, London 1957, S. 56, 78, 86, 109, 133, 149, 183, 197. – 5 SN iii 138. – 6 796-803. Hier zitiere ich die V. 796, 800 und 802 nach der Übers. von Lord Chalmers. Für eine wörtlichere Übertragung vgl. E. M. Hare, *Woven Cadences*, London 1947, S. 119-20. – 7 Murti, S. 132; vgl. 160-64. – 7a *Catuḥśataka* xii 23; BT 160. – 8 MN i, S. 395. – 9 Sn 450-52. – 10 In diesem Begriff sind viele Bedeutungen enthalten. Einige werden in V 97-98, BWB 45 erklärt. Eine ausgezeichnete Monographie ist Max Walleser, *Die Streitlosigkeit des Subhūti*, Sitzungsbericht Heid, Ak. d. Wiss., 1917. – 11 Arthur Koestler, *Pfeil ins Blaue*, übers. von Eduard Thorsch, Wien & München 1953, hier zit. nach *Arrow in the Blue*, London 1969, S. 213. 5 12 ders., *The Lotus and the Robot*, S. 219; deutsch: übers. von Hans Flesch-Brunningen, *Von Heiligen und Automaten*, Bern, Stuttgart 1961. – 13 ebd. (engl.) S. 225. – 14 »What can Western Philosophy Learn from India?« in PhEW v, 1955, S. 195-210. – 15 Suzuki, St. 170. – 16 z. B. Ms ii 30d. Murti 319, AAA 79, BS 190-217. Candrakīrtiks Kritik des *vijñānavāda* und der drei *svabhāvas*: Pras. 274 und *Muséon* 1910, 312-58; 1911, 236-55; vgl. de la Vallée-Poussin über »conflit Mādhyamaka-Yogācāra in MCB ii 47-54. – 17 Die Terminologie gibt sich hier äußerst technologisch, und für eine Erklärung bleibt nicht genug Raum. – 18 Siehe A xxii 399. – 19 B 129. – 20 AAA, S. 123. – 21 *apratiṣṭhitamānaso ki Tathāgato* A ii 37. – 22 V 10c. – 23 BWB 47. Ms ii 47*-48*.

III 1,6

1 BT 159. – 2 BT (128, fehlt in der deutschen Ausgabe!) B 139-141. – 3 B. Bhattacharyya, *The Indian Buddhist Iconography*, 3rd ed., Calcutta 1968, S. 21. – 4 Mitunter scheint das *hīnayāna* Gelassenheit (Anteilnahmslosigkeit) fast mit gleichgültiger Distanz gleichzusetzen, wie z. B. in VM ix 88 und 92.

III 1,7

1 SW 92-95. – 2 SN I, 17; III 135, Pras. 269, *Samādhirājā*, 30, 7-10. *Kāśypaparivarta*, Murti 38-40. – 3 SN II 19-20. – 4 *Chao-lun* II 152 a 3. – 5 z.B. Burtt PhEW v, 1935, S. 202. Siehe P.T. Raju, »The Principle of Four-Cornered Negation in Indian Philosophy«, *Review of Metaphysics* vii (1954) S. 694-713. Murti, 129-31. – 6 MT 63, 72; MMK 25, 17-18, 22, 11, Traité 153 ff., Pras. 370, Robinson D 39 Anm. 42. – 7 Nāgārjuna in Murti 231-36, 329-34; Asaṅga z.B. F 277-79. – 8 P fol. 505 b. – 9 Pras., S. 264 nach Schayer. – 10 z.B. A i 16, 25, ix 200. – 11 Sanskrit LXIV fol. 456 a. – 12 Sanskrit S. 118-9. – 13 A xix 360. – 14 A xviii 347-8. – 15 Sa, S. 221. – 16 Siehe z.B. Sanskrit LIX fol. 343 b. – 17 z.B. A vii 192. – 18 P, S. 136-7. – 19 z.B. P, S. 164, 225, 244, 258, 261-62. – 20 DN i 31 und MN i 127. – 21 Mn i 127. – 22 DN i 123 ff. – 23 *taṃ nidassana-abhāvato*. In A xii 265 wird es gleichgesetzt mit dem Mangel an Merkmalen (*alakṣaṇatva*) und mit »unsichtbar« (*adṛśya*). – 24 z.B. A vi 149-50, vii 177, viii 192, ix 204-5, xii 276, xxii 399, 405, xxvii 445-6. – 25 Die präzise Bedeutung des »Ungeborenseins« »in absolutem, nichtbedingtem Sinn« wird befriedigend erklärt in Suzuki St. 122-23, 287-307. – 26 z.B. AAA, S. 879. – 27 Suzuki St. 125-7, 226-7, 381, 396, 398. – 28 *anutpāda-vijñāpanatām upādāya*. A ix 205. – 29 A viii 198, ix 201, 205, xxx 484. – 30 *pratibhāsa*. A ix 205, xxvi 442, xxx 484. Śi 261 über ein Spiegelbild. – 31 A ix 205. – 32 Für Einzelheiten vgl. Traité I 357-87. – 33 Kap. 32 a, erläutert von Vasubandhu. BT 142, BWB 68-70; vgl. SS 83-88. – 34 Suzuki St. 114-21, 392; LS 90-96 in BT 174; vgl. auch Nr. 175. – 35 P 147. – 36 Ms ii 6. – 37 VM 479, B 126. – 38 BT 140, (154, fehlt in der deutschen Ausgabe!) – 39 17, 31. – 40 vgl. B 164.

III 1,8

1 Ms 121. BT 147. Für Mpps siehe Robinson D 16-20. – 2 V. 59-83. BT Nr. 123. – 3 B 129-32; auch 113. – 4 z.B. Bodhisattvabhūmi I 4 in F 272-3. – 5 Asaṅga in F 273. – 6 siehe BWB 82-5. – 7 Stace 127. – 8 ebd. 128. – 9 Zu diesem Thema insgesamt vgl. Stace 128-30, 160-61, 187-88 (die Formulierung des Johannes vom Kreuz, die ausgewogenste, die ich je fand), 201-2, 220, 238. Sehr interessant sind auch die intellektuellen Schwierigkeiten relativ gemäßigter und fügsamer Mystiker wie Pater Baker (*Holy Wisdom*, 1876 vii, 319-20, 541-6). – 10 z.B. A ix 206, xxix 476, xxxi 526, V 23, Suv. ii 20 a. – 11 MMK 25, 19-20, Pras. 535. – 12 MMK 25. 9. – 13 Mpps. 299 a 16, Siddhi 753. – 14 hrsg. von E.H. Johnston u.a., JBRS xxxvi 1, 1950; übers. (aus d. Tibetischen) von

E. Obermiller, *Uttaratantra*, AO ix, 1931, 81-306. – **15** z.B. Suzuki St. 341-5. – **16** *gotra* = *bīja* bei den *sautrāntikas*; vgl. S. 143. 5 **17** BT Nr. 160, V. 40. – **18** ebd. V. 49. – **19** II V. 62. – **20** S. 72-3, BT Nr. 176. – **21** -*parivṛtti*, -*parivartana* werden ebenfalls mitunter verwendet. Siehe Ms I 16*-17*. Suzuki St. 184-5, 365, 390-1. Nagao, *Liebenthal-Festschrift*, S. 152-5. – **22** Siehe z.B. EZB iii, 1934, S. 372, und Fokke Sierksma, *The Gods as we Shape Them*, 1960, Tafel 28. – **23** Dies wurde auf S. 207 eindeutig geklärt im Zusammenhang mit den LS-Ansichten über Beständigkeit und Vergänglichkeit. – **24** Robinson PheW vi 1957, 291-308; viii 1958, 99-120; vgl. IIJ iv, 1960, 68-73. – **25** S. 106-7. – **26** Dieses Wort wird häufig für das Objekt verkehrter Wahrnehmung verwendet, vgl. AAA S. 341-2. – **27** A i 30 = P 261. – **28** Ms 266. Dies wird in einer Aufzählung von 10 Arten der Souveränität verdeutlicht, 269-71. Eine äußerst detailreiche Beschreibung des *dharmakāya* ebd. 266-329. – **29** *prabheda*, Pras. xxiii 463; vgl. III 2, 2 Anm. 10. – **30** *na dvaya-prabhāvita*. Siehe J. May, S. 194 Anm. 638 und V 98-9. – **31** zit. in Pras. xxiii 463. – **32** Ms 271-4. – **33** F 302. – **34** Mukhāgama, IIJ iii, 1959, S. 57. – **35** vgl. z.B. *āsenaka* in PW xv; Rgv iii 2-3. Suzuki St. 142-6, 308-38, *Suvarṇaprabhāsa* Kap. 3, übers. von J. Nobel, 1958, S. 41-79. – **36** A.W. Macdonald, JAs 1955, 229-39. – **37** Ms 267, P 523b. AOKM 530-1.

III 1,9

1 Sie werden in den *mahāyāna*-Schriften häufig erwähnt, z.B. P 225, 235; S S. 1473, 1520. Vgl. auch Mpps 49, 411a; Siddhi 727; AAA 104. E. Obermiller, *The Doctrine of Prajñāpāramitā*, S. 48-51; Analyse des AAA II 178; N. Dutt 241. – **2** *Daśabhūmika-sūtra*, ca. 100 n. Chr., Sanskrit hrsg. von J. Rahder, 1936; R. Kondo, 1936 (mit *gāthā*). Auch *Bodhisattvabhūmi*, ca. 400 n. Chr., Sanskrit hrsg. von U. Wogihara, 1930-36. vgl. RO xxi, 1957, 109-28. – **3** *Madhyamakāvatāra*, ca. 650 n. Chr., Tibetisch: BI 1912, französisch bis Kap. 6, d.h. die ersten 288 Seiten des tibetischen Textes, in *Muséon*, 1907, 1910, 1911. Eine eher provisorische und unsystematische Phase brachte das *Mahāvastu* hervor (I 76ff.), ein *mahāsaṅghika*-Werk, sowie die *Große Prajñāpāramitā* (S 1454-73 = P 214-25). Einige Texte sind nur in Chinesisch überliefert, z.B. T. 309 (vgl. Rahders Einführung zu seiner Ausg.). – **4** S. 161. – **5** Diese Unsicherheit findet sich bereits in Mv, S. 133-34 im Vergleich zu S. 105. – **6** Suzuki St. 216, 224-8, 378-9. – **7** LS 161. – **8** S. 67 zit. nach Suzuki St. 226.

III 2,1

1 Ihre Biographien liegen in Chinesisch vor, T. 2047-8. Bibliographie in Regamey, S. 54-58. – 2 hrsg. als *Prasannapādā*, vgl. Anm. 8. – 3 MCB ix, 1951, 1-54. Englisch: Giuseppe Tucci, *Pre-Dignana* usw., 1929; Französisch: JAs 1929, 1-86. – 4 Sanskrit, Englisch: IRAS 1934 und 1936. – 5 Sanskrit (rekonstruiert), Englisch: V. Bhattacharya 1931; Englisch: EB iv 56-72, 169 ff. Vgl. jedoch Murti, S. 91 Anm. 3. – 6 Nur in Chinesisch. Siehe PL 41, 93-94. Über einige Auffassungen hinsichtlich der Autorschaft dieses Werks vgl. Robinson 48-53. E. Lamotte hat bislang ein Viertel dieses gewaltigen Werks übersetzt. Der erste Band gilt den *mahāyāna*-Vorstellungen über den Buddha und *bodhisattva*, während der zweite eine äußerst detailreiche Beschreibung der sechs Vollkommenheiten liefert. – 7 Der Untertitel lautet *Bodhisattvayogācāra*. Nur teilweise in Sankskrit hrsg. (Kap. 1-16): V. Bhattacharya, 1931. Das *Śataśāstra* ist vermutlich nur eine »umgemodelte« Version des *Catuḥśataka* (Murti, S. 93). – 8 Sanskrit: BB 1903-14. Englisch: Kap. 1, 25 Stcherbatsky 1927. Französisch: Kap. 17 MCB iv 1935-36; Kap. 18-22 J.W. de Jong. *Cinq chapitres de la Prasannapadā*, Leiden 1949; Kap. 2-4, 6-9, 11, 23-24, 26-27 J. May 1959; Deutsch: Kap. 5, 12-16 S. Schayer, AKP 1931: Kap 10 RO vii 1930. – 9 hrsg. mit Kommentar von Prajñākaramati (1075), BI 1900-14. – 10 hrsg. GOS 30-31, 1926. Englisch: G. Jha GOS 80, 1937, 83, 1939. – 11 AM vii, 1959, 230-31, WZKSO v 144: I SOR ix 2, 1958. II. nur in Tibetisch. III JGIS ii, 1935, 1-11. Paul Demiéville, *Le Concile de Lhasa*, 1, Paris 1952, 336-53. – 12 Von Bedeutung sind seine Kommentare zu *Madhyamakārikā* und *Madhyamika-hṛdayakārikā*, 930 Verse, beide nur in Tibetisch.

III 2,2

1 Pras. besonders Kap. 15. – 2 Pras. xiii 241. – 3 *svalakṣaṇa*. – 4. *svato bhāva* gegenüber *parabhāva*. – 5 *nirapekṣaḥ svabhāva*. – 6 Pras. 262; 259, 260. – 7 *nāsti sāṃyogikasya dharmasya svabhāva pratītya-samutpannatvād*. P. S. 197; vgl. 252. Candrakīrti drückt den gleichen Gedanken folgendermaßen aus: *sarva-dharma-pratītya-samutpāda-lakṣaṇā svabhāva-śūnyatā*, Pras. 515. – 8 zit. I 3 Anm. 37. – 9 A viii 192. – 10 *sarvadharmāṇām asaṃbhedaḥ* P. S. 171. – 11 Murti 131. – 12 Murti 132. – 13 Für die Einzelheiten vgl. Murti 132-6.

III 2,3

1 Etwa die chinesische *mādhyamika*-Schule um die Zeit des Kumārajīva. Robinson 87. – 2 A viii 192. – 3 P. fol. 545 a. – 4 P. S. 90. – 5 Murti 258-60.

III 2,4

1 P. 196. – 2 VM 438. – 3 *sa-lakkhaṇā, paccatta-lakkhaṇā, sabhāva-lakkhaṇā*; vgl. VM 368. – 4 Durch *tad-aṅga-ppahānam* laut VM 694. – 5 *udayabayam paccayato*, N: S. 630 ff., *cakkhu-rūpādi-paccāyayattavut-thitāya aniccatañ ca*, VM xv 32 über *dhātus*. AK vii 31, *anitya*: pratyayādhīnatvāt. – 6 N: S. 561, 594-5, Śi 225. VM 484, 585, 594-5. – 7 *dubbalo, attadubbalā*; *nittejam* VM 596. *parapaccayato* VM 597. *asāra*? – 8 VM 479 (nach SN iii 140 ff.). VM 486 *sabhāvato vijjamanā* (die *dhātus* betreffend). VM 526: *paramatthato avijjamānesu itthi-purisādisu jāvati, vijjamānesu pi khandhādisu na jāvati ti avijjā*. 9 *sammañña-lakkhaṇā*. Ihre Anwendung VM 609-10, 618, 639-40, 657-8. – 10 *asaṃskṛtadharma*. – 11 Durch 7 *anupassanāni*. – 12 *nicca-paṭikkhepato* usw., VM 618. – 13 AK-Kommentar 23: *āryāṇāṃ pratikūlatvāt duḥkham iti. saṃskāra-duḥkhatayā āryāṇāṃ tat pratikūlam*. – 14 *sankhata-dosa, abhiniveśa*. – 15 *vayadhammā sankhārā. vipariṇāma-dhammatā*. – 16 Sie sind zum Unterdrücken verdammt, *pīlanam, pīḍana*: *duḥkha yatra sakta, yena bādhyate, yataś ca mokṣam. āyūhanā* »hart arbeiten«, *ārambho, abādha* (Störung). VM 368: Vier Elemente *khayaṭṭhena-anicca*; *bhayaṭṭhena dukkha*; *asārakaṭṭhena anattā. bhayaṭṭhena = bhayāvaham* VM 610. vgl. VM 609-11, 618. – 17 Dhp. *asanta*. VM 496 *asatā*, SN 9-13, *vi-tatha*. LalV xiii; *te ca saṃskārā na santi tattvataḥ*; *avidyamāna*. VM 479. – 19 auch *nālam*. Für die fünf Arten des *pahāna* vgl. S. 174. – 19 Asl. 392. – 20 Pts. 179 Nr. 4 und 24. – 21 vgl. Asl. 54, 409. – 22 Dhs 1031 ff., Asl. 45 stützt VM 673, 699, 437, 495, Asl. 214, VM 509. – 23 vgl. S. 56. – 24 *saccam, satyam, paramārtha*. VM 497: *ekam hi saccam na dūtiyan ti* (Sn 884) *ādisu paramattha-sacce Nibbāne ceva magge ca*. Auch VM 496. – 25 *parāyanam, param, aggam, seyyam, panītam, anuttaram, niṭṭhā*. – 26 *lakṣaṇa-śūnyatā* LS Nr. 1; *viparyāsa-atikrānto* des Hṛdaya; EZB iii 134. – 27 LS vgl. S. 207-8. – 28 Har Dayal 159. – 29 ebd. 16-18, 79-81. *ātma-parinirvāṇa-hetoḥ* gegenüber *sarvasattva-parinirvāṇa-hetoḥ*; *svārtha* gegenüber *parārtha*; *para-ātma-samatā, para-ātma-parivartana*. – 30 *samatā, eka-agra advaya*. – 31 *anutpannā aniruddhā*. – 32 *amalā avimalā. apracarita-śūnyatā* LS Nr. 3. – 33 *anūnā aparipūrṇā*. – 34 *prajñāpāramitā jñānam advayam*.

III 3,1

1 vgl. S. 120. – 2 Siehe PL 20, 94ff. – 3 F 297 und 331 sagt, daß keine Synthese der herkömmlichen Anschauungen erreicht wird, sondern diese lediglich systematisch eingegliedert werden. – 4 F S. 264. – 5 Nur chinesisch und tibetisch; französisch: E. Lamotte (hrsg. und übers.), *L'explication des mystères*, Paris 1935. – 6 Sanskrit: hrsg. von Bunyiu Nanjio, 1923, übers. von D.T. Suzuki, 1932. Sehr wertvoll ist auch Suzuki, *Studies in the LS*, 1930. – 7 Sanskrit hrsg. von Sylvain Lévi, 1925. Englisch aus dem Chinesischen von Clarence H. Hamilton, 1938. Französisch: S. Lévi, 1932. Deutsch: Junyu Kitayama, *Metaphysik des Buddhismus*, Stuttgart, Berlin 1934, 234-68. – 8 Sanskrit hrsg. von S. Lévi, 1925. Französ.: S. Lévi, 1932. – 9 Nur chines. und tibetisch. Französ.: E. Lamotte, *La somme du grand véhicule d'Asanga* II, 1938. – 10 Über sein Vorhandensein vgl. PL 101. – 11 Sanskrit hrsg. S. Lévi, 1911. – 12 Sanskrit hrsg. Yamagucchi, 1934, Kap. 1, übers. von Th. Stcherbatsky BB 1936, D.L. Friedman, 1937, Kap. 3 übers. in *Mon. Nipponica* IX, 1953, 277-303. – 13 Chinesisch T. 1585 x. Französisch: *La Siddhi*, übers. und annot. von L. de la Vallée-Poussin, 2 Bde., 1928-30. Index 1948. – 14 Frauwallner, ein Bewunderer der *yogācārins*, spricht auf S. 265 von »einer verwirrenden und fast betäubenden Ausführlichkeit«, einer »tropisch wuchernden Erlösungsscholastik«, und meint, es sei »in einem eigenartigen, umständlichen und weitschweifenden Stil« geschrieben. Für weitere Literatur über die *yogācārins* vgl. Ms II 1, 1*-2*.

III 3,2

1 Suzuki St. 180, 247. – 2 Ms ii 9. – 3 F 329, 338-9. Asaṅga verwendet mitunter die Begriffe »Zeichen-Teil« und »Sicht-Teil« für Subjekt und Objekt. – 4 Etwa Da-Bhu, S. 49. LS. Andere sprechen von *vijñapti-mātra*, wo *vijñapti* (»Idee«, »Andeutung«, »Darstellung«) zum Synonym für »Denken« erklärt wird. Ms 93. BL i 525. Suzuki St. 179-82, 241-63, 278-82, 398-402, 440-41, 454-55. BL i 513-21, 524-26. II 343-400. »Die Grundidee dieses Idealismus besteht darin, daß die Hypothese von einer Außenwelt vollkommen nutzlos sei ... Alles bleibt – wenn auch unter anderem Namen und in anderer Auslegung.« So läßt sich zum Beispiel der reguläre Ablauf wahrgenommener Ereignisse durch das »Speicher-Bewußtsein« erklären, welches das materielle Universum ersetzt; usw. usw. – 5 Jadunath Sinha, *Indian Realism*, London 1938, liefert einen guten Überblick über die durch den *vijñānavāda* in Indien aufgebrachte Diskussion. – 6 Ms ii 6-8. Für die Nachweise in LS siehe

Suzuki St. 267-87. – 7 Der vollständige Überblick in Ms viii. Auch erwähnt im *Prajñāpāramitā-sūtra*, z. B. SS 90-92. – 8 *gzugs-brñan*. Es handelt sich vermutlich eher um *pratibhāsa* als um Lamottes *pratibimba*. – 9 Dieser entscheidende Faktor wird wieder und wieder betont, z. B. VM iv 27, V. 40-42, MM S. 7. Die Tatsache, daß diesen Praktiken stets das rechte Motiv unterliegt, nämlich der Wunsch nach größerer Entsagung (*nekkhamma*), unterscheidet sie von Laboratoriums-Experimenten. – 10 VM Kap. iv, v, vi. Comp. 206-7. MM 72-79. de la Vallée-Poussin, *Etudes et matériaux*, 94 ff. Eliade. – 11 Dies ist eine bruchstückhafte Darstellung, die sich beschränkt auf die für dieses Kapitel wesentlichen Argumente. Die Situation wird zusätzlich erschwert durch die Einführung so schwieriger Begriffe wie *attha-paññatti* (»Konzept«? vgl. Comp. 198), *nimitta-paññatti* (»begriffliches Zeichen«?) und *paccavekkhanā-nimitta*, »Zeichen der Betrachtung« (Beckh ii 47), ein übersinnliches Phänomen, das sich als unmittelbares Ergebnis der Meditation einstellt und im Nachhinein ihren Erfolg bestätigt. Außerdem gibt es das *dassanañ ca rūpānam* in MM iii 157 ff., das K. E. Neumann unter Vergleich mit dem *Dao-de-jing*, Kap. 21, als das geistliche Konzept der »Grundbegriffe« d. h. der Urbilder der Dinge, interpretiert; vgl. auch I. B. Horner, *The Middle Length Sayings*, III, 1959, xxi-xxii, 202, 206; und VM vi 81. – 12 *parikammanimitta*. – 13 N: S. 209 ff. In etwas anderer Form kommen die gleichen Begriffe in den Atemübungen vor. – 14 *uggaha-nimitta*, erläutert in VM iv 30. Oder das »ergriffene«, »absorbierte« Zeichen; Ñāṇamoli: »Zeichen des Lernens«, Nyānatiloka: »aufgefaßtes Bild«. Es gibt gewisse Parallelen zu Fechners »Sinnesgedächtnis« (*Elemente der Psychophysik* II 499 ff.). Für Beispiele vgl. Froebes, S. 205. – 15 *patibhāga-nimitta*. Ñāṇamoli: »*counterpart sign*«, Nyānatiloka: »Gegenbild«. Shwe Zan Aung, Comp., S. 54 (vgl. auch S. 5-6, 206): »Durch diese vorausgehende Versenkung wird das Bild, wenn es zu einem Begriff (*paññatti*) gemacht wird, seiner Realität und ihrer Fehler entkleidet und zu einer sublimierten Kopie, einer Zusammenfassung, aber dennoch zu einem Individuum. Dieses begriffliche Bild oder ›Bild im Nachhinein‹, welches nicht mehr als konkrete Einheit den Sinnen oder der Vorstellungskraft zugeschrieben werden kann, heißt nun *patibhāga-nimitta*.« – 16 VM iv 31 für den Erd-Faktor. Siehe VM V. 4, 8, 11, 14, 23, 26 für weitere Faktoren, und vi 66, 70-77, 80 für das Abstoßende. Auch MM 67-68, 85. – 17 vgl. PsBr 307-8. – 18 *saññājam = saññānidānam*, saññāpa-bhavam VM 324, S. 135. – 19 *Kathāvatthu* V. 46. – 20 VM iv 34. – 21 VM iv 127-9; vgl. auch MM über die Atemübungen. – 22 Zum Thema Schizophrenie vgl. Henderson-Gillespie 202. – 23 Für Beispiele vgl. Leuba 377-79. Aufsatz »*Glory*« im Bibel-Wörterbuch von Hastings. – 24 *pratibhāsa*, Edgerton 366-67. – 25 Ms ii 4. – 26 Tri 26-30. BT Nr. 172. – 27 Stace S. 22.

III 3,3

1 *Sandhinirmocanasūtra* Kap. 6-7, LS 67-68, 130-33. Suzuki St. 157-62. Asaṅga, Ms Kap. 2 (S. 87-152). Weitere Nachweise in Ms II 1, 17*. – 2 Ms 90-91. – 3 Tri V. 23. – 4 LS 163. – 5 Sandh. – 6 Tri V. 24-25. Sandh. – 7 Sandh. – 8 z.B. Sandh. – 9 BL i 12. – 10 Ms S. 90. – 11 Suzuki St. 159. – 12 Ms 108-9. – 13 LS 131 V. 193. – 14 MSL vi 6. – 15 LS 67. – 16 Ms 21*. Auch PL S. 98-100 für die Aufzählung der 10 *vikalpas*. – 17 Ms S. 89, 107. – 18 Ms ii 27. – 19 Ms ii 25. – 20 Ms ii 28. – 21 Diese grob vereinfachte Beschreibung berücksichtigt keinerlei zusätzliche Aussagen wie etwa LS 67 und MSL xi 39, welche darlegen, daß das *paratantra* aus der Trennung von Subjekt und Objekt heraus entstand, oder auch die 11 *vijñaptis*, mit denen Asaṅga das *paratantra* in Ms (F 329) identifiziert. – 22 LS 68. – 23 Ms 110. – 24 LS 67. Etwa die Übers. von Suzuki, S. 60, für die dunkle und mehrdeutige Aussage *tathatā-āryajñāna-gati-gamana-pratyātma-ārya-jñāna-gati-gocara*. – 25 LS 132 V. 198-9, 202.

III 4,1

1 E. A. Burtt, PhEW v, 1955, S. 196-7. – 2 Burtt S. 201. – 3 ebd. S. 202. – 4 A xix 358, *sarva-kalpa-vikalpa-prahīṇo hi Tathāgataḥ*. – 5 P fol. 486. – 6 Ad vol. 252a, P 508, 537b. – 7 A viii 192. – 8 S LII 279b. – 9 S iii 495-502. SS Nr. 96. – 10 Sa 221 = SS Nr. 98. Für weitere Beispiele vgl. SS Nr. 95-100. – 11 Für eine volle Aufzählung dieser Art von Argumenten vgl. V 11-12. – 12 Robinson 231, D. 105. – 13 A xxix 476. – 14 BWB 84-5, 89-90.

III 4,2

1 *Hetu-vidyā*, Lehre von den logischen Gründen; *tarka*. Weitere Synonyme BL i 2. – 2 Bibliographie bis 1950 in K. Regamey, *Buddhistische Philosophie*, 1950, S. 65-69. Seither wurde viel veröffentlicht. Von besonderer Bedeutung ist die Hrsg. des *Pramāṇavārttika* nebst eigenem Kommentar von Dharmakīrti, vgl. Raniero Gnoli, *Dharmakīrti*, SOR xxiii, Rom 1960. Auch Erich Frauwallner über Dignāga in WZKSO iii (1959) 83-164. »Landmarks in the History of Indian Logic«, WZKSO v (1961) 125-48. – 3 Zu diesem Thema und der ganzen Theorie des Syllogismus (*parārtha-anumāna*) und der Klassifizierung der Fehler muß ich auf die hervorragende Anaylse von Stcherbatsky verweisen. – 4 Buston

ston S. 44. – 5 Siehe B 164-5. BL i 34. Auch i 35, wo die Vergeblichkeit all dieser Debatten gezeigt wird. – 6 S. 45-46. – 7 Vyākhyāyukti und MSL i 12. Candrakīrti lehnte die Logikreformen des Dignāga in Bausch und Bogen ab und zog die realistische Logik der brahmanischen Schule des Nyāya vor, BL i 45. – 8 So etwa in Ratnakīrtis *Ratnakīrtinibandhavālī*, hrsg. von A. Thakur, Patna 1957. – 9 »Aufgrund der Absicht seiner Befürworter schien dieses System in keiner ausdrücklichen Beziehung zum Buddhismus als Religion zu stehen, das heißt also als der Lehre vom Pfad zum Heil. Es erhebt den Anspruch, die naturgegebene allgemeine Logik menschlichen Verständnisses darzustellen«, BL i 2. »Die Größten dieser Zeit scheinen Freidenker gewesen zu sein«, BL i 13-14. Die übrigen, so dürfen wir vermuten, schlossen die *tantras* ein? – 10 Robinson 42, 191, 193, D 68. »Wo sich der auf Zedernholzbalken gestützte Palast (des *mahāyāna*) erhebt, läßt er die brüchige, strohgedeckte Hütte (des *hīnayāna*) gering erscheinen.« – 11 Robinson 97. D 1-4. – 12 Robinson 94-97. – 13 24. 32. – 14 G. Jha 1937 und 1939 (GOS). Das Sanskrit-Original (GOS 1926) umfaßt 936 Seiten. – 15 BL i 146-61. ii 14-25, 33 ff. – 16 Für Einzelheiten siehe BL i 161-62, ii 26-28, 311-39. – 17 Siehe BL i 163-69, ii 28-30. – 18 Siehe BL i 162, ii 30-33. – 19 *aprameya-vastūnām aviparīta-dṛṣṭiḥ*. zit. in BL ii 32. Mir scheint, Stcherbatsky hat diesen Satz mißverstanden. – 20 BL i 38, 43. – 21 BL i 43-45. – 22 BL i 57. – 23 Für Literatur hierzu vgl. BL ii 404-5; WZKM 1930, 1932, 1933. Was Hinweise auf jainistische etc. Kritik betrifft, vgl. *Syādvādamañjarī*, S. 90 Anm. 28. Siehe auch BL i 457-505, ii 403-32. – 24 BL i 147. – 25 *Pramānasamuccaya* V. 1. – 26 BL i 458.

III 5

1 HBI 11 ff., 686 ff. – 2 Die zuverlässigsten Arbeiten über das tantrische Denken sind: H. v. Glasenapp, *Buddhistische Mysterien*, 1949; S.B. Dasgupta, *An Introduction to Tantric Buddhism*, 1950; ders., *Obscure Religious Cults as Background of Bengali Literature*, 1946; David L. Snellgrove, *Buddhist Himalayas*, Oxford 1957. – 3 Heinrich Dumoulin, *Zen*, Bern 1959, S. 259-62. Er beschreibt es in seinem *Yasen Kanna*, übers. von R.D.M. Shaw und W. Schiffer, S. 127 ff., *Mon. Nipponica* xiii, 1957, S. 101 ff. – 4 In der obskuren Sprache der tantrischen Schriften verbirgt sich tiefes psychologisches Wissen. Im Tibetanischen Totenbuch, S. 179, wird der Ödipus-Komplex angesprochen. Weitere Hinweise vgl. mein *Thirty Years of Buddhist Studies*, London 1962 (S. 185-190). Ebenfalls Giuseppe Tucci, *The Theory and Practice of the Maṇḍala*, London 1961. Es war das Verdienst von H.V. Guenther, in seinem

Yuganaddha, The Tantric Way of Life, Varanasi [3]1976, auf die Problematik hinzuweisen, doch sein Eigensinn hielt ihn bislang davon ab, gültige Aussagen zu machen.

Abkürzungs- und Literaturverzeichnis

A	*Aṣṭasāhasrikā Prajñāpāramita,* Hrsg. R. Mitra, BI, 1888, Übers. Edward Conze, BI, Calcutta 1958.
AAA	*Abhisamayālaṅkārāloka,* von Haribhadra, hrsg. von U. Wogihara, 1932-35.
Ad	*Aṣṭādaśasāhasrikā Prajñāpāramitā*; vgl. PL 45 ff.
AK	*Abhidharmakośa*, von Vasubandhu = Louis de la Vallée-Poussin (Übers. und Annot.), *L'AK de Vasubandhu,* 6 Bde., Paris 1923-31.
AKP	Stanislas Schayer, *Ausgewählte Kapitel aus der Prasannapadā,* 1931.
AM	*Asia Major.*
AN	*Anguttara Nikāya.*
AO	*Acta Orientalia.*
AOKM	*Akten des 24ten Internationalen Orientalisten-Kongresses,* München 1959.
Asl	*Atthasālinī,* von Buddhaghośa (Kommentar zu DhS), Hrsg. PTS, 1897, übers. als *The Expositor*, 2 Bde., PTS, 1920-21.
B	Edward Conze, *Buddhism,* London 1951 (dt: *Der Buddhismus,* Stuttgart ^{6}1977).
BB	*Bibliotheca Buddhica,* St. Petersburg; 1970: Osnabrück.
Bc	*Buddhacarita* des Acvaghosha, übers. von Friedrich Weller, *Das Leben des Buddha,* Leipzig 1928.
Bcv	*Bodhicaryāvatāra* des Śāntideva, übers. von Ernst Steinkellner, *Eintritt in das Leben zur Erleuchtung,* Düsseldorf 1981.
Bcv-p	Kommentar (*pañjikā*) zum Bcv von Prajñākaramati, Hrsg. BI, 1901-5.
BE	Buddhistische Epoche.
Beckh	Hermann Beckh, *Buddhismus,* Berlin und Leipzig 1928.
BI	*Bibliotheca Indica,* Calcutta.
BL	Th. Stcherbatsky, *Buddhist Logic,* 2 Bde., Leningrad 1930/32, New York 1962.
BM	Edward Conze, *Buddhist Meditation*, London 1956.
BS	ders., *Buddhist Scriptures,* London 1959.
BSOAS	*Bulletin of the School of Oriental and African Studies,* London.

BT Edward Conze (Hrsg.), *Buddhist Texts*, Oxford 1954 (dt: *Im Zeichen Buddhas*, Frankfurt 1957).

Buston E. Obermiller (Übers.), Buston, *History of Buddhism*, 2 Bde., Heidelberg, Leipzig 1931-32.

BWB Edward Conze, *Buddhist Wisdom Books*, London 1958.

Comp. Shwe Zan Aung und Caroline A. F. Rhys Davids, *Compendium of Philosophy*, London 1910 (eine Übers. des *Abhidhammattasangaha* von Anuruddha).

CPB William M. McGovern, *Manual of Buddhist Philosophy*, Bd. I, London 1923.

CPD *Critical Pali Dictionary*, 1924 ff.

Da-Bhu. *Daśabhūmikasūtra*, hrsg. von Johannes Rahder, 1926.

Dhp Sarvapalli Radhakrishnan (Hrsg. und Übers.), *Dhammapada*, London 1966.

DhS *Dhammasangani*, Hrsg. PTS, 1885; Caroline A. F. Rhys Davids (Übers.), *A Buddhist Manual of Psychological Ethics*, 1900, 3. Aufl. London/Boston 1974.

Divy. Edward B. Cowell und Robert A. Neil (Hrsg.), *Divyāvadāna*, Cambridge 1886.

DN *Dīgha Nikāya.*

Dutt Nalinaksha Dutt, *Aspects of Mahāyāna Buddhism and its Relation to the Hīnayāna*, 1930.

EA *Etudes Asiatiques.*

EB *Eastern Buddhism.*

Edgerton Franklin Edgerton, *Buddhist Hybrid Sanskrit Grammar and Dictionary*, 2 Bde., New Haven 1953.

Eliade Mircea Eliade, *Yoga. Unsterblichkeit und Freiheit*, übers. von Inge Köck, Frankfurt 1977.

Enc Bu Georg Peiris Malalasekera (Hrsg.), *Encyclopedia of Buddhism*, Colombo 1957 ff.

Exp *The Expositor*; vgl. Asl.

EZB Daisetsu Teitaro Suzuki, *Essays in Zen Buddhism*, London 1927.

F Erich Frauwallner, *Die Philosophie des Buddhismus*, Berlin 1956.

Froebes Joseph Froebes, *Lehrbuch der experimentellen Psychologie*, 2 Bde., Freiburg i. Br. 1923-1929.

GOS *Gaekwad Oriental Series.*

Grimm George Grimm, *The Doctrine of the Buddha*, London 1957.

Har Dayal *The Bhodisattva Doctrine in Buddhist Sanskrit Literature*, London 1932.

HBI	Etienne Lamotte, *Histoire du Bouddhisme Indien*, I, Louvain 1958.
Heiler	Friedrich Heiler, *Die buddhistische Versenkung*, 2. Aufl., München 1922.
Henderson-Gillespie	*Textbook of Psychiatry*, 1936.
Hob.	*Hōbōgirin*, 4 fasc., Tōkyō 1929-37.
IC	Lilian Silburn, *Instant et cause*, Paris 1955.
IHQ	*Indian Historical Quarterly*.
IJJ	*Indo-Iranian Journal*.
Jaini	Padmanabh S. Jaini, *The Jaina Path of Purification*, Berkeley 1979.
JAs	*Journal Asiatique*.
JBRS	*Journal of the Bihar Research Society*.
JGIS	*Journal of the Greater India Society*.
JRAS	*Journal of the Royal Asiatic Society*.
K	*Kommentar zur Lehrrede von den Grundlagen der Achtsamkeit (satipatthana) mit Subkommentar in Auswahl*, übers. von Nyanaponika Thera, Konstanz 1973.
Keith	Arthur B. Keith, *Buddhist Philosophy in India and Ceylon*, Oxford 1923.
Kimura	Ryukan Kimura, *Historical Study of the Terms Hīnayāna and Mahāyāna*, Calcutta 1927.
KSP	*Karmasiddhiprakaraṇa*, übers. von Etienne Lamotte, *Le traité de l'acte de Vasubandhu*, MCB iv, 1936.
LalV	*Lalita Vistara*, Hrsg. S. Lefmann, 1902-1908; Übers. Foucaux, 1884-92.
Leuba	James H. Leuba, *The Psychology of Religious Mysticism*, vgl. *Psychologie der religiösen Mystik*, München 1927.
LS	*Lankāvatāra-sūtra*, Hrsg. Bunyiu Nanjio, 1923; Übers. Daisetsu T. Suzuki, 1932.
May	Jacques May, *Candrakīrti Prasannapadā Madhyamakavṛtti. Douze chapitres traduits*, usw., Paris 1959.
MCB	*Mélanges Chinoises et Bouddhiques*.
Mhvy	Mahāvyutpatti.
Mil	*Milinda-pañha*, Hrsg. Vilhelm Trenckner, 1880; Übers. Thomas W. Rhys Davids, SBE, 1890-94.
MM	»Manual of a Mystic«, PTS, 1916.
MMK	(Mūla) *Mādhyamakakārikā*, Hrsg. BB 4, 1903-13.
MN	*Majjhima Nikāya*.

Mpps	Traité.
Ms	Etienne Lamotte (Übers.), *La somme du grand véhicule d'Asanga (Mahāyānasamgraha)*, 2 Bde., Louvain 1935 ff.
MSL	*Mahāyānasūtrālaṃkāra*, Hrsg. Sylvain Lévi, 1907.
MT	*Middle Treatise (Zhong-lun)*, T. 1564.
Murti	Tirupattur R. V. Murti, *The Central Philosophy of Buddhism*, London 1955.
Mv	*Mahāvastu*, Hrsg. S. Sénart, 3 Bde., 1882-97, Übers. J. J. Jones, 3 Bde., London 1949-56.
M-v-t.	*Madhyāntavibhāgaṭīkā*, von Sthiramati, hrsg. von Susumu Yamaguchi, 1934.
Ñāṇamoli	Bhikkhu Ñāṇamoli (Übers.), *The Path of Purification* (= VM), 1956.
N(yanatiloka)	A. W. F. Gueth (Pseud. Nyanatiloka) (Übers.), *Visuddhi-magga oder der Weg zur Reinheit*, (größte und älteste systematische Darstellung des Buddhismus) Konstanz ^{3}1975.
OLZ	*Orientalistische Literaturzeitung*.
P	*Pañcaviṃśatisāhasrikā Prajñāpāramitā*; Bibliographie vgl. PL 42.
PDc	*The Pali Text Society's Pali-English Dictionary.*
PhEW	*Philosophy East and West*, Honolulu.
PL	Edward Conze, *The Prajñāpāramitā Literature*, 's-Gravenhage 1960, Tokyo ^{2}1978.
Pras.	*Prasannapadā*, von Candrakīrti, Hrsg. BB 4, 1903-13.
Pratt, *Pilgrimage*	James B. Pratt, *The Pilgrimage of Buddhism and a Buddhist Pilgrimage*, New York 1928.
Ps Br	*The Psalms of the Brethren*, vgl. Caroline A. F. Rhys Davids, *Psalms of the Early Buddhists*, London 1964.
Pts.	*Paṭisambhidā-magga*, Hrsg. PTS, 2 Bde., 1905, 1907.
PTS	*Pali Text Society.*
Pv-A	*Petavatthu*-Kommentar, Hrsg. PTS, 1894.
PW	Edward Conze, *The Large Sutra of Perfect Wisdom*, London 1961.
Rahula	Walpola Rahula, *What the Buddha Taught*, 1959.
Regamey	Konstantin Regamey, *Buddhistische Philosophie*, Bern 1950 (Bibliographie).
Rgv	Edward H. Johnston und T. Chowdhury (Hrsg.), *Ratnagotravibhāga*, Patna 1950.
RO	*Rocznik Orientalistyczny.*
Robinson	R. H. Robinson, *Mādhyamika Studies in Fifth-century*

	China, (Diss.) London 1959 (siehe: R.H. Robinson, *Early Madhyamika in India and China,* Madison 1967).
Ś	*Śatasāhasrikā Prajñāpāramitā.* Bibliographie PL 37.
Sa	*Saptaśatikā Prajñāpāramitā.* Bibliographie PL 62-63.
Saund.	E.J. Johnston (Hrsg. und Übers.), *Saundarananda-kāvya,* von Aśvaghosha, 1928 (hrsg.), 1932 (übers.).
SBE	*Sacred Books of the East.*
	Stanislas Schayer, »Das mahāyānistische Absolutum nach der Lehre der Mādhyamikas«, in: OLZ xxxiii/7 (1935), S. 401-415.
Śi	*Śikṣāsamuccaya,* von Śāntideva, Hrsg. BB I, 1897-1902, übers. von Bendall und Rouse, 1922.
Siddhi	Louis de la Vallée-Poussin (Übers. und Annot.), *La Siddhi,* 2 Bde., 1928-30.
SN	*Samyutta Nikāya.*
Sn	Lord Robert Chalmers (Hrsg.), *Suttanipāta,* 1932.
Soma	Bikkhu Soma, *The Way of Mindfulness,* 1949.
SOR	*Serie Orientale Roma.*
SP	U. Wogihara und C. Tsuchida (Hrsg.), *Saddharmapuṇḍarīkasūtra,* 1935.
SS	Edward Conze, *Selected Sayings from the Perfection of Wisdom,* 1955.
Stace	Walter T. Stace, *The Teachings of the Mystics,* 1960.
Suv	R. Hikata (Hrsg.), *Suvikrāntavikrāmīparipṛcchā,* 1958.
Suzuki St.	Daisetsu T. Suzuki, *Studies in the Lankāvatāra Sūtra,* Kyoto 1930.
SW	Eberhard (später: Edward) Conze, *Der Satz vom Widerspruch,* Hamburg 1932, Frankfurt [2]1976.
T.	Taisho Issaikyo.
Takakusu	Junjiro Takakusu, *The Essentials of Buddhist Philosophy,* hrsg. von Wing Tsit Chan und Charles A. Moore, Honolulu 1949.
Th	*Theragāthā,* Hrsg. PTS, 1883.
TLS	*Times Literary Supplement.*
Traité	Etienne Lamotte, *Le traité de la grande vertu de sagesse,* 2 Bde., Louvain 1944, 1949.
Tri	Sylvain Lévi (Übers.), *Triṃśikā,* von Vasubandhu, 1925.
Ts	*Tattvasamgraha,* von Śāntirakshita, mit Kommentar von Kamalaśīla, Hrsg. GOS, 2 Bde., 1926, Übers. GOS, 2 Bde., 1937-39.

Ud	*Udāna*, PTS, 1902.
Ud-A	Kommentar zum *Udāna*.
V	Edward Conze (Hrsg.), *Vajracchedikā*, SOR, 1957.
V.	Vers.
VM	Caroline A.F. Rhys Davids (Hrsg.), *Visuddhimagga*, von Buddhaghośa, 2 Bde., PTS, 1920-21 (nach Seiten zit.); Henry C. Warren (Hrsg.), VM, 1950 (nach Kap. und Abs. zit.).
Vv-A	Kommentar zum *Vimānavatthu*, Hrsg. PTS, 1901.
Wolf	Abraham Wolf, *A History of Science, Technology, and Philosophy in the Sixteenth and Seventeenth Centuries*, 1935; Neuaufl. London 1950, New York 1959.
Woodworth	Robert S. Woodworth, *Experimental Psychology*, New York 1950.
WZKM	*Wiener Zeitschrift zur Kunde des Morgenlandes.*
ZDMG	*Zeitschrift der deutschen morgenländischen Gesellschaft.*
ZJC	Daisetsu T. Suzuki, *Zen and Japanese Culture*, New York 1959.

Nachwort

Eberhard/Edward Conze
(1904-1979)

Der in London als Sohn eines deutschen Diplomaten geborene Eberhard Conze wuchs in Deutschland auf (siehe auch das Nachwort von Friedrich Wilhelm zu Edward Conze, *Eine kurze Geschichte des Buddhismus*, Insel Verlag, Frankfurt am Main 1984, und besonders Edward Conze, *The Memoirs of a Modern Gnostic*, Sherborne 1979). Er studierte an den Universitäten Tübingen, Heidelberg, Kiel und Köln, wo er mit der Arbeit *Der Begriff der Metaphysik bei Franciscus Suarez*, Leipzig 1928, promovierte. Mit seinem in den Jahren 1928-32 erarbeiteten Hauptwerk *Der Satz vom Widerspruch. Zur Theorie des dialektischen Materialismus*, Hamburg 1932, beabsichtigte Eberhard Conze ursprünglich, sich bei E. Cassirer in Hamburg zu habilitieren. Was sich zerschlug, da Cassirer von den aufstrebenden Nazis entfernt wurde. Das Buch fand 130 Subskribenten, von den gedruckten 500 Exemplaren überlebten nur wenige die Freudenfeuer der SA bei deren Machtübernahme in Hamburg. Zur großen Überraschung des Autors fand sich im Nachkriegs-Deutschland mit dem Verlag Neue Kritik ein Reprinter, dem wir weitere 600 Exemplare verdanken.

Auch Eberhard Conze mußte 1933 (aus politischen Gründen) ins Exil; er ging in seine Geburtsstadt London, ein britischer Paß war ja vorhanden. Der *Satz vom Widerspruch* diente dem sich jetzt Edward Conze nennenden Autor als Ausgangsbasis dreier Artikel und zweier Buchveröffentlichungen. Die Artikel wurden später in den Sammelband *Further Buddhist Studies*, Oxford 1975, im Kapitel ›Philosophischer Hintergrund‹ aufgenommen: ›The Objective Validity of the Principle of Contradiction‹, ›Social Implications of Logical Thinking‹ und ›Social Origins of Nominalism‹. Bei den beiden Büchern handelt es sich um: *The Scientific Method of Thinking*, London 1935, und *An Introduction to Dialectical Materialism*, London 1936.

Die ursprünglich beabsichtigte Übersetzung von *Der Satz vom Widerspruch* war nicht realisierbar. Die sich in *Spain To-day. Revolution and Counterrevolution*, London 1936, niederschlagenden Erfahrungen im Spanien des aufkommenden Bürgerkrieges führten in die persönliche Krise. In diesem Zustand totalen Zweifels an sich und der Welt – der an den zur Erlangung von SATORI erforderlichen GROSSEN ZWEIFEL erinnert – kreuzte der legendäre dritte Band von D.T. Suzuki, *Essays in Zen Buddhism*, London 1937, den Weg des Zweifels in Gestalt der Person Edward Conze. D.T. Suzuki war für Conze Katalysator und (später auch persönlich) Konfirmator des Sprunges aus absoluter Negation in die große Befreiung, aus dem Nihilismus ins Nichts (des aus Erleuchtung richtig verstandenen *mahāyāna*).

Conze versuchte sich nach 1937 noch an zwei Schriften, beides große Versuche zu rekapitulieren. Das Manuskript *Psychology of Mass Propaganda* trägt die Jahreszahl 1939; da konnte man so etwas auch in England nicht mehr veröffentlichen – es blieb ein Manuskript und hat seinen Autor überdauert. Ebenso erging es dem gigantischen Versuch, den ursprünglichen *Satz vom Widerspruch* völlig umzuschreiben unter dem Gesichtspunkt meditativer Erfahrung: *Contradiction and Reality*, ein über 1000-Seiten-Manuskript. Freunde ermöglichten den Druck eines 36-Seiten-Pamphlets gleichen Titels *Contradiction and Reality. A Summary*, London 1939. Dabei blieb's.

Nach dem Krieg debutierte Conze mit *Der Buddhismus. Wesen und Entwicklung*, Stuttgart 1953, und der Anthologie *Im Zeichen Buddhas*, Frankfurt 1957. Beide Werke dokumentieren die Vielfalt buddhistischer Lehrmeinungen und arbeiten die tendenziellen Streitpunkte heraus – auch die Anthologie ist schulmäßig unterteilt. Ebenfalls einführenden Charakter haben *Eine kurze Geschichte des Buddhismus*, Frankfurt 1984, und die entsprechende Anthologie *Buddhist Scriptures,* Baltimore 1959, die beide die zentralen Themen buddhistischer Tradition darstellen unter Absehung von mehr peripheren Aspekten.

Conzes Hauptwerk der Nachkriegszeit ist zweifelsohne das hier in deutscher Übersetzung vorgelegte *Buddhistisches Denken. Drei Phasen buddhistischer Philosophie in Indien.* Man könnte von *dem* Standardwerk über die Philosophie des Buddhismus sprechen – eine entschiedene *prāsangika*-Interpretation. Die zugehörige Anthologie *Buddhist Meditation,* London 1956, ist größtenteils ein Auszug aus Buddhaghosas *Visuddhimagga*, von dem Conze in seinem Vorwort (S. 25) sagt: »Wenn ich nur ein Buch mit auf eine einsame Insel mitnehmen dürfte, dies wäre das Buch meiner Wahl.« Da der *Visuddhimagga* in der ausgezeichneten Übersetzung von Nyanatiloka (*Der Weg zur Reinheit,* Konstanz [3]1975) vorliegt, verweisen alle Belegstellen von *Buddhistisches Denken* auf Nyanatiloka.

Zu einem der bedeutendsten Buddhologen dieses Jahrhunderts wurde Conze vor allem durch seine bahnbrechenden Arbeiten zur *prajñāpāramitā*-Literatur. Als Herausgeber und Übersetzer schuf er großenteils erst den wissenschaftlichen Apparat zum Zugang dieser zentralen *mahāyāna*-Texte. Mit den drei Bänden *Short Prajñāpāramitā Texts, Perfection of Wisdom in 8000 Lines* und *Large Sutra on Perfect Wisdom* liegen praktisch alle Texte in Übersetzung vor. Sein *Buddhist Wisdom Books* ist eine kommentierte Übersetzung der beiden (auch) historisch wichtigsten Texte, die durch die Anthologie *Selected Sayings from the Perfection of Wisdom* aufgerundet werden.

Eine Auswahl der wichtigsten Artikel von E. Conze liegt in den beiden Bänden *Thirty Years of Buddhist Studies* und *Further Buddhist Studies* vor. In ersterem findet sich der resümierende Artikel ›Recent Progress in Buddhist Studies‹ – siehe dazu auch J. W. de Jong, ›A Brief History of Buddhist Studies in Europe and America‹ (Eastern Buddhist, VII 1974) und ›Recent Buddhist Studies in Europe and America‹ (Eastern Buddhist, XVII 1984). Ebenfalls aus diesem Band stammen zwei Artikel, die in deutscher Übersetzung von Margarete Deuring vorliegen, ›Die buddhistische Philosophie und ihre europäischen Parallelen‹ (Yana, xviii 1965) und ›Unechte Parallelen zur buddhistischen Philosophie‹ (Yana, XIX 1966).

Eberhard/Edward Conze starb 1979 in England kurz nach Veröffentlichung seiner *Memoirs of a Modern Gnostic* – ›You can never do anything which does not do itself‹.

Herbert Elbrecht

Verzeichnis der Werke von E. Conze

Der Begriff der Metaphysik bei Franciscus Suarez, Leipzig 1928.
Der Satz vom Widerspruch. Zur Theorie des dialektischen Materialismus, Hamburg 1932, Frankfurt 1976.
The Scientific Method of Thinking. An Introduction to Dialectical Materialism, London 1935.
An Introduction to Dialectical Materialism, London 1936.
Spain To-day. Revolution and Counterrevolution, London 1936.
Contradiction and Reality. A Summary, London 1939.
Der Buddhismus. Wesen und Entwicklung, Stuttgart 1953.
(hrsg.) *Im Zeichen Buddhas,* Frankfurt 1957.
(übers.) *Abhisamayalankara,* Rom 1954.
(übers.) *Selected Sayings from the Perfection of Wisdom,* London 1955.
(übers.) *Buddhist Meditation,* London 1956.
(übers.) *Vajracchedika Prajnaparamita,* Rom 1957.
(übers.) *Buddhist Wisdom Books. The Diamond Sutra. The Heart Sutra,* London 1958.
(übers.) *The Perfection of Wisdom in 8000 Lines and its Verse Summary,* Bolinas 1973.
(übers.) *Buddhist Scriptures,* Baltimore 1959.
The Prajnaparamita Literature, 's-Gravenhage 1960, Tokyo 1978.
Eine kurze Geschichte des Buddhismus, Frankfurt 1984.
(übers.) *The Large Sutra on Perfect Wisdom,* Berkeley 1975.
(übers.) *The Gilgit Manuscript of the Astadasasahasrika Prajnaparamita,* Rom 1962 & 1974.
Buddhistisches Denken. Drei Phasen buddhistischer Philosophie in Indien, Frankfurt 1988.
Materials for a Dictionary of the Prajnaparamita Literature, Tokyo 1967, ^{2}1973.
Thirty Years of Buddhist Studies, Oxford 1968.
(übers.) *The Short Prajnaparamita Texts,* London 1974.
Further Buddhist Studies, Oxford 1975.
The Memoirs of a Modern Gnostic, Sherborne 1979.
Buddhist Scriptures. A Bibliography, New York 1982.

Bibliographie
von seit 1962 erschienener Literatur

H.B. Aronson, *Love and Sympathy in Theravada Buddhism*, Delhi 1980.

A. Bharati, *The Tantric Tradition*, London 1965.

W.A. Briggs (ed.), *Anthology of Zen*, London 1961.

(G.) C.C. Chang, *Die Praxis des Zen*, Freiburg i.Br. 1982.

(G.) C.C. Chang, *Esoteric Teachings of the Tibetan Tantra*, Lausanne 1961.

(G.) C.C. Chang, *Teachings of Tibetan Yoga*, New York 1963.

(G.) C.C. Chang, *The Buddhist Teaching of Totality. The Philosophy of Hua-yen Buddhism*, London 1972.

Th. Cleary, *Entry into the Inconceivable. An Introduction to Hua-yen Buddhism*, Honolulu 1983.

E. Conze, *Buddhist Scriptures, A Bibliography*, New York 1982.

F.H. Cook, *Hua-yen Buddhism. The Jewel Net of Indra*, London 1977.

H. Dumoulin, *Geschichte des Zen-Buddhismus*, (2 Bde.: Indien und China, Japan) München 1985/6.

N. Dutt, *Mahayana Buddhism*, Calcutta 1976.

E. Fromm, D.T. Suzuki & R. de Martino, *Zen-Buddhismus und Psychoanalyse*, Frankfurt am Main 1977.

R.M. Gimello & P.N. Gregory (eds.), *Studies in Ch'an and Hua-yen*, Honolulu 1983.

Lama A. Govinda, *Die psychologische Haltung der frühbuddhistischen Philosophie*, Zürich 1961.

Lama A. Govinda, *Grundlagen tibetischer Mystik nach den esoterischen Lehren des großen Mantras* OM MANI PADME HUM, Stuttgart [2]1966.

Lama A. Govinda, *Schöpferische Meditation und multidimensionales Bewußtsein*, Freiburg i.Br. 1977.

Lama A. Govinda, *Buddhistische Reflexionen. Die Bedeutung von Lehre und Methoden des Buddhismus für westliche Menschen*, München 1983.

H.V. Guenther, *Philosophy and Psychology in the Abhidharma*, Boulder 1976.

H.V. Guenther (tr.), *sGam.po.pa's ›The Jewel Ornament of Liberation‹*, London 1959.

H.V. Guenther, *Tibetan Buddhism without Mystification*, Leiden 1966.

H. V. Guenther, *Buddhist Philosophy in Theory and Practice,* Baltimore 1972.
H. V. Guenther & L. S. Kawamura, *Mind in Buddhist Psychology,* Emeryville 1975.
H. V. Guenther, *Matrix of Mystery,* Boulder 1984.
H. Gunaratana, *The Path of Serenity and Insight. An Explanation of the Buddhist Jhanas,* Delhi 1985.
R. K. Heinemann, *Der Weg des Übens im ostasiatischen Mahayana. Grundformen seiner Zeitrelation zum Übungsziel in der Entwicklung bis Dogen,* Wiesbaden 1979.
J. Hopkins & Lati Rinbochay (trs.), *Nagarjuna'a ›The Precious Garland‹ and Seventh Dalai Lama's ›The Song of the Four Mindfulnesses‹,* London 1975.
J. Hopkins & Geshe Lhundup Sopa, *Practice and Theory of Tibetan Buddhism,* London 1976.
J. Hopkins (tr.), *Tantra in Tibet. Tsong-ka-pa's ›The Great Exposition of Secret Mantra‹ (Vol. 1),* London 1977.
J. Hopkins & Lati Rinbochay, *Death, Intermediate State and Rebirth in Tibetan Buddhism,* London 1979.
J. Hopkins, *Compassion in Tibetan Buddhism,* London 1980.
J. Hopkins (tr.), *The Yoga of Tibet. Tsong-ka-pa's ›The Great Exposition of Secret Mantra‹ (Vols. 2/3),* London 1981.
J. Hopkins (tr.), *Khetsun Sangpo Rinbochay's ›Tantric Practice in Nying-ma‹,* London 1982.
J. Hopkins, *Meditation on Emptiness,* London 1983.
J. Hopkins & L. Zahler (trs.), *Meditative States in Tibetan Buddhism. Pan-chen Sö-nam-drak-ba's ›Explanation of The Concentrations and Formless Absorptions‹,* London 1983.
J. Hopkins, *The Tantric Distinction. An Introduction to Tibetan Buddhism,* London 1984.
K. K. Inada (ed.), *Guide to Buddhist Philosophy,* Boston 1985.
T. Izutsu, *Philosophie des Zen-Buddhismus,* Reinbek 1979.
W. F. Jayasuriya, *The Psychology and Philosophy of Buddhism. An Introduction to the Abhidhamma,* Colombo 1963.
R. E. A. Johansson, *The Psychology of Nirvana,* London 1969.
R. E. A. Johansson, *The Dynamic Psychology of Early Buddhism,* London 1979.
Ph. Kapleau, *Die drei Pfeiler des Zen. Lehre – Übung – Erleuchtung,* Stuttgart 1969.
T. P. Kasulis, *Zen Action – Zen Person,* Honolulu 1981.
N. Katz, *Buddhist Images of Human Perfection,* Delhi 1982.
L. S. Kawamura (Hg.), *The Bodhisattva Doctrine in Buddhism,* Waterloo 1981.

Bhikkhu Phra Khantipalo, *Tolerance. A Study from Buddhist Sources*, London 1964.
Bhikkhu Phra Khantipalo, *Calm and Insight. A Buddhist Manual for Meditators*, London 1984.
W.L. King, *A Thousand Lives Away. Buddhism in Contemporary Burma*, Oxford 1964.
W.L. King, *In the Hope of Nibbana. An Essay on Theravada Buddhist Ethics*, LaSalle 1964.
W.L. King, *Theravada Meditation. The Buddhist Transformation of Yoga*, London 1980.
M. Kiyota, *Shingon Buddhism. Theory and Practice*, Tokyo 1978.
M. Kiyota (ed.), *Mahayana Buddhist Meditation*, Honolulu 1978.
Wh. Lai & L.R. Lancaster (eds.), *Early Ch'an in China and Tibet*, Berkeley 1983.
Lu K'uan Yü (Ch. Luk), *Ch'an and Zen Teaching (I-III)*, London 1960-62.
Ch. Luk, *Geheimnisse der Chinesischen Meditation*, Freiburg/Br. 1984.
J.P. McDermott, *Development in the Early Buddhist Concept of Kamma/Karma*, New Delhi 1984.
G. Meier, *Heutige Formen von Satipatthana-Meditationen*, Hamburg 1978.
J. Mehlig (Hg.), *Weisheit des alten Indien*, (2 Bde.: Vor- und nicht-buddhistische Texte, Buddhistische Texte) München 1987.
I. Miura & R.F. Sasaki, *Zen Dust. The History of the Koan and Koan Study in Rinzai (Lin-chi) Zen*, New York 1966.
R. v. Muralt, *Meditations-Sutras des Mahayana-Buddhismus*, Zürich 1985.
H. Nakamura, *Indian Buddhism, A Survey with Bibliographical Notes*, Tokyo (KUFS Publication) 1980.
Nyanaponika Thera, *Geistestraining durch Achtsamkeit. Die Buddhistische Satipatthana-Methode*, Konstanz 1970.
Nyanaponika Thera, *Kommentar zur Lehrrede von den Grundlagen der Achtsamkeit (Satipatthana) mit Subkommentar in Auswahl*, Konstanz 1973.
Sung Bae Park, *Buddhist Faith and Sudden Enlightenment*, Albany 1983.
P. Pfandt, *Mahayana Texts translated into Western Languages, A Bibliographical Guide*, Köln 1983.
A.P. Pradhan, *The Buddha's System of Meditation*, (4 Vols.) New Delhi 1986.
M. Pye, *Skilful Means. A Concept in Mahayana Buddhism*, London 1978.

F.E. Reynolds (ed.), *Guide to Buddhist Religion*, Boston 1981.
H. Saddhatissa, *Buddhist Ethics. Essence of Buddhism*, London 1970.
H. Saddhatissa, *The Buddha's Way*, London 1971.
D. Schlingloff, *Ein buddhistisches Yogalehrbuch*, Berlin 1964.
K. Sekida, *Zen Training. Methods and Philosophy*, New York 1975.
R. Sherburne S.J., *A Lamp for the Path and Commentary of Atiśa*, London 1983.
Soma Thera, *The Path of Freedom (Vimutti-Magga)*, Kandy 1977.
Sobhana Dhammasudi, *Insight Meditation*, London 1968.
Sobhana Dhammasudi, *Beneficial Factors for Meditation*, Hindhead 1970.
D.T. Suzuki, *Leben aus Zen. Mit einer Einführung in die Texte von Wei-lang (Hui-neng)*, Frankfurt 1982.
D.T. Suzuki, *Der westliche und der östliche Weg. Essays über christliche und buddhistische Mystik*, Frankfurt am Main 1971.
D.K. Swearer (ed.), *Secrets of the Lotus. Studies in Buddhist Meditation*, New York 1971.
M. Tatz, *Difficult Beginnings. Three Works on the Bodhisattva Path*, Boston 1985.
P. Vajiranana, *Buddhist Meditation in Theory and Practice. A General Exposition according to the Pali Canon of the Theravada School*, Colombo 1962.
A. Verdú, *Abstraktion und Intuition als Wege zur Wahrheit in Yoga und Zen. Ein Beitrag zur Phänomenologie und Metaphysik der nichtchristlichen Mystik*, München 1965.
A. Verdú, *Dialectical Aspects in Buddhist Thought. Studies in Sino-Japanese Mahayana Idealism*, New York 1974.
A. Verdú, *The Philosophy of Buddhism. A ›Totalistic‹ Synthesis*, The Hague 1981.
A. Verdú, *Early Buddhist Philosophy in the Light of the Four Noble Truths*, Delhi 1985.
Geshe Wangyal, *The Door of Liberation*, New York 1973.
A. Wayman, *Calming the Mind and Discerning the Real. Buddhist Meditation and the Middle View*, New York 1978.
A. Wayman, *Buddhist Insight*, Delhi 1984.
G.R. Welbon, *The Buddhist Nirvana and its Western Interpreters*, Chicago 1968.

Index